# 담보 평가의 이론과 실무

김종현

한국금융연수원
KOREA BANKING INSTITUTE

오늘은 경기도 모처에 위치한 상가건물로 감정평가 현장조사를 다녀왔습니다.

A은행 B차장이 의뢰한 감정평가로 감정평가 목적은 '담보'입니다. 어제 저는 상가건물의 토지 및 건물의 부동산 공적장부를 발급하여 토지 및 건물의 소재지, 지목, 용도지역, 건물의 구조, 면적 및 용도를 파악하고 인근지역의 표준지공시지가, 거래사례 및 평가사례를 조회 및 확인하였습니다.

현장에 가서 소유자 겸 채무자 C의 협조를 받아 토지, 건물이 공부와 일치하는가를 확인하고 건물의 시공 상태 등을 점검한 후 임대차내역을 조사하고 인근에 소재한 공인중개사 사무소에 들러서 주변 유사물건의 가격수준 및 거래동향 등을 문의하고 사무실로 돌아 왔습니다. 그리고, 어제 조회한 가격자료를 이용하여 공시지가기준법 및 원가법 등으로 가격을 산출한 후 감정평가액을 결정하여 감정평가서를 작성했습니다.

이제 이 감정평가서에 기재된 내용을 근거로 A은행 B차장은 은행 규정 등에 따라 여신가능금액을 계산할 것이고 이러한 금액을 기준으로 채무자 C는 대출을 받을 것입니다.

감정평가법인에 근무하는 감정평가사인 제 업무와 A은행 B차장의 업무 모두 '담보평가'입니다. 그리고 채무자 C가 받을 수 있는 대출금액은 이러한 '담보평가'를 통해 결정됩니다.

본서 '담보평가의 이론과 실무'는 위와 같이 담보평가와 관련된 감정평가업무 종사자와 A은행 B차장뿐만 아니라 C채무자 모두를 위한 책입니다.

# 머리말

2005년부터 감정평가사로 일을 하면서 감정평가법인 및 은행에서 근무하며, 각각의 입장에서 담보평가업무를 해왔습니다. 이러한 경험을 바탕으로 '담보평가'와 관련된 이론과 실무 내용으로서 (1) 담보평가의 개념, (2) 담보평가의 주안점, (3) 담보물의 적격성 분석, (4) 물건별 담보평가의 제 방법, (5) 담보평가를 위한 부동산 관계법규, (6) 담보평가 실무사례 등으로 본서를 꾸렸습니다.

아무쪼록, 본서가 '담보평가'와 직·간접적으로 관련된 모든 분들에게 도움이 되길 바라며, 본서가 계속적인 도움이 되기 위해 꾸준히 노력할 것을 약속드립니다.

끝으로, 이 지면을 빌려 언제나 큰 힘을 주시는 양가 부모님께 감사드리며, 집필기간 동안 묵묵히 응원해준 사랑하는 나의 선미와 세상의 씨앗 세인, 그리고 언제나 믿음직한 지수에게 고맙다는 말을 전하고 싶습니다.

2023년 6월 19일

감정평가사 **김 종 현**

# 목 차

## 제1편 담보평가의 기본사항



## 제2편 담보물의 적격성 분석

## 제3편 물건별 담보평가

# 목 차

## | 제4편 | 담보평가를 위한 부동산 관계법규

## | 제5편 | 담보평가 실무사례

# 제1편

## 담보평가의 기본사항

# 제 1 장

# 감정평가 개관

# 제1절 감정평가의 개념

## 1 감정평가의 정의

### 1) 감정평가의 법률적 정의

감정평가란, 토지 등의 경제적 가치를 판정하여 그 결과를 가액으로 표시하는 것을 말한다. 감정평가의 대상은 '토지 등'이고 구하고자 하는 가치는 '경제적 가치'이다.

감정평가는 경제적 가치를 갖는 물건에 대한 가치판단의 결과를 '화폐액'으로 표시하는 일련의 절차 및 그 결과를 의미한다.

> **「감정평가 및 감정평가사에 관한 법률」**
> **제2조(정의)**
> 2. "감정평가"란 토지등의 경제적 가치를 판정하여 그 결과를 가액으로 표시하는 것을 말한다.

### 2) 감정평가의 대상

감정평가의 대상은 「감정평가 및 감정평가사에 관한 법률」에서 토지 및 그 정착물인 부동산과 동산을 기본적인 항목으로 정하고 있으며, 「감정평가 및 감정평가사에 관한 법률 시행령」에 따라 그 밖에 재산적 가치가 있는 여러 종류의 물건이 포함된다.

또한, 이러한 물건에 대한 소유권의 가치뿐만 아니라 소유권 외 권리의 가치도 감정평가의 대상이 될 수 있다. 「민법」상 소유권은 물건이 갖고 있는 사용가치나 교환 가치 전부를 의미하는 데 반해 '소유권 외의 권리'는 이러한 권리 중 일부에 대한 권리를 말한다. 예컨대, 지상권, 임차권 등 소유권 외 권리에 대해 지상권의 가치, 임차권의 가치 등을 감정평가의 대상으로 할 수 있다.

「감정평가 및 감정평가사에 관한 법률」

**제2조(정의)**

1. "토지등"이란 토지 및 그 정착물, 동산, 그 밖에 대통령령으로 정하는 재산과 이들에 관한 소유권 외의 권리를 말한다.

**「감정평가 및 감정평가사에 관한 법률 시행령」**

**제2조(기타 재산)** 「감정평가 및 감정평가사에 관한 법률」 제2조제1호에서 "대통령령으로 정하는 재산"이란 다음 각 호의 재산을 말한다.

1. 저작권·산업재산권·어업권·양식업권·광업권 및 그 밖의 물권에 준하는 권리
2. 「공장 및 광업재단 저당법」에 따른 공장재단과 광업재단
3. 「입목에 관한 법률」에 따른 입목
4. 자동차·건설기계·선박·항공기 등 관계 법령에 따라 등기하거나 등록하는 재산
5. 유가증권

## 3) 감정평가의 기준가치

감정평가는 토지 등의 경제적 가치를 판정하여 그 결과를 가액으로 표시하는 것이다. 감정평가의 사회성과 공공성을 고려할 때, 객관적이고 공정한 감정평가를 위해서는 가치의 기준을 명확하게 정립하는 것이 필요하다.

「감정평가에 관한 규칙」[1]에서는 가치의 기준을 '시장가치'로 정하고 있으며, 이러한 시장가치에 대해 5가지의 기준을 두어 이러한 기준을 충족한 상황에서의 가격을 시장가치로 정하고 있다.

**「감정평가에 관한 규칙」**

**제5조(시장가치기준 원칙)** ① 대상물건에 대한 감정평가액은 시장가치를 기준으로 결정한다.

**제2조(정의)**

1. "시장가치"란 감정평가의 대상이 되는 토지등(이하 "대상물건"이라 한다)이 통상적인 시장에서 충분한

1) 「감정평가에 관한 규칙」은 「감정평가 및 감정평가사에 관한 법률」에 따라 제정된 국토교통부 훈령으로서 「감정평가 실무기준」과 함께 감정평가법인 등이 감정평가를 할 때 준수해야 할 원칙과 기준을 규정하는 감정평가의 기본 규정이다.

기간 동안 거래를 위하여 공개된 후 그 대상물건의 내용에 정통한 당사자 사이에 신중하고 자발적인 거래가 있을 경우 성립될 가능성이 가장 높다고 인정되는 대상물건의 가액(價額)을 말한다.

### (1) 통상적인 시장

일반재화 시장은 다수의 시장 참여자가 참여하여 동질적인 상품을 거래하고, 시장참여자는 재화에 대한 모든 정보를 갖고 있는 것으로 가정하여 완정경쟁시장이라고 하며, 이러한 정보도 가격에 즉각적으로 반영되는 효율적 시장을 가정한다.

반면에 부동산 시장은 소수의 거래당사자가 참여하는 시장에서 부동산의 개별성에 의해 이질적인 상품을 거래하고 당사자 간 정보의 비대칭성, 높은 거래비용 및 공급의 비탄력성으로 인해 일반재화 시장과 달리 불완전경쟁시장을 구성한다.

따라서, 부동산에 있어 통상적인 시장의 개념은 '현실의 사회경제 상황에서 합리적이라고 생각되는 조건을 만족하는 시장'이라 이해할 수 있다.

### (2) 충분한 기간 동안 거래를 위해 공개

부동산이 거래되는 충분한 기간에 대한 판단은 지역 및 물건 등에 따라 달라질 수 있으나, 다수의 거래당사자가 해당 물건을 인지하고 관심을 갖게 되는 기간으로 이해할 수 있다. 실질적으로는 인근지역에서 유사부동산이 방매에서부터 거래되기까지 소요되는 평균적인 기간을 의미한다.

### (3) 대상물건의 내용에 정통한 당사자

시장통제나 거래를 강제하는 수단이 없고 수요와 공급이 자유롭게 작동하는 공개시장에서 매수자와 매도자 쌍방이 시장의 사정에 충분히 정통하고 자기의 이익을 위해 거래하는 상황을 가정한다.

### (4) 신중하고 자발적인 거래

거래당사자가 '특별한 제약이나 거래동기를 갖지 않고 신중하고 자발적인 의사에 의해 거래가 이루어지는 형태'를 상정하고 있다. 자발적인 거래의사를 필요조건으로 함으로써 징발이나 기타 강제적인 수단에 의한 거래에서 발생하는 경우의 가격을 배제하고 있다.

### (5) 성립될 가능성이 가장 높다고 인정되는 가격

거래가능가격의 평균치를 의미하는 것이 아니고 개별 거래의 거래가격 중에서 가장 일어날 수 있는 빈도가 높은 거래가능가격을 기준으로 시장가치를 정하고 있다.

## 2 감정평가의 목적별 분류

「감정평가 및 감정평가사에 관한 법률」에 의하면 '감정평가법인 등의 업무'라 하여 감정평가의 목적별 업무를 규정하고 있다.

**「감정평가 및 감정평가사에 관한 법률」**

**제10조(감정평가법인등의 업무)** 감정평가법인 등은 다음 각 호의 업무를 행한다.

1. 「부동산 가격공시에 관한 법률」에 따라 감정평가법인등이 수행하는 업무
2. 「부동산 가격공시에 관한 법률」 제8조제2호에 따른 목적을 위한 토지등의 감정평가
3. 「자산재평가법」에 따른 토지등의 감정평가
4. 법원에 계속 중인 소송 또는 경매를 위한 토지등의 감정평가
5. 금융기관·보험회사·신탁회사 등 타인의 의뢰에 따른 토지등의 감정평가
6. 감정평가와 관련된 상담 및 자문
7. 토지등의 이용 및 개발 등에 대한 조언이나 정보 등의 제공
8. 다른 법령에 따라 감정평가법인등이 할 수 있는 토지등의 감정평가
9. 제1호부터 제8호까지의 업무에 부수되는 업무

| 감정평가 업무 | |
|---|---|
| **구분** | **내용** |
| 공시지가 | • 표준지 공시지가의 조사·평가<br>• 개별공시지가의 검증 |
| 보상 | 공공용지의 매수, 수용 등 각종 공공사업과 관련된 보상감정평가 |
| 조세 | • 국세, 지방세 등의 부과기준 가격산정을 위한 감정평가<br>• 개발부담금 부과기준 가격산정을 위한 감정평가 |
| 조성용지 분양 | • 「국토의 계획 및 이용에 관한 법률」 등 관계법령에 따라 조성된 주거용지, 공업용지, 관광용지 등의 가격산정을 위한 감정평가<br>• 토지구획정리, 경지정리지구 등의 환지청산 또는 체비지매각을 위한 토지의 감정평가 |
| 관리처분 | 정비사업의 관리처분계획수립에 필요한 가격 및 분양가격 산정을 위한 감정평가 |
| 자산관리 | • 금융기관, 정부투자 또는 출자기관 기타 공공단체의 자산매입·매각, 담보, 관리를 위한 감정평가<br>• 「사립학교법」, 「사회복지사업법」 등의 법률에 의한 자산매입·매각 등을 위한 감정평가 |
| 경매 및 소송 | 법원에 계류 중인 경매, 민·형사 및 행정소송 등을 위한 재산의 감정평가 |
| 담보 | • 금융기관, 보험회사, 신탁회사, 농·수협, 시설대여(리스)회사, 창업투자회사 등의 담보물 감정평가<br>• 기업체의 대리점 개설 및 관리를 위한 담보물의 감정평가 |
| 일반거래 | • 법인설립, 합병에 따른 자산감정평가<br>• 각종 인·허가, 이민수속 등을 위한 재산감정평가<br>• 기타 일반거래 및 재산관리를 위한 부동산 및 공장 등의 감정평가 |
| 부동산컨설팅 | • 공공사업의 채산성 분석과 권리변환 및 권리조정에 관한 조사<br>• 보상액 산정기준에 관한 조사<br>• 부동산의 최유효이용 방안에 관한 조사<br>• 부동산 의사결정에 관한 조사<br>• 부동산 입지선정에 관한 조사<br>• 부동산 투자분석, 개발사업 등의 타당성에 관한 조사<br>• 지가수준에 관한 조사<br>• 자산의 운용, 관리에 관한 조사<br>• 부동산의 가격 또는 임료산정에 관한 조사 |

※ 출처 : 한국감정평가사협회 홈페이지

## 참고 감정평가에 관한 규칙

# 감정평가에 관한 규칙

[시행 2023. 9. 14.] [국토교통부령 제1253호, 2023. 9. 14., 일부개정]

**제1조(목적)** 이 규칙은 「감정평가 및 감정평가사에 관한 법률」 제3조제3항에 따라 감정평가법인등이 감정평가를 할 때 준수해야 할 원칙과 기준을 규정함을 목적으로 한다.

**제2조(정의)** 이 규칙에서 사용하는 용어의 뜻은 다음 각 호와 같다.

1. "시장가치"란 감정평가의 대상이 되는 토지등(이하 "대상물건"이라 한다)이 통상적인 시장에서 충분한 기간 동안 거래를 위하여 공개된 후 그 대상물건의 내용에 정통한 당사자 사이에 신중하고 자발적인 거래가 있을 경우 성립될 가능성이 가장 높다고 인정되는 대상물건의 가액(價額)을 말한다.
2. "기준시점"이란 대상물건의 감정평가액을 결정하는 기준이 되는 날짜를 말한다.
3. "기준가치"란 감정평가의 기준이 되는 가치를 말한다.
4. "가치형성요인"이란 대상물건의 경제적 가치에 영향을 미치는 일반요인, 지역요인 및 개별요인 등을 말한다.
5. "원가법"이란 대상물건의 재조달원가에 감가수정(減價修正)을 하여 대상물건의 가액을 산정하는 감정평가방법을 말한다.
6. "적산법(積算法)"이란 대상물건의 기초가액에 기대이율을 곱하여 산정된 기대수익에 대상물건을 계속하여 임대하는 데에 필요한 경비를 더하여 대상물건의 임대료[(賃貸料), 사용료를 포함한다. 이하 같다]를 산정하는 감정평가방법을 말한다.
7. "거래사례비교법"이란 대상물건과 가치형성요인이 같거나 비슷한 물건의 거래사례와 비교하여 대상물건의 현황에 맞게 사정보정(事情補正), 시점수정, 가치형성요인 비교 등의 과정을 거쳐 대상물건의 가액을 산정하는 감정평가방법을 말한다.
8. "임대사례비교법"이란 대상물건과 가치형성요인이 같거나 비슷한 물건의 임대사례와 비교하여 대상물건의 현황에 맞게 사정보정, 시점수정, 가치형성요인 비교 등의 과정을 거쳐 대상물건의 임대료를 산정하는 감정평가방법을 말한다.
9. "공시지가기준법"이란 「감정평가 및 감정평가사에 관한 법률」(이하 "법"이라 한다) 제3조제1항 본문에 따라 감정평가의 대상이 된 토지(이하 "대상토지"라 한다)와 가치형성요인이 같거나 비슷하여 유사한 이용가치를 지닌다고 인정되는 표준지(이하 "비교표준지"라 한다)의 공시지가를 기준으로 대상토지의 현황에 맞게 시점수정, 지역요인 및 개별요인 비교, 그 밖의 요인의 보정(補正)을 거쳐 대상토지의 가액을 산정하는 감정평가방법을 말한다.
10. "수익환원법(收益還元法)"이란 대상물건이 장래 산출할 것으로 기대되는 순수익이나 미래의 현금흐름을 환원하거나 할인하여 대상물건의 가액을 산정하는 감정평가방법을 말한다.

11. “수익분석법”이란 일반기업 경영에 의하여 산출된 총수익을 분석하여 대상물건이 일정한 기간에 산출할 것으로 기대되는 순수익에 대상물건을 계속하여 임대하는 데에 필요한 경비를 더하여 대상물건의 임대료를 산정하는 감정평가방법을 말한다.

12. “감가수정”이란 대상물건에 대한 재조달원가를 감액하여야 할 요인이 있는 경우에 물리적 감가, 기능적 감가 또는 경제적 감가 등을 고려하여 그에 해당하는 금액을 재조달원가에서 공제하여 기준시점에 있어서의 대상물건의 가액을 적정화하는 작업을 말한다.

12의2. “적정한 실거래가”란 「부동산 거래신고 등에 관한 법률」에 따라 신고된 실제 거래가격(이하 “거래가격”이라 한다)으로서 거래 시점이 도시지역(「국토의 계획 및 이용에 관한 법률」 제36조제1항제1호에 따른 도시지역을 말한다)은 3년 이내, 그 밖의 지역은 5년 이내인 거래가격 중에서 감정평가법인등이 인근지역의 지가수준 등을 고려하여 감정평가의 기준으로 적용하기에 적정하다고 판단하는 거래가격을 말한다.

13. “인근지역”이란 감정평가의 대상이 된 부동산(이하 “대상부동산”이라 한다)이 속한 지역으로서 부동산의 이용이 동질적이고 가치형성요인 중 지역요인을 공유하는 지역을 말한다.

14. “유사지역”이란 대상부동산이 속하지 아니하는 지역으로서 인근지역과 유사한 특성을 갖는 지역을 말한다.

15. “동일수급권(同一需給圈)”이란 대상부동산과 대체·경쟁 관계가 성립하고 가치 형성에 서로 영향을 미치는 관계에 있는 다른 부동산이 존재하는 권역(圈域)을 말하며, 인근지역과 유사지역을 포함한다.

**제3조(감정평가법인등의 의무)** 감정평가법인등은 다음 각 호의 어느 하나에 해당하는 경우에는 감정평가를 해서는 안 된다.

1. 자신의 능력으로 업무수행이 불가능하거나 매우 곤란한 경우
2. 이해관계 등의 이유로 자기가 감정평가하는 것이 타당하지 않다고 인정되는 경우

**제4조(적용범위)** 감정평가법인등은 다른 법령에 특별한 규정이 있는 경우를 제외하고는 이 규칙으로 정하는 바에 따라 감정평가해야 한다.

**제5조(시장가치기준 원칙)** ① 대상물건에 대한 감정평가액은 시장가치를 기준으로 결정한다.

② 감정평가법인등은 제1항에도 불구하고 다음 각 호의 어느 하나에 해당하는 경우에는 대상물건의 감정평가액을 시장가치 외의 가치를 기준으로 결정할 수 있다.

1. 법령에 다른 규정이 있는 경우
2. 감정평가 의뢰인(이하 “의뢰인”이라 한다)이 요청하는 경우
3. 감정평가의 목적이나 대상물건의 특성에 비추어 사회통념상 필요하다고 인정되는 경우

③ 감정평가법인등은 제2항에 따라 시장가치 외의 가치를 기준으로 감정평가할 때에는 다음 각 호의 사항을 검토해야 한다. 다만, 제2항제1호의 경우에는 그렇지 않다.

1. 해당 시장가치 외의 가치의 성격과 특징
2. 시장가치 외의 가치를 기준으로 하는 감정평가의 합리성 및 적법성

④ 감정평가법인등은 시장가치 외의 가치를 기준으로 하는 감정평가의 합리성 및 적법성이 결여(缺如)되었다고 판단할 때에는 의뢰를 거부하거나 수임(受任)을 철회할 수 있다.

**제6조(현황기준 원칙)** ① 감정평가는 기준시점에서의 대상물건의 이용상황(불법적이거나 일시적인 이용은 제외한다) 및 공법상 제한을 받는 상태를 기준으로 한다.

② 감정평가법인등은 제1항에도 불구하고 다음 각 호의 어느 하나에 해당하는 경우에는 기준시점의 가치형성요인 등을 실제와 다르게 가정하거나 특수한 경우로 한정하는 조건(이하 "감정평가조건"이라 한다)을 붙여 감정평가할 수 있다.

1. 법령에 다른 규정이 있는 경우
2. 의뢰인이 요청하는 경우
3. 감정평가의 목적이나 대상물건의 특성에 비추어 사회통념상 필요하다고 인정되는 경우

③ 감정평가법인등은 제2항에 따라 감정평가조건을 붙일 때에는 감정평가조건의 합리성, 적법성 및 실현가능성을 검토해야 한다. 다만, 제2항제1호의 경우에는 그렇지 않다.

④ 감정평가법인등은 감정평가조건의 합리성, 적법성이 결여되거나 사실상 실현 불가능하다고 판단할 때에는 의뢰를 거부하거나 수임을 철회할 수 있다.

**제7조(개별물건기준 원칙 등)** ① 감정평가는 대상물건마다 개별로 하여야 한다.

② 둘 이상의 대상물건이 일체로 거래되거나 대상물건 상호 간에 용도상 불가분의 관계가 있는 경우에는 일괄하여 감정평가할 수 있다.

③ 하나의 대상물건이라도 가치를 달리하는 부분은 이를 구분하여 감정평가할 수 있다.

④ 일체로 이용되고 있는 대상물건의 일부분에 대하여 감정평가하여야 할 특수한 목적이나 합리적인 이유가 있는 경우에는 그 부분에 대하여 감정평가할 수 있다.

**제8조(감정평가의 절차)** 감정평가법인등은 다음 각 호의 순서에 따라 감정평가를 해야 한다. 다만, 합리적이고 능률적인 감정평가를 위하여 필요할 때에는 순서를 조정할 수 있다.

1. 기본적 사항의 확정
2. 처리계획 수립
3. 대상물건 확인
4. 자료수집 및 정리
5. 자료검토 및 가치형성요인의 분석
6. 감정평가방법의 선정 및 적용
7. 감정평가액의 결정 및 표시

**제9조(기본적 사항의 확정)** ① 감정평가법인등은 감정평가를 의뢰받았을 때에는 의뢰인과 협의하여 다음 각 호의 사항을 확정해야 한다.

1. 의뢰인
2. 대상물건
3. 감정평가 목적
4. 기준시점
5. 감정평가조건
6. 기준가치

7. 관련 전문가에 대한 자문 또는 용역(이하 "자문등"이라 한다)에 관한 사항

8. 수수료 및 실비에 관한 사항

② 기준시점은 대상물건의 가격조사를 완료한 날짜로 한다. 다만, 기준시점을 미리 정하였을 때에는 그 날짜에 가격조사가 가능한 경우에만 기준시점으로 할 수 있다.

③ 감정평가법인등은 필요한 경우 관련 전문가에 대한 자문등을 거쳐 감정평가할 수 있다.

**제10조(대상물건의 확인)** ① 감정평가법인등이 감정평가를 할 때에는 실지조사를 하여 대상물건을 확인해야 한다.

② 감정평가법인등은 제1항에도 불구하고 다음 각 호의 어느 하나에 해당하는 경우로서 실지조사를 하지 않고도 객관적이고 신뢰할 수 있는 자료를 충분히 확보할 수 있는 경우에는 실지조사를 하지 않을 수 있다.

1. 천재지변, 전시·사변, 법령에 따른 제한 및 물리적인 접근 곤란 등으로 실지조사가 불가능하거나 매우 곤란한 경우
2. 유가증권 등 대상물건의 특성상 실지조사가 불가능하거나 불필요한 경우

**제11조(감정평가방식)** 감정평가법인등은 다음 각 호의 감정평가방식에 따라 감정평가를 한다.

1. 원가방식: 원가법 및 적산법 등 비용성의 원리에 기초한 감정평가방식
2. 비교방식: 거래사례비교법, 임대사례비교법 등 시장성의 원리에 기초한 감정평가방식 및 공시지가기준법
3. 수익방식: 수익환원법 및 수익분석법 등 수익성의 원리에 기초한 감정평가방식

**제12조(감정평가방법의 적용 및 시산가액 조정)** ① 감정평가법인등은 제14조부터 제26조까지의 규정에서 대상물건별로 정한 감정평가방법(이하 "주된 방법"이라 한다)을 적용하여 감정평가해야 한다. 다만, 주된 방법을 적용하는 것이 곤란하거나 부적절한 경우에는 다른 감정평가방법을 적용할 수 있다.

② 감정평가법인등은 대상물건의 감정평가액을 결정하기 위하여 제1항에 따라 어느 하나의 감정평가방법을 적용하여 산정(算定)한 가액[이하 "시산가액(試算價額)"이라 한다]을 제11조 각 호의 감정평가방식 중 다른 감정평가방식에 속하는 하나 이상의 감정평가방법(이 경우 공시지가기준법과 그 밖의 비교방식에 속한 감정평가방법은 서로 다른 감정평가방식에 속한 것으로 본다)으로 산출한 시산가액과 비교하여 합리성을 검토해야 한다. 다만, 대상물건의 특성 등으로 인하여 다른 감정평가방법을 적용하는 것이 곤란하거나 불필요한 경우에는 그렇지 않다. 〈개정 2022. 1. 21.〉

③ 감정평가법인등은 제2항에 따른 검토 결과 제1항에 따라 산출한 시산가액의 합리성이 없다고 판단되는 경우에는 주된 방법 및 다른 감정평가방법으로 산출한 시산가액을 조정하여 감정평가액을 결정할 수 있다.

**제13조(감정평가서 작성)** ① 감정평가법인등은 법 제6조에 따른 감정평가서(「전자문서 및 전자거래기본법」에 따른 전자문서로 된 감정평가서를 포함한다. 이하 같다)를 의뢰인과 이해관계자가 이해할 수 있도록 명확하고 일관성 있게 작성해야 한다.

② 감정평가서에는 다음 각 호의 사항이 포함돼야 한다.

1. 감정평가법인등의 명칭
2. 의뢰인의 성명 또는 명칭
3. 대상물건(소재지, 종류, 수량, 그 밖에 필요한 사항)
4. 대상물건 목록의 표시근거
5. 감정평가 목적
6. 기준시점, 조사기간 및 감정평가서 작성일
7. 실지조사를 하지 않은 경우에는 그 이유
8. 시장가치 외의 가치를 기준으로 감정평가한 경우에는 제5조제3항 각 호의 사항. 다만, 같은 조 제2항 제1호의 경우에는 해당 법령을 적는 것으로 갈음할 수 있다.
9. 감정평가조건을 붙인 경우에는 그 이유 및 제6조제3항의 검토사항. 다만, 같은 조 제2항제1호의 경우에는 해당 법령을 적는 것으로 갈음할 수 있다.
10. 감정평가액
11. 감정평가액의 산출근거 및 결정 의견
12. 전문가의 자문등을 거쳐 감정평가한 경우 그 자문등의 내용
13. 그 밖에 이 규칙이나 다른 법령에 따른 기재사항

③ 제2항제11호의 내용에는 다음 각 호의 사항을 포함해야 한다. 다만, 부득이한 경우에는 그 이유를 적고 일부를 포함하지 아니할 수 있다.

1. 적용한 감정평가방법 및 시산가액 조정 등 감정평가액 결정 과정(제12조제1항 단서 또는 제2항 단서에 해당하는 경우 그 이유를 포함한다)

1의2. 거래사례비교법으로 감정평가한 경우 비교 거래사례의 선정 내용, 사정보정한 경우 그 내용 및 가치형성요인을 비교한 경우 그 내용

2. 공시지가기준법으로 토지를 감정평가한 경우 비교표준지의 선정 내용, 비교표준지와 대상토지를 비교한 내용 및 제14조제2항제5호에 따라 그 밖의 요인을 보정한 경우 그 내용
3. 재조달원가 산정 및 감가수정 등의 내용
4. 적산법이나 수익환원법으로 감정평가한 경우 기대이율 또는 환원율(할인율)의 산출근거
5. 제7조제2항부터 제4항까지의 규정에 따라 일괄감정평가, 구분감정평가 또는 부분감정평가를 한 경우 그 이유
6. 감정평가액 결정에 참고한 자료가 있는 경우 그 자료의 명칭, 출처와 내용
7. 대상물건 중 일부를 감정평가에서 제외한 경우 그 이유

④ 감정평가법인등은 법 제6조에 따라 감정평가서를 발급하는 경우 그 표지에 감정평가서라는 제목을 명확하게 적어야 한다.

⑤ 감정평가법인등은 감정평가서를 작성하는 경우 법 제33조제1항에 따른 한국감정평가사협회가 정하는 감정평가서 표준 서식을 사용할 수 있다.

**제13조의2(전자문서로 된 감정평가서의 발급 등)** ① 감정평가법인등이 법 제6조제1항에 따라 전자문서로 된 감정평가서를 발급하는 경우 같은 조 제2항에 따른 감정평가사의 서명과 날인은 「전자서명법」에 따른 전자서명의 방법으로 해야 한다.

② 감정평가법인등은 전자문서로 된 감정평가서의 위조·변조·훼손 등을 방지하기 위하여 감정평가 정보에 대한 접근 권한자 지정, 방화벽의 설치·운영 등의 조치를 해야 한다.

③ 감정평가법인등은 의뢰인이나 이해관계자가 전자문서로 된 감정평가서의 진본성(眞本性)에 대한 확인을 요청한 경우에는 이를 확인해 줘야 한다.

④ 제2항 및 제3항에 따른 전자문서로 된 감정평가서의 위조·변조·훼손 등의 방지조치와 진본성 확인에 필요한 세부사항은 국토교통부장관이 정하여 고시한다.

**제14조(토지의 감정평가)** ① 감정평가법인등은 법 제3조제1항 본문에 따라 토지를 감정평가할 때에는 공시지가기준법을 적용해야 한다.

② 감정평가법인등은 공시지가기준법에 따라 토지를 감정평가할 때에 다음 각 호의 순서에 따라야 한다.

1. 비교표준지 선정: 인근지역에 있는 표준지 중에서 대상토지와 용도지역·이용상황·주변환경 등이 같거나 비슷한 표준지를 선정할 것. 다만, 인근지역에 적절한 표준지가 없는 경우에는 인근지역과 유사한 지역적 특성을 갖는 동일수급권 안의 유사지역에 있는 표준지를 선정할 수 있다.
2. 시점수정: 「부동산 거래신고 등에 관한 법률」 제19조에 따라 국토교통부장관이 조사·발표하는 비교표준지가 있는 시·군·구의 같은 용도지역 지가변동률을 적용할 것. 다만, 다음 각 목의 경우에는 그러하지 아니하다.
   가. 같은 용도지역의 지가변동률을 적용하는 것이 불가능하거나 적절하지 아니하다고 판단되는 경우에는 공법상 제한이 같거나 비슷한 용도지역의 지가변동률, 이용상황별 지가변동률 또는 해당 시·군·구의 평균지가변동률을 적용할 것
   나. 지가변동률을 적용하는 것이 불가능하거나 적절하지 아니한 경우에는 「한국은행법」 제86조에 따라 한국은행이 조사·발표하는 생산자물가지수에 따라 산정된 생산자물가상승률을 적용할 것
3. 지역요인 비교
4. 개별요인 비교
5. 그 밖의 요인 보정: 대상토지의 인근지역 또는 동일수급권내 유사지역의 가치형성요인이 유사한 정상적인 거래사례 또는 평가사례 등을 고려할 것

③ 감정평가법인등은 법 제3조제1항 단서에 따라 적정한 실거래가를 기준으로 토지를 감정평가할 때에는 거래사례비교법을 적용해야 한다.

④ 감정평가법인등은 법 제3조제2항에 따라 토지를 감정평가할 때에는 제1항부터 제3항까지의 규정을 적용하되, 해당 토지의 임대료, 조성비용 등을 고려하여 감정평가할 수 있다.

**제15조(건물의 감정평가)** ① 감정평가법인등은 건물을 감정평가할 때에 원가법을 적용해야 한다.

② 삭제

**제16조(토지와 건물의 일괄감정평가)** 감정평가법인등은 「집합건물의 소유 및 관리에 관한 법률」에 따른 구분소유권의 대상이 되는 건물부분과 그 대지사용권을 일괄하여 감정평가하는 경우 등 제7조제2항에 따라 토지와 건물을 일괄하여 감정평가할 때에는 거래사례비교법을 적용해야 한다. 이 경우 감정평가액은 합리적인 기준에 따라 토지가액과 건물가액으로 구분하여 표시할 수 있다.

**제17조(산림의 감정평가)** ① 감정평가법인등은 산림을 감정평가할 때에 산지와 입목(立木)을 구분하여 감정평가해야 한다. 이 경우 입목은 거래사례비교법을 적용하되, 소경목림(小徑木林: 지름이 작은 나무·숲)인 경우에는 원가법을 적용할 수 있다.

② 감정평가법인등은 제7조제2항에 따라 산지와 입목을 일괄하여 감정평가할 때에 거래사례비교법을 적용해야 한다.

**제18조(과수원의 감정평가)** 감정평가법인등은 과수원을 감정평가할 때에 거래사례비교법을 적용해야 한다.

**제19조(공장재단 및 광업재단의 감정평가)** ① 감정평가법인등은 공장재단을 감정평가할 때에 공장재단을 구성하는 개별 물건의 감정평가액을 합산하여 감정평가해야 한다. 다만, 계속적인 수익이 예상되는 경우 등 제7조제2항에 따라 일괄하여 감정평가하는 경우에는 수익환원법을 적용할 수 있다.

② 감정평가법인등은 광업재단을 감정평가할 때에 수익환원법을 적용해야 한다.

**제20조(자동차 등의 감정평가)** ① 감정평가법인등은 자동차를 감정평가할 때에 거래사례비교법을 적용해야 한다.

② 감정평가법인등은 건설기계를 감정평가할 때에 원가법을 적용해야 한다.

③ 감정평가법인등은 선박을 감정평가할 때에 선체·기관·의장(艤裝)별로 구분하여 감정평가하되, 각각 원가법을 적용해야 한다.

④ 감정평가법인등은 항공기를 감정평가할 때에 원가법을 적용해야 한다.

⑤ 감정평가법인등은 제1항부터 제4항까지에도 불구하고 본래 용도의 효용가치가 없는 물건은 해체처분가액으로 감정평가할 수 있다.

**제21조(동산의 감정평가)** ① 감정평가법인등은 동산을 감정평가할 때에는 거래사례비교법을 적용해야 한다. 다만, 본래 용도의 효용가치가 없는 물건은 해체처분가액으로 감정평가할 수 있다.

② 제1항 본문에도 불구하고 기계·기구류를 감정평가할 때에는 원가법을 적용해야 한다.

**제22조(임대료의 감정평가)** 감정평가법인등은 임대료를 감정평가할 때에 임대사례비교법을 적용해야 한다.

**제23조(무형자산의 감정평가)** ① 감정평가법인등은 광업권을 감정평가할 때에 제19조제2항에 따른 광업재단의 감정평가액에서 해당 광산의 현존시설 가액을 빼고 감정평가해야 한다. 이 경우 광산의 현존시설 가액은 적정 생산규모와 가행조건(稼行條件) 등을 고려하여 산정하되 과잉유휴시설을 포함하여 산정하지 않는다.

② 감정평가법인등은 어업권을 감정평가할 때에 어장 전체를 수익환원법에 따라 감정평가한 가액에서 해당 어장의 현존시설 가액을 빼고 감정평가해야 한다. 이 경우 어장의 현존시설 가액은 적정 생산규모와 어업권 존속기간 등을 고려하여 산정하되 과잉유휴시설을 포함하여 산정하지 않는다.

③ 감정평가법인등은 영업권, 특허권, 실용신안권, 디자인권, 상표권, 저작권, 전용측선이용권(專用側線利用權), 그 밖의 무형자산을 감정평가할 때에 수익환원법을 적용해야 한다.

**제24조(유가증권 등의 감정평가)** ① 감정평가법인등은 주식을 감정평가할 때에 다음 각 호의 구분에 따라야 한다.

1. 상장주식[「자본시장과 금융투자업에 관한 법률」 제373조의2에 따라 허가를 받은 거래소(이하 "거래소"라 한다)에서 거래가 이루어지는 등 시세가 형성된 주식으로 한정한다]: 거래사례비교법을 적용할 것
2. 비상장주식(상장주식으로서 거래소에서 거래가 이루어지지 아니하는 등 형성된 시세가 없는 주식을 포함한다): 해당 회사의 자산·부채 및 자본 항목을 평가하여 수정재무상태표를 작성한 후 기업체의 유·무형의 자산가치(이하 "기업가치"라 한다)에서 부채의 가치를 빼고 산정한 자기자본의 가치를 발행주식 수로 나눌 것

② 감정평가법인등은 채권을 감정평가할 때에 다음 각 호의 구분에 따라야 한다.

1. 상장채권(거래소에서 거래가 이루어지는 등 시세가 형성된 채권을 말한다): 거래사례비교법을 적용할 것
2. 비상장채권(거래소에서 거래가 이루어지지 아니하는 등 형성된 시세가 없는 채권을 말한다): 수익환원법을 적용할 것

③ 감정평가법인등은 기업가치를 감정평가할 때에 수익환원법을 적용해야 한다.

**제25조(소음 등으로 인한 대상물건의 가치하락분에 대한 감정평가)** 감정평가법인등은 소음·진동·일조침해 또는 환경오염 등(이하 "소음등"이라 한다)으로 대상물건에 직접적 또는 간접적인 피해가 발생하여 대상물건의 가치가 하락한 경우 그 가치하락분을 감정평가할 때에 소음등이 발생하기 전의 대상물건의 가액 및 원상회복비용 등을 고려해야 한다.

**제26조(그 밖의 물건의 감정평가)** 감정평가법인등은 제14조부터 제25조까지에서 규정되지 아니한 대상물건을 감정평가할 때에 이와 비슷한 물건이나 권리 등의 경우에 준하여 감정평가해야 한다.

**제27조(조언·정보 등의 제공)** 감정평가법인등이 법 제10조제7호에 따른 토지등의 이용 및 개발 등에 대한 조언이나 정보 등의 제공에 관한 업무를 수행할 때에 이와 관련한 모든 분석은 합리적이어야 하며 객관적인 자료에 근거해야 한다.

**제28조(그 밖의 감정평가 기준)** 이 규칙에서 규정하는 사항 외에 감정평가법인등이 감정평가를 할 때 지켜야 할 세부적인 기준은 국토교통부장관이 정하여 고시한다.

**제29조(규제의 재검토)** 국토교통부장관은 제13조에 따른 감정평가서의 작성에 대하여 2024년 1월 1일을 기준으로 3년마다(매 3년이 되는 해의 기준일과 같은 날 전까지를 말한다) 그 타당성을 검토하여 개선 등의 조치를 해야 한다.

# 제2절 감정평가의 절차

## 1 감정평가 절차의 개념

「감정평가에 관한 규칙」

**제8조(감정평가의 절차)** 감정평가법인등은 다음 각 호의 순서에 따라 감정평가를 해야 한다. 다만, 합리적이고 능률적인 감정평가를 위하여 필요할 때에는 순서를 조정할 수 있다.

1. 기본적 사항의 확정
2. 처리계획 수립
3. 대상물건 확인
4. 자료수집 및 정리
5. 자료검토 및 가치형성요인의 분석
6. 감정평가방법의 선정 및 적용
7. 감정평가액의 결정 및 표시

### 1) 감정평가 절차의 의의

감정평가 절차는 대상물건에 대한 가치를 판정하는 감정평가 업무의 순서를 정한 것으로서, 감정평가 업무의 능률성과 신뢰성을 높이기 위한 일련의 처리방법을 의미한다.

### 2) 감정평가 절차의 필요성

감정평가업무는 주관적인 판단이 포함되는 업무로서 일련의 절차에 따른 감정평가를 통해 객관성을 제고하여 감정평가 업무의 신뢰성을 확보할 수 있다.

또한, 감정평가 의뢰인에게 체계적인 절차를 제시함으로써 감정평가 결과에 대한 보다 깊은 이해를 가능하게 하여 보상금 산정, 과세 기준 등과 같은 감정평가의 정책적 기능과 담보, 경매 등과 같은 감정평가의 경제적 기능 수행에 정당성을 부여한다.

## 2 기본적 사항의 확정

「**감정평가에 관한 규칙**」

**제9조(기본적 사항의 확정)** ① 감정평가법인등은 감정평가를 의뢰받았을 때에는 의뢰인과 협의하여 다음 각 호의 사항을 확정해야 한다.

1. 의뢰인
2. 대상물건
3. 감정평가 목적
4. 기준시점
5. 감정평가조건
6. 기준가치
7. 관련 전문가에 대한 자문 또는 용역(이하 "자문등"이라 한다)에 관한 사항
8. 수수료 및 실비에 관한 사항

② 기준시점은 대상물건의 가격조사를 완료한 날짜로 한다. 다만, 기준시점을 미리 정하였을 때에는 그 날짜에 가격조사가 가능한 경우에만 기준시점으로 할 수 있다.

③ 감정평가법인등은 필요한 경우 관련 전문가에 대한 자문등을 거쳐 감정평가할 수 있다.

### 1) 의뢰인과 대상물건의 확정

감정평가는 감정평가 의뢰를 통해 이루어지며 감정평가 의뢰인은 대상물건의 소유자인 경우도 있으나, 소유자 외의 자가 의뢰하는 경우도 있으며 이러한 경우 소유자의 동의 또는 확인을 구하는 것이 분쟁 예방에 도움이 된다.

대상물건이 부동산인 경우 위치와 범위를 확정할 수 있는 소재지, 층수, 호수 등이 확정되어야 하며 등기사항전부증명서, 토지 및 건축물대장으로 확정한다.

대상물건이 동산이나 권리 등인 경우로 위치적으로 특정할 수 없는 경우에는 구체적으로 대상물건을 확정할 수 있는 동산 등기사항전부증명서, 감정평가 의뢰 목록 등으로 대상물건을 확정한다.

## 2) 감정평가 목적의 확정

감정평가의 목적은 감정평가 결과의 사용 용도를 의미하며 담보, 경매, 보상, 정비사업, 재무보고 등[2)]으로 구분한다. 동일한 물건도 감정평가 목적에 따라 감정평가방법 및 적용 법규 등이 상이하여 감정평가액이 달라질 수 있다.

따라서, 감정평가 실시 전 감정평가 목적을 명확히 해야 감정평가 결과의 사용 용도에 맞는 적절한 감정평가가 이루어 질 수 있다.

## 3) 기준시점의 확정

기준시점은 감정평가액을 결정하기 위한 기준이 되는 시점을 의미하며 흔히 '가격시점'이라고도 한다. 부동산 등 대상물건은 토지의 경우 지가변동 및 시장상황 변화, 건물의 경우 건축비 변동 및 감가 등으로 인해 시점에 따라 가치가 달라질 수 있기 때문에 기준시점의 확정이 필요하다.

기준시점은 일반적으로 현재가 되지만, 과거(소급평가) 또는 미래(기한부 평가)의 특정일이 될 수도 있다. 「감정평가에 관한 규칙」에서는 기준시점으로 가격조사 완료일을 원칙으로 하고 있으나 기준시점이 미리 정하여진 때에는 가격조사가 가능한 경우에 한하여 그 일자로 할 수 있다고 하여 예외를 인정하고 있다.

---

2) 감정평가의 목적은 담보(은행담보, 보험회사담보, 제2금융권 담보, 공공기관담보 등), 처분 등 (처분, 매수, 교환, 매각), 자산재평가, 공시지가 산정, 경매, 공매, 보상(협의보상, 재결보상), 정비사업, 부담금 산정(개발부담금, 기반시설부담금 등), 임대차(가격평가, 임료평가), 일반거래(일반거래(매매), 일반임대차), 공정가치평가, 소송 등으로 분류할 수 있다.

### 4) 감정평가조건과 기준가치의 확정

감정평가조건이란, 기준시점의 가치형성요인 등을 실제와 다르게 가정하거나 특수한 경우로 한정하는 것을 의미한다. 즉, 대상물건의 가치형성에 영향을 미칠 수 있는 물리적·사회적·행정적 요인 등을 실제와 다르게 가정하거나 특수한 경우로 한정하는 것을 말하며 이 경우 감정평가는 '조건부 감정평가'가 된다.

기준가치는 감정평가의 기준이 되는 가치로서 「감정평가에 관한 규칙」에서는 시장가치를 원칙으로 하고 있으나 일정한 경우 시장가치 외의 가치로 감정평가할 수 있도록 규정하고 있다. 담보목적의 감정평가에서는 일반적으로 조건부 감정평가가 금지되어 있어 감정평가 목적에 따라 적절한 기준가치를 확정하여야 한다.

### 5) 기본적 사항 확정의 기타사항

감정평가 업무는 감정평가사가 수행하는 것이지만 특별히 필요한 경우에는 관련 전문가의 자문[3] 등을 거쳐 감정평가할 수 있다. 외부 전문가를 활용하고자 하는 경우 사전에 의뢰인에게 자문의 필요성, 비용 및 기간 등에 대하여 설명한 후 의뢰인의 동의 절차를 거쳐야 한다.

감정평가 수수료 및 실비는 「감정평가 및 감정평가사에 관한 법률」에 따른 「감정평가업자의 보수에 관한 기준」의 수수료 요율 및 실비에 관한 기준을 준수하여야 한다.

## 3 처리계획의 수립

처리계획의 수립은 확정된 기본적 사항을 바탕으로 감정평가업무를 능률적으로 수행하기 위하여 감정평가 결과를 도출할 때까지의 과정을 사전에 체계적으로 수립하는 것을 말한다.

---

3) 일조권·조망권 침해에 따른 손해배상청구소송 관련 소송평가 시 세대별 효용지수 시뮬레이션, 기계장치 등에 대한 손실보상 평가 시 이전비용 산정 등

## 4 대상물건의 확인

> **「감정평가에 관한 규칙」**
>
> **제10조(대상물건의 확인)** ① 감정평가법인등이 감정평가를 할 때에는 실지조사를 하여 대상물건을 확인해야 한다.
>
> ② 감정평가법인등은 제1항에도 불구하고 다음 각 호의 어느 하나에 해당하는 경우로서 실지조사를 하지 않고도 객관적이고 신뢰할 수 있는 자료를 충분히 확보할 수 있는 경우에는 실지조사를 하지 않을 수 있다.
>
> 1. 천재지변, 전시·사변, 법령에 따른 제한 및 물리적인 접근 곤란 등으로 실지조사가 불가능하거나 매우 곤란한 경우
> 2. 유가증권 등 대상물건의 특성상 실지조사가 불가능하거나 불필요한 경우

### 1) 대상물건의 확인 방법

#### (1) 사전조사

대상물건의 확인이란, 기본적 사항의 확정 단계에서 형식적으로 확정된 대상물건의 물적 사항과 권리관계를 확인하는 작업을 말한다. 사전조사는 관련 공부 등을 통하여 대상물건의 범위와 상태를 확인하는 작업으로 물리적으로 확인 가능한 사항 이외에 공부상 확인 가능한 권리의 존재 및 상태, 기타 공법상 제한 내용 및 제한정도 등에 관한 사항을 확인하여야 한다.

#### (2) 실지조사

실지조사는 현장을 방문하여 대상물건의 현황 등을 조사하는 과정으로 사전조사에서 확인할 수 없는 현장의 상황을 면밀하게 조사하고 대상물건의 가치에 영향을 미치는 제반 사항을 파악하는 절차이다

대상물건은 실지조사를 통하여 확인하는 것이 원칙이나 「감정평가에 관한 규칙」 제10조 제2항에 따라 실지조사를 생략하는 경우에는 해당 사실과 이유를 의뢰인에게 알리고, 감정평가서에 기재하여 감정평가서 사용자가 이를 알 수 있도록 해야 한다.

## 2) 대상물건의 확인 사항

### (1) 물적 사항의 확인

물적 사항은 의뢰서 및 의뢰목록과 토지대장, 지적도, 건축물대장과 같은 공부 서류를 바탕으로 현장의 상황과 비교·대조하는 절차를 거쳐 물건의 존재 여부, 동일성 여부, 물건의 상태 등을 확인한다.

한편, 토지 및 건물 등기사항전부증명서와 토지 및 건축물대장 간 물적 사항이 불일치하는 경우[4]가 있는데 이 경우 토지 및 건축물대장의 기재사항이 등기사항전부증명서상의 기재사항보다 우선한다는 점에 유의해야 한다.

### (2) 권리관계의 확인

권리관계의 확인은 대상물건에 대한 소유권 및 기타 소유권 이외 권리의 존재 여부 및 그 내용을 조사·확인하는 과정이다. 토지 및 건물 등기사항전부증명서 등 공부에 따라 명확히 검토하고 실지조사를 통하여 이를 확인하여야 한다.

한편, 토지 및 건물 등기사항전부증명서와 토지 및 건축물대장 간 소유자가 불일치하는 경우가 있는데 이 경우 등기사항전부증명서상의 기재사항이 토지 및 건축물대장의 기재사항보다 우선한다는 점에 유의해야 한다.

또한, 등기사항전부증명서 등에 등재되지 않은 권리가 존재할 수 있으므로 실지조사를 통해 미설정 권리, 점유권, 유치권 등과 같은 권리를 확인하여야 한다.

4) 등기사항전부증명서와 대장에는 물적 사항(소재지, 지번, 지목, 면적, 구조, 층수 등)과 권리적 사항(소유자 등)이 모두 표시되나, 등기사항전부증명서와 대장 간 상이한 경우가 있다. 이 경우 어떤 기재사항이 사실과 부합하는 지가 문제되는데 기재사항의 등재 절차를 이해하면 쉽게 알 수 있다. 상이한 이유는 최초에는 동일하였는데 추후 변경이 이루어져 상이하게 된 것으로 물적 사항은 시·군·구청 관련 부서에 허가·신고 등을 통해 대장이 먼저 변경되고, 권리적 사항은 등기소에 이전 등기 신청 등을 통해 등기사항전부증명서가 먼저 변경되는 것으로 변경 이후 공부정리가 미완료되어 상이하게 된 것이다. 따라서, 물적 사항은 대장, 권리적 사항은 등기사항전부증명서의 기재사항이 변경된 사실과 부합하는 것이다.

## 5 자료수집 및 정리

감정평가에 필요한 자료를 수집하고 감정평가 방식의 적용 시 활용할 수 있게 정리하는 절차로 신뢰성 있는 자료를 수집하여 체계적으로 분류해야 한다.

확인자료는 물적인 것과 권리적인 것으로 나누어 정리하고, 요인자료와 사례자료는 일반적, 지역적, 개별적 위계에 따라 정리해야 한다.

<table>
<tr><th colspan="4">감정평가를 위한 자료의 종류</th></tr>
<tr><th colspan="2">구분</th><th>내용</th><th>종류</th></tr>
<tr><td colspan="2">확인자료</td><td>물적 사항, 권리관계 확인에 필요한 자료</td><td>등기사항전부증명서, 토지대장, 건축물대장, 토지이용계획확인서, 지적도, 측량성과도, 환지계획도, 건축물 도면 등</td></tr>
<tr><td rowspan="3">요인<br>자료</td><td>일반요인</td><td>일반적 요인 분석을 위한 자료</td><td>인구통계 자료(인구수, 가구수 등), 경제지표(국민소득, 물가지수, 이자율 등)</td></tr>
<tr><td>지역요인</td><td>지역적 요인 분석을 위한 자료</td><td>지역적 일반요인 자료, 지역적 개발계획 및 개발사업 단계 등</td></tr>
<tr><td>개별요인</td><td>개별적 요인 분석을 위한 자료</td><td>토지가격비준표 등</td></tr>
<tr><td colspan="2">사례자료</td><td>감정평가 3방식 적용을 위한 자료</td><td>거래사례, 감정평가사례, 임대사례, 건설사례, 경매사례, 방매사례 등</td></tr>
</table>

## 6 자료검토 및 가치형성요인의 분석

### 1) 자료검토

자료검토는 수집된 각종 자료가 대상물건의 감정평가 과정에서 필요·충분한 자료인가 또는 감정평가 목적이나 감정평가조건에 충족되는 자료인가를 판단하는 과정이다.

'확인자료'는 공신력과 증거력이 중요하므로, 감정평가 목적이나 대상물건의 성격 등에 따라 적절한 자료를 채택하여야 한다. '요인자료'는 대상물건의 가치형성에 직접적으로 영향을 미치는 요인에 관한 자료인지를 검토하여야 한다. '사례자료'는 감정평가방법의 적용에 직접 활용되는 것으로 최근의 사례인지, 사정보정 및 시점수점은 가능한지 대상물건과 물적·위치적 유사성이 인정되는 지를 확인하여야 한다.

### 2) 가치형성요인의 분석

가치형성요인의 분석은 수집된 자료를 검토·분석하여 감정평가 근거로 활용할 것인지를 결정하고, 대상물건의 일반요인, 지역요인, 개별요인을 분석하는 단계이다. 이러한 분석과정은 대상물건의 경제적 위치를 파악하는 단계이므로 실질적인 가치판단 과정이라 할 수 있다.

## 7 감정평가방법의 선정 및 적용

### 1) 감정평가방법의 선정

수집된 자료를 통해 가치형성요인을 분석하여 대상물건의 가치를 화폐액으로 도출해내기 위해서는 감정평가방법을 활용해야 한다. 감정평가방법은 원가방식, 비교방식, 수익방식의 3가지 방식을 주로 사용한다.

다양한 감정평가방법 중에서 적절한 방법을 선택하기 위해서는 대상물건의 종류와 성격, 감정평가 목적 및 조건에 대한 이해와 확정이 선행되어야 한다. 특정 감정평가방법을 선정한 이유와 다른 방법의 검토 여부, 그리고 다른 평가 방법을 선정하지 않은 경우 그 사유를 감정평가서에 명시하여야 한다.

### 2) 감정평가방법의 적용

감정평가방법의 적용은 감정평가방법 중에서 선정된 감정평가방법을 통해 시산가액을 산정하는 단계이다. 가치형성요인 분석으로 최종 채택된 자료를 선정된 감정평가방법의 구체적인 계산식에 대입시킴으로써 시산가액을 도출한다.

# 8 감정평가액의 결정 및 표시

## 1) 감정평가액의 결정

감정평가액의 결정은 감정평가방법의 적용을 통해 선정된 시산가액을 검토하고 조정하여 최종적인 감정평가액을 결정하는 단계이다. 이는 다양한 감정평가방법을 통해 산출된 시산가액을 비판적으로 재검토하여 최종 감정평가액을 결정한다는 의미에서 '시산가액의 조정'이라고도 한다.

시산가액의 조정은 단순히 각 방식에 의한 시산가액의 산술평균이 아니라는 점에 유의하여야 한다. 감정평가 목적, 대상물건의 특성, 수집한 자료의 신뢰성 및 시장상황 등을 종합적으로 고려하여 한 가지 방식에 의한 시산가액으로 감정평가액을 결정하거나 감정평가방식별로 적절한 가중치를 두어 조정한다.

## 2) 감정평가액의 표시

시산가액의 조정을 거쳐 최종적인 감정평가액을 표시하는 단계이다. 일반적으로 최종적인 감정평가액은 하나의 금액으로 표시된다. 그러나 하나의 금액(점 추정)이 대상물건의 가치를 정확하게 반영하고 있다고는 볼 수 없는 경우에는 업무의 성격 또는 의뢰인의 요구 등에 따라 금액의 범위(구간 추정)를 감정평가액으로 표시할 수 있다.

# 제3절 감정평가의 3원칙

## 1 시장가치기준 원칙

「감정평가에 관한 규칙」

**제5조(시장가치기준 원칙)** ① 대상물건에 대한 감정평가액은 시장가치를 기준으로 결정한다.

② 감정평가법인등은 제1항에도 불구하고 다음 각 호의 어느 하나에 해당하는 경우에는 대상물건의 감정평가액을 시장가치 외의 가치를 기준으로 결정할 수 있다.

1. 법령에 다른 규정이 있는 경우
2. 감정평가 의뢰인(이하 "의뢰인"이라 한다)이 요청하는 경우
3. 감정평가의 목적이나 대상물건의 특성에 비추어 사회통념상 필요하다고 인정되는 경우

③ 감정평가법인등은 제2항에 따라 시장가치 외의 가치를 기준으로 감정평가할 때에는 다음 각 호의 사항을 검토해야 한다. 다만, 제2항제1호의 경우에는 그렇지 않다.

1. 해당 시장가치 외의 가치의 성격과 특징
2. 시장가치 외의 가치를 기준으로 하는 감정평가의 합리성 및 적법성

④ 감정평가법인등은 시장가치 외의 가치를 기준으로 하는 감정평가의 합리성 및 적법성이 결여(缺如)되었다고 판단할 때에는 의뢰를 거부하거나 수임을 철회할 수 있다.

### 1) 시장가치기준 원칙의 의의

「감정평가에 관한 규칙」에서는 대상물건에 대한 감정평가액은 원칙적으로 시장가치를 기준으로 결정함을 명시하고 있다.

시장가치란, 대상물건이 통상적인 시장에서 충분한 기간 동안 거래를 위해 공개된 후, 대상물건의 내용에 정통한 당사자 사이에 신중하고 자발적인 거래가 있을 경우 성립될 가능성이 가장 높다고 인정되는 대상물건의 가액을 말한다.

시장가치의 개념은 반드시 기준시점에 실제로 이루어진 거래에 근거하는 것은 아니며, 시장가치 정의를 만족시킨다는 가정하에 기준시점 현재 실현될 수 있는 가치의 추정치이다. 시장가치는 매도자와 매수자가 시장가치 정의의 조건하에서 상호 동의한 가치를 나타내며, 매도자와 매수자가 해당 거래 이전에 다른 시장에 대한 기회나 대체안에 대해 이미 충분히 인식하였음을 가정한다.

## 2) 시장가치 외의 가치로 평가하는 경우

### (1) 시장가치 외의 가치의 개념

시장가치 외의 가치는 시장가치의 요건을 충족하지 못하는 경우의 가치로 이해할 수 있으며, 통상적인 시장이 아닌 제한적인 참여자가 존재하는 시장에서 형성되는 가액 또는 거래 당사자가 대상물건 외의 특수한 경제적 관계가 있는 경우에 성립될 수 있는 가액으로 해석할 수 있다.

### (2) 적용 사례

'공정가치'는 시장에서 시장성과 교환거래를 전제로 하나 특수 당사자 간의 한정된 시장에서 형성되는 가치라는 특성을 갖는다. '투자가치'는 시장성은 있으나 일반적인 거래를 전제로 하는 가치가 아니라 투자요구조건에 따른 특정 당사자에 대한 가치를 말한다. 또한 '특수가치'란 일반적으로 시장성이 없는 물건에 대해 현재의 용도와 이용 상태를 기준으로 성립되는 가치를 말한다.

### (3) 검토사항

「감정평가에 관한 규칙」에서는 시장가치를 기준으로 감정평가하는 것을 원칙으로 하고 있으나, 법령에 다른 규정이 있거나 감정평가 의뢰인이 요청하는 경우에는 시장가치 외의 가치로 평가할 수 있도록 규정하고 있다.

시장가치 외의 가치를 기준으로 감정평가하는 경우 시장가치의 요건을 충족하지 못하는 상황을 파악하여 그 가치의 성격과 특징을 명확히 한 후, 시장가치 외의 가치를 기준으로 감정평가하는 것이 사회적으로 합리성이 충족되며 제반 법규상 위배되지 않는 지를 검토하여야 한다.

## 2 현황기준 원칙

「감정평가에 관한 규칙」

**제6조(현황기준 원칙)** ① 감정평가는 기준시점에서의 대상물건의 이용상황(불법적이거나 일시적인 이용은 제외한다) 및 공법상 제한을 받는 상태를 기준으로 한다.

② 감정평가법인등은 제1항에도 불구하고 다음 각 호의 어느 하나에 해당하는 경우에는 기준시점의 가치형성요인 등을 실제와 다르게 가정하거나 특수한 경우로 한정하는 조건(이하 "감정평가조건"이라 한다)을 붙여 감정평가할 수 있다.

1. 법령에 다른 규정이 있는 경우
2. 의뢰인이 요청하는 경우
3. 감정평가의 목적이나 대상물건의 특성에 비추어 사회통념상 필요하다고 인정되는 경우

③ 감정평가법인등은 제2항에 따라 감정평가조건을 붙일 때에는 감정평가조건의 합리성, 적법성 및 실현가능성을 검토해야 한다. 다만, 제2항제1호의 경우에는 그렇지 않다.

④ 감정평가법인등은 감정평가조건의 합리성, 적법성이 결여되거나 사실상 실현 불가능하다고 판단할 때에는 의뢰를 거부하거나 수임을 철회할 수 있다.

### 1) 현황기준 원칙의 의의

감정평가는 기준시점 당시 대상물건의 이용상황과 공법상 제한 상태를 기준으로 감정평가하는 것이 원칙이다. 즉, 대상물건의 상태·구조·이용 현황 등을 기준시점 현재 주어진 대로 감정평가하는 것이다.

기준시점에 따라 이용상황과 공법상 제한상태 등이 달라지게 되면 대상물건의 가치가 변동될 수 있다. 따라서 감정평가 시 기준시점을 정하여 감정평가하는 것이고 이러한 기준시점을 감정평가서에 기재하는 것이 필수적이다.

## 2) 현황기준 원칙의 예외

### (1) 일시적인 이용상황

대상물건의 이용상황이 일시적으로 최유효 이용에 미달되는 경우(일시적 이용상황) 이를 현황으로 보지 않는다. 즉, 이 경우 대상물건의 최유효 이용을 기준으로 감정평가하되 최유효 이용으로 전환하기 위해 수반되는 비용을 고려하여야 한다.

### (2) 불법적인 이용상황

대상물건이 불법적인 이용인 경우, 합법적인 이용상황을 기준으로 감정평가하되, 현재 상태에서 합법적인 이용으로 전환하기 위해 수반되는 비용을 고려하여야 한다. 즉, 원상회복 등 행정조치가 있는 경우 그러한 행위에 필요한 추가적 비용을 고려해야 한다.

## 3) 조건부 감정평가

조건부 감정평가는 부동산 가치에 영향을 줄 수 있는 새로운 상황의 발생을 상정하고 그 상황이 성취되는 경우를 전제로 증가나 감가 요인을 참작하여 평가하는 것을 말한다.

「감정평가에 관한 규칙」에서는 법령에 다른 규정이 있는 경우, 의뢰인이 요청하는 경우 및 사회통념상 필요하다고 인정되는 경우에는 그에 대한 조건을 붙여 조건부 감정평가를 할 수 있도록 규정하고 있다.

다만, 조건부평가를 실행하기 위해서는 전제조건의 실현 가능성, 합리성, 합법성 등이 요구되므로 실제 적용에 있어서는 상당한 제약과 제한이 따르게 된다.

담보평가는 대상 담보물이 미래의 시점인 채무불이행 시 담보물을 환가하여 피담보채권을 모두 변제받을 수 있는가에 대해 담보대출 시점에 파악하는 것으로 불확실한 미래의 상황을 기준으로 파악할 수는 없다. 따라서 담보평가 시 조건부 감정평가가 금지되는 것이다.

## 3 개별물건기준 원칙

「감정평가에 관한 규칙」

**제7조(개별물건기준 원칙 등)** ① 감정평가는 대상물건마다 개별로 하여야 한다.

② 둘 이상의 대상물건이 일체로 거래되거나 대상물건 상호 간에 용도상 불가분의 관계가 있는 경우에는 일괄하여 감정평가할 수 있다.

③ 하나의 대상물건이라도 가치를 달리하는 부분은 이를 구분하여 감정평가할 수 있다.

④ 일체로 이용되고 있는 대상물건의 일부분에 대하여 감정평가하여야 할 특수한 목적이나 합리적인 이유가 있는 경우에는 그 부분에 대하여 감정평가할 수 있다.

### 1) 개별물건기준 원칙의 의의

감정평가는 대상물건을 각각 독립된 개별 물건으로 취급하고 이에 대한 경제적 가치를 평가하는 것을 원칙으로 한다. 즉, 부동산의 경우 토지는 토지대장상 1필지별로, 건물은 건축물대장상 1동별로 평가하는 것을 말한다.

실제 관행상 토지와 건물이 일체로 거래됨에도 우리나라는 토지와 건물을 각각의 부동산으로 취급하는 「부동산등기법」과 같은 법과 제도로 인하여 토지와 건물을 일체로 평가하는 것이 아니라, 원칙적으로는 토지와 건물을 각각 평가한 후 이를 합산하여 토지·건물 복합부동산의 가액을 산정하는 방식을 채택하고 있다.

### 2) 개별물건기준 원칙의 예외

#### (1) 일괄감정평가

대상물건이 시장의 거래관행이나 가치형성 측면에서 토지 및 건물 일체로 되는 경우에는 일체의 가액을 산정하는 것이 부분별 가액의 합산가액보다 정확할 것이다. 둘 이상의 물건이 일체로 거래되거나 대상물건 상호 간 용도상 불가분의 관계에 있는 경우에는 토지 및 건물을 일괄감정평가할 수 있다.

실무상 일괄감정평가의 대표적인 예로는 둘 이상의 필지를 일단지로 평가할 필요가 있는 경우, 집합건물의 전유부분·공용부분·대지사용권, 임지와 입목을 일체로 하는 임야, 토지·건물의 복합부동산 등이 있다.

이 경우 평가 의뢰인의 필요에 따라 일괄감정평가된 감정평가액을 합리적인 기준에 따라 토지가액 및 건물가액으로 구분하여 표시할 수 있다. 예컨대, 경매평가 시 배당액 산정 등의 목적으로 집합건물의 감정평가액을 토지가액 및 건물가액으로 구분하는 경우 등이 있다.

### (2) 구분감정평가

구분감정평가란, 1개의 물건이라도 가치를 달리하여 서로 다르게 가치가 형성되는 경우에는 이를 구분하여 감정평가하는 것을 말한다. 가치가 다른 부분을 구별하여 1개의 물건 전부를 평가하기 때문에 1개의 물건 중 일부만을 평가하는 부분감정평가와 차이가 있다.

가치를 달리 하더라도 면적 등이 과소하여 그 영향이 미미한 경우에는 주된 가치를 기준으로 감정평가해야 한다. 한 필지의 토지라도 용도지역, 이용상황 등이 서로 달라 가치를 달리하는 경우에는 구분감정평가를 할 수 있다.

규모가 과대한 토지의 전면 부분과 후면 부분의 가치 차이가 심한 경우, 용도지역이나 도시계획시설에 일부가 저촉되어 저촉된 부분과 저촉되지 않은 부분의 가치 차이가 발생하는 경우, 기존건물에 증축된 건물이 소재하여 가치를 달리하는 경우 등이 대표적이다.

### (3) 부분감정평가

부분감정평가란, 특수한 목적 또는 합리적인 이유가 있어 1개의 물건 중 일부를 평가할 필요가 인정되는 경우 대상물건의 일부만을 감정평가하는 것을 말한다. 예를 들면, 토지의 보상평가 시 1개 필지의 일부만이 편입되어 그 편입부분만을 평가하는 경우나 토지·건물 일체로 구성된 복합부동산의 가격 중 토지 또는 건물만의 가액을 구하는 경우가 이에 해당한다.

# 제4절 감정평가의 3방식의 개관

## 1 가치의 3면성과 감정평가의 3방식

**「감정평가에 관한 규칙」**

**제11조(감정평가방식)** 감정평가법인등은 다음 각 호의 감정평가방식에 따라 감정평가를 한다.

1. 원가방식: 원가법 및 적산법 등 비용성의 원리에 기초한 감정평가방식
2. 비교방식: 거래사례비교법, 임대사례비교법 등 시장성의 원리에 기초한 감정평가방식 및 공시지가기준법
3. 수익방식: 수익환원법 및 수익분석법 등 수익성의 원리에 기초한 감정평가방식

### 1) 가치의 3면성

가치의 3면성이란, 가치를 형성하는 3가치 측면을 의미하며 시장성, 비용성 및 수익성이 있으며 이는 가치를 파악하기 위한 접근방법으로 사용된다.

일반적으로 사람이 물건의 가치를 판정할 때는 "그 물건이 어느 정도의 가격으로 거래되고 있는가", "그 물건을 만드는 데 어느 정도의 비용이 투입되는가", "그 물건을 이용함으로써 어느 정도의 편익을 얻을 수 있는가"를 고려하는 것이 일반적이고 이것이 가치의 3면성을 통해 가치를 파악하는 방식이라 할 수 있다.

### 2) 감정평가의 3방식

감정평가의 3방식이란, 가치의 3면성에 따라 대상물건의 경제적 가치를 판정하여 이를 가액으로 표시하는 3가지 방식을 말한다. 이러한 3방식은 시장성에 착안하여 가치를 구하고자 하는 '비교방

식', 비용성에 착안하여 가치를 구하고자 하는 '원가방식', 수익성에 착안하여 가치를 구하고자 하는 '수익방식'이 있다.

대상물건의 경제적 가치는 교환의 대가인 협의의 가치로서 표시되는 경우와 용익의 대가인 임대료로 표시되는 경우가 있기 때문에 각 방식에 2가지 방법이 있어 감정평가의 3방식은 총 6가지의 방법으로 구분해 볼 수 있다.

| 감정평가의 3방식과 6방법 | | | | | | |
|---|---|---|---|---|---|---|
| 3면성 | | 3방식 | | 6방법 | | 시산가액 |
| '시장성' | → | 비교방식 | [ | 거래사례비교법 | = | '비준가액' |
| | | | | 임대사례비교법 | = | '비준임대료' |
| '비용성' | → | 원가방식 | [ | 원가법 | = | '적산가액' |
| | | | | 적산법 | = | '적산임대료' |
| '수익성' | → | 수익방식 | [ | 수익환원법 | = | '수익가액' |
| | | | | 수익분석법 | = | '수익임대료' |

## 2 비교방식

### 1) 비교방식의 의의

비교방식이란, 거래사례비교법, 임대사례비교법 등 시장성의 원리에 기초한 감정평가방식을 말한다. '거래사례비교법'은 교환의 대가인 협의의 가치를 구하는 방법이며, '임대사례비교법'은 사용·수익의 대가인 임대료를 구하는 방법이다.

토지의 교환의 대가인 협의의 가치를 구하는 방법 중 표준지공시지가를 이용하는 방법을 '공시지가기준법'이라 한다.

### 2) 비교방식의 기본 논리

비교방식은 대상물건이 시장에서 어느 정도의 가격으로 거래되고 있는가 하는 시장성에 근거하고 있다. 즉, 수요·공급의 원칙에 따라 가격이 결정되는 일반적인 시장의 가격결정 과정을 반영하고 있다.

일반적으로 매도자는 유사 거래사례의 가격 이하로는 팔려고 하지 않을 것이며, 매수자도 그 가격 이상으로는 사려고 하지 않을 것이다. 비교방식은 유사 사례의 가액으로부터 대상물건의 가액을 구하므로 대체의 원칙에 근거하고 있다.

## 3 원가방식

### 1) 원가방식의 의의

원가방식이란, 원가법 및 적산법 등 비용성의 원리에 기초한 감정평가방식을 말한다. '원가법'은 교환의 대가인 협의의 가치를 구하는 방법이며, '적산법'은 사용·수익의 대가인 임대료를 구하는 방법이다.

### 2) 원가방식의 기본 논리

원가방식은 "대상물건을 정도의 비용이 투입되어야 만들 수 있는가"라는 비용성에 근거하고 있다.

일반적인 매도자는 생산비 이하의 가격으로는 팔려고 하지 않을 것이며, 매수자는 대상물건과 유사한 효용과 기능을 제공하는 다른 물건의 생산비보다 더 많은 가격을 지급하지 않을 것이다. 따라서 원가방식은 대체의 원칙에 근거하고 있다.

## 4 수익방식

### 1) 수익방식의 의의

수익방식이란, 수익환원법 및 수익분석법 등 수익성의 원리에 기초한 감정평가방식을 말한다. '수익환원법'은 교환의 대가인 협의의 가치를 구하는 방법이며, '수익분석법'은 사용·수익의 대가인 임대료를 구하는 방법이다.

## 2) 수익방식의 기본 논리

합리적 경제인은 더 많은 수익을 창출하는 자산에 더 큰 가치를 부여한다. 이처럼 수익의 크기에 따라 부동산의 가치를 결정하는 것을 수익성의 사고방식이라 한다.

# 5 감정평가방법의 적용과 시산가액 조정

「감정평가 실무기준」

**400-4 감정평가방법의 적용 및 시산가액 조정**

① 감정평가를 할 때에는 이 기준에서 대상물건별로 정한 감정평가방법(이하 "주된 방법"이라 한다)을 적용하여야 한다. 다만, 주된 방법을 적용하는 것이 곤란하거나 부적절한 경우에는 다른 감정평가방법을 적용할 수 있다.

② 제1항에 따라 어느 하나의 감정평가방법을 적용하여 산정한 시산가액은 감정평가 3방식 중 다른 감정평가방식에 속하는 하나 이상의 감정평가방법(이 경우 공시지가기준법과 그 밖의 비교방식에 속한 감정평가방법은 서로 다른 감정평가방식에 속한 것으로 본다)으로 산정한 시산가액과 비교하여 합리성을 검토하여야 한다. 다만, 대상물건의 특성 등으로 인하여 다른 감정평가방법을 적용하는 것이 곤란하거나 불필요한 경우에는 그러하지 아니하되 그 사유를 감정평가서에 기재하여야 한다.

③ 제2항에 따른 검토 결과 제1항에 따라 산정한 시산가액의 합리성이 없다고 판단되는 경우에는 주된 방법 및 다른 감정평가방법으로 산정한 시산가액을 조정하여 감정평가액을 결정할 수 있다.

④ 시산가액을 조정할 때에는 감정평가 목적, 대상물건의 특성, 수집한 자료의 신뢰성, 시장상황 등을 종합적으로 고려하여 각 시산가액에 적절한 가중치를 부여하여 감정평가액을 결정(주된 방법이 아닌 다른 감정평가방법으로 산정한 가액 등으로 감정평가액을 결정하는 경우를 포함한다)하여야 한다.

## 1) 대상물건별 평가방법

감정평가방법은 「감정평가에 관한 규칙」 및 「감정평가 실무기준」에서 물건별로 정한 감정평가방법에 따른다. 다만, 주된 방법을 적용하는 것이 곤란하거나 부적절한 경우에는 감정평가방식의 특징을 충분히 파악한 후, 대상물건의 성격·감정평가 목적·감정평가조건 등을 고려하여 각 물건별로 적용할 감정평가방법이 적절한지, 정확성이 있는지 그리고 자료를 시장에서 구할 수 있는지 등의 현실적 상황을 고려하여 가장 적절한 방법을 적용해야 한다.

## 참고 「감정평가에 관한 규칙」상 물건별 감정평가방법

<table>
<tr><th colspan="2">대상물건</th><th>관련조문</th><th>주방식</th><th>부방식</th></tr>
<tr><td colspan="2">토지</td><td>제14조</td><td>공시지가기준법</td><td>거래사례비교법, 원가법</td></tr>
<tr><td colspan="2">건물</td><td>제15조</td><td>원가법</td><td>-</td></tr>
<tr><td rowspan="2">토지와 건물의 일괄평가 등</td><td>토지와 건물의 일괄평가</td><td>제16조</td><td colspan="2">거래사례비교법, 수익환원법, 원가법</td></tr>
<tr><td>구분소유권</td><td>제16조</td><td>거래사례비교법</td><td>-</td></tr>
<tr><td rowspan="2">산림</td><td>임지</td><td rowspan="2">제17조</td><td>공시지가기준법</td><td></td></tr>
<tr><td>입목</td><td>거래사례비교법</td><td>원가법 등</td></tr>
<tr><td colspan="2">과수원</td><td>제18조</td><td>거래사례비교법</td><td>-</td></tr>
<tr><td colspan="2">공장재단, 광업재단</td><td>제19조</td><td>개별 물건의 감정평가액 합산</td><td>수익환원법</td></tr>
<tr><td colspan="2">자동차</td><td rowspan="4">제20조</td><td>거래사례비교법</td><td rowspan="5">해체처분가격</td></tr>
<tr><td colspan="2">건설기계</td><td>원가법</td></tr>
<tr><td colspan="2">선박</td><td>원가법</td></tr>
<tr><td colspan="2">항공기</td><td>원가법</td></tr>
<tr><td colspan="2">동산</td><td>제21조</td><td>거래사례비교법<br>※기계·기구 : 원가법</td></tr>
<tr><td colspan="2">임대료</td><td>제22조</td><td>임대사례비교법</td><td>-</td></tr>
<tr><td>무형자산</td><td>광업권, 어업권, 영업권, 특허권, 실용신안권, 디자인권, 상표권, 저작권, 전용측선이용권 등</td><td>제23조</td><td>수익환원법</td><td>-</td></tr>
<tr><td rowspan="4">유가증권 등</td><td>상장주식</td><td rowspan="4">제24조</td><td>거래사례비교법</td><td>-</td></tr>
<tr><td>비상장주식</td><td>총자본/발행주식수</td><td>-</td></tr>
<tr><td>채권</td><td colspan="2">증권거래소 시세 유무에 따른 평가</td></tr>
<tr><td>기업가치</td><td>수익환원법</td><td>-</td></tr>
<tr><td colspan="2">소음 등으로 인한 대상물건의 가치하락분</td><td>제25조</td><td colspan="2">소음 등이 발생하기 전의 가액 및 원상회복비용 등 고려하여 평가</td></tr>
<tr><td colspan="2">기타물건</td><td>제26조</td><td colspan="2">이와 유사한 물건 등의 경우에 준하여 평가</td></tr>
</table>

## 2) 합리성 검토

대상물건별로 정해진 감정평가방법으로 구한 시산가액을 다른 감정평가방식에 속하는 하나 이상의 감정평가방법으로 산정한 시산가액과 비교하여 합리성을 검토해야 한다.

합리성을 검토한 결과 합리성이 인정되는 경우에는 이를 기준으로 최종적인 감정평가액을 결정한다. 그러나 대상물건의 특성 등으로 인하여 다른 감정평가방법을 적용하는 것이 곤란하거나 불필요한 경우에는 합리성 검토를 생략할 수 있다.

거래가 활발하게 이루어지고 있는 시장성이 높은 아파트와 같은 구분건물은 대상물건의 특성상 원가법이나 수익환원법의 적용이 불필요한 경우이다. 또한, 현실적인 수익, 비용자료가 미비하거나 관련 자료가 정확하지 않을 때는 수익환원법의 적용이 사실상 곤란한 경우가 있을 수 있다.

## 3) 시산가액의 조정

### (1) 시산가액 조정의 이유

감정평가방법은 각각 유용성과 한계를 지니고 있으므로 다양한 방법을 적용함으로써 보다 정확하고 객관적인 감정평가액을 도출할 수 있다. 따라서 합리성을 검토한 결과 합리성이 없다고 판단되는 경우에는 시산가액을 조정하여 감정평가액을 결정할 수 있다.

### (2) 시산가액 조정의 방법

시산가액을 조정할 때에는 단순히 시산가액의 산술평균으로 적용해서는 안 된다. 감정평가 목적, 대상물건의 특성, 수집한 자료의 신뢰성, 시장상황 등을 기준으로 각 방법으로 산정한 시산가액의 상대적인 객관적과 신뢰성 등을 검토해야 한다.

실무적으로 시산가액을 조정할 때에는 시산가액별 가중치를 부여하여 산정한 가중평균액으로 최종적인 감정평가액을 결정한다.

# 제2장

# 담보평가 개관

# 제1절 담보평가의 개념

## 1 담보평가의 의의 및 기능

> **「감정평가 실무기준」**
>
> **700-710(그 밖의 요인 보정)**
>
> ① 담보평가란 담보를 제공받고 대출 등을 하는 은행·보험회사·신탁회사·일반기업체 등(이하 "금융기관 등"이라 한다)이 대출을 하거나 채무자(담보를 제공하고 대출 등을 받아 채무상환의 의무를 지닌 자를 말한다)가 대출을 받기 위하여 의뢰하는 담보물건(채무자로부터 담보로 제공받는 물건을 말한다)에 대한 감정평가를 말한다.
>
> ② 감정평가업자가 담보평가를 수행할 때에는 감정평가관계법규에서 따로 정한 것을 제외하고는 [100 총칙]부터 [600 물건별 감정평가]까지의 규정을 적용한다.
>
> ③ 감정평가업자는 담보평가의 의뢰와 수임, 절차와 방법, 감정평가서 기재사항 등에 관한 세부사항을 금융기관등과의 협약을 통하여 따로 정할 수 있다. 다만, 이 경우에도 관계법규 및 이 기준에 어긋나서는 아니 된다.

### 1) 담보평가의 의의

담보평가란, 금융기관 등이 자금의 운용이익을 얻을 목적으로 여신을 제공할 경우 채권의 확보를 위하여 취득하는 담보물의 가치를 평가하는 것을 말한다.

즉, 채권자로서 채무자의 채무불이행 시 담보물을 매각하여 그 매각대금으로부터 채권금액의 우선 변제를 받게 될 것이므로 이를 고려하여 담보물의 가치를 화폐가치로 산정한 후 추후 회수가능한 범위 내에서 여신 공여를 하는 것이다.

따라서, 담보평가는 담보물의 상태 및 현황을 조사·확인하여 그 진위 및 적부 등을 판단하고, 담보물의 환가성을 측정하여 이를 화폐액으로 표시하는 일련의 업무라 할 수 있다.

## 2) 담보평가의 기능

### (1) 대출금액의 결정 기준 제시

담보평가는 금융기관 등에 대출금액의 결정 기준을 제시하는 기능을 한다. 담보대출은 채무불이행 시 담보물의 환가 처분을 통하여 채권을 회수한다. 그러므로 대출금액을 결정하기 위해서는 먼저 담보평가를 통해 담보물로 제공되는 물건의 정확한 시장가치의 추계가 이루어져야 한다.

### (2) 금융시장의 건전성 확보

금융시장에서 채무자와 채권자 사이에서 이해관계를 조절해주는 기능을 수행한다. 양 당사자 사이에서 담보물가치에 대한 독립적인 판단을 통해 금융시장의 건전성을 확보할 수 있게 한다. 담보물의 가치평가가 부적절하면 대출부실화 등으로 인해 금융시장의 부실화를 초래하기 때문이다.

### (3) 채권의 보전 가능성 판단기준 제시

담보평가는 채권의 존속기간 중에 발생 가능한 담보물의 가치변동성을 고려하여 이루어지므로, 대출기간 중 채권의 보전 가능성에 대한 판단기준을 제시하는 기능을 수행한다.

### (4) 담보물의 조사 및 판별 기능

감정평가 시 담보물에 대한 물적 상태 및 법적 권리관계 등에 대한 현황의 확인 작업이 함께 수행되고 있다. 이 과정을 통하여 대출승인 여부 결정 시 담보물의 현황 파악의 근거가 되며, 추후 여신관련 분쟁 시 사실관계 판단의 근거가 된다.

## 2 담보평가의 원칙

### 1) 확인주의

담보평가 시에는 평가대상물건의 물적 상태 및 법적 권리관계 등을 반드시 확인하여 담보대상물건이 담보취득의 대상이 될 수 있는지를 명확히 확인하여야 한다.

### 2) 보수주의

담보물을 평가할 때에는 채권의 안전한 회수를 위하여 대출기간 동안의 불확실성, 담보물의 변동가능성 등을 고려하여야 하며 특히, 미실현 개발이익 등은 담보가격에 반영하여서는 안 된다.

또한, 부동산의 종류 및 지역성에 따른 단기시장의 추이 및 동향뿐만 아니라 장기시장의 예측결과를 고려하여 평가하여야 한다.

### 3) 처분주의

채권자는 채무자의 채무불이행 시 담보물을 환가하여 그 매각대금으로부터 피담보채권 금액의 우선변제를 받게 될 것이므로 담보감정평가는 적정한 금액으로 환가처분할 수 있는 가격을 고려하여 평가하여야 한다.

담보평가는 대상 부동산의 가치에 장기적으로 그 영향이 지속되는 부동산의 위치, 건축물의 질적 수준 등의 지속가능성을 전제로 평가한다. 지속가능성의 판단을 위해서 지역별 시장 동향과 대상 부동산의 변화에 대한 분석이 요구된다.

### 4) 현황주의

담보감정평가는 일반 감정평가원칙에 따라 공부상의 지목이나 용도에 상관없이 현실적인 이용상황을 기준으로 평가하여야 한다. 다만, 현황이 일시적인 이용상황이거나 불법적으로 이용하고 있는 경우에는 이를 배제한 상황을 기준으로 평가하여야 한다.

## 3 담보평가의 기준가치

### 1) 감정평가의 기준가치 원칙

「감정평가에 관한 규칙」에서는 대상물건에 대한 감정평가액은 원칙적으로 시장가치를 기준으로 결정함을 명시하고 있다.

시장가치는 대상물건이 통상적인 시장에서 충분한 기간 동안 공개된 후, 대상물건의 내용에 정통한 당사자 사이에 신중하고 자발적인 거래가 있을 경우 성립될 가능성이 가장 높다고 인정되는 대상물건의 가액을 말한다.

### 2) 담보목적의 감정평가의 기준가치

「감정평가에 관한 규칙」 제5조에 따라 감정평가는 시장가치를 기준으로 결정한다. 담보목적의 감정평가인 '담보평가' 시에도 시장가치를 기준으로 감정평가액을 결정해야 한다.

일반적인 감정평가에서 시장가치는 기준시점 현재 시장에서 거래될 수 있는 시장가치를 기준으로 추계하는 것이 일반적이다. 이때 시장가치는 매우 한정적인 현재 시점의 가치이다. 그러므로 시간의 경과에 따라 시장가격이 변동될 수 있고, 일정 기간이 지난 후에는 감정평가액이 유용하지 않을 수 있다.

그러나, 담보평가는 그 개념에 따라 장기적으로 지속적 유지가 가능한 가치를 기준으로 추계해야 한다. 즉, 장래의 부동산시장의 변동성에서 독립되고, 안정적인 채권회수를 전제로 하는 등 담보목적으로서의 보수성 및 환가성을 고려하여 감정평가해야 한다.

따라서, 담보평가는 시장가치를 기준으로 하되 부동산시장의 장기적인 추세를 반영하고 단기변동성을 상쇄할 수 있도록 기준시점의 시장가치 인식보다 다소 보수적으로 감정평가액을 결정해야 한다는 점에 유의하여야 한다.

## 제2절 담보평가의 주안점

일반적으로 금융기관은 담보대출의 대출가능금액 또는 여신가능금액을 산정할 때, 담보평가액을 기준으로 담보인정비율(LTV, Loan To Value)을 곱한 금액에 선순위권리해당액 등을 제외한 금액으로 산정한다.

그럼, 5억원으로 평가된 부동산으로 담보인정비율은 60%이고 선순위권리해당액은 1억원이라고 가정하면, 이 경우 부동산 담보대출가능금액은 2억원이라고 산정하면 될까?

2억원을 대출 승인을 하면 혹시 채무가 불이행되더라도 문제 없이 회수할 수 있을까?

만약, 상기 5억원으로 평가된 부동산이 '보전산지', '학교용지'라거나 '등기사항전부증명서상 '가등기' 또는 '예고등기'가 있는 부동산이어도 과연 손실 없이 회수할 수 있을까?

여신담당자로서 담보평가 시 반드시 기억해야 할 것은 바로, 아래 2가지 주안점이다.

첫째, "이 담보물이 채권보전을 위한 담보로서 적절한 것인가" (담보물의 적격성)

둘째, "이 담보물을 담보로 얼마까지 대출을 해도 되는 것인가" (금액의 적정성)

### 1 담보물의 적격성

**"이 담보물이 채권보전을 위한 담보로서 적절한 것인가"**

#### 1) 정규담보의 의의

정규담보란, 금융기관 등이 채무자의 채무불이행 시 담보물을 매각하여 그 매각대금으로부터 채권금액의 우선변제를 받을 수 있을 것이라 예상할 수 있는 담보물을 말한다. 금융기관은 이러한 정규담보로 인정되는 담보물의 담보평가액을 기준으로 여신가능금액을 산정한다.

정규담보는 정식담보라고도 하며, 정규담보로 인정되지 않아 그 평가액을 담보가능금액으로 인정하지 않는 '견질담보', 정규담보물에 부합되어 별도의 담보가치를 인정하지 않는 '첨담보'와 구별된다.

### 2) 정규담보의 판단기준

채권자는 채무자의 채무불이행 시 담보물을 매각하여 그 매각대금으로부터 채권금액의 우선변제를 받게 될 것이므로 담보물은 대출 시 예측한 가격수준 이상으로 원하는 시기에 매각 가능한 것이어야 한다. 담보물의 매각은 통상 근저당권 실행에 따른 임의경매 또는 부실채권의 매각 등을 통해 이루어진다.

따라서, 정규담보물은 법적으로 근저당권 등 담보물권의 설정이 가능하여야 하며 채무자의 대출 완제 시까지 담보물권의 효력이 유지되어야 한다. '학교교육에 직접 사용되는 학교법인의 재산' 등으로 법률상 근저당권을 설정할 수 없는 담보물이거나, 등기사항전부증명서상 선순위 '가등기' 또는 '예고등기' 등이 있어 향후 이러한 권리의 법률 효과로 인해 근저당권이 무효가 되거나 등기부상 기존 순위에 변동이 생길 수 있는 담보물은 적격한 담보물이라고 볼 수 없다.

또한, 정규담보물은 대출 시 예측한 가격수준 이상으로 원하는 시기에 매각 가능한 것이어야 하므로 이른바 '환가성'이 있는 물건이어야 한다.

정규담보의 판단기준은 상기와 같이 '법률적' 측면과 '환가성' 측면의 2가지로 나누어 볼 수 있다. 후설하는 '제2편 담보물의 적격성 분석' 중 '제1장 법률상 담보취득 금지 및 제한 대상 부동산'에서는 정규담보의 판단기준 중 '법률적' 측면, '제2장 환가성 분석'에서는 정규담보의 판단기준 중 '환가성' 측면에 대해 자세히 알아보기로 한다.

## 2 금액의 적정성

**"이 담보물을 담보로 얼마까지 대출을 해도 될 것인가"**

### 1) 담보평가액의 적정성 문제

일반적인 감정평가의 시장가치기준 원칙에 따라 담보목적의 감정평가인 '담보평가'시에도 시장가치를 기준으로 감정평가액을 결정한다는 측면은 동일하다.

일반적인 감정평가에서 시장가치는 기준시점 현재 시장에서 거래될 수 있는 시장가치를 기준으로 추계하는 것이 일반적이다. 이때 시장가치는 매우 한정적인 현재 시점의 가치이다. 그러므로 시간의 경과에 따라 시장가격이 변동될 수 있고, 일정 기간이 지난 후에는 감정평가액이 유용하지 않을 수 있다.

그러나, 담보평가는 그 개념에 따라 장기적으로 지속적 유지가 가능한 가치를 기준으로 추계해야 한다. 즉, 장래의 부동산시장의 변동성에서 독립되고, 안정적인 채권회수를 전제로 하는 등 담보목적으로서의 보수성 및 환가성을 고려하여 감정평가해야 한다.

## 2) 담보평가액을 기준으로 한 여신가능금액 등의 산정

일반적으로 금융기관은 담보평가액에 담보인정비율(LTV, Loan To Value)을 곱한 금액에서 선순위권리해당액 등을 제외한 금액을 대출가능금액 또는 여신가능금액으로 산정한다. 이는 금융기관이 담보물에 근저당권을 설정하고 대출을 하는 이유가 채무불이행 시 담보물을 환가하여 피담보채권을 모두 변제받기 위함임을 고려할 때, '그 담보물이 얼마에 환가되고 얼마를 제외한 금액이 담보권자에게 배당될 것인가의 관점'이라고 할 수 있다. 이에 대해서는 후설하는 '제2편 담보물의 적격성 분석' 중 '제3장 담보물 권리분석'에서 자세히 알아보기로 한다.

# 담보평가의
# 이론과 실무

# | 제2편 |

# 담보물의 적격성 분석

## 제1장 법률상 담보취득 금지 및 제한 대상 부동산

제1절 법률상 담보취득 금지 부동산

제2절 법률상 담보취득 제한 부동산

## 제2장 환가성 분석

제1절 환가성의 개념

제2절 환가성 제약의 유형

## 제3장 담보물 권리분석

제1절 담보물 권리분석의 의의

제2절 등기사항전부증명서에 표시되는 권리

제3절 등기사항전부증명서에 표시되지 않은 권리

“

개인이나 법인이 금융기관으로부터 대출을 받을 때 담보를 제공한다는 의미는 추후 채무불이행 시에 이를 환가하여 변제함에 동의하는 것이라 볼 수 있다.

환가 절차는 보통 근저당권 실행에 따른 임의경매에 의할 것이므로 일반적으로 경락가율(낙찰가/법사가)이 보통 100% 미만이라 할 때, 법원 경매로 매각되는 것은 정상적인 상황에서 시장가격에 의해 매각되는 것보다 낮은 가격에 매각될 확률이 높다.

담보를 제공하고 대출을 받은 후 채무불이행으로 인한 임의경매에 의해 처분되는 경우 경락가율이 극히 낮게 되면 채무자 즉, 부동산의 소유자는 부동산 소유권을 상실함과 동시에 남은 빚을 떠안게 되는 것이다.

개인이나 법인은 자유로운 경제활동 및 금융활동이 보장되어야 할 것이므로 위와 같은 '위험을 감수하고 대출을 받는 행위'를 법률 등으로 제한하기 어려우나 만약, 그 주체에게 사회적으로 보호해야 할 필요가 있는 '공공성'이 있다면 이를 법률로 보호할 필요가 있다.

따라서, '공공성'이 큰 경우에 위와 같이 담보를 '제공'하고 대출을 받는 행위를 '금지'하는 법률이 제정된 것이고, '공공성'이 있으나 제한적으로나마 경제활동 및 금융활동을 보장할 필요가 있는 경우에는 이를 원천적으로 '금지'하지는 않으나 관계 행정기관 등의 '허가'를 담보제공 요건으로 하는 일종의 '제한'을 부여하는 법률이 제정된 것이다.

한편, 금융기관의 입장에서는 상기 사유에 따라 담보제공자가 담보를 '제공'함에 있어 법률에 따른 '금지 또는 제한'이 있는 경우, 담보물을 '취득'함에 있어 법률의 규정에 따라 이를 '금지 또는 제한'해야 한다.

# 제 1 장

# 법률상 담보취득 금지 및 제한 대상 부동산

# 제1절 법률상 담보취득 금지 부동산

## 1 법률상 담보취득 금지 부동산

### 1) 의의

부동산의 용도 측면에서 공공성이 크거나 「신탁법」 등 해당 법률의 취지를 달성하기 위한 경우 해당 법률에서는 소유자가 '담보제공' 등을 할 수 없도록 규정하고 있다.

해당 법률에서 소유자의 '담보제공'을 금지하고 있기 때문에 금융기관에서는 이에 따라 '담보취득' 하지 못하는 부동산으로 정하고 있는 것이다.

### 2) 예시

| 담보취득 금지대상 | 관련 법률 | 주요내용 |
|---|---|---|
| **학교교육에 직접 사용되는 학교법인 (사립학교경영자 준용)의 재산** | 사립학교법 등 | (제28조)<br>학교교육에 직접 사용되는 학교법인의 재산 중 대통령령이 정하는 것은 이를 매도하거나 담보제공할 수 없다. |
| **국유재산 중 행정재산** | 국유재산법 | (제11조)<br>국유재산에는 사권을 설정하지 못한다. |
| **신탁재산** | 신탁법 | (제22조)<br>신탁재산에 대하여는 강제집행 또는 경매를 할 수 없다. |
| **보험회사의 소유재산** | 보험업법 | (제113조)<br>소유자산을 담보로 제공하거나 채무의 보증을 할 수 없다. |
| **주택담보노후연금보증을 받은 자의 담보주택** | 한국 주택금융공사법 | (제43조의7)<br>담보주택에 저당권 또는 가등기담보권 등 담보물권을 설정하는 행위 |

## 2 담보제공 금지 부동산 관련 법률 및 판례

### 1) 학교교육에 직접 사용되는 학교법인 등의 재산

**「사립학교법」**

**제28조(재산의 관리 및 보호)**

② 학교교육에 직접 사용되는 학교법인의 재산 중 대통령령으로 정하는 것은 매도하거나 담보로 제공할 수 없다.

**제51조(준용규정)** 사립학교경영자에 관하여는 제5조, 제28조제2항(이하 중략)을 준용한다.

**「사립학교법 시행령」**

**제12조(처분할 수 없는 재산의 범위 등)** ① 법 제28조제2항에 따라 학교법인이 매도하거나 담보로 제공할 수 없는 재산은 해당 학교법인이 설치·경영하는 사립학교의 교육에 직접 사용되는 재산으로서 다음 각 호의 어느 하나에 해당하는 것으로 한다.

1. 교지
2. 교사(강당을 포함한다)
3. 체육장(실내체육장을 포함한다)
4. 실습 또는 연구시설
5. 기타 교육에 직접 사용되는 시설·설비 및 교재·교구

**「사립학교법」**

**제2조(정의)** 이 법에서 사용하는 용어의 뜻은 다음과 같다.

1. "사립학교"란 학교법인, 공공단체 외의 법인 또는 그 밖의 사인이 설치하는 「유아교육법」 제2조제2호, 「초·중등교육법」 제2조 및 「고등교육법」 제2조에 따른 학교를 말한다.
2. "학교법인"이란 사립학교만을 설치·경영할 목적으로 이 법에 따라 설립되는 법인을 말한다.
3. "사립학교경영자"란 「유아교육법」, 「초·중등교육법」, 「고등교육법」 및 이 법에 따라 사립학교를 설치·경영하는 공공단체 외의 법인(학교법인은 제외한다) 또는 사인을 말한다.

※ 사립학교의 종류 : 유치원, 초등학교, 중학교, 고등학교 및 고등교육기관(대학교 등)

## 2) 국유재산 중 행정재산

「국유재산법」

**제6조(국유재산의 구분과 종류)** ① 국유재산은 그 용도에 따라 행정재산과 일반재산으로 구분한다.

② 행정재산의 종류는 다음 각 호와 같다.

1. 공용재산: 국가가 직접 사무용·사업용 또는 공무원의 주거용(직무 수행을 위하여 필요한 경우로서 대통령령으로 정하는 경우로 한정한다)으로 사용하거나 대통령령으로 정하는 기한까지 사용하기로 결정한 재산
2. 공공용재산: 국가가 직접 공공용으로 사용하거나 대통령령으로 정하는 기한까지 사용하기로 결정한 재산
3. 기업용재산: 정부기업이 직접 사무용·사업용 또는 그 기업에 종사하는 직원의 주거용(직무 수행을 위하여 필요한 경우로서 대통령령으로 정하는 경우로 한정한다)으로 사용하거나 대통령령으로 정하는 기한까지 사용하기로 결정한 재산
4. 보존용재산: 법령이나 그 밖의 필요에 따라 국가가 보존하는 재산

③ "일반재산"이란 행정재산 외의 모든 국유재산을 말한다.

**제11조(사권 설정의 제한)**

② 국유재산에는 사권을 설정하지 못한다. 다만, 일반재산에 대하여 대통령령으로 정하는 경우에는 그러하지 아니하다.

**제27조(처분의 제한)** ① 행정재산은 처분하지 못한다.

**제41조(처분 등)** ① 일반재산은 대부 또는 처분할 수 있다.

▸ **관련판례**

**대법원 2007. 6. 1. 선고 2005도7523 판결**

**【판시사항】**

[1] 국유재산법상 행정재산의 범위

**【판결요지】**

[1] 국유 하천부지는 자연의 상태 그대로 공공용에 제공될 수 있는 실체를 갖추고 있는 이른바 자연공물로서 별도의 공용개시행위가 없더라도 행정재산이 되고 그 후 본래의 용도에 공여되지 않는 상태에 놓여 있더라도 국유재산법령에 의한 용도폐지를 하지 않은 이상 당연히 잡종재산으로 된다고는 할 수 없으며, 농로나 구거와 같은 이른바 인공적 공공용 재산은 법령에 의하여 지정되거나 행정처분으로 공공용으로 사용하기로 결정한 경우, 또는 행정재산으로 실제 사용하는 경우의 어느 하나에 해당하면 행정재산이 된다.

### 3) 신탁재산

「신탁법」

**제22조(강제집행 등의 금지)** ① 신탁재산에 대하여는 강제집행, 담보권 실행 등을 위한 경매, 보전처분(이하 "강제집행등"이라 한다) 또는 국세 등 체납처분을 할 수 없다. 다만, 신탁 전의 원인으로 발생한 권리 또는 신탁사무의 처리상 발생한 권리에 기한 경우에는 그러하지 아니하다.

### 4) 보험회사의 소유재산

「보험업법」

**제113조(타인을 위한 채무보증의 금지)** 보험회사는 타인을 위하여 그 소유자산을 담보로 제공하거나 채무보증을 할 수 없다. 다만, 이 법 및 대통령령으로 정하는 바에 따라 채무보증을 할 수 있는 경우에는 그러하지 아니하다.

### 5) 주택담보노후연금보증을 받은 자의 담보주택

「한국주택금융공사법」

**제43조의7(저당권 설정 등의 제한)** ① 주택담보노후연금보증을 받은 사람은 담보주택에 대하여 채권 확보에 지장이 없는 경우로서 대통령령으로 정하는 경우를 제외하고는 다음 각 호의 행위를 하여서는 아니 된다.

1. 담보주택에 저당권 또는 가등기담보권 등 담보물권을 설정하는 행위
2. 담보주택에 전세권을 설정하는 행위
3. 담보주택을 임대하는 행위

② 주택담보노후연금보증을 받은 사람은 공사의 동의 없이는 제한물권을 설정하거나 압류·가압류·가처분 및 임대차 등의 목적물이 될 수 없는 재산임을 담보주택의 소유권등기에 부기등기하여야 한다. 이 경우 부기등기의 시기·내용 및 말소에 관한 사항은 대통령령으로 정한다.

③ 제2항에 따른 부기등기일 이후에 담보주택에 제한물권이 설정된 경우 또는 담보주택이 압류·가압류·가처분·임대차 등의 목적물로 된 경우에는 그 효력을 무효로 한다.

④ 제2항에도 불구하고 제22조제1항제9호의2의 업무를 수행하는 경우에는 소유권등기에 부기등기하지 아니할 수 있다.

## 참고 주택담보노후연금보증을 받은 자의 담보주택 등기부 예시

### ▸ 근저당권 설정 방식

[집합건물] 서울특별시 304호

| 【 갑 구 】 ( 소유권에 관한 사항 ) | | | | |
|---|---|---|---|---|
| 5-1 | 금지사항등기 | 2023년3월17일 제35 | 2023년3월17일 주택담보노후연금보증 | 이 주택은 한국주택금융공사법에 따른 한국주택금융공사의 동의를 받지 아니하고는 제한물권을 설정하거나 압류, 가압류, 가처분 및 임대차 등 소유권을 제한하는 어떤 행위도 할 수 없음 |

[집합건물] 서울특별시 304호

| 【 을 구 】 ( 소유권 이외의 권리에 관한 사항 ) | | | | |
|---|---|---|---|---|
| 순위번호 | 등 기 목 적 | 접 수 | 등 기 원 인 | 권리자 및 기타사항 |
| 1 | 근저당권설정 | 2023년3월17일 제3 | 2023년3월17일 설정계약 | 채권최고액 금910,000,000원<br>채무자<br><br>근저당권자 한국주택금융공사 110171-0029402<br>부산광역시 남구 문현금융로 40(문현동, 부산국제금융센터)<br>( 서울 지사 ) |

### ▸ (담보)신탁 방식

[집합건물] 서울특별시 801호

| 【 갑 구 】 ( 소유권에 관한 사항 ) | | | | |
|---|---|---|---|---|
| 8 | 소유권이전 | 2023년3월23일 제37 | 2023년3월23일 신탁 | 수탁자 한국주택금융공사 110171-0029402<br>부산광역시 남구 문현금융로 40(문현동, 부산국제금융센터) |
| | 신탁 | | | 신탁원부 제2023- 호 |

# 제2절 법률상 담보취득 제한 부동산

## 1 법률상 담보취득 제한 부동산

### 1) 의의

부동산의 용도 및 소유 형태 측면에서 사회적으로 보호해야 할 공공성이 있으나 제한적으로나마 자유로운 경제활동 및 금융활동을 보장할 필요가 있는 경우에는 이를 원천적으로 '금지'하지는 않으나 관계 행정기관 등의 '허가'를 담보제공 요건으로 하는 일종의 '제한'을 부여하는 법률이 있다.

해당 법률에서 소유자의 '담보제공'을 제한하고 있기 때문에 금융기관에서는 '담보취득' 시 법률에 따른 요건을 충족하였는지를 확인해야 한다.

### 2) 예시

| 담보취득 제한대상 | 관련 법률 | 담보 제공을 위한 요건 |
|---|---|---|
| 학교법인의 기본재산 | 사립학교법 | 관할 교육청의 허가 |
| 공익법인의 기본재산 | 공익법인의 설립 운영에 관한 법률 | 주무관청의 허가 |
| 의료법인의 재산 | 의료법 | 시·도지사의 허가 |
| 사회복지법인의 기본재산 | 사회복지사업법 | 시·도지사의 허가 |
| 전통사찰의 재산 | 전통사찰의 보존 및 지원에 관한 법률 | 시·도지사의 허가 |
| 향교재산 | 향교재산법 | 시·도지사의 허가 |
| 주택법에 의하여 건설된 주택 및 대지 | 주택법 | 입주예정자의 동의 |
| 북한이탈주민의 소유권 등 | 북한이탈주민의 보호 및 정착지원에 관한 법률 | 통일부장관의 허가 |
| 보조금을 지급받은 중요재산 | 보조금 관리에 관한 법률 | 주무관청의 허가 |

## 2 담보제공 제한 부동산 관련 법률 및 판례

### 1) 학교법인의 기본재산

「사립학교법」

**제28조(재산의 관리 및 보호)** ① 학교법인이 그 기본재산에 대하여 매도·증여·교환·용도변경하거나 담보로 제공하려는 경우 또는 의무를 부담하거나 권리를 포기하려는 경우에는 관할청의 허가를 받아야 한다. 다만, 대통령령으로 정하는 경미한 사항은 관할청에 신고하여야 한다.

▸ **관련판례**

**대법원 2010. 4. 8. 선고 2009다93329 판결**

**【판시사항】**

[1] 학교법인이 해산되어 기본재산을 처분하는 경우에도 관할관청의 허가를 받아야 하는지 여부(적극)

**【판결요지】**

[1] 학교법인이 사립학교법 제47조 제1항에 의한 해산명령을 받아 해산되고 고등교육법 제62조 제1항에 의한 학교폐쇄 처분을 받아 사실상 학교법인으로서 실체를 상실하고 기능을 수행할 수 없게 된 경우에도 사립학교법 제28조 제1항이 여전히 적용되어 그 기본재산을 처분하고자 할 때에는 관할청의 허가를 받아야 한다고 해석함이 상당하다.

**참고 사립학교 관련 담보제공 가/부 비교**

| 형태 | 학교교육에 직접 사용 | 그 외 재산 |
|---|---|---|
| 학교법인 소유 | 담보제공 금지 | 담보제공 제한(허가 요) |
| 사립학교 경영자 소유 | 담보제공 금지 | 담보제공 가능 |
| 학교법인 또는 경영자가 임차 | 담보제공 가능 | 담보제공 가능 |

## 2) 공익법인의 기본재산

**「공익법인의 설립·운영에 관한 법률」**

**제11조(재산)** ① 공익법인의 재산은 대통령령으로 정하는 바에 따라 기본재산과 보통재산으로 구분한다.

② 기본재산은 그 목록과 평가액을 정관에 적어야 하며, 평가액에 변동이 있을 때에는 지체 없이 정관 변경 절차를 밟아야 한다.

③ 공익법인은 기본재산에 관하여 다음 각 호의 어느 하나에 해당하는 경우에는 주무 관청의 허가를 받아야 한다.

1. 매도·증여·임대·교환 또는 용도변경하거나 담보로 제공하려는 경우

**「공익법인의 설립·운영에 관한 법률 시행령」**

**제2조(정의)** ① 「공익법인의 설립·운영에 관한 법률」 제2조에서 "사회일반의 이익에 공여하기 위하여 학자금·장학금 또는 연구비의 보조나 지급, 학술·자선에 관한 사업을 목적으로 하는 법인"이라 함은 다음의 사업을 목적으로 하는 법인을 말한다.

1. 학자금·장학금 기타 명칭에 관계없이 학생등의 장학을 목적으로 금전을 지급하거나 지원하는 사업·금전에 갈음한 물건·용역 또는 시설을 설치·운영 또는 제공하거나 지원하는 사업을 포함한다.
2. 연구비·연구조성비·장려금 기타 명칭에 관계없이 학문·과학기술의 연구·조사·개발·보급을 목적으로 금전을 지급하거나 지원하는 사업·금전에 갈음한 물건·용역 또는 시설을 제공하는 사업을 포함한다.
3. 학문 또는 과학기술의 연구·조사·개발·보급을 목적으로 하는 사업 및 이들 사업을 지원하는 도서관·박물관·과학관 기타 이와 유사한 시설을 설치·운영하는 사업
4. 불행·재해 기타 사정으로 자활할 수 없는 자를 돕기 위한 모든 자선사업
5. 제1호 내지 제4호에 해당하는 사업의 유공자에 대한 시상을 행하는 사업

## 3) 의료법인의 재산

**「의료법」**

**제48조(설립 허가 등)**

③ 의료법인이 재산을 처분하거나 정관을 변경하려면 시·도지사의 허가를 받아야 한다.

## 4) 사회복지법인의 기본재산

「사회복지사업법」

**제23조(재산 등)**

② 법인의 재산은 보건복지부령으로 정하는 바에 따라 기본재산과 보통재산으로 구분하며, 기본재산은 그 목록과 가액(價額)을 정관에 적어야 한다.

③ 법인은 기본재산에 관하여 다음 각 호의 어느 하나에 해당하는 경우에는 시·도지사의 허가를 받아야 한다. 다만, 보건복지부령으로 정하는 사항에 대하여는 그러하지 아니하다.

1. 매도·증여·교환·임대·담보제공 또는 용도변경을 하려는 경우

**제2조(정의)** 이 법에서 사용하는 용어의 뜻은 다음과 같다.

1. "사회복지사업"이란 다음 각 목의 법률에 따른 보호·선도(善導) 또는 복지에 관한 사업과 사회복지상담, 직업지원, 무료 숙박, 지역사회복지, 의료복지, 재가복지(在家福祉), 사회복지관 운영, 정신질환자 및 한센병력자의 사회복귀에 관한 사업 등 각종 복지사업과 이와 관련된 자원봉사활동 및 복지시설의 운영 또는 지원을 목적으로 하는 사업을 말한다.
3. "사회복지법인"이란 사회복지사업을 할 목적으로 설립된 법인을 말한다.

▸ **관련판례**

**대법원 2003. 9. 26.자 2002마4353 결정**

**【판시사항】**

[1] 부동산임의경매절차에서 사회복지법인의 기본재산인 부동산에 관한 낙찰에 대하여 주무관청의 허가가 없는 경우 기본재산의 소유권이 낙찰인에게 이전되는지 여부(소극)

**【결정요지】**

[1] 사회복지법인의 기본재산의 매도, 담보제공 등에 관한 사회복지사업법 제23조 제3항의 규정은 강행규정으로서 사회복지법인이 이에 위반하여 주무관청의 허가를 받지 않고 그 기본재산을 매도하더라도 효력이 없으므로, 법원의 부동산임의경매절차에서 사회복지법인의 기본재산인 부동산에 관한 낙찰이 있었고 낙찰대금이 완납되었다 하더라도 위 낙찰에 대하여 주무관청의 허가가 없었다면 그 부동산에 관한 소유권은 사회복지법인으로부터 낙찰인에게로 이전되지 아니한다.

## 5) 전통사찰의 재산

**「전통사찰의 보존 및 지원에 관한 법률」**

**제9조(동산·부동산의 양도 등 허가)**

② 전통사찰의 주지는 동산 또는 부동산을 대여하거나 담보로 제공하려면 사찰이 속한 단체 대표자의 승인서를 첨부(사찰이 속한 단체가 없는 경우에는 제외한다)하여 시·도지사의 허가를 받아야 한다. 허가받은 사항을 변경하려는 경우에도 같다.

③ 제1항 및 제2항에 따른 허가를 받지 아니하고 부동산을 양도 또는 대여하거나 담보로 제공한 경우에는 이를 무효로 한다.

**제2조(정의)** 이 법에서 사용하는 용어의 뜻은 다음과 같다.

1. "전통사찰"이란 불교 신앙의 대상으로서의 형상(形象)을 봉안(奉安)하고 승려가 수행하며 신도를 교화하기 위한 시설 및 공간으로서 제4조에 따라 등록된 것을 말한다.

## 6) 향교재산

**「향교재산법」**

**제8조 (허가 사항)** ① 향교재단은 다음 각 호의 어느 하나에 해당하는 때에는 대통령령으로 정하는 바에 따라 특별시장·광역시장·도지사 또는 특별자치도지사(이하 "시·도지사"라 한다)의 허가를 받아야 한다. 다만, 제3호부터 제5호까지의 규정 중 어느 하나에 해당하는 경우로서 「문화재보호법」 제34조제3호에 따른 현상변경 허가를 받은 때에는 허가를 받지 아니하여도 된다.

1. 향교재산 중 동산이나 부동산을 처분하거나 담보로 제공하려는 때

## 7) 「주택법」에 의하여 건설된 주택 및 대지

**「주택법」**

**제61조(저당권설정 등의 제한)** ① 사업주체는 주택건설사업에 의하여 건설된 주택 및 대지에 대하여는 입주자 모집공고 승인 신청일(주택조합의 경우에는 사업계획승인 신청일을 말한다) 이후부터 입주예정자가 그 주택 및 대지의 소유권이전등기를 신청할 수 있는 날 이후 60일까지의 기간 동안 입주예정자의 동의 없이 다음 각 호의 어느 하나에 해당하는 행위를 하여서는 아니 된다. 다만, 그 주택의 건설을 촉진하기 위하여 대통령령으로 정하는 경우에는 그러하지 아니하다.

1. 해당 주택 및 대지에 저당권 또는 가등기담보권 등 담보물권을 설정하는 행위
2. 해당 주택 및 대지에 전세권·지상권(地上權) 또는 등기되는 부동산임차권을 설정하는 행위
3. 해당 주택 및 대지를 매매 또는 증여 등의 방법으로 처분하는 행위

② 제1항에서 "소유권이전등기를 신청할 수 있는 날"이란 사업주체가 입주예정자에게 통보한 입주가능일을 말한다.

③ 제1항에 따른 저당권설정 등의 제한을 할 때 사업주체는 해당 주택 또는 대지가 입주예정자의 동의 없이는 양도하거나 제한물권을 설정하거나 압류·가압류·가처분 등의 목적물이 될 수 없는 재산임을 소유권등기에 부기등기(附記登記)하여야 한다. 다만, 사업주체가 국가·지방자치단체 및 한국토지주택공사 등 공공기관이거나 해당 대지가 사업주체의 소유가 아닌 경우 등 대통령령으로 정하는 경우에는 그러하지 아니하다.

## 8) 정부의 주거지원으로 취득하게 된 북한이탈주민의 소유권 등

**「북한이탈주민의 보호 및 정착지원에 관한 법률」**

**제20조(주거지원 등)**

② 제1항에 따라 주거지원을 받는 보호대상자는 그 주민등록 전입신고를 한 날부터 2년간 통일부장관의 허가를 받지 아니하고는 임대차계약을 해지하거나 그 주거지원에 따라 취득하게 된 소유권, 전세권 또는 임차권을 양도하거나 저당권을 설정할 수 없다.

### 9) 「보조금 관리에 관한 법률」상 중요재산

**「보조금 관리에 관한 법률」**

**제2조(정의)** 이 법에서 사용하는 용어의 뜻은 다음과 같다.

1. "보조금"이란 국가 외의 자가 수행하는 사무 또는 사업에 대하여 국가가 이를 조성하거나 재정상의 원조를 하기 위하여 교부하는 보조금(지방자치단체에 교부하는 것과 그 밖에 법인·단체 또는 개인의 시설자금이나 운영자금으로 교부하는 것만 해당한다), 부담금(국제조약에 따른 부담금은 제외한다), 그 밖에 상당한 반대급부를 받지 아니하고 교부하는 급부금으로서 대통령령으로 정하는 것을 말한다.
2. "보조사업"이란 보조금의 교부 대상이 되는 사무 또는 사업을 말한다.
3. "보조사업자"란 보조사업을 수행하는 자를 말한다.
4. "간접보조금"이란 국가 외의 자가 보조금을 재원(財源)의 전부 또는 일부로 하여 상당한 반대급부를 받지 아니하고 그 보조금의 교부 목적에 따라 다시 교부하는 급부금을 말한다.
5. "간접보조사업"이란 간접보조금의 교부 대상이 되는 사무 또는 사업을 말한다.
6. "간접보조사업자"란 간접보조사업을 수행하는 자를 말한다.

**제35조(재산 처분의 제한)**

③ 보조사업자 또는 간접보조사업자는 해당 보조사업을 완료한 후에도 중앙관서의 장의 승인 없이 중요재산에 대하여 다음 각 호의 행위를 하여서는 아니 된다. 다만, 대통령령으로 정하는 경우에는 중앙관서의 장의 승인을 받지 아니하고도 다음 각 호의 행위를 할 수 있다.

3. 담보의 제공

▸ **관련판례**

**대법원 2015. 10. 29. 선고 2015다223350 판결**

**【판시사항】**

사회복지법인의 기본재산이 국가의 보조금에 의하여 취득하거나 효용이 증가된 중요재산에 해당하는 경우, 기본재산을 담보에 제공하기 위해서 구 사회복지사업법 제23조 제3항에 규정된 보건복지부장관의 허가뿐만 아니라 구 보조금의 예산 및 관리에 관한 법률 제35조에 규정된 중앙관서의 장의 승인도 받아야 하는지 여부(적극)

**【판결요지】**

(중략) 사회복지법인의 기본재산이 국가의 보조금에 의하여 취득하거나 효용이 증가된 중요재산에 해당하는 경우 기본재산을 담보에 제공하기 위해서는 구 사회복지사업법 제23조 제3항에 규정된 보건복지부장관의 허가뿐만 아니라 구 보조금법 제35조에 규정된 중앙관서의 장의 승인도 받아야 한다.

# 제2장

# 환가성 분석

# 제1절 환가성의 개념

## 1 환가성의 의의와 판단기준

환가성(Marketability, 시장성)이란, 채무불이행 시 대상물건을 어느 때라도 처분하여 채권을 회수할 수 있는가에 대한 판단을 의미하여 보통 '환가성이 있다' 또는 '환가성이 결여된다'라는 식으로 판단 및 평가를 포함하는 개념이다.

환가성의 판단기준은 첫째, 채권의 변제기 이후 채무불이행 상태가 되었을 때 물건의 하자 등으로 인해 환가에 시간이 장기간 소요되지 않아야 한다는 '적시성', 둘째, 담보물건의 환가대금으로부터 채권의 변제를 충족해야 하기 때문에 담보물건의 가액 등이 담보대출 시 예측한 가격수준에서 크게 변동되지 않아야 한다는 '가액의 보존성'이 있다.

## 2 환가성의 요건

### 1) 환가절차의 원활성

환가성이 있으려면 담보대출 시 설정한 근저당권이 환가가 필요한 시기까지 그 효력과 순위가 유지되어야 한다. 또한, 법원 경매 등의 환가절차에 있어 경매가 정지되거나 취소될 권리가 존재하지 않아야 한다.

### 2) 시장성과 범용성

일반거래의 대상이 되는 물건이어야 하며, 일반적인 이용에 제공되어야 한다. 또한, 수요와 공급이 많고 객관적인 가격수준이 형성되어 누구라도 가격파악이 용이하여야 한다.

### 3) 행정적 규제의 유연성

사용·처분이 용이하여야 하고 매입절차가 단순해야 한다. 또한, 공법상 제한사항 등 부동산의 이용에 행정적 규제가 심하지 않고 이러한 제한을 담보대출 시 예측할 수 있어 담보가치 산정에 고려할 수 있어야 한다.

## 3 환가성의 정도에 따른 금융기관별 취급

환가성은 보통 '환가성이 있다' 또는 '환가성이 결여된다'라는 식으로 판단 및 평가를 포함하는 개념이다. 환가성이 있다고 판단되는 경우는 채무불이행 시 담보물을 환가하여 피담보채권을 모두 변제받을 수 있다고 판단되는 경우로서 취급에 별다른 제한이 없으나, 환가성이 결여된다고 판단되는 경우는 그렇지 않은 경우로서 '담보취득을 금지·제한'하거나 이를 감안한 조치를 취해야 한다.

금융기관별로 이러한 '담보취득을 금지·제한'에 대한 사항은 내부 기준 등에 정해 놓고 있는데, 이러한 기준의 예시로 다음과 같은 것이 있다.

1. 아래의 토지는 정규담보로 취득할 수 없다.
   1) 용도지역이 생산녹지지역, 보전녹지지역, 생산관리지역, 보전관리지역, 농림지역, 자연 환경보전지역에 해당하는 경우
      단, 지상에 적법하게 등기된 건물이 소재하거나 건축허가를 득한 경우 제외
   2) 지목이 농지(전·답·과수원), 임야, 목장용지인 경우
      단, 지상에 적법하게 등기된 건물이 소재하거나 건축허가를 득한 경우 또는 농지전용 허가를 득한 경우,

주거지역, 상업지역, 공업지역에 소재하거나 농지로서 농업진흥구역이 아닌 계획관리지역, 자연녹지지역에 소재하는 경우 제외

(중략)

위 금융기관에서는 "도시지역 등이 아닌 용도지역에 소재하는 토지나 지목이 농지, 임야 등인 토지"는 환가성이 결여되는 것으로서 이와 같은 물건을 담보로 대출을 할 경우 채무불이행 시 담보물을 환가하여 피담보채권을 모두 변제받을 수 없을 것을 우려하여 담보취득을 제한하고 있는 것이다.

그런데, 과연 위와 같은 토지는 경제적 가치가 없는 것일까? 그리고 모든 금융기관에서 위와 같은 기준을 적용하고 있는 것일까?

토지는 이용상황에 따라 주거용·상업용·공업용 대지, 농경지, 임야지로 나눌 수 있고 이러한 이용상황에 따라 이용가치가 다르기 때문에 토지는 이용상황에 따라 다른 가격수준이 형성된다.

환가성의 요건은 앞서 살펴본 바와 같이 '환가절차의 원활성', '시장성과 범용성' 및 '행정적 규제의 유연성'이라 할 수 있다. '환가절차의 원활성' 측면에서는 대지·농경지·임야지 간에 큰 차이는 없으나, '시장성과 범용성' 측면에서는 농경지·임야지는 용도의 제한성 등으로 인해 대지보다 시장성이 결여된다고 볼 수 있고, '행정적 규제의 유연성' 측면에서 농경지·임야지는 건축물을 건축하기 위해 별도의 농지전용허가 또는 산지전용허가 등의 절차를 거쳐야 하기 때문에 대지보다 공법상 제한사항이 더 많다고 할 수 있다. 따라서, 농경지·임야지는 대지보다 상대적으로 환가성의 정도가 낮다고 볼 수 있다.

그러나, 환가성의 정도에 따른 금융기관별 취급 기준은 동일하지 않다. 농경지·임야지가 대지보다 환가성이 결여된다고 보아 정규담보로 인정하지 않는 금융기관이 있는 반면 대지·농경지·임야지를 모두 정규담보로 인정하는 금융기관도 있다.

환가성 정도의 판단에 따른 정규담보 인정 여부는 일률적으로 정해져 있는 것이 아니라 금융기관별 여신운용 정책 등에 따라 자체적으로 결정할 수 있는 것이라 할 수 있다. 다만, 법률상 담보 제공이 금지되거나 제한되어 있어 금융기관이 정규담보로 취득할 수 없는 부동산의 경우는 금융기관별 상황에 따라 달라지는 것이 아니라는 점을 유의하여야 한다.

# 제2절 환가성 제약의 유형

## 1 환가절차가 불가능하거나 제약이 있는 경우

1) 압류, 가처분, 매도조건이 이행되지 아니한 환매특약등기[5], 소유권이전등기 청구권 보전을 위한 가등기, 예고등기, 해제특약등기, 신탁등기 등이 되어 있는 부동산은 이러한 권리의 법률 효과로 인해 근저당권이 무효가 되거나 등기부상 기존 순위에 변동이 생길 수 있기 때문에 환가성이 제약된다.

2) 유치권신고가 되어 있는 부동산은 환가절차의 진행에 문제가 있을 수 있고 환가가 되어도 근저당권자가 변제받는 금액에 영향을 받을 수 있기 때문에 환가성이 제약된다.

3) 종중 재산은 「민법」상 총유의 소유형태로서 종중총회의 결의를 거치지 않은 처분행위(근저당권 설정 포함)는 무효[6]이므로 주의를 요한다.

4) 공부와 일치하지 않는 토지 및 건물로 사회통념[7]상 동일성을 인정할 수 없는 경우는 환가성이 제약된다.

5) 기타 공·사법 및 행정조치에 의한 부동산 중 환가에 문제가 있는 물건

---

5) 환매특약등기에 있어서 매도조건이 이미 이행되어 환매가 불가능한 경우 또는 한국토지주택공사 등 공공법인 또는 지방자치단체가 개인에게 분양하면서 환매권등기를 한 부동산으로서 환매대금반환청구권에 대하여 질권을 설정하거나 채권양도계약을 체결한 경우는 이에 해당하지 않는 것으로 볼 수 있다.

6) 종중 소유의 재산은 종중원의 총유에 속하는 것이므로 그 관리 및 처분에 관하여 먼저 종중규약에 정하는 바가 있으면 이에 따라야 하고, 그 점에 관한 종중규약이 없으면 종중총회의 결의에 의하여야 하므로, 비록 종중 대표자에 의한 종중 재산의 처분이라고 하더라도 그러한 절차를 거치지 아니한 채 한 행위는 무효이고, (중략) (대법원 96다18656)

7) 실제의 건물과 등기사항전부증명서상의 표시건물과의 사이에 건축시기, 구조, 면적, 소재지 등에 관하여 차이가 중대하여 도저히 동일성 또는 유사성조차 인식될 수 없는 것이라면 건물표시변경등기가 허용된 경우를 제외하고는 무효이므로 후일 경매 시 물적불일치로 경매 진행이 안 될 경우도 있으므로 담보취득이 불가하다 사료된다.
【관련판례】
건물에 관한 소유권보존등기가 당해 건물의 객관적, 물리적 현황을 공시하는 등기로서 효력이 있는지의 여부는, 등기부에 표시된 소재, 지번, 종류, 구조와 면적 등이 실제 건물과 간에 사회통념상 동일성이 인정될 정도로 합치되는지의 여부에 따라 결정된다. (대법원 1996. 6. 14. 선고 94다53006 판결)

## 2 일반적이지 않은 특수한 물건인 경우

1) 「공간정보의 구축 및 관리 등에 관한 법률」상 지목이 염전, 도로, 철도용지, 하천, 제방, 구거, 유지, 수도용지, 사적지, 묘지, 종교용지, 공원용지, 체육용지인 토지로 현실적인 이용상황도 이와 같다면 일반적인 용도로 사용되는 토지가 아니므로 시장성이 낮아 환가성이 제약된다.
2) 장례식장, 납골당, 도살장, 비행장, 변전소, 송신소, 수신소, 송유 시설 등 특별한 목적으로 건축된 건물은 일반적인 용도로 사용되는 건물이 아니므로 시장성이 낮아 환가성이 제약된다.
3) 공부상 공유지분 건물은 「집합건물의 소유 및 관리에 관한 법률」에 의한 구분소유 부동산이 아니라, 일반건축물 1개동을 수인이 공동으로 소유하고 있는 상태를 말하며, 이 경우 구분의 모호성 및 권리관계의 중첩성으로 인해 환가성이 제약된다. 다만, 공유지분 건물 전체가 담보로 제공되는 경우에는 그렇지 않다.

## 3 공법상 제한을 받는 부동산

토지는 다양한 법률에 의하여 영향을 받고 있으며, 이러한 영향은 토지가치에 영향을 미치는 중요한 요인 중 하나이다. 공법상 제한이란, 관계법령의 규정에 의한 토지의 이용 및 처분 등에 관한 제한을 의미한다.

공법상 제한을 받는 토지는 그러한 제한을 감안한 상태의 시장가치가 형성되기 때문에 담보평가시 이를 감안하여 산정한 가격을 기준으로 여신금액을 산정하면 환가성 제약에 따른 담보취득 가·부가 문제되지 않을 수 있다.

다만, 공법상 제한에 따른 영향이 커서 토지의 정상적 이용이 불가능한 경우는 담보취득을 제한할 필요가 있을 수 있다. 이와 같은 토지의 예시는 아래와 같다.

1) 「산지관리법」상 보전산지로 지정된 임야
2) 「군사기지 및 군사시설 보호법」상 통제보호구역 내 토지
3) 「자연환경보전법」 등에 따라 '비오톱 1등급'으로 지정된 토지

## 참고 비오톱

**▸ 비오톱의 개념**

비오톱이란 특정한 식물과 동물이 하나의 생활공동체를 이루어 지표상에서 다른 곳과 명확히 구분되는 생물 서식지로서, 서울특별시에서 「자연환경보전법」 제6, 제8조 및 제43조를 근거로 하여 「서울특별시 도시계획 조례」 제4조 및 같은 조례 시행규칙 제3조에 따라 5개의 등급으로 구분하여 지정된다.

**▸ 비오톱의 등급**

비오톱유형평가 등급 및 개별비오톱평가 등급은 다음과 같다.
(근거: 서울특별시도시계획조례 시행규칙 제3조)

1. 비오톱유형평가 등급
   가. 1등급: 보전이 우선되어야 하는 비오톱유형
   나. 2등급: 보전이 필요한 비오톱유형
   다. 3등급: 대상지 일부에 대하여 보전을 하고 잔여지역은 생태계 현황을 고려한 토지이용이 요구되는 비오톱유형
   라. 4등급: 생태계 현황을 고려한 토지이용이 요구되는 비오톱유형
   마. 5등급: 도시생태 측면에서 부분적으로 개선이 필요한 비오톱유형

2. 개별비오톱평가 등급
   가. 1등급: 보호가치가 우선시 되는 비오톱(보전)
   나. 2등급: 보호할 가치가 있는 비오톱(보호 및 복원)
   다. 3등급: 현재로서는 한정적인 가치를 가지는 비오톱(복원)

**▸ 비오톱의 개발행위제한**

비오톱유형평가 1등급이고 개별비오톱평가 1등급인 토지는 대상지 전체에 대하여 절대적으로 보전하여야 한다.
(근거 : 「서울특별시 도시계획 조례」 제68조의2)

**▸ 비오톱의 확인 방법**

비오톱유형평가 1등급 및 개별비오톱평가 1등급 토지는 토지이용계획서에 그 내용이 등재된다.

# 제3장

# 담보물 권리분석

# 제1절 담보물 권리분석의 의의

## 1 권리분석의 정의 및 필요성

권리분석이라 함은 통상 부동산을 대상으로 하는 경매의 입찰자가 해당 부동산을 낙찰받은 후 인수해야 할 부동산상의 권리[8]가 무엇인지 파악하는 것을 말한다. 부동산상의 권리는 말소기준권리[9]를 기준으로 그 보다 후순위인 경우는 낙찰로 인해 말소되고, 선순위인 경우에는 말소되지 않아 낙찰자가 이를 인수해야 하고 이에 따라 추가적인 금전적 부담이 있게 된다.

한편, 권리분석은 낙찰자뿐만 아니라 경매대상 부동산과 관계된 많은 당사자에게 중요하다. 당사자에는 부동산에 물권을 갖고 있는 물권자, 부동산에 임대차 계약을 한 임차인, 경매대상 부동산 소유자를 채무자로 한 채권의 일반채권자, 그리고 근저당권을 설정하고 담보대출을 한 금융기관이 있다.

금융기관이 근저당권에 의해 피담보채권을 변제받는 방법은 스스로 경매를 신청하거나 또는 다른 채권자가 신청한 경매의 배당금액으로 우선변제받는 방법이 있다. 근저당권은 선후에 관계없이 낙찰로 인해 모두 소멸되기 때문에 담보물의 경락대금이 여러 개의 근저당권 피담보채권액의 합계보다 작은 경우 피담보채권 전부를 변제받지 못하고 소멸되는 근저당권이 있을 수 있다. 이 경우 근저당권자는 잔여 채권에 대해서 일반채권자의 지위가 되어 회수해야 할 상황에 놓이게 된다.

---

8) 「**민사집행법**」 **제91조(인수주의와 잉여주의의 선택 등)**

① 압류채권자의 채권에 우선하는 채권에 관한 부동산의 부담을 매수인에게 인수하게 하거나, 매각대금으로 그 부담을 변제하는 데 부족하지 아니하다는 것이 인정된 경우가 아니면 그 부동산을 매각하지 못한다.

② 매각부동산 위의 모든 저당권은 매각으로 소멸된다.

③ 지상권·지역권·전세권 및 등기된 임차권은 저당권·압류채권·가압류채권에 대항할 수 없는 경우에는 매각으로 소멸된다.

④ 제3항의 경우 외의 지상권·지역권·전세권 및 등기된 임차권은 매수인이 인수한다. 다만, 그 중 전세권의 경우에는 전세권자가 제88조에 따라 배당요구를 하면 매각으로 소멸된다.

⑤ 매수인은 유치권자에게 그 유치권으로 담보하는 채권을 변제할 책임이 있다.

9) 말소기준권리는 (근)저당권등기, 경매개시결정등기, (가)압류 등기, 가등기 중에서 가장 선순위인 권리가 말소기준권리가 된다. 말소기준권리가 될 수 있는 상기 권리 중 (근)저당권등기, 경매개시결정등기는 낙찰로 인해 항상 말소되나 (가)압류 등기가 전 소유자에 대한 것이라거나 가등기가 담보가등기가 아닌 소유권이전청구권 보전을 위한 가등기인 경우에는 인수 대상 권리가 되므로 유의해야 한다.

따라서, 금융기관이 담보물에 근저당권을 설정하고 대출을 하는 이유가 채무불이행 시 담보물을 환가하여 피담보채권을 모두 변제받기 위함임을 고려할 때, 금융기관은 담보대출 시에 권리분석을 통하여 채무불이행 시 담보물 환가를 통해 피담보채권을 모두 변제받을 수 있는지에 대해 확인할 필요가 있다.

## 2 권리분석의 대상 권리

<table>
<tr><th colspan="2">관련 법률 구분</th><th>권리</th><th>등기사항전부증명서 표시 여부</th></tr>
<tr><td rowspan="6">「민법」상 물권</td><td rowspan="4">용익물권</td><td>지상권</td><td>표시 (을구)</td></tr>
<tr><td>법정지상권</td><td>미표시</td></tr>
<tr><td>지역권</td><td>표시 (을구)</td></tr>
<tr><td>전세권</td><td>표시 (을구)</td></tr>
<tr><td rowspan="2">담보물권</td><td>유치권</td><td>미표시</td></tr>
<tr><td>저당권</td><td>표시 (을구)</td></tr>
<tr><td colspan="2" rowspan="3">「주택임대차보호법」,<br>「상가건물 임대차보호법」</td><td>선순위 임차권</td><td>미표시</td></tr>
<tr><td>소액임차권</td><td>미표시</td></tr>
<tr><td>임차권등기명령 임차권</td><td>표시 (을구)</td></tr>
<tr><td colspan="2" rowspan="5">기타</td><td>가압류</td><td>표시 (갑구)</td></tr>
<tr><td>가처분</td><td>표시 (갑구)</td></tr>
<tr><td>가등기</td><td>표시 (갑구)</td></tr>
<tr><td>예고등기</td><td>표시 (갑구)</td></tr>
<tr><td>압류등기</td><td>표시 (갑구)</td></tr>
</table>

## ③ 경매 배당순위와 여신가능금액 산정

### 1) 일반적인 경매의 배당순위

| 순위 | 권리 종류 | 비고 |
|---|---|---|
| 0 | • 경매진행에 따른 비용<br>• 경매 부동산에 투입된 필요비·유익비 | 여신가능금액 산정 시 선순위 금액 개념으로 감안 필요 |
| 1 | • 임대차보호법의 의한 소액임차인의 보증금 중 일정액<br>• 근로기준법에 의한 최우선변제 임금채권 | |
| 2 | 당해 재산에 대하여 부과된 당해세(단, 법정기일이 임차인 확정일자 앞서는 경우에 한함) | |
| 3 | • 확정일자부 임차인의 보증금<br>• 당해세 이외의 조세<br>• 전세권, 저당권, 담보가등기 등 담보물권에 의하여 담보된 채권 | |
| 4 | 일반임금채권 | |
| 5 | 담보물권보다 법정기일이 늦은 조세채권 | |
| 6 | 의료보험료, 산업재해보상보험료, 국민연금보험료 | |
| 7 | • 일반채권<br>• 확정일자 없는 임차인의 보증금 | |

(1) 0순위 : 현황 조사비, 송달료, 감정평가수수료 등 집행비용과 저당물의 제3취득자[10]가 그 부동산의 보존·개량을 위하여 지출한 필요비·유익비(민법 제367조)

(2) 1순위 : 경락대금의 2분의1 이내 한도[11]의 소액임차보증금채권(주택임대차보호법 제8조 제1항, 상가건물 임대차보호법 제14조 제1항), 최종 3개월분 임금과 최종 3년간의 퇴직금 및 재해보상금(근로기준법 제37조 제2항)을 말하며 이들 채권이 경합할 경우 동등한 순위로 보아 배당한다.

(3) 2순위 : 경매 부동산에 대하여 부과된 국세, 지방세와 가산금(국세기본법 제35조제1항 3호, 지방세법 제31조 제2항 3호)

(4) 3순위 : 국세 및 지방세의 법정기일 전에 설정 등기된 저당권·전세권에 의하여 담보되는 채권, 확정일자를 갖춘(임차권 등기가 된) 주택 또는 상가건물의 임차보증금반환채권

(5) 4순위 : 근로기준법 제37조 제2항의 임금 등(1순위 권리)을 제외한 임금, 기타 근로관계로 인한 채권(근로기준법 제37조 제1항)

(6) 5순위 : 국세·지방세 및 이에 관한 체납처분비, 가산금 등의 징수금(국세기본법 제35조, 지방세법 제31조)

(7) 6순위 : 국세 및 지방세의 다음 순위로 징수되는 공과금 중 산업재해보상보험료, 국민건강보험료, 국민연금보험료, 고용보험료 등

(8) 7순위 : 일반채권

---

10) 민법 제367조가 저당물의 제3취득자가 그 부동산에 관한 필요비 또는 유익비를 지출한 때에는 저당물의 경매대가에서 우선상환을 받을 수 있다고 규정한 취지는 저당권설정자가 아닌 제3취득자가 저당물에 관한 필요비 또는 유익비를 지출하여 저당물의 가치가 유지·증가된 경우, 매각대금 중 그로 인한 부분은 일종의 공익비용과 같이 보아 제3취득자가 경매대가에서 우선상환을 받을 수 있도록 한 것이므로 저당물에 관한 지상권, 전세권을 취득한 자만이 아니고 소유권을 취득한 자도 민법 제367조 소정의 제3취득자에 해당한다. (대법원 2004. 10. 15. 선고 2004다36604 판결)

11) **「주택임대차보호법」 제8조(보증금 중 일정액의 보호)**
① 임차인은 보증금 중 일정액을 다른 담보물권자보다 우선하여 변제받을 권리가 있다. 이 경우 임차인은 주택에 대한 경매신청의 등기 전에 제3조제1항의 요건을 갖추어야 한다.
② 제1항의 경우에는 제3조의2제4항부터 제6항까지의 규정을 준용한다.
③ 제1항에 따라 우선변제를 받을 임차인 및 보증금 중 일정액의 범위와 기준은 제8조의2에 따른 주택임대차위원회의 심의를 거쳐 대통령령으로 정한다. 다만, 보증금 중 일정액의 범위와 기준은 주택가액(대지의 가액을 포함한다)의 2분의 1을 넘지 못한다.

## 2) 시중은행의 여신가능금액 산정기준 예시

상기 경매 배당순위에 의하면 근저당권의 설정일자에 앞서는 선순위 권리뿐만 아니라 법률의 규정에 따라 선후와 관계없이 우선변제권이 인정되는 채권 등이 있으므로 여신가능금액 산정 시 이를 고려하여야 한다.

### 부동산담보 여신가능금액 산출기준

| ① | | ② | | ③ | | ④ |
|---|---|---|---|---|---|---|
| 감정평가금액(담보가액) | × | 담보인정비율 | - | 선순위권리해당액 | = | 여신가능금액 |
| 원 | | % | | 원 | | 원 |

**1. 감정평가금액(담보가액)**

**2. 담보인정비율 적용** ⑤
(1) 담보인정비율은 최근경락률을 반영하여 *(중략)* 정한다.
*(중략)*

**4. 선순위 권리 해당액 차감**
가. 주택(주택임대차보호법 적용대상) 등에 대해서는 다음 각 호의 기준에 따른다.

| 구분 | 차감기준 |
|---|---|
| ⑥ 저당권 | 설정금액을 차감. 여신잔액(한도거래는 한도약정액)을 차감<br>외화표시 근저당권의 경우 환리스크 등을 감안 설정금액을 차감한다. |
| 임차보증금<br>(전세권의 경우<br>설정금액을<br>임차보증금으로 봄) | ⑦<br>(가) 대항요건을 갖춘 임차인의 임차보증금과 임대차 없는 방이 있는 경우 예상되는 최우선변제 소액임차보증금은 다음과 같은 방식으로 산출하여 차감한다.<br>1) 해당 주택에 임대차계약이 있는 경우 임차보증금이 주택임대차보호법상 임차된 방에 적용하는 ⑧ 지역별 최우선변제 소액임차보증금보다 클 경우에는 동 임차보증금을, 임차보증금이 소액임차보증금보다 적거나 같을 경우에는 동 소액임차보증금을 적용하여 차감한다.<br>2) 임대되지 않은 방에 대해서는 동 방수에 지역별 소액임차보증금을 곱하여 소액임차보증금을 산출하여 차감한다.(중략)<br>3) 소액임차보증금의 합계금액은 ⑨ [감정평가금액×담보비율×50%]를 최고한도로 한다. 다만, 주택을 담보로 취급하는 가계자금대출일 경우 [감정평가금액×50%]를 적용한다. |

⑩ ⑪
라. 임금채권과 조세채권의 차감

⑫
마. 골프장, 콘도미니엄 회원권 차감방법
*(중략)*

(1) 여신가능금액은 ①감정평가금액과 ②담보인정비율을 곱한 금액에서 ③선순위권리해당액을 빼서 산정한다.

(2) ②담보인정비율은 ⑤와 같이 최근경락률을 반영하여 정하며, 금융기관별로 담보인정비율 산정·적용 방식은 상이할 수 있으나 대체로 지역별·물건종류별 법원경매 경락가율 등을 감안하여 결정한다. 이는 '최저매각가격(법사가)' 대비 어느 정도 금액 비율로 낙찰이 되는가를 상정한 것으로 '①×② 금액'은 대략 '매각대금(낙찰금액)'을 예상한 금액이라 할 수 있다.

(3) '①×② 금액'에서 ③선순위권리해당액을 빼는 것은 경매 배당순위 등을 감안하여 근저당권의 설정일자에 앞서는 권리 및 법률의 규정에 따라 선후와 관계없이 우선변제권이 인정되는 채권 등에 대한 우선변제를 상정하여 해당 금액을 공제하는 것이라 할 수 있다.

(4) ③선순위권리해당액으로는 다음 항목으로 산정한다. ⑥선순위 저당권의 설정금액 등, ⑦대항력 있는 임차인의 임차보증금, ⑧소액임차보증금 상당액(「주택임대차보호법」 제8조 및 「상가건물 임대차보호법」 제14조에 의거 매각대금의 2분의 1 이내이므로 ⑨와 같이 적용), ⑩임금채권, ⑪조세채권, ⑫골프장 등 회원권 금액 등을 고려한다.

(5) ⑥선순위 저당권 및 ⑦대항력 있는 임차인의 임차보증금 설정 예정인 근저당권보다 선순위 권리이므로 해당 금액을 제외하고 여신가능금액을 산정한다.

(6) ⑧소액임차보증금 상당액은 현재 공실 또는 자가사용으로 이용 중인 부분으로 임차인의 권리내역이 없으나, 설정 예정인 근저당권 설정일자 이후에 발생하는 임차인의 권리 중 소액임대차에 해당하는 금액은 법률에 따라 최우선변제되므로 이를 감안하는 것이다.

(7) ⑫골프장 등 회원권 금액 등은 「체육시설의 설치·이용에 관한 법률」 제27조 제2항에 따라 '경매 등으로 해당 시설을 인수한 자가 회원에 대한 의무 등을 승계'하기 때문에 해당 유형의 부동산의 경매 시 이러한 인수 부담이 낙찰금액에 영향을 미치게 되는 바, 이를 여신가능금액 산정 시 감안하려는 취지이다.

## 참고 체육시설업 관련 회원권 관련 규정

**「체육시설의 설치·이용에 관한 법률」**

**제27조(체육시설업 등의 승계)** ① 체육시설업자가 사망하거나 그 영업을 양도한 때 또는 법인인 체육시설업자가 합병한 때에는 그 상속인, 영업을 양수한 자 또는 합병 후 존속하는 법인이나 합병에 따라 설립되는 법인은 그 체육시설업의 등록 또는 신고에 따른 권리·의무(제17조에 따라 회원을 모집한 경우에는 그 체육시설업자와 회원 간에 약정한 사항을 포함한다)를 승계한다.

② 다음 각 호의 어느 하나에 해당하는 절차에 따라 문화체육관광부령으로 정하는 체육시설업의 시설 기준에 따른 필수시설을 인수한 자에게는 제1항을 준용한다.

1. 「민사집행법」에 따른 경매
2. 「채무자 회생 및 파산에 관한 법률」에 의한 환가
3. 「국세징수법」·「관세법」 또는 「지방세징수법」에 따른 압류 재산의 매각
4. 그 밖에 제1호부터 제3호까지의 규정에 준하는 절차

③ 제12조에 따른 사업계획 승인의 승계에 관하여는 제1항과 제2항을 준용한다.

**「체육시설의 설치·이용에 관한 법률 시행규칙」**

**제8조(체육시설업의 시설 기준)** 법 제11조제1항에 따른 체육시설업의 종류별 시설 기준은 별표 4와 같다.

**※ 별표 4 발췌**

2. 체육시설업의 종류별 기준

가. 골프장업, 나. 스키장업, 다. 요트장업, 라. 조정장업 및 카누장업, 마. 빙상장업, 바. 자동차경주장업, 사. 승마장업, 아. 종합 체육시설업, 자. 수영장업, 차. 체육도장업, 카. 골프연습장업, 타. 체력단련장업, 파. 당구장업, 하. 썰매장업, 거. 무도학원업 및 무도장업, 너. 야구장업, 더. 가상체험 체육시설업, 러. 체육교습업, 머. 인공암벽장업

## 제2절 등기사항전부증명서에 표시되는 권리

### 1 등기 순위

「부동산등기법」

**제4조(권리의 순위)** ① 같은 부동산에 관하여 등기한 권리의 순위는 법률에 다른 규정이 없으면 등기한 순서에 따른다.

② 등기의 순서는 등기기록 중 같은 구에서 한 등기 상호간에는 순위번호에 따르고, 다른 구에서 한 등기 상호간에는 접수번호에 따른다.

**제5조(부기등기의 순위)** 부기등기의 순위는 주등기의 순위에 따른다. 다만, 같은 주등기에 관한 부기등기 상호간의 순위는 그 등기 순서에 따른다.

**제91조(가등기에 의한 본등기의 순위)** 가등기에 의한 본등기를 한 경우 본등기의 순위는 가등기의 순위에 따른다.

**제92조(가등기에 의하여 보전되는 권리를 침해하는 가등기 이후 등기의 직권말소)** ① 등기관은 가등기에 의한 본등기를 하였을 때에는 대법원규칙으로 정하는 바에 따라 가등기 이후에 된 등기로서 가등기에 의하여 보전되는 권리를 침해하는 등기를 직권으로 말소하여야 한다.

② 등기관이 제1항에 따라 가등기 이후의 등기를 말소하였을 때에는 지체 없이 그 사실을 말소된 권리의 등기명의인에게 통지하여야 한다.

## 2 갑구에 등재되는 권리

### 1) 등기할 수 있는 권리

갑구에는 소유권에 관한 사항 (소유권보존, 소유권이전 등)과 소유권과 관계되는 절차법상의 등기가 기재된다. 절차법상 등기되는 권리는 가압류, 가처분, 가등기, 예고등기, 압류등기 그리고 경매개시결정등기가 있다.

### 2) 가압류와 가처분의 등기

가압류와 가처분은 「민사집행법」에서 규정하고 있는 보전처분이다. 보전처분이라 함은 권리관계 또는 법률관계에 관한 본안소송이 있을 것을 전제로 하여 채권자가 확정판결이 있을 때까지 손해가 발생하는 것을 방지할 목적으로 일시적 또는 잠정적으로 조치를 취하는 것을 말한다.

가압류는 금전채권이나 금전으로 환산할 수 있는 채권의 집행을 보전할 목적으로 미리 채무자의 재산을 동결시켜 채무자로부터 그 재산에 대한 처분권을 잠정적으로 빼앗는 것이다. (민사집행법 제276조 제1항)

가처분은 해당 부동산에 관한 현상이 바뀌면 당사자가 권리를 실행하지 못하거나 이를 실행하는 것이 매우 곤란할 염려가 있을 경우, 또는 해당 부동산에 관한 다툼이 있는 권리관계에 대하여 임시의 지위를 정하기 위하여 취해지는 조치이다. (민사집행법 제300조)

**「민사집행법」**

**제276조(가압류의 목적)** ① 가압류는 금전채권이나 금전으로 환산할 수 있는 채권에 대하여 동산 또는 부동산에 대한 강제집행을 보전하기 위하여 할 수 있다.

② 제1항의 채권이 조건이 붙어 있는 것이거나 기한이 차지 아니한 것인 경우에도 가압류를 할 수 있다.

**제300조(가처분의 목적)** ① 다툼의 대상에 관한 가처분은 현상이 바뀌면 당사자가 권리를 실행하지 못하거나 이를 실행하는 것이 매우 곤란할 염려가 있을 경우에 한다.

> ② 가처분은 다툼이 있는 권리관계에 대하여 임시의 지위를 정하기 위하여도 할 수 있다. 이 경우 가처분은 특히 계속하는 권리관계에 끼칠 현저한 손해를 피하거나 급박한 위험을 막기 위하여, 또는 그 밖의 필요한 이유가 있을 경우에 하여야 한다.

선순위 가압류등기는 가압류등기가 전 소유자의 것이 아니라면 낙찰로 말소된다. 선순위 가처분등기는 낙찰로 말소되지 않고 낙찰자가 인수하게 된다. 이는 가처분권자가 본안 소송에서 승소하면 낙찰자가 소유권을 박탈당할 수도 있다는 것으로 실무에서는 가처분등기가 있는 경매 건은 가처분 결과에 따라 경매 진행 여부가 결정된다.

### 3) 가등기

가등기는 종국등기를 할 수 있는 실체적 또는 절차적 요건이 구비되지 않은 경우에 장래 그 요건이 완비된 후 본등기 시 순위를 보전하기 위해서 미리 하는 예비등기를 말한다. 가등기의 주된 종류는 '소유권이전청구권 보전가등기'와 '담보가등기'가 있다.

소유권이전청구권 보전가등기는 소유권이전에 관한 본등기를 할 수 있는 요건이 갖춰지지 않았거나 의도적으로 본등기의 요건을 미루어 장래에 있을 본등기의 준비로서 하는 등기이다.

담보가등기는 소유권이전이 목적이 아니라 채무변제의 담보를 위한 일종의 담보물권의 기능을 하는 것이다. 즉, 채무자가 채권자로부터 금전을 차용하면서 만일 변제기가 도래하여도 변제하지 않을 경우에는 채무자 소유의 부동산에 관한 소유권을 채권자에게 넘겨준다는 대물변제의 예약을 하고 담보의 목적으로 가등기를 하게 된다. 만약 채무자가 변제기에 이르러서도 채무를 변제하지 않을 경우 청산금을 지급하고 담보가등기권자가 소유권을 취득하거나, 타 채권자의 경매에 참가하여 배당을 받을 수 있다.

## 4) 예고등기

예고등기란, 등기원인의 무효나 취소로 인한 등기의 말소 또는 말소회복의 소송이 제기된 경우에 이를 제3자에게 이 사실을 알리고 경고하기 위하여 법원이 직권으로 촉탁하여 행하는 등기를 말한다[12].

예고등기는 이러한 입법취지에도 불구하고 인위적으로 경락가를 떨어뜨리기 위한 수단으로 악용되는 폐단을 방지하기 위해 2011년 폐지[13]되었다. 그러나, 그 이전에 등기된 예고등기는 효력이 있으므로 유의할 필요가 있다.

## 5) 압류등기

압류라 함은 일정한 채권에 대하여 승소한 판결정본 또는 집행력 있는 공정증서 정본에 의해 채무자의 부동산에 대하여 압류등기를 하여 강제집행(경매)을 통한 채권의 만족을 얻는 '본집행'을 말한다. 압류는 소제기 후 승소판결 또는 판결에 준하는 공정증서 등에 의한 재산보전처분인 점에 반해, 가압류는 소제기 전에 권리관계 또는 법률관계에 관한 본안소송이 있을 것을 전제로 하여 채권자가 확정판결이 있을 때까지 손해가 발생하는 것을 방지할 목적으로 일시적 또는 잠정적으로 조치를 취하는 재산보전처분이라는 점에서 차이가 난다.

결국, 부동산압류는 부동산의 경매를 의미하는데, 실무에서는 압류등기 대신 강제경매개시결정기입등기 등으로 본집행을 한다.

---

12) 예고등기는 등기원인의 무효 또는 취소로 인한 등기의 말소 또는 회복의 소가 제기된 경우에 그 등기에 의하여 소의 제기가 있었음을 제3자에게 경고하여 계쟁 부동산에 관하여 법률행위를 하고자 하는 선의의 제3자로 하여금 소송의 결과 발생할 수도 있는 불측의 손해를 방지하려는 목적에서 하는 것이다. (대법원 1998. 9. 22. 선고 98다2631 판결)

13) 부동산등기법 [법률 제10580호, 2011. 4. 12., 전부개정]
【제정·개정이유】
아. 예고등기는 본래 등기의 공신력이 인정되지 아니하는 법제에서 거래의 안전을 보호하기 위하여 인정되는 제도이나, 예고등기로 인하여 등기명의인이 거래상 받는 불이익이 크고 집행방해의 목적으로 소를 제기하여 예고등기가 행하여지는 사례가 있는 등 그 폐해가 크므로 이를 폐지함

### 6) 경매개시결정등기

경매신청채권자의 경매신청이 있으면 집행법원은 신청서의 기재 및 첨부서류에 의하여 경매의 요건을 심사한다. 즉, 강제경매의 경우에는 강제집행의 일반적 요건, 집행개시의 요건 및 강제경매에 특히 필요한 요건 등에 관하여, 저당권 등의 담보권실행을 위한 임의경매의 경우에는 담보권의 존재 등 담보권실행의 요건에 대하여 형식적 심사를 한다.

집행법원은 경매신청에 대하여 심사한 결과 그 신청이 적법하다고 인정되면 경매신청접수일로부터 2일 이내에 경매개시결정을 한다. 경매개시결정과 동시에 그 부동산의 압류를 명한다. 부동산에 대한 경매개시결정으로 인한 압류는 채무자에게 그 결정이 송달된 때 또는 경매신청의 등기가 된 때에 그 효력이 발생한다. 경매개시결정으로 인한 압류의 효력은 집행이 종료되면 즉, 경매가 종료되면 당연히 소멸한다.

## 3 을구에 등재되는 권리

을구에는 소유권 이외의 물권적 권리 즉, 저당권과 같은 담보물권, 지상권·지역권·전세권·임차권과 같은 용익물권에 대한 권리의 등기가 기재된다. 이외에 「주택임대차보호법」 제3조의3 및 「상가건물 임대차보호법」 제6조에 의한 임차권에 대한 등기가 기재된다.

## 제3절 등기사항전부증명서에 표시되지 않은 권리

### 1 등기사항전부증명서에 표시되지 않은 권리를 확인해야 하는 이유

담보물 권리분석의 기본사항은 최근의 등기사항전부증명서를 기준으로 각종 권리의 유무 및 선후를 파악하여 담보대출로 설정예정인 근저당권의 금액과 설정일자를 감안할 때, 채무불이행 시 피담보채권 전부를 변제받을 수 있는 것인가를 판단하는 것이다.

그러나, 등기사항전부증명서만으로는 '채무불이행 시 피담보채권 전부를 변제받을 수 있는 것인가'의 판단이 충분하지 않을 수 있다. 왜냐하면, 등기부에 기재되지 않으면서 경매 시 경매배당 즉, 피담보채권의 변제금액에 영향을 줄 수 있는 권리가 있기 때문이다.

이러한 권리는 등기되지 않지만 「민법」상 인정되는 용익물권인 '법정지상권', '관습법상 법정지상권'과 '분묘기지권' 그리고 「민법」상 인정되는 담보물권인 '유치권', 「주택임대차보호법」 및 「상가건물 임대차보호법」에 의한 임대차에 관한 권리 그 외 임금채권, 조세채권, 「상법」상 '선박우선특권' 등이 있다.

### 2 법정지상권

#### 1) 법정지상권의 의미

법정지상권이란, 토지와 그 지상의 건물이 동일인에게 속하고 있었으나, 어떤 사정으로 토지와 그 지상건물이 각각 소유자를 달리하게 된 때 건물소유자에게 그 건물 소유를 위하여 법률상 당연히 인정되는 지상권을 의미한다.

## 2) 법정지상권의 유형과 성립요건

### (1) 전세권과 법정지상권

토지와 그 지상건물이 동일소유자에 속한 경우에 건물에만 전세권을 설정한 후 토지소유자의 변경이 있을 때 전세권설정자인 토지의 전 소유자는 법정지상권을 취득한다. 즉, 토지 소유권이 이전된 경우에도 전 소유자에게 법정지상권이 인정되기 때문에 전세권 등 기존의 이용 관계대로 계속해서 사용할 수 있다.

> 「민법」
>
> **제305조(건물의 전세권과 법정지상권)** ① 대지와 건물이 동일한 소유자에 속한 경우에 건물에 전세권을 설정한 때에는 그 대지소유권의 특별승계인은 전세권설정자에 대하여 지상권을 설정한 것으로 본다. 그러나 지료는 당사자의 청구에 의하여 법원이 이를 정한다.
>
> ② 전항의 경우에 전세권설정자는 전세권자의 동의없이 지상권 또는 임차권을 소멸하게 하는 행위를 하지 못한다.

### (2) 저당권과 법정지상권

토지와 그 지상건물이 동일소유자에게 속한 경우에 어느 한 쪽에 저당권을 설정한 후 저당권이 실행되어 경매됨으로써 토지와 건물의 소유자가 다르게 된 때 건물소유자는 법정지상권을 취득한다. 이 경우 법정지상권 성립요건은 다음과 같다.

#### ① 저당권설정 당시 건물이 존재할 것

법정지상권이 성립하기 위해서는 저당권설정 당시부터 토지 위에 건물이 존재하고 있어야 한다. 따라서, 건물이 없는 토지에 저당권을 설정하고 그 후에 토지소유자가 그 토지 위에 건물을 지은 때에는 법정지상권이 성립하지 않는다.

> 「민법」
>
> **제366조(법정지상권)** 저당물의 경매로 인하여 토지와 그 지상건물이 다른 소유자에 속한 경우에는 토지소유자는 건물소유자에 대하여 지상권을 설정한 것으로 본다. 그러나 지료는 당사자의 청구에 의하여 법원이 이를 정한다.

- 건물이 없는 토지에 저당권을 설정한 후 저당권 설정자인 토지소유자가 저당권자로부터 법정지상권의 성립을 인정한다는 양해를 얻어 건물을 지어도 법정지상권은 성립하지 않는다.
  또한, 건물이 없는 토지에 저당권을 설정한 후 건물을 짓고, 이어 그 토지에 다른 저당권을 설정한 후 그 다른 저당권의 실행으로 경매가 된 경우에도 법정지상권은 성립하지 않는다.

> ▸ **관련판례**
> **대법원 2003. 9. 5. 선고 2003다26051 판결**
>
> **【판시사항】**
> 지상건물이 없는 토지에 관하여 근저당권 설정 당시 근저당권자가 건물의 건축에 동의한 경우 민법 제366조의 법정지상권의 성립 여부(소극)
>
> **【판결요지】**
> 민법 제366조의 법정지상권은 저당권 설정 당시부터 저당권의 목적되는 토지 위에 건물이 존재할 경우에 한하여 인정되며, 토지에 관하여 저당권이 설정될 당시 그 지상에 토지소유자에 의한 건물의 건축이 개시되기 이전이었다면, 건물이 없는 토지에 관하여 저당권이 설정될 당시 근저당권자가 토지소유자에 의한 건물의 건축에 동의하였다고 하더라도 그러한 사정은 주관적 사항이고 공시할 수도 없는 것이어서 토지를 낙찰받는 제3자로서는 알 수 없는 것이므로 그와 같은 사정을 들어 법정지상권의 성립을 인정한다면 토지 소유권을 취득하려는 제3자의 법적 안정성을 해하는 등 법률관계가 매우 불명확하게 되므로 법정지상권이 성립되지 않는다.

- 건물이 건축 중인 토지에 저당권을 설정한 경우 중 '건물의 규모, 종류가 외형상 예상할 수 있는 정도'까지 건축이 진전되어 있었던 경우에는 건물을 위한 법정지상권이 인정된다.
  또한, 건물은 저당권설정 당시에 실제로 존재하고 있으면 되고, 건물에 대한 소유권보존등기가 없었더라도 건물을 위한 법정지상권이 인정된다.

> ▸ **관련판례**
> **대법원 2004. 2. 13. 선고 2003다29043 판결**
>
> **【판시사항】**
> [1] 토지에 관한 저당권설정 당시 토지소유자에 의하여 그 지상에 건물이 건축중이었던 경우 법정지상권이 인정되기 위한 건물의 요건

**【판결요지】**

[1] 민법 제366조의 법정지상권은 저당권설정 당시 동일인의 소유에 속하던 토지와 건물이 경매로 인하여 양자의 소유자가 다르게 된 때에 건물의 소유자를 위하여 발생하는 것으로서, 토지에 관하여 저당권이 설정될 당시 토지소유자에 의하여 그 지상에 건물을 건축중이었던 경우 그것이 사회관념상 독립된 건물로 볼 수 있는 정도에 이르지 않았다 하더라도 건물의 규모, 종류가 외형상 예상할 수 있는 정도까지 건축이 진전되어 있었고, 그 후 경매절차에서 매수인이 매각대금을 다 낸 때까지 최소한의 기둥과 지붕 그리고 주벽이 이루어지는 등 독립된 부동산으로서 건물의 요건을 갖추어야 법정지상권의 성립이 인정된다.

▸ **관련판례**

**대법원 1991. 8. 13. 선고 91다16631 판결**

**【판시사항】**

미등기 또는 무허가건물을 위한 관습상의 지상권 취득 가부

**【판결요지】**

토지와 그 지상의 건물이 동일한 소유자에게 속하였다가 토지 또는 건물이 매매나 기타 원인으로 인하여 양자의 소유자가 다르게 된 때에는 그 건물을 철거하기로 하는 합의가 있었다는 등의 특별한 사정이 없는 한 건물소유자는 토지소유자에 대하여 그 건물을 위한 관습상의 지상권을 취득하게 되고, 그 건물은 반드시 등기가 되어 있어야만 하는 것이 아니고 무허가건물이라고 하여도 상관이 없다.

- 건물이 있는 토지에 저당권을 설정한 후 건물이 멸실·훼손되어서 후에 이를 증축·개축·재축한 경우에도, 그 동일성이 인정되는 한 법정지상권은 성립한다. 다만, 새로 건물이 신축되어 두 건물 사이의 동일성이 부정되는 경우에는 법정지상권이 성립하지 않는다.

▸ **관련판례**

**대법원 2010. 1. 14. 선고 2009다66150 판결**

**【판시사항】**

[1] 동일인 소유의 토지와 그 지상 건물에 공동저당권이 설정된 후 그 건물이 철거되고 새로 건물이 신축되어 두 건물 사이의 동일성이 부정되는 경우, 저당물의 경매로 토지와 신축건물이 다른 소유자에 속하게 되면 민법 제366조의 법정지상권이 성립하는지 여부(소극)

【판결요지】

[1] 동일인의 소유에 속하는 토지 및 그 지상 건물에 관하여 공동저당권이 설정된 후 그 지상 건물이 철거되고 새로 건물이 신축되어 두 건물 사이의 동일성이 부정되는 결과 공동저당권자가 신축건물의 교환가치를 취득할 수 없게 되었다면, 공동저당권자의 불측의 손해를 방지하기 위하여, 특별한 사정이 없는 한 저당물의 경매로 인하여 토지와 그 신축건물이 다른 소유자에 속하게 되더라도 그 신축건물을 위한 법정지상권은 성립하지 않는다.

### ② 토지와 건물의 소유자가 동일할 것

법정지상권이 성립하기 위해서는 저당권설정 당시에 토지와 건물이 동일한 소유자에 속하고 있어야 한다.

### ③ 저당권이 설정될 것

법정지상권이 성립하기 위해서는 토지나 건물 어느 한쪽이나 양자 위에 저당권이 설정되어야 한다.

### ④ 경매로 인한 소유권 분리

법정지상권이 성립하기 위해서는 경매에 의하여 토지와 건물의 소유자가 분리되어야 한다. 따라서 토지와 건물이 동일인에게 속하였더라도 경매로 인하지 않은 경우에는 법정지상권이 성립하지 않는다. 경매에는 저당권의 실행에 따른 임의경매뿐만 아니라, 저당권자가 채무명의에 기하여 강제경매한 경우 또는 저당권 있는 부동산에 관하여 일반채무자가 채무명의에 기하여 강제경매한 경우 그리고 체납처분에 의한 공매 등의 경우가 모두 포함된다.

## (3) 「가등기담보 등에 관한 법률」과 법정지상권

토지 및 그 지상의 건물이 동일한 소유자에게 속하는 경우에 그 토지 또는 건물에 대하여 「가등기담보 등에 관한 법률」에 의한 법률효과로 소유권을 취득하거나 담보가등기에 기해 본등기가 행하여진 경우에는 그 건물의 소유를 목적으로 그 토지 위에 지상권이 설정된 것으로 본다.

> **「가등기담보 등에 관한 법률」**
> **제10조(법정지상권)** 토지와 그 위의 건물이 동일한 소유자에게 속하는 경우 그 토지나 건물에 대하여 제4조제2항에 따른 소유권을 취득하거나 담보가등기에 따른 본등기가 행하여진 경우에는 그 건물의 소유를 목적으로 그 토지 위에 지상권이 설정된 것으로 본다. 이 경우 그 존속기간과 지료는 당사자의 청구에 의하여 법원이 정한다.

#### (4) 「입목에 관한 법률」과 법정지상권

입목의 경매 등으로 토지와 그 입목이 각각 다른 소유자에게 속하게 되는 경우 토지소유자는 입목소유자에 대하여 지상권을 설정한 것으로 본다.

> **「입목에 관한 법률」**
> **제6조(법정지상권)** ① 입목의 경매나 그 밖의 사유로 토지와 그 입목이 각각 다른 소유자에게 속하게 되는 경우에는 토지소유자는 입목소유자에 대하여 지상권을 설정한 것으로 본다.

### 3) 법정지상권의 성립과 효력

#### (1) 성립 시기

법정지상권은 토지나 그 지상건물의 경매로 소유권이 경락인에게 이전하는 때에 성립한다. 즉, 낙찰자가 경락대금을 완납한 때에 법정지상권이 성립하는 것이다. 법정지상권은 다른 물권과는 달리 등기를 필요로 하지 않는다.

#### (2) 효력

「민법」상 법정지상권의 존속기간에 관하여 아무런 규정이 없다. 일반적으로 존속기간을 정하지 않는 일반 지상권의 경우에 준하는 것으로 보아 일반 지상권의 최단존속기간을 법정지상권의 존속기간으로 본다.

일반 지상권에서는 지료가 그 요소가 아니지만(민법 제279조), 법정지상권의 경우에는 토지소유자의 의사에 의하지 않고 지상권이 성립한다는 점에서 무상으로 할 것을 토지소유자에게 강요할 수 없기 때문에 이 경우 지료를 지급하여야 한다(민법 제366조 단서). 지료는 당사자의 협의로 정하게 되나, 협의가 이루어지지 않을 경우에는 당사자의 청구(지료청구소송)에 의하여 법원이 이를 정한다. 지료가 정해진 경우에 한하여 2기 이상 연체 시 토지소유자는 법정지상권의 소멸을 청구할 수 있다.

▸ **관련판례**

**대법원 1994. 12. 2. 선고 93다52297 판결**

**【판시사항】**

법정지상권에 관한 지료가 결정되지 아니한 경우, 2년 이상 지료 미지급을 이유로 한 지상권소멸청구의 가부

**【판결요지】**

법정지상권에 관한 지료가 결정된 바 없다면 법정지상권자가 지료를 지급하지 아니하였다고 하더라도 지료지급을 지체한 것으로는 볼 수 없으므로 법정지상권자가 2년 이상의 지료를 지급하지 아니하였음을 이유로 하는 토지소유자의 지상권소멸청구는 그 이유가 없다.

## 4) 건물 소유를 위한 관습법상 법정지상권

### (1) 의의

관습법상의 법정지상권이란, 법률에서 규정하는 법정지상권의 요건을 갖추지 못했다고 하더라도 토지와 그 지상의 건물이 동일인에게 속하고 있었으나, 그중 어느 하나가 매매 기타의 원인으로 각각 소유자를 달리하게 된 때에는 특별히 그 건물을 철거한다는 조건이 없는 이상, 건물소유자에게 그의 건물소유를 위하여 관습상 당연히 인정되는 법정지상권을 의미한다.

### (2) 성립요건

#### ① 토지와 건물이 처분 당시 동일인의 소유일 것

「민법」상 법정지상권은 저당권설정 당시 동일인 소유일 것이 요건이지만, 관습법상 법정지상권은 처분 당시를 기준으로 한다.

### ② 토지와 건물 중 어느 하나가 처분되어 각각 소유자가 달라질 것

당사자의 의사에 따라 매매, 증여, 공유물분할 등으로 또는 당사자의 의사에 의하지 않고 공매, 강제경매 등으로 인해 소유자가 달라져야 한다.

### ③ 당사자 사이에 건물 철거의 특약이 없을 것

법정지상권이 성립하기 위해서는 건물 철거의 특약 또는 법정지상권 성립을 방해하는 별도의 임대차계약 등이 체결되면 안 된다.

▸ **관련판례**

**대법원 1980. 7. 8. 선고 79다2000 판결**

**【판시사항】**

관습상의 법정 지상권의 성립요건

**【판결요지】**

토지와 건물이 동일한 소유자에게 속하였다가 건물 또는 토지가 매매 기타의 원인으로 양자의 소유자가 다르게 될 때에 특히 그 건물을 철거한다는 조건이 없는 이상 건물소유자는 토지소유자에 대하여 그 건물을 위한 관습상의 법정지상권을 취득하는 것이므로 타인 소유 대지위에 건물을 신축한 경우에는 관습에 의한 법정지상권이 생기지 아니한다.

▸ **관련판례**

**대법원 1992. 10. 27. 선고 92다3984 판결**

**【판시사항】**

관습상의 법정지상권이 성립하였으나 건물 소유자가 토지소유자와 사이에 건물의 소유를 목적으로 하는 토지 임대차계약을 체결한 경우 관습상의 법정지상권을 포기하였다고 볼 것인지 여부(적극)

**【판결요지】**

동일인 소유의 토지와 그 토지상에 건립되어 있는 건물 중 어느 하나만이 타에 처분되어 토지와 건물의 소유자를 각 달리하게 된 경우에는 관습상의 법정지상권이 성립한다고 할 것이나, 건물 소유자가 토지소유자와 사이에 건물의 소유를 목적으로 하는 토지 임대차계약을 체결한 경우에는 관습상의 법정지상권을 포기한 것으로 봄이 상당하다.

**대법원 1988. 4. 12. 선고 87다카2404 판결**

**【판시사항】**

다. 무허가 또는 미등기건물을 소유하기 위한 관습상의 법정지상권 취득여부

**【판결요지】**

다. 동일인의 소유에 속하였던 토지와 건물이 매매, 증여, 강제경매, 국세징수법에 의한 공매 등으로 그 소유권자를 달리하게 된 경우에 그 건물을 철거한다는 특약이 없는 한 건물소유자는 그 건물의 소유를 위하여 그 부지에 관하여 관습상의 법정지상권을 취득하는 것이고 그 건물은 건물로서의 요건을 갖추고 있는 이상 무허가건물이거나 미등기건물이거나를 가리지 않는다.

### (3) 효과

「민법」상 법정지상권의 내용과 같은 지상권을 취득하는 것으로 성립에 등기를 요하지 않고, 존속기간, 지료 청구 등 사항은 「민법」상 법정지상권 규정을 준용한다.

## 5) 분묘 소유를 위한 관습법상 분묘기지권

### (1) 의의

분묘기지권이란, 타인의 토지에 분묘를 설치한 자가 그 분묘를 소유하기 위해 분묘기지부분의 타인 소유 토지를 사용할 수 있는 권리를 말한다. 이는 지상권과 비슷한 일종의 물권으로서, 판례에 의해 인정된 관습법상의 특수지상권이다.

### (2) 성립요건

#### ① 취득 사유가 있을 것

- 토지소유자의 승낙을 얻어 분묘를 설치한 경우
- 자기 토지에 분묘를 설치한 자가 그 후에 분묘기지에 대한 소유권을 유보하거나 특약 없이 토지를 매매 등으로 처분한 경우

- 토지소유자의 승낙 없이 분묘를 설치한 후 20년간 평온·공연하게 분묘를 점유하여 시효취득한 경우[14]

### ② 분묘의 모양으로써 공시방법을 갖출 것

분묘기지권이 성립하기 위해서는 봉분 등 외부에서 분묘의 존재를 인식할 수 있는 형태를 갖추어야 한다. 평장되었거나 암장되어 있어서 객관적으로 인식할 수 있는 외형을 갖추고 있지 않은 경우에는 분묘기지권이 인정되지 않는다.

▸ **관련판례**

**대법원 1967. 10. 12. 선고 67다1920 판결**

**【판시사항】**

분묘에 관하여 지상권 유사의 물권을 취득한 것으로 인정되는 실례

**【판결요지】**

자기소유 토지에 분묘를 설치하고 이를 타에 양도한 경우에는 그 분묘가 평장되어 외부에서 인식할 수 없는 경우를 제외하고는 당사자간에 특별한 의사표시가 없으면 판 사람은 분묘소유를 위하여 산 사람이 토지에 대하여 지상권 유사의 물권을 취득한다.

**대법원 1969. 1. 28. 선고 68다1927,1928 판결**

**【판시사항】**

타인 소유의 토지위에 그 소유자의 승낙없이 분묘를 설치한 자의 그 분묘기지에 대한 시효취득

**【판결요지】**

타인소유의 토지위에 그 소유자의 승낙없이 분묘를 설치한 자가 20년간 평온 공연히 그 분묘의 묘지를 점유한 때에는 그 점유자는 시효에 의하여 그 토지위에 지상권유사의 물권을 취득하고 이에 대한 소유권을 취득하는 것은 아니다.

---

14) 토지소유자의 승낙이 없음에도 20년간 평온, 공연한 점유가 있었다는 사실만으로 사실상 영구적이고 무상인 분묘기지권의 시효취득을 인정하는 종전의 관습은 적어도 2001. 1. 13. 장사법이 시행될 무렵에는 사유재산권을 존중하는 헌법을 비롯한 전체 법질서에 반하는 것으로서 정당성과 합리성을 상실하였을 뿐 아니라 이러한 관습의 법적 구속력에 대하여 우리 사회 구성원들이 확신을 가지지 않게 됨에 따라 법적 규범으로서 효력을 상실하였다. 그렇다면 2001. 1. 13. 당시 아직 20년의 시효기간이 경과하지 아니한 분묘의 경우에는 법적 규범의 효력을 상실한 분묘기지권의 시효취득에 관한 종전의 관습을 가지고 분묘기지권의 시효취득을 주장할 수 없다. (대법원 2017. 1. 19. 선고 2013다17292 전원합의체 판결)

## 참고 「장사 등에 관한 법률」 제정으로 인한 관습법상 분묘기지권의 변화

- 분묘기지권은 관습법상으로 널리 인정되었던 권리였으나 「장사 등에 관한 법률」 제정 (2001.01.13.)으로 분묘기지권의 관습이 일부 제한되었다.
  - 허락 없이 타인소유의 토지에 분묘를 설치해도 '분묘기지권'이 인정되지 않는다.(법 제23조3항)
  - 법 시행 후 설치된 분묘의 경우는 그 기본사용기간은 '30년'이며, 연고자의 신청으로 1회까지 만 연장이 가능하기에 최대 60년까지만 사용이 가능하게 된다.(법 제19조)

| 구분 | 舊 「매장 및 묘지 등에 관한 법률」<br>(2001.01.12. 이전에 설치) | 「장사 등에 관한 법률」 |
|---|---|---|
| 타인 토지에 승낙 후 설치 | 분묘설치 시 분묘기지권 성립 | 분묘기지권 성립되나 법상 설치기간 내에서만 인정 |
| 자기 토지에 설치 | 토지소유자 변경 시 분묘기지권 성립 | |
| 타인 토지에 승낙 없이 설치 | 20년간 점유 시 분묘기지권 성립 | 분묘기지권 불성립 |

### (3) 효과

지상권과 유사한 물권으로 설치되어 있는 분묘를 소유하기 위한 권리가 인정된다. 존속기간은 판례상 지상권과 달리 "분묘가 존속하고 있는 동안은 분묘기지권은 존속한다"고 하고 있으며, 현행 법상 그 기간이 제한되기는 하나 토지소유자 입장에서 제한이 크다고 할 수 있다. 따라서, 임야 등 분묘가 있을 것으로 예상되는 토지의 담보취득 시 분묘기지권의 발생 가능성에 유의하여야 한다.

- **관련판례**

**대법원 1994. 8. 26. 선고 94다28970 판결**

**【판시사항】**

가. 분묘기지권의 존속기간

**【판결요지】**

가. 분묘기지권의 존속기간에 관하여는 민법의 지상권에 관한 규정에 따를것이 아니라 당사자 사이에 약정이 있는 등 특별한 사정이 있으면 그에 따를 것이며, 그러한 사정이 없는 경우에는 권리자가 분묘의 수호와 봉사를 계속하며 그 분묘가 존속하고 있는 동안은 분묘기지권은 존속한다고 해석함이 타당하므로 민법 제281조에 따라 5년 간이라고 보아야 할 것은 아니다.

# 3 유치권

## 1) 유치권의 의의

유치권이란, 타인의 부동산을 점유한 자가 그 부동산에 관하여 생긴 채권이 변제기에 있는 경우 변제를 받을 때까지 그 부동산을 유치(점유)하여 채무자에게 채무 변제를 강제하는 법정담보물권을 말한다.

유치권은 경매절차에서 배당에 참여할 수 없지만 낙찰자가 항상 인수해야 하는 권리라는 점에서 사실상의 우선변제적 효력이 있고, 또한 유치권자는 자신의 채권을 변제받기 위하여 자신이 점유하고 있는 목적부동산의 경매를 신청할 수 있다는 점에서 담보물권의 효력을 갖으나 등기부에 표시되지 않는 권리이다.

「민법」

**제320조(유치권의 내용)** ① 타인의 물건 또는 유가증권을 점유한 자는 그 물건이나 유가증권에 관하여 생긴 채권이 변제기에 있는 경우에는 변제를 받을 때까지 그 물건 또는 유가증권을 유치할 권리가 있다.

② 전항의 규정은 그 점유가 불법행위로 인한 경우에 적용하지 아니한다.

## 2) 유치권의 성립요건

### (1) 채권과 목적물 간에 견련관계가 존재할 것

건물임차인이 그 임대차계약 기간 중에 그 건물에 필요비 또는 유익비를 지출한 경우 그 상환청구권에 관하여 유치권이 성립한다. 다만, 임차인의 보증금반환청구권은 임차물인 부동산에 관하여 생긴 것이 아니라 임대차계약에 따라 생긴 것으로 보증금반환을 위한 유치권은 인정되지 않는다.

또한, 채권이 목적물 자체로부터 발생한 것이 아니고 유치권을 주장하는 자의 편익을 위하여 지출한 비용인 경우에는 유치권이 성립하지 않는다. 예컨대, 카페 영업을 위하여 공사를 하고, 또 카페의 규모를 확장하면서 내부 시설공사를 한 경우의 공사비에 대해서는 유치권이 인정되지 않는다.

채권은 목적물과의 견련관계만 있으면 되는 것이지 채권과 점유 간에도 견련관계가 있어야 하는 것은 아니다. 즉, 목적물을 점유하지 않은 상태에서 발생된 채권이라도 그 목적물에 관하여 생긴 채권이면 된다.

> ▸ **관련판례**
> **대법원 1991. 10. 8. 선고 91다8029 판결**
>
> **【판시사항】**
> 나. 임차인의 매수청구의 대상이 되는 '부속물'의 범위와 판단기준 및 부속된 물건이 오로지 건물임차인의 특수한 목적에 사용하기 위하여 부속된 것일 때 위 '부속물'에 해당되는지 여부(소극)
>
> **【판결요지】**
> 나. 민법 제646조에서 건물임차인의 매수청구권의 대상으로 규정한 '부속물'이란 건물에 부속된 물건으로 임차인의 소유에 속하고, 건물의 구성부분으로는 되지 아니한 것으로서 건물의 사용에 객관적인 편익을 가져오게 하는 물건을 말하므로 부속된 물건이 오로지 건물임차인의 특수한 목적에 사용하기 위하여 부속된 것일 때에는 부속물매수청구권의 대상이 되는 물건이라 할 수 없으며 당해 건물의 객관적인 사용목적은 그 건물 자체의 구조와 임대차계약 당시 당사자 사이에 합의된 사용목적, 기타 건물의 위치, 주위환경 등 제반 사정을 참작하여 정하여지는 것이다.

### (2) 채권이 변제기에 있을 것

채권의 변제기가 도래하고 있지 않은 동안은 유치권은 성립하지 않는다. 그렇지 않으면 변제기 전의 채무의 이행을 강제하는 결과가 되기 때문이다.

### (3) 타인의 목적물을 점유하고 있을 것

여기서 '타인'이라 함은 채무자에 한하지 않고 제3자의 경우도 포함된다. 유치권자의 점유는 직접점유뿐만 아니라 간접점유[15]인 경우에도 성립한다. 이러한 점유를 상실하면 유치권은 소멸한다.

---

15) 「민법」 제194조(간접점유) 지상권, 전세권, 질권, 사용대차, 임대차, 임치 기타의 관계로 타인으로 하여금 물건을 점유하게 한 자는 간접으로 점유권이 있다.

또한, 유치권자의 점유는 적법한 점유이어야 한다. 즉, 유치권자의 점유는 불법행위로 인해 취득한 것은 아니어야 한다. 점유를 불법행위로 인해 취득하였다는 의미는 점유의 취득이 점유의 침탈이나 사기·강박 등에 의한 경우뿐만 아니라, 채무자에게 대항할 수 있는 점유의 권원이 없이 점유를 한 경우까지도 포함된다.

그리고, 유치권자의 점유는 정당한 점유여야 한다. 유치권을 주장하는 자의 점유취득이 목적 부동산의 교환가치를 감소시킬 우려가 있는 처분행위에 해당한다면 유치권은 인정되지 않는다.

▸ **관련판례**

**대법원 2002. 11. 27.자 2002마3516 결정**

**【판시사항】**

소유자의 동의 없이 유치권자로부터 유치권의 목적물을 임차한 자의 점유가 (중략) '경락인에게 대항할 수 있는 권원'에 기한 것인지 여부(소극)

**【결정요지】**

유치권의 성립요건인 유치권자의 점유는 직접점유이든 간접점유이든 관계없지만, 유치권자는 채무자의 승낙이 없는 이상 그 목적물을 타에 임대할 수 있는 처분권한이 없으므로, 유치권자의 그러한 임대행위는 소유자의 처분권한을 침해하는 것으로서 소유자에게 그 임대의 효력을 주장할 수 없고, 따라서 소유자의 동의 없이 유치권자로부터 유치권의 목적물을 임차한 자의 점유는 '경락인에게 대항할 수 있는 권원'에 기한 것이라고 볼 수 없다.

**대법원 2005. 8. 19. 선고 2005다22688 판결**

**【판시사항】**

채무자 소유의 부동산에 강제경매개시결정의 기입등기가 경료되어 압류의 효력이 발생한 이후에 채무자가 부동산에 관한 공사대금 채권자에게 그 점유를 이전함으로써 유치권을 취득하게 한 경우, 점유자가 유치권을 내세워 경매절차의 매수인에게 대항할 수 있는지 여부(소극)

**【판결요지】**

채무자 소유의 건물 등 부동산에 강제경매개시결정의 기입등기가 경료되어 압류의 효력이 발생한 이후에 채무자가 위 부동산에 관한 공사대금 채권자에게 그 점유를 이전함으로써 그로 하여금 유치권을 취득하게 한 경우, 그와 같은 점유의 이전은 목적물의 교환가치를 감소시킬 우려가 있는 처분행위에 해당하여 민사집행법 제92조 제1항, 제83조 제4항에 따른 압류의 처분금지효에 저촉되므로 점유자로서는 위 유치권을 내세워 그 부동산에 관한 경매절차의 매수인에게 대항할 수 없다.

### (4) 배제 특약이 없을 것

당사자 간에 유치권의 발생을 배제하는 특약이 있는 경우에는 그 특약은 유효하다. 따라서 유치권이 성립하려면 이러한 특약이 없어야 한다.

▸ **관련판례**

**대법원 1980. 7. 22. 선고 80다1174 판결**

**【판시사항】**

유치권의 포기로 볼 수 있다고 한 사례

**【판결요지】**

피고의 아버지인 소외 1이 회사에 대한 채권을 확보하기 위하여 회사 소유의 부동산을 피고로 하여금 점유 사용하게 하고 있다가 아무 조건없이 위 부동산을 명도해 주기로 약정하였다면 이는 유치권자가 유치권을 포기한 것이라고 할 것이므로 그 약정된 명도 기일 이후의 점유는 위 소외 1로서도 적법한 권원 없는 점유이다.

## 3) 유치권의 효력

### (1) 목적물의 유치

유치권자는 그의 채권의 변제를 받을 때까지 목적물을 유치할 수 있다. 유치권은 물권이기 때문에 채무자뿐만 아니라 목적물의 양수인 또는 낙찰자에 대해서도 대항할 수 있다.

### (2) 경매권과 우선변제권

유치권자는 경매신청권은 있으나, 우선변제권은 없다. 그러나 낙찰자가 목적물을 인도받으려면 유치권자에게 변제를 하여야 하므로, 실질적으로는 우선변제권이 있는 것과 다르지 않다.

### (3) 유치물사용권

'유치'의 의미에는 '사용'이 포함되지 않는다. 따라서 유치물을 보존에 필요한 경우로만 한정하고, 그 이외의 경우에는 채무자의 승낙을 받아야 한다.

### (4) 과실수취권과 비용상환청구권

유치권자는 유치물의 과실을 수취하여 다른 채권보다 먼저 그 채권의 변제에 충당할 수 있다. 유치권자가 유치물에 관하여 필요비를 지출한 때에는 소유자에게 그 상환을 청구할 수 있다.

> 「민법」
>
> **제322조(경매, 간이변제충당)** ① 유치권자는 채권의 변제를 받기 위하여 유치물을 경매할 수 있다.
>
> ② 정당한 이유있는 때에는 유치권자는 감정인의 평가에 의하여 유치물로 직접 변제에 충당할 것을 법원에 청구할 수 있다. 이 경우에는 유치권자는 미리 채무자에게 통지하여야 한다.
>
> **제323조(과실수취권)** ① 유치권자는 유치물의 과실을 수취하여 다른 채권보다 먼저 그 채권의 변제에 충당할 수 있다. 그러나 과실이 금전이 아닌 때에는 경매하여야 한다.
>
> ② 과실은 먼저 채권의 이자에 충당하고 그 잉여가 있으면 원본에 충당한다.
>
> **제324조(유치권자의 선관의무)** ① 유치권자는 선량한 관리자의 주의로 유치물을 점유하여야 한다.
>
> ② 유치권자는 채무자의 승낙없이 유치물의 사용, 대여 또는 담보제공을 하지 못한다. 그러나 유치물의 보존에 필요한 사용은 그러하지 아니하다.
>
> ③ 유치권자가 전2항의 규정에 위반한 때에는 채무자는 유치권의 소멸을 청구할 수 있다.
>
> **제325조(유치권자의 상환청구권)** ① 유치권자가 유치물에 관하여 필요비를 지출한 때에는 소유자에게 그 상환을 청구할 수 있다.
>
> ② 유치권자가 유치물에 관하여 유익비를 지출한 때에는 그 가액의 증가가 현존한 경우에 한하여 소유자의 선택에 좇아 그 지출한 금액이나 증가액의 상환을 청구할 수 있다. 그러나 법원은 소유자의 청구에 의하여 상당한 상환기간을 허여할 수 있다.

## 4) 유치권의 소멸

유치권은 채무자가 그 채무를 변제하지 않는 한 유치권자가 유치물을 점유하고 있는 동안은 채권의 소멸시효가 진행되지 않는다. 다만, 유치권자가 그 점유를 상실하면 유치권은 소멸한다. 또한, 채무자는 상당한 담보를 제공하고 유치권의 소멸을 청구할 수 있다.

「민법」

**제326조(피담보채권의 소멸시효)** 유치권의 행사는 채권의 소멸시효의 진행에 영향을 미치지 아니한다.

**제327조(타담보제공과 유치권소멸)** 채무자는 상당한 담보를 제공하고 유치권의 소멸을 청구할 수 있다.

**제328조(점유상실과 유치권소멸)** 유치권은 점유의 상실로 인하여 소멸한다.

## 5) 유치권의 유형

유치권은 크게 건물에 대해서 발생하는 유치권과 토지에 대해서 발생하는 유치권 등으로 나누어 볼 수 있다. 건물에 대한 유치권은 ① 신축건물이나 개축건물과 관련하여 미지급된 공사대금이 원인이 되어 공사업자가 유치권을 행사하는 경우, ② 상가건물이나 주택에서 임차인이 목적부동산의 보존이나 개량을 위하여 지출한 비용을 근거로 하여 임대인에게 유치권을 행사하는 경우이다. 이 경우 만약 임대차계약 시 '원상회복'에 대한 특약을 하였다면, 이는 유치권 성립 배제 특약으로 인정될 여지가 있어 유치권이 인정되지 않는다.

토지에 대한 유치권은 ① 토지상에 공사 중단된 구조물이 있어서 그 건축업자가 토지경매에서 유치권을 주장하는 경우, ② 전원주택이나 공장 등을 개발하기 위해 택지조성을 하던 중 토지가 경매에 처해지면서 토목공사업자가 토지경매에서 유치권을 주장하는 경우 등이다.

▸ **관련판례**

**대법원 1995. 6. 30. 선고 95다12927 판결**

**【판시사항】**

다. 임대차계약에서 원상복구의 특약이 있는 경우, 유익비상환청구권의 존부

**【판결요지】**

다. 임대차계약에서 "임차인은 임대인의 승인하에 개축 또는 변조할 수 있으나 부동산의 반환기일 전에 임차인의 부담으로 원상복구키로 한다"라고 약정한 경우, 이는 임차인이 임차 목적물에 지출한 각종 유익비의 상환청구권을 미리 포기하기로 한 취지의 특약이라고 봄이 상당하다.

**대법원 1995. 9. 15. 선고 95다16202, 95다16219 판결**

**【판시사항】**

도급계약에서 수급인이 신축 건물에 대하여 유치권을 가지는 경우

**【판결요지】**

주택건물의 신축공사를 한 수급인이 그 건물을 점유하고 있고 또 그 건물에 관하여 생긴 공사금 채권이 있다면, 수급인은 그 채권을 변제받을 때까지 건물을 유치할 권리가 있다고 할 것이고, 이러한 유치권은 수급인이 점유를 상실하거나 피담보채무가 변제되는 등 특단의 사정이 없는 한 소멸되지 않는다.

**대법원 2009. 9. 24. 선고 2009다40684 판결**

**【판시사항】**

공사대금채권에 기하여 유치권을 행사하는 자가 스스로 유치물인 주택에 거주하며 사용하는 것이 유치물의 보존에 필요한 사용에 해당하는지 여부(적극) 및 이 경우 차임 상당 이득을 소유자에게 반환할 의무가 있는지 여부(적극)

**【판결요지】**

민법 제324조에 의하면, 유치권자는 선량한 관리자의 주의로 유치물을 점유하여야 하고, 소유자의 승낙 없이 유치물을 보존에 필요한 범위를 넘어 사용하거나 대여 또는 담보제공을 할 수 없으며, 소유자는 유치권자가 위 의무를 위반한 때에는 유치권의 소멸을 청구할 수 있다고 할 것인바, 공사대금채권에 기하여 유치권을 행사하는 자가 스스로 유치물인 주택에 거주하며 사용하는 것은 특별한 사정이 없는 한 유치물인 주택의 보존에 도움이 되는 행위로서 유치물의 보존에 필요한 사용에 해당한다고 할 것이다. 그리고 유치권자가 유치물의 보존에 필요한 사용을 한 경우에도 특별한 사정이 없는 한 차임에 상당한 이득을 소유자에게 반환할 의무가 있다.

## 4 임대차에 관한 권리

### 1) 「주택임대차보호법」상 임차권

#### (1) 임차권의 개념

「주택임대차보호법」상의 임차인이란 주거용 건물의 전부 또는 일부의 임차인을 말한다. 주택임차인은 ① 대항력 있는 선순위 임차인, ② 대항력 없는 선순위 임차인, ③ 대항요건을 갖춘 후순위 임차인, ④ 대항요건을 갖추지 않은 후순위인 임차인 등으로 나누어 볼 수 있다. 이 중 '대항력 있는 선순위 임차인'의 경우 여신가능금액 산정 시 유의해야 하며, '대항력 있는 후순위 임차인' 또는 '최우선변제 소액임차인'도 최우선변제되는 부분이 있으므로 이를 고려하여야 한다.

#### (2) 임차인의 유형에 따른 권리

**① 대항력 있는 선순위 임차인**

대항력(주택의 인도와 주민등록을 마친 날의 다음 날 기준 선순위)을 갖추고 확정일자를 부여받아 우선변제권까지 갖춘 경우 임차인은 낙찰자에게 대항하여 보증금의 반환을 받을 때까지 임대차 관계의 존속을 주장할 수 있는 권리와 낙찰금액으로부터 보증금을 우선변제받을 수 있는 권리를 겸유하고 있고 원칙적으로 이 두 가지 권리 중 하나를 선택하여 행사할 수 있다.

▸ **관련판례**

**대법원 1995. 6. 30. 선고 95다12927 판결**

**【판시사항】**

대항력과 우선변제권을 겸유하고 있는 임차인이 배당요구를 하였으나 보증금 전액을 배당받지 못한 경우, 그 잔액에 대하여 경락인에게 동시이행의 항변을 할 수 있는지 여부(적극)

**【판결요지】**

[1] 주택임대차보호법상의 대항력과 우선변제권이라는 두 가지 권리를 겸유하고 있는 임차인이 먼저 우선변제권을 선택하여 임차주택에 대하여 진행되고 있는 경매절차에서 보증금 전액에 대하여 배당요구를 하였다고 하더라도, 그 순위에 따른 배당이 실시된 경우 보증금 전액을 배당받을 수 없었던 때에는 보증금 중 경매절차에서 배당받을 수 있었던 금액을 공제한 잔액에 관하여 경락인에게 대항하여 이를 반환받을 때까지 임대차관계의 존속을 주장할 수 있다고 봄이 상당하고 (중략)

### ② 대항력 없는 선순위 임차인

주택에 입주한 것은 근저당권보다 앞서지만 전입신고 즉, 주민등록을 하지 않아 대항력이 없는 경우가 있다. 또는 전입신고를 한 것은 근저당권보다 앞서지만 주택에 거주하지 않는 경우도 있을 수 있다. 이런 경우는 「주택임대차보호법」의 보호를 받는 선순위 세입자가 아니다.

### ③ 대항요건을 갖추었으나 후순위인 임차인

대항요건(주택의 인도와 주민등록)과 확정일자를 받아 우선변제권이 있는 경우에 한해서 세입자 이후의 기타 후순위 권리자보다 우선하여 배당을 받을 뿐이다. 대항요건은 갖추었으므로 법상 다른 조건을 갖추면 최우선변제의 대상이 된다.

### ④ 대항요건을 갖추지 않은 후순위인 임차인

대항요건을 갖추지 않았으므로 세입자 이후의 기타 후순위 권리자에 대해 우선변제권이 없으며, 최우선변제의 대상도 되지 않는다.

## (3) 소액임차인의 최우선변제권

임차인의 보증금 중 일정액을 다른 담보물권자보다 우선하여 변제받을 권리를 보장하고 있다. 임대보증금이 소액인 경우, 임차인이 임차주택(대지 포함)에 대한 경매개시결정 기입등기가 있기 전에 대항요건(주택의 인도와 주민등록)을 갖추었다면 경매나 공매 시에 경락금의 1/2 이내에서 보증금 중 일정액을 다른 권리자보다 가장 우선하여 변제받을 수 있다.

### ① 최우선변제권의 요건

- 보증금이 소액보증금에 해당해야 한다.
- 경매개시결정 기입등기 이전에 대항요건을 갖추고 이를 경락기일(낙찰기일)까지 계속 유지해야 한다.
- 배당요구의 종기까지 배당요구 신청을 해야 한다.

### ② 소액임차인의 범위와 배당액

소액임차인이 최우선변제의 혜택을 볼 수 있는 소액임차인의 범위와 배당액은 등기사항전부증명서상 최초 근저당 설정일자를 기준으로 정해진다.

# 「주택임대차보호법」상 소액임차인의 범위 등

| 기준시점 | 지 역 | 임차인 보증금 범위 | 보증금 중 일정액의 범위 |
|---|---|---|---|
| 1990. 2. 19.~ | 서울특별시, 직할시 | 2,000만원 이하 | 700만원 |
| | 기타 지역 | 1,500만원 이하 | 500만원 |
| 1995. 10. 19.~ | 특별시 및 광역시(군지역 제외) | 3,000만원 이하 | 1,200만원 |
| | 기타 지역 | 2,000만원 이하 | 800만원 |
| 2001. 9. 15.~ | 수도권정비계획법에 의한 수도권 중 과밀억제권역 | 4,000만원 이하 | 1,600만원 |
| | 광역시(군지역과 인천광역시지역 제외) | 3,500만원 이하 | 1,400만원 |
| | 그 밖의 지역 | 3,000만원 이하 | 1,200만원 |
| 2008. 8. 21.~ | 수도권정비계획법에 따른 수도권 중 과밀억제권역 | 6,000만원 이하 | 2,000만원 |
| | 광역시(군지역과 인천광역시지역 제외) | 5,000만원 이하 | 1,700만원 |
| | 그 밖의 지역 | 4,000만원 이하 | 1,400만원 |
| 2010. 7. 26.~ | 서울특별시 | 7,500만원 이하 | 2,500만원 |
| | 수도권정비계획법에 따른 과밀억제권역(서울특별시 제외) | 6,500만원 이하 | 2,200만원 |
| | 광역시(수도권정비계획법에 따른 과밀억제권역에 포함된 지역과 군지역 제외), | 5,500만원 이하 | 1,900만원 |
| | 그 밖의 지역 | 4,000만원 이하 | 1,400만원 |
| 2014. 1. 1.~ | 서울특별시 | 9,500만원 이하 | 3,200만원 |
| | 수도권정비계획법에 따른 과밀억제권역(서울특별시 제외) | 8,000만원 이하 | 2,700만원 |
| | 광역시(수도권정비계획법에 따른 과밀억제권역에 포함된 지역과 군지역 제외), | 6,000만원 이하 | 2,000만원 |
| | 그 밖의 지역 | 4,500만원 이하 | 1,500만원 |
| 2016. 3. 31.~ | 서울특별시 | 1억원 이하 | 3,400만원 |
| | 수도권정비계획법에 따른 과밀억제권역(서울특별시 제외) | 8,000만원 이하 | 2,700만원 |
| | 광역시(수도권정비계획법에 따른 과밀억제권역에 포함된 지역과 군지역 제외), | 6,000만원 이하 | 2,000만원 |
| | 그 밖의 지역 | 5,000만원 이하 | 1,700만원 |
| 2018. 9. 18.~ | 서울특별시 | 1억 1천만원 이하 | 3,700만원 |
| | 수도권정비계획법에 따른 과밀억제권역(서울특별시 제외), 용인시, 세종특별자치시, 화성시 | 1억원 이하 | 3,400만원 |
| | 광역시(수도권정비계획법에 따른 과밀억제권역에 포함된 지역과 군지역 제외), 안산시, 김포시, 광주시 | 6,000만원 이하 | 2,000만원 |
| | 그 밖의 지역 | 5,000만원 이하 | 1,700만원 |
| 2021. 5. 11.~ | 서울특별시 | 1억 5천만원 이하 | 5,000만원 |
| | 수도권정비계획법에 따른 과밀억제권역(서울특별시 제외), 세종특별자치시, 용인시, 화성시 및 김포시 | 1억 3천만원 이하 | 4,300만원 |
| | 광역시(수도권정비계획법에 따른 과밀억제권역에 포함된 지역과 군지역 제외), 안산시, 광주시, 파주시, | 7,000만원 이하 | 2,300만원 |
| | 그 밖의 지역 | 6,000만원 이하 | 2,000만원 |
| 2023. 2. 21.~ | 서울특별시 | 1억 6천500만원 이하 | 5,500만원 |
| | 수도권정비계획법에 따른 과밀억제권역(서울특별시 제외), 세종특별자치시, 용인시, 화성시 및 김포시 | 1억 4천500만원 이하 | 4,800만원 |
| | 광역시(수도권정비계획법에 따른 과밀억제권역에 포함된 지역과 군지역 제외), 안산시, 광주시, 파주시, | 8,500만원 이하 | 2,800만원 |
| | 그 밖의 지역 | 7,500만원 이하 | 2,500만원 |

## 2) 「상가건물 임대차보호법」상 임차권

### (1) 임차권의 개념

「상가건물 임대차보호법」상의 임차인이란 사업자등록의 대상이 되는 상가건물을 임차한 임차인을 말한다. 상가건물 임대차는 주택 임대차와 달리 보호대상에 금액적 제한이 있다. 즉, 법의 보호를 받기 위한 상가건물은 그 보증금액이 지역별 정해진 보증금 이하여야 한다. 보증금액 산정 시 보증금 외 차임이 있는 경우에는 '보증금 + (월세 × 100)'을 기준으로 산정한다.

### (2) 임차인의 대항력과 우선변제권

대항력이란, 상가건물의 양수인 또는 경락인에게 임대차관계의 존속을 요구하면서 임차건물을 계속 점유·사용하고 임대차기간이 만료되면 임차보증금의 반환을 요구할 수 있는 권리를 뜻한다. 대항력이 성립하기 위해서는 '임차인이 상가건물의 인도와 사업자등록'을 마쳐야 한다. 대항력은 대항요건을 갖춘 다음 날부터 제3자에 대해서 효력이 발생한다.

「상가건물 임대차보호법」상의 대항력을 갖추고 관할 세무서장으로부터 임대차계약서상의 확정일자를 받은 임차인은 「민사집행법」에 의한 경매 또는 「국세징수법」에 의한 공매 시 임차건물(대지를 포함)의 낙찰대금에서 후순위 권리자, 기타 채권자보다 우선하여 보증금을 변제받을 우선변제권이 있다.

### (3) 소액임차인의 최우선변제권

「상가건물 임대차보호법」은 임차인의 보증금 중 일정액을 다른 담보물권자 보다 우선하여 변제받을 권리를 보장하고 있다. 즉, 임대보증금이 소액인 경우, 임차인이 임차건물(대지 포함)에 대한 경매개시결정 기입등기가 있기 전에 대항요건(건물의 인도와 사업자등록)을 갖추었다면 최우선변제의 대상이 된다.

소액임차인 최우선변제의 혜택을 볼 수 있는 소액임차인의 범위와 배당액은 등기사항전부증명서상 최초 근저당 설정일자를 기준으로 정해진다.

## 「상가건물 임대차보호법」상 소액임차인의 범위 등

| 기준시점 | 지 역 | 적용범위 | 임차인 보증금 범위 | 보증금 중 일정액의 범위 |
|---|---|---|---|---|
| 2002. 11. 1.~ | 서울특별시 | 2억4천만원 이하 | 4,500만원 이하 | 1,350만원 |
| | 수도권정비계획법에 의한 수도권 중 과밀억제권역(서울특별시 제외) | 1억9천만원 이하 | 3,900만원 이하 | 1,170만원 |
| | 광역시 (군지역과 인천광역시 지역을 제외) | 1억5천만원 이하 | 3,000만원 이하 | 900만원 |
| | 그 밖의 지역 | 1억4천만원 이하 | 2,500만원 이하 | 750만원 |
| 2008. 8. 21.~ | 서울특별시 | 2억6천만원 이하 | 4,500만원 이하 | 1,350만원 |
| | 수도권정비계획법에 따른 수도권 중 과밀억제권역(서울특별시 제외) | 2억1천만원 이하 | 3,900만원 이하 | 1,170만원 |
| | 광역시(군지역과 인천광역시 지역 제외) | 1억6천만원 이하 | 3,000만원 이하 | 900만원 |
| | 그 밖의 지역 | 1억5천만원 이하 | 2,500만원 이하 | 750만원 |
| 2010. 7. 26.~ | 서울특별시 | 3억원 이하 | 5,000만원 이하 | 1,500만원 |
| | 수도권정비계획법에 따른 수도권 중 과밀억제권역(서울특별시 제외) | 2억5천만원 이하 | 4,500만원 이하 | 1,350만원 |
| | 광역시(수도권정비계획법에 따른 과밀억제권역에 포함된 지역과 군지역 제외), 안산시, 용인시, 김포시 및 광주시 | 1억8천만원 이하 | 3,000만원 이하 | 900만원 |
| | 그 밖의 지역 | 1억5천만원 이하 | 2,500만원 이하 | 750만원 |
| 2014. 1. 1.~ | 서울특별시 | 4억원 이하 | 6,500만원 이하 | 2,200만원 |
| | 수도권정비계획법에 따른 수도권 중 과밀억제권역(서울특별시 제외) | 3억원 이하 | 5,500만원 이하 | 1,900만원 |
| | 광역시(수도권정비계획법에 따른 과밀억제권역에 포함된 지역과 군지역 제외), 안산시, 용인시, 김포시 및 광주시 | 2억4천만원 이하 | 3,800만원 이하 | 1,300만원 |
| | 그 밖의 지역 | 1억8천만원 이하 | 3,000만원 이하 | 1,000만원 |
| 2018. 1. 26.~ | 서울특별시 | 6억 1천만원 이하 | 6,500만원 이하 | 2,200만원 |
| | 수도권정비계획법에 따른 과밀억제권역(서울특별시 제외) | 5억원 이하 | 5,500만원 이하 | 1,900만원 |
| | 부산광역시(기장군 제외) | 5억원 이하 | 3,800만원 이하 | 1,300만원 |
| | 부산광역시(기장군) | 5억원 이하 | 3,000만원 이하 | 1,000만원 |
| | 광역시(수도권정비계획법에 따른 과밀억제권역에 포함된 지역과 군지역, 부산광역시 제외), 안산시, 용인시, 김포시 및 광주시 | 3억9천만원 이하 | 3,800만원 이하 | 1,300만원 |
| | 세종특별자치시, 파주시, 화성시 | 3억9천만원 이하 | 3,000만원 이하 | 1,000만원 |
| | 그 밖의 지역 | 2억7천만원 이하 | 3,000만원 이하 | 1,000만원 |
| 2019. 4. 2.~ | 서울특별시 | 9억원 이하 | 6,500만원 이하 | 2,200만원 |
| | 수도권정비계획법에 따른 과밀억제권역 (서울특별시 제외) | 6억9천만원 이하 | 5,500만원 이하 | 1,900만원 |
| | 부산광역시(기장군 제외) | 6억9천만원 이하 | 3,800만원 이하 | 1,300만원 |
| | 부산광역시(기장군) | 6억9천만원 이하 | 3,000만원 이하 | 1,000만원 |
| | 광역시(수도권정비계획법에 따른 과밀억제권역에 포함된 지역과 군지역, 부산광역시 제외), 안산시, 용인시, 김포시 및 광주시 | 5억4천만원 이하 | 3,800만원 이하 | 1,300만원 |
| | 세종특별자치시, 파주시, 화성시 | 5억4천만원 이하 | 3,000만원 이하 | 1,000만원 |
| | 그 밖의 지역 | 3억7천만원 이하 | 3,000만원 이하 | 1,000만원 |

# 담보평가의
# 이론과 실무

# | 제3편 |

# 물건별 담보평가

# 제 1 장

# 토지

# 제1절 토지평가의 기초

## 1 토지의 개념과 토지평가의 기본 절차

**「민법」**

**제212조(토지소유권의 범위)** 토지의 소유권은 정당한 이익있는 범위내에서 토지의 상하에 미친다.

**「감정평가 실무기준」**[16)]

**610-1.2(자료의 수집 및 정리)**

① 토지의 가액결정에 참고가 되는 자료(이하 "가격자료"라 한다)에는 거래사례, 조성 사례, 임대사례, 수익자료, 시장자료 등이 있으며, 대상 토지의 특성에 맞는 적절한 자료를 수집하고 정리한다.

② 사례자료는 다음 각 호의 요건을 갖추어야 한다. 이 항은 토지가 아닌 다른 물건의 감정평가에 준용한다.

1. 인근지역에 존재하는 사례일 것. 다만, 인근지역에 적절한 사례가 없는 경우에는 동일수급권 안의 유사지역에 존재하는 사례를 사용할 수 있다.
2. 정상적이거나 정상적인 것으로 보정할 수 있는 사례일 것
3. 시점수정이 가능한 사례일 것
4. 대상토지와 지역요인·개별요인 비교가 가능한 사례일 것
5. 토지 및 그 지상 건물이 일체로 거래된 경우에는 합리적으로 가액을 배분할 수 있을 것

**610-1.3(가치형성요인의 분석)**

대상토지에 대한 감정평가를 하기 위해 토지 이용의 동질성을 기준으로 인근지역의 범위를 확정하고 일반요인·지역요인·개별요인 등 가치형성요인을 분석한다.

16) 「감정평가 실무기준」은 「감정평가 및 감정평가사에 관한 법률」에 따라 제정된 국토교통부 훈령으로서 「감정평가에 관한 규칙」과 함께 감정평가법인등이 감정평가를 할 때 준수해야 할 원칙과 기준을 규정하는 감정평가의 기본 규정이다.

## 1) 감정평가 대상으로서의 토지

토지는 일반적으로 지표면을 의미하나 「민법」상 토지소유권의 정의에 따르면, 정당한 이익이 있는 범위 내에서 그 상하를 의미한다. 정당한 이익의 범위는 일률적인 기준으로 정할 수 없으나 지역의 표준적인 이용상황 및 개별토지의 최유효이용 등을 고려하여 거래관념에 따라 합리적으로 결정되어야 한다.

또한, 대체로 지표면을 기준으로 인위적인 범위를 정한 필지 단위로 소유권의 대상이 되며 개별물건기준 원칙에 따라 원칙적으로는 필지 기준으로 평가한다.

## 2) 토지평가의 기본 절차

### (1) 사전조사 및 실지조사

토지를 감정평가할 때에는 사전조사 시 등기사항전부증명서, 토지·임야대장, 지적·임야도, 토지이용계획확인서 등을 통해 대상토지의 소재지·지번·지목·면적, 토지의 이용·처분 등의 제한사항과 개별공시지가 및 그 밖의 참고사항 등을 확인한다.

실지조사 시에는 사전조사자료를 토대로 대상토지가 위치한 지역에서 실제 현황과 공부상 내용의 동일성 여부, 권리상태, 물건의 상태 등을 확인하여야 한다. 실지조사 시 대상토지의 소재지, 지번 지목, 면적, 위치 및 부근의 상황, 형상, 지세, 이용상황, 교통상황, 도로의 상태, 제시목록 외의 물건, 공부와의 차이, 임대관계 및 그 밖의 참고사항 등을 조사한다.

### (2) 가격자료의 수집 및 정리

토지의 가액결정에 참고가 되는 거래사례, 표준지공시지가, 평가사례, 조성사례, 임대사례, 수익자료, 시장자료 등을 수집하고 정리한다.

### (3) 인근지역 범위 확정

인근지역은 대상토지의 특성과 가치형성요인의 분석방법에 따라 상대적으로 범위가 결정된다. 인근지역의 범위를 확정할 때에는 토지 이용의 동질성을 기준으로 물리적인 부분과 인문적인 부분을 종합적으로 고려하여 확정하여야 한다.

「감정평가에 관한 규칙」

**제2조(정의)** 이 규칙에서 사용하는 용어의 뜻은 다음 각 호와 같다.

13. "인근지역"이란 감정평가의 대상이 된 부동산(이하 "대상부동산"이라 한다)이 속한 지역으로서 부동산의 이용이 동질적이고 가치형성요인 중 지역요인을 공유하는 지역을 말한다.
14. "유사지역"이란 대상부동산이 속하지 아니하는 지역으로서 인근지역과 유사한 특성을 갖는 지역을 말한다.
15. "동일수급권"이란 대상부동산과 대체·경쟁 관계가 성립하고 가치 형성에 서로 영향을 미치는 관계에 있는 다른 부동산이 존재하는 권역을 말하며, 인근지역과 유사지역을 포함한다.

### (4) 가치형성요인의 분석

토지의 가치형성요인으로서 일반요인, 지역요인, 개별요인은 상호 영향을 미치는 관계 속에 시간의 흐름에 따라 끊임없이 변화하며 가치발생요인에 영향을 미쳐 가치를 변화시키는 특징이 있다. 따라서 지역별·용도별 가치형성요인을 정확하게 파악하고, 이들 요인 간의 상호관련성을 토대로 정확한 분석작업을 실시하여야 한다.

## 2 토지의 개별 특성[17)]

### 1) 지목

지목은 「공간정보의 구축 및 관리에 관한 법률」에 근거하여 토지의 주된 용도에 따라 지적공부에 등록한 것을 말한다. 공부상 지목은 현실적인 이용상황과 다를 수 있으므로, 담보평가 시 일치 여부를 확인하여 일시적이거나 불법적인 것이 아니라면 현실적인 이용상황을 반영하여 평가하여야 한다.

17) 감정평가법인 등이 표준지공시지가를 조사·평가하기 위해서는 '표준지공시지가 조사·평가업무요령'에 따라 토지의 특성을 조사한다. 조사하는 토지의 특성은 소재지, 지번, 지목, 면적, 용도지역, 도로조건 등 30여 가지이나, 본 편에서는 담보평가 시 의미가 있는 기본적인 토지의 특성을 중심으로 '표준지공시지가 조사·평가업무요령'의 내용을 기술한다.

| 지목의 종류 | | | | | | | | | | | |
|---|---|---|---|---|---|---|---|---|---|---|---|
| 번호 | 지목 | 약어 | 번호 | 지목 | 약어 | 번호 | 지목 | 약어 | 번호 | 지목 | 약어 |
| 1 | 전 | 전 | 8 | 대 | 대 | 15 | 철도용지 | 철 | 22 | 공원 | 공 |
| 2 | 답 | 답 | 9 | 공장용지 | 장 | 16 | 제방 | 제 | 23 | 체육용지 | 체 |
| 3 | 과수원 | 과 | 10 | 학교용지 | 학 | 17 | 하천 | 천 | 24 | 유원지 | 원 |
| 4 | 목장용지 | 목 | 11 | 주차장 | 차 | 18 | 구거 | 구 | 25 | 종교용지 | 종 |
| 5 | 임야 | 임 | 12 | 주유소용지 | 주 | 19 | 유지 | 유 | 26 | 사적지 | 사 |
| 6 | 광천지 | 광 | 13 | 창고용지 | 창 | 20 | 양어장 | 양 | 27 | 묘지 | 묘 |
| 7 | 염전 | 염 | 14 | 도로 | 도 | 21 | 수도용지 | 수 | 28 | 잡종지 | 잡 |

### 2) 지형지세 : 고저

토지의 고저는 해당 토지가 속한 주변지역의 전반적인 경사도를 기준으로 간선도로 또는 주위의 지형지세와 비교하여 판단한다.

| 지형지세 중 고저의 구분 | |
|---|---|
| 구분 | 내용 |
| 저지 | 간선도로 또는 주위의 지형지세보다 현저히 낮은 지대의 토지 |
| 평지 | 간선도로 또는 주위의 지형지세와 높이가 비슷하거나 경사도가 미미한 토지 |
| 완경사지 | 간선도로 또는 주위의 지형지세보다 높고 경사도가 15° 이하인 토지 |
| 급경사지 | 간선도로 또는 주위의 지형지세보다 높고 경사도가 15°를 초과하는 토지 |
| 고지 | 간선도로 또는 주위의 지형지세보다 현저히 높은 지대의 토지 |

### 3) 지형지세 : 형상

토지의 형상은 접면도로를 기준으로 다음의 유형 중 가장 비슷한 형상으로 판단한다. 여러 필지의 토지가 하나의 건축물의 부지로 사용되는 등 일단지인 경우에는 그 일단의 토지를 하나의 필지로 보아 형상을 판단한다. 한편, 도로에 접하지 아니한 토지는 인접도로방향을 기준으로 판단하며, 둘 이상의 도로에 접한 토지는 주된 도로의 방향을 기준으로 판단한다.

| 지형지세 중 형상의 구분 | |
|---|---|
| 구분 | 내용 |
| 정방형 | 정사각형 모양의 토지로서 양변의 길이 비율이 1:1.1 내외인 토지 |
| 가로장방형(가장형) | 장방형의 토지로 넓은 면이 도로에 접하거나 도로를 향하고 있는 토지 |

| 지형지세 중 형상의 구분 | |
|---|---|
| 구분 | 내용 |
| 세로장방형(세장형) | 장방형의 토지로 좁은 면이 도로에 접하거나 도로를 향하고 있는 토지 |
| 사다리형 | 사다리꼴 모양의 토지(변형사다리형, 다각형의 불규칙한 형상이나 그로 인하여 최유효이용에 상당한 제약을 받지 않는 토지 포함) |
| 삼각형 | 삼각형의 토지로 그 한면이 도로에 접하거나 도로를 향하고 있는 토지 |
| 역삼각형 | 삼각형의 토지(역사다리형을 포함)로 꼭지점 부분이 도로에 접하거나 도로를 향하고 있는 토지 |
| 부정형 | 불규칙한 형상으로 인하여 최유효이용에 상당한 제약을 받는 다각형 또는 부정형의 토지 |
| 자루형 | 출입구가 자루처럼 좁게 생긴 토지 |

## 참고 토지의 형상 구분

| 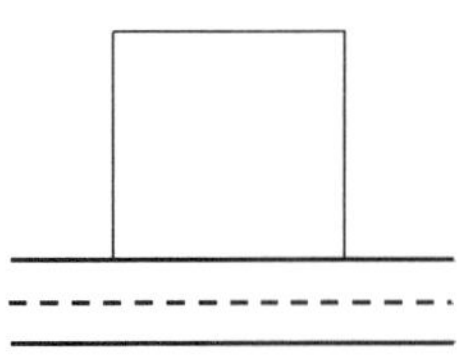 | 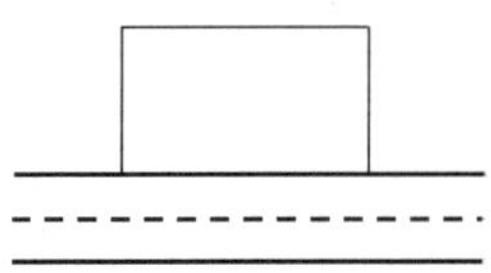 | 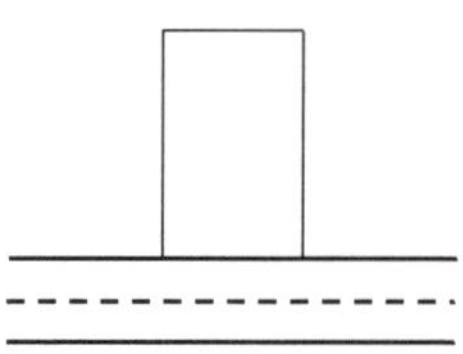 |
|---|---|---|
| 정방형 | 가장형 | 세장형 |
| 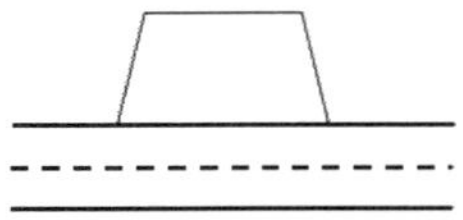 | 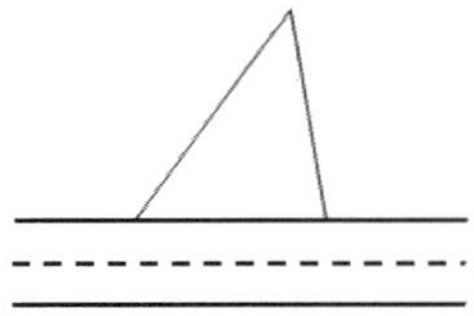 | 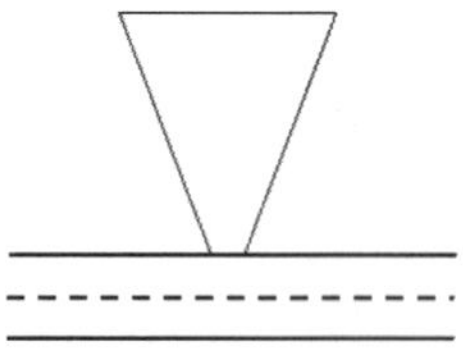 |
| 사다리형 | 삼각형 | 역삼각형 |
| 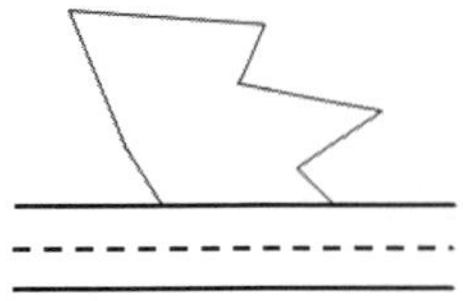 | 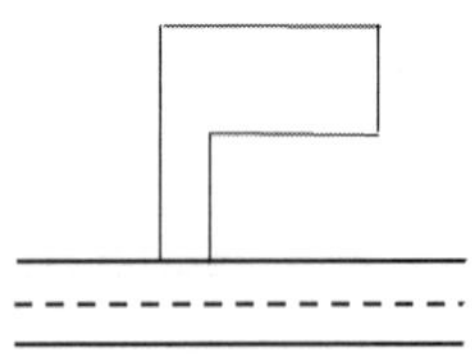 | 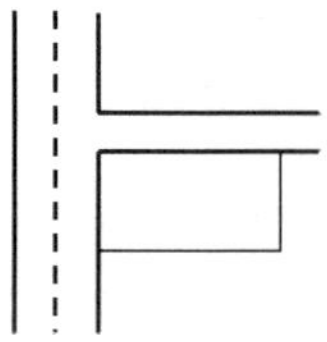 |
| 부정형 | 자루형 | 세장형(주된 도로 기준판단) |

## 4) 지형지세 : 방위

방위는 8방위로 구분하여 판단한다. 상업용 또는 공업용 토지는 방위가 토지 이용 여건에 큰 의미가 없을 수 있으나 주거용 및 임야의 경우에는 방위가 토지가치에 영향을 미칠 수 있다. 주거용 토지는 주된 접면도로를 기준으로 판단하며, 임야는 경사 방향을 기준으로 판단한다.

**참고 토지의 방위**

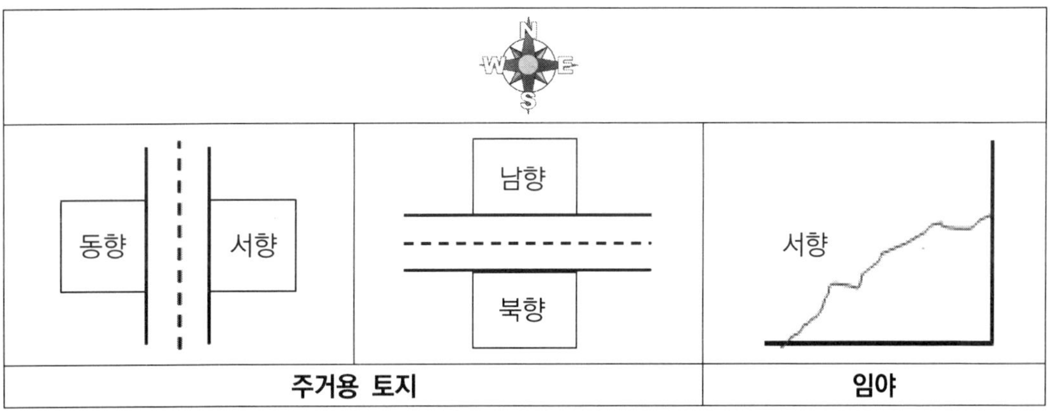


## 5) 도로조건

토지가 접하고 있는 도로의 종류 및 개수에 따라 도로조건을 판단한다. 여러 필지의 토지가 하나의 건축물의 부지로 사용되는 등 일단지인 경우에는 그 일단의 토지를 하나의 필지로 보아 도로조건을 판단한다.

사실상 이용되는 도로와 건설공사 중인 도로(조사시점 현재 공사가 진행 중인 구간을 말한다)만을 '도로'로 간주하고, 고속국도와 자동차전용도로 등 차량 진출입이 불가능한 도로와 이용되지 않는 폐도는 '도로'로 보지 아니한다.

도로조건의 판단은 (광)대 → 중 → 소 → 세 → 없음(맹지)의 순으로 접면도로의 너비에 따라 판단하고, 이 너비는 자동차 통행에 사용되는 부분만이 아니라 인도 부분 등도 포함하여 산정한다. 또한, 접면도로가 2개 이상인 경우는 도로조건을 '각지'로 판단한다.

| 도로접면의 구분 | | |
|---|---|---|
| 구분 | 기재방법 | 내용 |
| 광대로한면 | 광대한면 | 폭 25m 이상의 도로에 한면이 접하고 있는 토지 |
| 광대로-광대로<br>광대로-중로<br>광대로-소로 | 광대소각 | 광대로에 한면이 접하고 소로(8m 이상 12m 미만) 이상의 도로에 한면 이상 접하고 있는 토지 |
| 광대로-세로(가) | 광대세각 | 광대로에 한면이 접하면서 자동차 통행이 가능한 세로(가)에 한면 이상 접하고 있는 토지 |
| 중로한면 | 중로한면 | 폭 12m 이상 25m 미만 도로에 한면이 접하고 있는 토지 |
| 중로-중로<br>중로-소로<br>중로-세로(가) | 중로각지 | 중로에 한면이 접하면서 중로, 소로, 자동차 통행이 가능한 세로(가)에 한면 이상 접하고 있는 토지 |
| 소로한면 | 소로한면 | 폭 8m 이상 12m 미만의 도로에 한면이 접하고 있는 토지 |
| 소로-소로<br>소로-세로(가) | 소로각지 | 소로에 한면이 접하면서 소로, 자동차통행이 가능한 세로(가)에 한면 이상 접하고 있는 토지 |
| 세로한면(가) | 세로(가) | 자동차통행이 가능한 폭 8m 미만의 도로에 한면이 접하고 있는 토지 |
| 세로(가)-세로(가) | 세각(가) | 자동차통행이 가능한 세로에 두면 이상이 접하고 있는 토지 |
| 세로한면(불) | 세로(불) | 자동차통행이 불가능하나 이륜자동차의 통행이 가능한 세로에 한면이 접하고 있는 토지 |
| 세로(불)-세로(불) | 세각(불) | 자동차통행이 불가능하나 이륜자동차의 통행이 가능한 세로에 두면 이상 접하고 있는 토지 |
| 맹지 | 맹지 | 이륜자동차의 통행이 불가능한 도로에 접한 토지와 도로에 접하지 아니한 토지 |

## 참고 각지의 구분

| 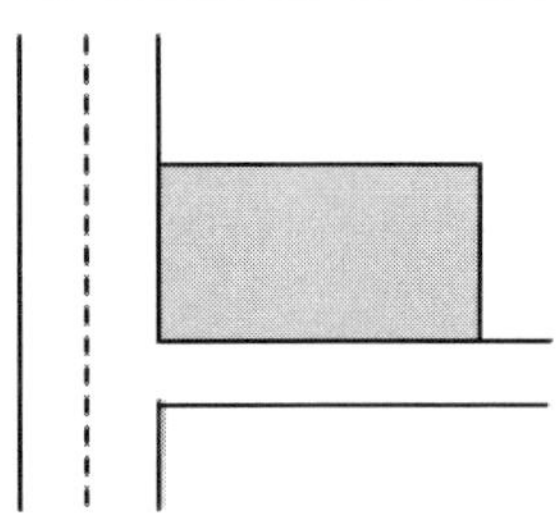 | 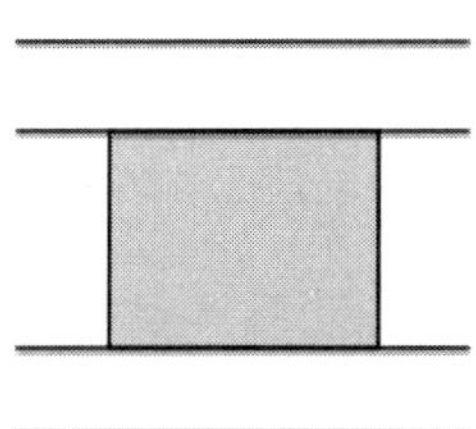 | 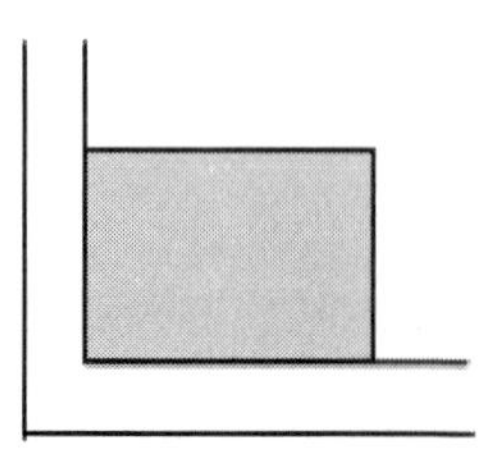 |
|---|---|---|
| **각지** | **각지** | **준각지** |

※ 준각지 중 접면도로의 폭이 승용차가 원활하게 교차할 수 있는 정도인 경우에는 각지로 판단한다.

「도시·군계획시설의 결정·구조 및 설치기준에 관한 규칙」

**제9조(도로의 구분)**

**1. 사용 및 형태별 구분**

가. 일반도로: 폭 4미터 이상의 도로로서 통상의 교통소통을 위하여 설치되는 도로

나. 자동차전용도로: 특별시·광역시·특별자치시·시 또는 군(이하 "시·군"이라 한다)내 주요 지역간이나 시·군 상호간에 발생하는 대량교통량을 처리하기 위한 도로로서 자동차만 통행할 수 있도록 하기 위하여 설치하는 도로

다. 보행자전용도로: 폭 1.5미터 이상의 도로로서 보행자의 안전하고 편리한 통행을 위하여 설치하는 도로

라. 보행자우선도로: 폭 20미터 미만의 도로로서 보행자와 차량이 혼합하여 이용하되 보행자의 안전과 편의를 우선적으로 고려하여 설치하는 도로

마. 자전거전용도로: 하나의 차로를 기준으로 폭 1.5미터(지역 상황 등에 따라 부득이하다고 인정되는 경우에는 1.2미터) 이상의 도로로서 자전거의 통행을 위하여 설치하는 도로

바. 고가도로: 시·군내 주요지역을 연결하거나 시·군 상호간을 연결하는 도로로서 지상교통의 원활한 소통을 위하여 공중에 설치하는 도로

사. 지하도로: 시·군내 주요지역을 연결하거나 시·군 상호간을 연결하는 도로로서 지상교통의 원활한 소통을 위하여 지하에 설치하는 도로(도로·광장 등의 지하에 설치된 지하공공보도시설을 포함한다). 다만, 입체교차를 목적으로 지하에 도로를 설치하는 경우를 제외한다.

**2. 규모별 구분**

가. 광로

(1) 1류: 폭 70미터 이상인 도로

(2) 2류: 폭 50미터 이상 70미터 미만인 도로

(3) 3류: 폭 40미터 이상 50미터 미만인 도로

나. 대로

(1) 1류: 폭 35미터 이상 40미터 미만인 도로

(2) 2류: 폭 30미터 이상 35미터 미만인 도로

(3) 3류: 폭 25미터 이상 30미터 미만인 도로

다. 중로

(1) 1류: 폭 20미터 이상 25미터 미만인 도로

(2) 2류: 폭 15미터 이상 20미터 미만인 도로

(3) 3류: 폭 12미터 이상 15미터 미만인 도로

라. 소로

(1) 1류: 폭 10미터 이상 12미터 미만인 도로

(2) 2류: 폭 8미터 이상 10미터 미만인 도로

(3) 3류: 폭 8미터 미만인 도로

**3. 기능별 구분**

가. 주간선도로: 시·군내 주요지역을 연결하거나 시·군 상호간을 연결하여 대량통과교통을 처리하는 도로로서 시·군의 골격을 형성하는 도로

나. 보조간선도로: 주간선도로를 집산도로 또는 주요 교통발생원과 연결하여 시·군 교통이 모였다 흩어지도록 하는 도로로서 근린주거구역의 외곽을 형성하는 도로

다. 집산도로: 근린주거구역의 교통을 보조간선도로에 연결하여 근린주거구역내 교통이 모였다 흩어지도록 하는 도로로서 근린주거구역의 내부를 구획하는 도로

라. 국지도로: 가구를 구획하는 도로

마. 특수도로: 보행자전용도로·자전거전용도로 등 자동차 외의 교통에 전용되는 도로

## 참고 토지가격비준표

토지가격비준표란, 「부동산 가격공시에 관한 법률」 제3조 제8항에 근거한 대량의 토지에 대한 가격을 간편하게 산정할 수 있도록 계량적으로 고안된 '간이지가산정표'로, 매년 국토교통부장관이 작성하여 시·군·구 및 관계기관에 제공하고 있다. 현행 토지가격비준표는 지가에 영향력을 고려한 22개 항목에 대해서 비준표가 작성된다.

토지의 거래사례비교법 적용 시 '비교대상 토지(비교표준지 등)의 특성'을 '세로 열'에서 찾고 '평가대상 토지(대상토지)의 특성'을 '가로 행'에서 찾아 교차하는 수치를 '비교표준지 대비 대상토지 특성의 비교치'로 적용하면 된다. 물론, 개별 감정평가 시 반드시 이 수치를 적용해야 하는 것은 아니며 참고의 범위로 활용한다.

### ▸ 2023년 서울 종로 삼청동 주거지역 조회 결과 (22개 항목 중 일부 예시)

| 고저 | 저지 | 평지 | 완경사 | 급경사 | 고지 |
|---|---|---|---|---|---|
| 저지 | 1.00 | 1.02 | 0.85 | 0.78 | 0.76 |
| 평지 | 0.98 | 1.00 | 0.83 | 0.76 | 0.75 |
| 완경사 | 1.18 | 1.20 | 1.00 | 0.92 | 0.89 |
| 급경사 | 1.28 | 1.31 | 1.09 | 1.00 | 0.97 |
| 고지 | 1.32 | 1.34 | 1.12 | 1.03 | 1.00 |

| 형상 | 정방형 | 가장형 | 세장형 | 사다리 | 부정형 | 자루형 |
|---|---|---|---|---|---|---|
| 정방형 | 1.00 | 1.05 | 1.00 | 0.99 | 0.96 | 0.92 |
| 가장형 | 0.95 | 1.00 | 0.95 | 0.94 | 0.91 | 0.88 |
| 세장형 | 1.00 | 1.05 | 1.00 | 0.99 | 0.96 | 0.92 |
| 사다리 | 1.01 | 1.06 | 1.01 | 1.00 | 0.97 | 0.93 |
| 부정형 | 1.04 | 1.09 | 1.04 | 1.03 | 1.00 | 0.96 |
| 자루형 | 1.09 | 1.14 | 1.09 | 1.08 | 1.04 | 1.00 |

| 방위 | 남향 | 동향 | 서향 | 북향 |
|---|---|---|---|---|
| 남향 | 1.00 | 0.98 | 0.98 | 0.98 |
| 동향 | 1.02 | 1.00 | 1.00 | 1.00 |
| 서향 | 1.02 | 1.00 | 1.00 | 1.00 |
| 북향 | 1.02 | 1.00 | 1.00 | 1.00 |

| 도로접면 | 광대한면 | 광대소각 | 광대세각 | 중로한면 | 중로각지 | 소로한면 | 소로각지 | 세로(가) | 세각(가) | 세로(불) | 세각(불) | 맹지 |
|---|---|---|---|---|---|---|---|---|---|---|---|---|
| 광대한면 | 1.00 | 1.10 | 1.04 | 0.94 | 0.97 | 0.91 | 0.93 | 0.84 | 0.86 | 0.74 | 0.75 | 0.72 |
| 광대소각 | 0.91 | 1.00 | 0.95 | 0.85 | 0.88 | 0.83 | 0.85 | 0.76 | 0.78 | 0.67 | 0.68 | 0.65 |
| 광대세각 | 0.96 | 1.06 | 1.00 | 0.90 | 0.93 | 0.88 | 0.89 | 0.81 | 0.83 | 0.71 | 0.72 | 0.69 |
| 중로한면 | 1.06 | 1.17 | 1.11 | 1.00 | 1.03 | 0.97 | 0.99 | 0.89 | 0.91 | 0.79 | 0.80 | 0.77 |
| 중로각지 | 1.03 | 1.13 | 1.07 | 0.97 | 1.00 | 0.94 | 0.96 | 0.87 | 0.89 | 0.76 | 0.77 | 0.74 |
| 소로한면 | 1.10 | 1.21 | 1.14 | 1.03 | 1.07 | 1.00 | 1.02 | 0.92 | 0.95 | 0.81 | 0.82 | 0.79 |
| 소로각지 | 1.08 | 1.18 | 1.12 | 1.01 | 1.04 | 0.98 | 1.00 | 0.90 | 0.92 | 0.80 | 0.81 | 0.77 |
| 세로(가) | 1.19 | 1.31 | 1.24 | 1.12 | 1.15 | 1.08 | 1.11 | 1.00 | 1.02 | 0.88 | 0.89 | 0.86 |
| 세각(가) | 1.16 | 1.28 | 1.21 | 1.09 | 1.13 | 1.06 | 1.08 | 0.98 | 1.00 | 0.86 | 0.87 | 0.84 |
| 세로(불) | 1.35 | 1.49 | 1.41 | 1.27 | 1.31 | 1.23 | 1.26 | 1.14 | 1.16 | 1.00 | 1.01 | 0.97 |
| 세각(불) | 1.33 | 1.47 | 1.39 | 1.25 | 1.29 | 1.21 | 1.24 | 1.12 | 1.15 | 0.99 | 1.00 | 0.96 |
| 맹지 | 1.39 | 1.53 | 1.44 | 1.31 | 1.35 | 1.26 | 1.29 | 1.17 | 1.19 | 1.03 | 1.04 | 1.00 |

※ 출처 : 한국부동산원 토지·주택가격비준표 열람서비스 (sct.reb.or.kr)

## 3 토지의 감정평가방법

「감정평가 및 감정평가사에 관한 법률」

**제3조(기준)** ① 감정평가법인등이 토지를 감정평가하는 경우에는 그 토지와 이용가치가 비슷하다고 인정되는 「부동산 가격공시에 관한 법률」에 따른 표준지공시지가를 기준으로 하여야 한다. 다만, 적정한 실거래가가 있는 경우에는 이를 기준으로 할 수 있다.

② 제1항에도 불구하고 감정평가법인등이 「주식회사 등의 외부감사에 관한 법률」에 따른 재무제표 작성 등 기업의 재무제표 작성에 필요한 감정평가와 담보권의 설정·경매 등 대통령령으로 정하는 감정평가를 할 때에는 해당 토지의 임대료, 조성비용 등을 고려하여 감정평가를 할 수 있다.

「감정평가에 관한 규칙」

**제12조(감정평가방법의 적용 및 시산가액 조정)** ① 감정평가법인등은 제14조부터 제26조까지의 규정에서 대상물건별로 정한 감정평가방법(이하 "주된 방법"이라 한다)을 적용하여 감정평가해야 한다. 다만, 주된 방법을 적용하는 것이 곤란하거나 부적절한 경우에는 다른 감정평가방법을 적용할 수 있다.

② 감정평가법인등은 대상물건의 감정평가액을 결정하기 위하여 제1항에 따라 어느 하나의 감정평가방법을 적용하여 산정(算定)한 가액[이하 "시산가액(試算價額)"이라 한다]을 제11조 각 호의 감정평가방식 중 다른 감정평가방식에 속하는 하나 이상의 감정평가방법(이 경우 공시지가기준법과 그 밖의 비교방식에 속한 감정평가방법은 서로 다른 감정평가방식에 속한 것으로 본다)으로 산출한 시산가액과 비교하여 합리성을 검토해야 한다. 다만, 대상물건의 특성 등으로 인하여 다른 감정평가방법을 적용하는 것이 곤란하거나 불필요한 경우에는 그렇지 않다.

③ 감정평가법인등은 제2항에 따른 검토 결과 제1항에 따라 산출한 시산가액의 합리성이 없다고 판단되는 경우에는 주된 방법 및 다른 감정평가방법으로 산출한 시산가액을 조정하여 감정평가액을 결정할 수 있다.

**제14조(토지의 감정평가)** ① 감정평가법인등은 법 제3조제1항 본문에 따라 토지를 감정평가할 때에는 공시지가기준법을 적용해야 한다.

③ 감정평가법인등은 법 제3조제1항 단서에 따라 적정한 실거래가를 기준으로 토지를 감정평가할 때에는 거래사례비교법을 적용해야 한다.

④ 감정평가법인등은 법 제3조제2항에 따라 토지를 감정평가할 때에는 제1항부터 제3항까지의 규정을 적용하되, 해당 토지의 임대료, 조성비용 등을 고려하여 감정평가할 수 있다.

### 1) 공시지가기준법의 적용

감정평가법인 등은 토지를 감정평가할 때 공시지가기준법을 적용해야 한다. 「감정평가에 관한 규칙」 제12조 제1항에 따라 토지 평가의 주된 방법은 공시지가기준법이다. 다만, 주된 방법을 적용하는 것이 곤란하거나 부적절한 경우에는 다른 감정평가방법을 적용할 수 있다.

따라서, 토지의 감정평가는 대체로 부득이한 경우를 제외하고는 공시지가기준법이 주된 방법으로 활용된다.

공시지가기준법이란, 감정평가의 대상이 된 토지와 가치형성요인이 같거나 비슷하여 유사한 이용가치를 지닌다고 인정되는 표준지의 공시지가를 기준으로 대상토지의 현황에 맞게 시점수정, 지역요인 및 개별요인 비교, 그 밖의 요인의 보정을 거쳐 대상토지의 가액을 산정하는 감정평가방법을 말한다.

### 2) 주된 방법이 아닌 다른 감정평가방법의 적용

#### (1) 거래사례비교법

거래사례비교법은 대상토지와 가치형성요인이 같거나 비슷한 토지의 거래사례와 비교하여 대상토지의 현황에 맞게 사정보정, 시점수정, 가치형성요인비교 등의 과정을 거쳐 대상토지의 가액을 산정하는 감정평가방법이다.

#### (2) 원가법

원가법은 대상토지의 재조달원가에 감가수정을 하여 대상토지의 가액을 산정하는 감정평가방법이다. 조성지 또는 매립지 등과 같이 조성비용을 알 수 있고, 그 비용의 적절성과 합리성이 인정될 때 원가법을 적용하여 감정평가할 수 있다.

#### (3) 수익환원법

수익환원법은 대상토지가 장래 산출할 것으로 기대되는 순수익이나 미래의 현금흐름을 환원하거나 할인하여 대상토지의 가액을 산정하는 감정평가방법을 말한다. 수익환원법은 토지의 이용을 통하여 수익이 창출되는 경우 그 임대료 등을 기준으로 가치를 구하는 감정평가방법이다.

# 제2절 공시지가기준법

## 1 산식

공시지가기준법이란, 감정평가의 대상이 된 토지와 가치형성요인이 같거나 비슷하여 유사한 이용가치를 지닌다고 인정되는 표준지의 공시지가를 기준으로 대상토지의 현황에 맞게 시점수정, 지역요인 및 개별요인 비교, 그 밖의 요인의 보정을 거쳐 대상토지의 가액을 산정하는 감정평가방법을 말한다.

표준지공시지가(원/㎡) × 시점수정치 × 지역요인비교치 × 개별요인비교치 × 그 밖의 요인비교치 = 시산가액(원/㎡)

## 2 비교표준지의 선정

**「감정평가에 관한 규칙」**

**제14조(토지의 감정평가)**

② 감정평가법인등은 공시지가기준법에 따라 토지를 감정평가할 때에 다음 각 호의 순서에 따라야 한다.

1. 비교표준지 선정: 인근지역에 있는 표준지 중에서 대상토지와 용도지역·이용상황·주변환경 등이 같거나 비슷한 표준지를 선정할 것. 다만, 인근지역에 적절한 표준지가 없는 경우에는 인근지역과 유사한 지역적 특성을 갖는 동일수급권 안의 유사지역에 있는 표준지를 선정할 수 있다.

## 1) 비교표준지의 의의

표준지는 매년 1월 1일을 공시기준일로 하여 국토교통부장관이 지가를 조사·평가하여 공시하는 토지로 개별지의 지가산정기준이 되며, 대표성이 인정되는 토지를 말한다. 표준지공시지가는 그 표준지의 공시되는 ㎡당 가격을 의미한다.

비교표준지는 표준지 중에서 대상토지와 가치형성요인이 같거나 비슷하여 유사한 이용가치를 지닌다고 인정되어 대상토지의 감정평가 시에 비교기준으로 선정하는 표준지를 말한다.

## 2) 비교표준지의 선정기준

### (1) 비교표준지 선정의 원칙

비교표준지 선정의 일반적인 기준은 "대상토지와 유사한 이용가치" 즉, 가치형성요인의 유사성에 중점을 둔다. 비교표준지는 아래의 선정기준을 충족하는 표준지 중에서 대상토지와 가치형성요인 등이 유사하여 감정평가에 가장 적합한 표준지 중 하나 또는 둘 이상을 선정함을 원칙으로 한다.

#### ① 용도지역·지구·구역 등 공법상 제한사항이 같거나 비슷할 것

비교표준지는 원칙적으로 용도지역 등 공법상 제한사항이 같거나 비슷한 표준지를 선정한다. 이는 용도지역 등의 공법상 제한이 토지가격에 가장 큰 영향을 미치기 때문이다. 대법원은 "당해 토지와 같은 용도지역의 표준지가 있으면 다른 특별한 사정이 없는 한 용도지역이 같은 토지를 당해 토지에 적용할 표준지로 선정함이 상당하고, 가사 그 표준지와 당해 토지의 이용상황이나 주변환경 등에 다소 상이한 점이 있다 하더라도 이러한 점은 지역요인이나 개별요인의 분석 등 품등비교에서 참작하면 된다"라고 판결하고 있다. (대법원 2000.12. 8. 선고 99두9957 판결)

#### ② 이용상황이 같거나 비슷할 것

토지가치의 형성에 용도지역 다음으로 영향을 미치는 것이 이용상황이다. 따라서 용도지역이 동일한 표준지 중 이용상황이 같거나 비슷한 표준지를 선정한다. 이용상황은 공부상의 지목이 아닌 현실적인 이용상황을 기준으로 판단한다. 대법원은 "당해 토지와 유사한 이용가치를 지닌다고 인정되는 표준지라 함은 공부상 지목과는 관계없이 현실적 이용상황이 같거나 유사한 표준지를 의미한다"라고 하여 공부상 지목이 아닌 현실적인 이용상황을 기준으로 유사성을 판단하고 있다. (대법원 1993. 5. 25. 선고 92누15215 판결)

### ③ 주변환경이 같거나 비슷할 것

토지의 감정평가 시 '주변환경' 등과 같은 요인의 격차율을 산정하는 것은 주관적 판단이 개입될 여지가 크다. 따라서 감정평가 결과의 정확도를 높이기 위해서는 가급적 '주변환경' 등의 비교가 필요치 아니한 '주변환경'이 같거나 비슷한 표준지를 우선적으로 선정한다.

### ④ 인근지역에 위치하여 지리적으로 가능한 한 가까이 있을 것

용도지역 등 공법상 제한사항 및 이용상황이 같거나 비슷한 것 중에서 인근지역에 위치하여 가장 가까운 위치에 소재하는 표준지를 우선적으로 선정한다.

'인근지역'이란 감정평가의 대상이 된 부동산이 속한 지역으로서 부동산의 이용이 동질적이고 가치형성요인 중 지역요인을 공유하는 지역, '유사지역'이란 대상부동산이 속하지 아니하는 지역으로서 인근지역과 유사한 특성을 갖는 지역, '동일수급권'이란 대상부동산과 대체·경쟁 관계가 성립하고 가치 형성에 서로 영향을 미치는 관계에 있는 다른 부동산이 존재하는 권역을 말하며 인근지역과 유사지역을 포함한다.

## (2) 선정기준을 충족하는 비슷한 표준지가 없는 경우

상기의 선정기준을 충족하는 표준지가 없는 경우에는 인근지역과 유사한 지역적 특성을 갖는 동일수급권 안의 유사지역에 위치하며, 위 선정기준에 해당하는 용도지역·지구·구역 등 공법상 제한사항, 이용상황, 주변환경 등이 같거나 비슷하여 가장 적절하다고 인정되는 표준지를 비교표준지로 선정할 수 있다.

동일수급권 내 유사지역에서 표준지를 선정하는 경우에도 용도지역 등 공법상 제한사항이 같거나 비슷한 표준지를 선정함에 유의하여야한다.

## ③ 시점수정

「감정평가에 관한 규칙」

**제14조(토지의 감정평가)**

② 감정평가법인등은 공시지가기준법에 따라 토지를 감정평가할 때에 다음 각 호의 순서에 따라야 한다.

2. 시점수정: 「부동산 거래신고 등에 관한 법률」 제19조에 따라 국토교통부장관이 조사·발표하는 비교표준지가 있는 시·군·구의 같은 용도지역 지가변동률을 적용할 것. 다만, 다음 각 목의 경우에는 그러하지 아니하다.
   가. 같은 용도지역의 지가변동률을 적용하는 것이 불가능하거나 적절하지 아니하다고 판단되는 경우에는 공법상 제한이 같거나 비슷한 용도지역의 지가변동률, 이용상황별 지가변동률 또는 해당 시·군·구의 평균지가변동률을 적용할 것
   나. 지가변동률을 적용하는 것이 불가능하거나 적절하지 아니한 경우에는 「한국은행법」 제86조에 따라 한국은행이 조사·발표하는 생산자물가지수에 따라 산정된 생산자물가상승률을 적용할 것

### 1) 시점수정의 개념

시점수정이란, 비교표준지 공시기준일(매년 1월 1일)과 대상토지의 기준시점이 시간적으로 불일치하여 가치의 변동이 있을 경우 공시기준일 현재의 표준지공시지가를 기준시점의 가치 수준으로 수정하는 작업을 말한다. 이때 사용되는 변동률로는 지가변동률, 생산자물가상승률 등이 있다.

### 2) 지가변동률의 적용

#### (1) 지가변동률의 의의 및 적용원칙

지가변동률이란, 「부동산 거래신고 등에 관한 법률」 제19조에 따라 국토교통부장관이 조사·발표한 지가변동률로서 「지가변동률 조사·평가에 관한 규정」에 의하여 조사·평가한 표본지의 적정가격을 기초로 산정된 지가지수를 바탕으로 산정한 비율을 말한다.

지가변동률은 비교표준지가 있는 시·군·구의 같은 용도지역 지가변동률을 적용함을 원칙으로 한다.

### (2) 지가변동률 적용의 예외

비교표준지가 있는 시·군·구의 같은 용도지역 지가변동율이  조사·발표되지 아니한 경우 등 같은 용도지역의 지가변동률을 적용하는 것이 불가능하거나 적절하지 아니하다고 판단되는 경우에는 공법상 제한이 같거나 비슷한 용도지역의 지가변동률, 이용상황별 지가변동률 또는 해당 시·군·구의 평균지가변동률 중 적정하다고 판단되는 지가변동률을 적용할 수 있다.

### (3) 지가변동률의 추정과 산정방법

조사·발표되지 아니한 월의 지가변동률 추정은 조사·발표된 월별 지가변동률 중 기준시점에 가장 가까운 월의 지가변동률을 기준으로 일할 추정방식에 따른다.

지가변동률의 산정방법은 기준시점 직전 월까지의 지가변동률 누계에 기준시점 해당 월의 경과일수(해당 월의 첫날과 기준시점일을 포함) 상당의 지가변동률을 곱하는 방법으로 구하되, 백분율로서 소수점 이하 셋째 자리까지 표시하고 넷째 자리 이하는 반올림한다. (1.03926888... → 1.03927)

이 경우 해당 월의 경과일수 상당의 지가변동률 산정은 해당 월의 지가변동률이 조사·발표된 경우에는 해당 월의 총 일수를 기준으로 하고, 해당 월의 지가변동률이 조사·발표되지 아니하여 지가변동률을 추정하는 경우에는 그 추정의 기준이 되는 월의 총일수를 기준으로 한다. 경과일수는 당해 월의 첫날과 기준시점일을 넣어 계산(양편산입)한다.

## 3) 생산자물가상승률의 적용

### (1) 생산자물가상승률의 의의

생산자물가상승률은 「한국은행법」 제86조에 따라 한국은행이 조사·발표하는 생산자물가지수에 따라 산정된 비율을 말한다.

### (2) 생산자물가상승률의 적용

택지 등 조성된 토지를 감정평가하는 경우에는 비용성의 원칙에 따라 토지의 조성공사에 소요된 비용상당액(생산비) 등을 감안하여 평가하는 것으로서 이 경우에는 생산자물가상승률을 적용하는 것이 지가변동률을 적용하는 것보다 적절한 시점수정 방법이 될 수 있다.

또한, 그 밖에도 지가변동률을 적용하는 것보다 생산자물가상승률을 적용하는 것이 타당하다고 할 만한 특별한 이유가 인정되는 경우에는 생산자물가상승률을 적용할 수 있다.

#### (3) 생산자물가상승률의 추정과 산정방법

공시기준일의 생산자물가지수는 전년도 12월지수를 적용한다. 기준시점의 생산자물가지수는 기준시점이 속하는 전월의 생산자물가지수를 적용하되, 기준시점이 그 달의 15일 이후이고 감정평가시점 당시에 기준시점이 속한 달의 생산자물가지수가 조사·발표된 경우에는 기준시점이 속하는 달의 지수로 비교한다. 생산자물가상승률의 계산은 백분율 기준으로 소수점 넷째 자리에서 반올림한다. (1.03926888... → 1.03927)

## 4 지역요인과 개별요인의 비교

> **「감정평가에 관한 규칙」**
> **제14조(토지의 감정평가)**
> ② 감정평가법인등은 공시지가기준법에 따라 토지를 감정평가할 때에 다음 각 호의 순서에 따라야 한다.
> 3. 지역요인 비교
> 4. 개별요인 비교

### 1) 지역요인과 지역요인 비교

#### (1) 지역요인의 의의

지역요인이란, 대상물건이 속한 지역의 가격수준 형성에 영향을 미치는 자연적·사회적·경제적·행정적 요인을 말한다. 즉, 지역요인은 대상지역이 다른 지역과 구별되는 지역특성을 이루는 자연적·인문적 요인들로서 그 지역의 가격수준이나 표준적 사용에 영향을 미치는 지역적 차원의 가치형성요인이다. 부동산의 가치는 지역성이라는 특성으로 인해 우선적으로 지역수준에서 그 가격수준이 형성되므로 지역요인의 비교가 필수적이다.

### (2) 지역요인의 비교대상 및 시점

지역요인의 비교는 비교표준지가 있는 지역의 표준적인 획지의 최유효이용[18]과 대상토지가 있는 지역의 표준적인 획지의 최유효이용을 판정·비교하여 산정한 격차율을 적용한다. 해당 지역의 특성을 가장 적절하게 반영하고 있는 토지(표준적인 획지의 최유효이용)를 기준으로 하여 양 지역의 가격수준의 격차를 보정하는 것이다. 지역요인의 비교시점은 기준시점을 기준으로 한다.

## 2) 개별요인과 개별요인 비교

### (1) 개별요인의 의의

개별요인이란, 대상물건의 구체적 가치에 영향을 미치는 대상물건의 고유한 개별적 요인을 말한다. 즉, 개별요인은 부동산의 개별성에 따라 그 가치를 개별적으로 형성하게 하는 요인으로서 대상토지가 속한 지역의 표준적인 이용을 전제로 한 가격수준과 비교하여 개별적 가격차이를 발생시키는 가치형성요인이다.

### (2) 개별요인의 비교대상 및 시점

개별요인 비교는 비교표준지의 최유효이용과 대상토지의 최유효이용을 판정·비교한다. 개별요인 비교과정은 비교표준지의 최유효이용과 대상토지의 최유효이용을 각각 판정한 후 이를 비교하게 되는데, 대상토지의 현황이 최유효이용에 미달하는 경우에도 그 구체적인 가액을 산정하기 위해서는 대상토지의 최유효이용에 대한 판정이 선행되어야 한다.

비교표준지의 개별요인은 '공시기준일'을 기준으로 하고 대상토지의 개별요인은 '기준시점'을 기준으로 한다. 지역요인의 비교는 비교표준지와 대상토지 모두 기준시점을 기준으로 하지만, 개별요인의 비교에서는 비교표준지는 공시기준일 당시의 현황을 기준으로 하는 것에 유의하여야 한다.

---

18) 최유효이용이란, 통상의 양식과 이용능력을 갖는 사람이 부동산을 합법적·합리적이며 최고·최선인 이용 방법으로 활용하여 부동산의 유용성이 최고로 발휘될 수 있도록 하는 상태를 말한다.

## 3) 지역요인과 개별요인 비교치 산정

### (1) 산정방법과 표시방법

비교표준지와 대상토지의 지역요인 및 개별요인의 비교를 위한 격차율은 용도지대별 비교항목(조건·항목·세항목)을 기준으로 지역요인과 개별요인별로 구분하여 따로 산정한다. 각 조건 단위의 격차율은 비교가 필요한 항목·세항목만을 추출하여 산정하되, 각 항목·세항목 단위의 우세·열세 등 격차율을 더한 것으로 한다. 지역요인 및 개별요인별 격차율은 이러한 방법에 따라 산정된 각 조건 단위의 격차율을 곱한 것으로 한다.

격차율의 산정은 비교표준지를 기준으로 하여 감정평가대상 개별필지별로 산정함을 원칙으로 하며, 백분율로서 소수점 이하 첫째 자리까지 표시하고 둘째 자리에서 반올림한다. (1.126888... → 1.127)

### (2) 용도지대별 비교항목

**① 상업지대의 지역요인 및 개별요인**

| 지역요인 | | | 개별요인 | | |
|---|---|---|---|---|---|
| 조건 | 항목 | 세항목 | 조건 | 항목 | 세항목 |
| 가로조건 | 가로의 폭, 구조 등의 상태 | 폭 | 가로조건 | 가로의 폭, 구조 등의 상태 | 폭 |
| | | 포장 | | | 포장 |
| | | 보도 | | | 보도 |
| | | 계통 및 연속성 | | | 계통 및 연속성 |
| | 가구(block)의 상태 | 가구의 정연성 | | | |
| | | 가구시설의 상태 | | | |
| 접근조건 | 교통수단 및 공공시설과의 접근성 | 인근교통시설의 편의성 | 접근조건 | 상업지역 중심 및 교통시설과의 편의성 | 상업지역중심과의 접근성 |
| | | 인근교통시설의 이용 승객수 | | | |
| | | 주차시설의 정비 | | | 인근교통시설과의 거리 및 편의성 |
| | | 교통규제의 정도(일방통행, 주정차 금지 등) | | | |
| | | 관공서 등 공공시설과의 접근성 | | | |

**지역요인**

| 조건 | 항목 | 세항목 |
| --- | --- | --- |
| 환경조건 | 상업 및 업무시설의 배치상태 | 백화점, 대형상가의 수와 연면적 |
| | | 전국규모의 상가 및 사무소의 수와 연면적 |
| | | 관람집회시설의 상태 |
| | | 부적합한 시설의 상태 (공장, 창고, 주택 등) |
| | | 기타 고객유인시설 등 |
| | | 배후지의 인구 |
| | | 배후지의 범위 |
| | | 고객의 구매력 등 |
| | 경쟁의 정도 및 경영자의 능력 | 상가의 전문화와 집단화 |
| | | 고층화 이용정도 |
| | 번화성 정도 | 고객의 통행량 |
| | | 상가의 연립성 |
| | | 영업시간의 장단 |
| | | 범죄의 발생정도 |
| | 자연환경 | 지반, 지질 등 |
| 행정적 조건 | 행정상의 규제정도 | 용도지역, 지구, 구역 등 |
| | | 용적제한 |
| | | 고도제한 |
| | | 기타규제 |
| 기타 조건 | 기타 | 장래의 동향 |
| | | 기타 |

**개별요인**

| 조건 | 항목 | 세항목 |
| --- | --- | --- |
| 환경조건 | 고객의 유동성과의 적합성 | 고객의 유동성과의 적합성 |
| | 인근환경 | 인근토지의 이용상황 |
| | | 인근토지의 이용상황과의 적합성 |
| | 자연환경 | 지반, 지질 등 |
| 획지조건 | 면적, 접면너비, 너비, 깊이, 형상 등 | 면적 |
| | | 접면너비 |
| | | 깊이 |
| | | 부정형지 |
| | | 삼각지 |
| | | 자루형 획지 |
| | | 〈삭제〉 |
| | 방위, 고저 등 | 방위 |
| | | 고저 |
| | | 경사지 |
| | 접면도로 상태 | 각 지 |
| | | 2면획지 |
| | | 3면획지 |
| 행정적 조건 | 행정상의 규제정도 | 용도지역, 지구, 구역 등 |
| | | 용적제한 |
| | | 고도제한 |
| | | 기타규제(입체이용제한 등) |
| 기타 조건 | 기타 | 장래의 동향 |
| | | 기타 |

### ② 주택지대의 지역요인 및 개별요인

| 지역요인 | | |
|---|---|---|
| 조건 | 항목 | 세항목 |
| 가로조건 | 가로의 폭, 구조 등의 상태 | 폭 |
| | | 포장 |
| | | 보도 |
| | | 계통 및 연속성 |
| 접근조건 | 도심과의 거리 및 교통시설의 상태 | 인근교통시설의 편익성 |
| | | 인근교통시설의 도시중심 접근성 |
| | 상가의 배치상태 | 인근상가의 편익성 |
| | | 인근상가의 품격 |
| | 공공 및 편익시설의 배치상태 | 관공서 등 공공시설과의 접근성 |
| 환경조건 | 기상조건 | 일조, 습도, 온도, 통풍 등 |
| | 자연환경 | 조망, 경관, 지반, 지질 등 |
| | 사회환경 | 거주자의 직업, 연령 등 |
| | | 학군 등 |
| | 획지의 상태 | 획지의 표준적인 면적 |
| | | 획지의 정연성 |
| | | 건물의 소밀도 |
| | | 주변의 이용상태 |
| | 공급 및 처리시설의 상태 | 상수도 |
| | | 하수도 |
| | | 도시가스 등 |

| 개별요인 | | |
|---|---|---|
| 조건 | 항목 | 세항목 |
| 가로조건 | 가로의 폭, 구조 등의 상태 | 폭 |
| | | 포장 |
| | | 보도 |
| | | 계통 및 연속성 |
| 접근조건 | 교통시설과의 접근성 | 인근대중교통시설과의 거리 및 편의성 |
| | 상가와의 접근성 | 인근상가와의 거리 및 편의성 |
| | 공공 및 편익시설과의 접근성 | 유치원, 초등학교, 공원, 병원, 관공서 등과의 거리 및 편익성 |
| 환경조건 | 일조 등 | 일조, 통풍 등 |
| | 자연환경 | 조망, 경관, 지반, 지질 등 |
| | 인근환경 | 인근토지의 이용상황 |
| | | 인근토지의 이용상황과의 적합성 |
| | 공급 및 처리시설의 상태 | 상수도 |
| | | 하수도 |
| | | 도시가스 등 |
| | 위험 및 혐오시설 등 | 변전소, 가스탱크, 오수처리장 등의 유무 |
| | | 특별고압선 등과의 거리 |

<table>
<tr><th colspan="3">지역요인</th><th colspan="3">개별요인</th></tr>
<tr><th>조건</th><th>항목</th><th>세항목</th><th>조건</th><th>항목</th><th>세항목</th></tr>
<tr><td rowspan="13">환경<br>조건</td><td rowspan="4">위험 및<br>혐오시설</td><td rowspan="2">변전소, 가스탱크, 오수처리장 등의 유무</td><td rowspan="13">획지<br>조건</td><td rowspan="7">면적,<br>접면너비,<br>깊이, 형상 등</td><td>면적</td></tr>
<tr><td>접면너비</td></tr>
<tr><td rowspan="2">특별고압선 등의 통과 여부</td><td>깊이</td></tr>
<tr><td>부정형지</td></tr>
<tr><td rowspan="4">재해발생의<br>위험성</td><td rowspan="4">홍수, 사태, 절벽붕괴 등</td><td>삼각지</td></tr>
<tr><td>자루형획지</td></tr>
<tr><td>〈삭제〉</td></tr>
<tr><td rowspan="3">방위,<br>고저 등</td><td>방위</td></tr>
<tr><td rowspan="5">공해발생의<br>정도</td><td rowspan="5">소음, 진동, 대기오염 등</td><td>고저</td></tr>
<tr><td>경사지</td></tr>
<tr><td rowspan="3">접면도로<br>상태</td><td>각 지</td></tr>
<tr><td>2면획지</td></tr>
<tr><td>3면획지</td></tr>
<tr><td rowspan="2">행정적<br>조건</td><td rowspan="2">행정상의<br>규제정도</td><td>용도지역, 지구, 구역</td><td rowspan="2">행정적<br>조건</td><td rowspan="2">행정상의<br>규제정도</td><td>용도지역, 지구, 구역</td></tr>
<tr><td>기타규제</td><td>기타규제(입체이용제한 등)</td></tr>
<tr><td rowspan="2">기타<br>조건</td><td rowspan="2">기타</td><td>장래의 동향</td><td rowspan="2">기타<br>조건</td><td rowspan="2">기타</td><td>장래의 동향</td></tr>
<tr><td>기타</td><td>기타</td></tr>
</table>

③ **공업지대의 지역요인 및 개별요인**

<table>
<tr><th colspan="3">지역요인</th><th colspan="3">개별요인</th></tr>
<tr><th>조건</th><th>항목</th><th>세항목</th><th>조건</th><th>항목</th><th>세항목</th></tr>
<tr><td rowspan="3">가로<br>조건</td><td rowspan="3">가로의 폭,<br>구조 등의<br>상태</td><td>폭</td><td rowspan="3">가로<br>조건</td><td rowspan="3">가로의 폭,<br>구조 등의<br>상태</td><td>폭</td></tr>
<tr><td>포장</td><td>포장</td></tr>
<tr><td>계통 및 연속성</td><td>계통 및 연속성</td></tr>
<tr><td rowspan="4">접근<br>조건</td><td rowspan="2">판매 및<br>원료구입<br>시장과의<br>위치관계</td><td>도심과의 접근성</td><td rowspan="4">접근<br>조건</td><td rowspan="4">교통시설과의<br>거리</td><td>인근교통시설과의 거리 및<br>편의성</td></tr>
<tr><td>항만, 공항, 철도, 고속도로,<br>산업도로 등과의 접근성</td><td>철도전용인입선</td></tr>
<tr><td>노동력확보의<br>난이</td><td>인근교통시설과의 접근성</td><td rowspan="2">전용부두</td></tr>
<tr><td>관련산업과의<br>관계</td><td>관련산업 및 협력업체<br>간의 위치관계</td></tr>
<tr><td rowspan="7">환경<br>조건</td><td rowspan="3">공급 및<br>처리시설의<br>상태</td><td>동력자원</td><td rowspan="4">환경<br>조건</td><td rowspan="3">공급 및<br>처리시설의<br>상태</td><td>동력자원</td></tr>
<tr><td>공업용수</td><td>공업용수</td></tr>
<tr><td>공장배수</td><td>공장배수</td></tr>
<tr><td rowspan="2">공해발생의<br>위험성</td><td rowspan="2">수질, 대기오염 등</td><td>자연환경</td><td>지반, 지질 등</td></tr>
<tr><td rowspan="3">획지<br>조건</td><td rowspan="3">면적,<br>형상 등</td><td>면적</td></tr>
<tr><td rowspan="2">자연환경</td><td rowspan="2">지반, 지질 등</td><td>형상</td></tr>
<tr><td>고저</td></tr>
<tr><td rowspan="3">행정적<br>조건</td><td rowspan="3">행정상의<br>조장 및<br>규제정도</td><td>조장의 정도</td><td rowspan="3">행정적<br>조건</td><td rowspan="3">행정상의<br>조장 및<br>규제정도</td><td>조장의 정도</td></tr>
<tr><td>규제의 정도</td><td>규제의 정도</td></tr>
<tr><td>기타규제</td><td>기타규제</td></tr>
<tr><td rowspan="4">기타<br>조건</td><td rowspan="4">기타</td><td>공장진출의 동향</td><td rowspan="4">기타<br>조건</td><td rowspan="4">기타</td><td rowspan="2">장래의 동향</td></tr>
<tr><td rowspan="2">장래의 동향</td></tr>
<tr><td rowspan="2">기타</td></tr>
<tr><td>기타</td></tr>
</table>

④ **농경지대(전지대)의 지역요인 및 개별요인**

| 지역요인 | | |
|---|---|---|
| 조건 | 항목 | 세항목 |
| 접근조건 | 교통의 편부 | 취락과의 접근성 |
| | | 출하집적지와의 접근성 |
| | | 농로의 상태 |
| 자연조건 | 기상조건 | 일조, 습도, 온도, 통풍, 강우량 등 |
| | 지세 | 경사의 방향 |
| | | 경사도 |
| | 토양, 토질 | 토양, 토질의 양부 |
| | 관개, 배수 | 관개의 양부 |
| | | 배수의 양부 |
| | 재해의 위험성 | 수해의 위험성 |
| | | 기타 재해의 위험성 |
| 행정적조건 | 행정상의 조장 및 규제정도 | 보조금, 융자금 등 조장의 정도 |
| | | 규제의 정도 |
| 기타조건 | 기타 | 장래의 동향 |
| | | 기타 |

| 개별요인 | | |
|---|---|---|
| 조건 | 항목 | 세항목 |
| 접근조건 | 교통의 편부 | 취락과의 접근성 |
| | | 농로의 상태 |
| 자연조건 | 일조 등 | 일조, 통풍 등 |
| | 토양, 토질 | 토양, 토질의 양부 |
| | 관개, 배부 | 관개의 양부 |
| | | 배수의 양부 |
| 획지조건 | 면적, 경사 등 | 면적 |
| | | 경사도 |
| | | 경사의 방향 |
| | 경작의 편부 | 형상부정 및 장애물에 의한 장애의 정도 |
| 행정적조건 | 행정상의 조장 및 규제정도 | 보조금, 융자금 등 조장의 정도 |
| | | 규제의 정도 |
| 기타조건 | 기타 | 장래의 동향 |
| | | 기타 |

### ⑤ 농경지대(답지대)의 지역요인 및 개별요인

**지역요인**

| 조건 | 항목 | 세항목 |
|---|---|---|
| 접근조건 | 교통의 편부 | 취락과의 접근성 |
| | | 출하집적지와의 접근성 |
| | | 농로의 상태 |
| 자연조건 | 기상조건 | 일조, 습도, 온도, 통풍, 강우량 등 |
| | 지세 | 경사의 방향 |
| | | 경사도 |
| | 토양, 토질 | 토양, 토질의 양부 |
| | 관개, 배수 | 관개의 양부 |
| | | 배수의 양부 |
| | 재해의 위험성 | 수해의 위험성 |
| | | 기타 재해의 위험성 |
| 행정적 조건 | 행정상의 조장 및 규제정도 | 보조금, 융자금 등 조장의 정도 |
| | | 규제의 정도 |
| 기타 조건 | 기타 | 장래의 동향 |
| | | 기타 |

**개별요인**

| 조건 | 항목 | 세항목 |
|---|---|---|
| 접근조건 | 교통의 편부 | 취락과의 접근성 |
| | | 농로의 상태 |
| 자연조건 | 일조 등 | 일조, 통풍 등 |
| | 토양, 토질 | 토양, 토질의 양부 |
| | 관개, 배수 | 관개의 양부 |
| | | 배수의 양부 |
| | 재해의 위험성 | 수해의 위험성 |
| | | 기타 재해의 위험성 |
| 획지조건 | 면적, 경사 등 | 면적 |
| | | 경사 |
| | 경작의 편부 | 형상부정 및 장애물에 의한 장애의 정도 |
| 행정적 조건 | 행정상의 조장 및 규제정도 | 보조금, 융자금 등 조장의 정도 |
| | | 규제의 정도 |
| 기타 조건 | 기타 | 장래의 동향 |
| | | 기타 |

⑥ **임야지대의 지역요인 및 개별요인**

<table>
<tr><th colspan="3">지역요인</th><th colspan="3">개별요인</th></tr>
<tr><th>조건</th><th>항목</th><th>세항목</th><th>조건</th><th>항목</th><th>세항목</th></tr>
<tr><td rowspan="5">접근<br>조건</td><td rowspan="5">교통의<br>편부 등</td><td>인근역과의 접근성</td><td rowspan="5">접근<br>조건</td><td rowspan="5">교통의<br>편부 등</td><td>인근역과의 접근성</td></tr>
<tr><td>인근취락과의 접근성</td><td>인근취락과의 접근성</td></tr>
<tr><td>임도의 배치, 폭, 구조 등</td><td>임도의 배치, 폭, 구조 등</td></tr>
<tr><td rowspan="2">인근시장과의 접근성</td><td>반출지점까지의 거리</td></tr>
<tr><td>반출지점에서 시장까지의 거리</td></tr>
<tr><td rowspan="7">자연<br>조건</td><td>기상조건</td><td>일조, 기온, 강우량, 안개, 적설량 등</td><td rowspan="7">자연<br>조건</td><td>일조 등</td><td>일조, 통풍 등</td></tr>
<tr><td rowspan="3">지세 등</td><td>표고</td><td rowspan="5">지세,<br>방위 등</td><td>표고</td></tr>
<tr><td>경사도</td><td>방위</td></tr>
<tr><td>경사의 굴곡</td><td>경사</td></tr>
<tr><td rowspan="3">토양, 토질</td><td rowspan="3">토양, 토질의 양부</td><td>경사면의 위치</td></tr>
<tr><td>경사의 굴곡</td></tr>
<tr><td>토양, 토질</td><td>토양, 토질의 양부</td></tr>
<tr><td rowspan="3">행정적<br>조건</td><td rowspan="3">행정상의<br>조장 및<br>규제정도</td><td>행정상의 조장의 정도</td><td rowspan="3">행정적<br>조건</td><td rowspan="3">행정상의<br>조장 및<br>규제정도</td><td>조장의 정도</td></tr>
<tr><td>국·도립공원, 보안림 사방지 지정 등의 규제</td><td>국·도립공원, 보안림 사방지 지정 등의 규제</td></tr>
<tr><td>기타규제</td><td>기타규제</td></tr>
<tr><td rowspan="2">기타<br>조건</td><td rowspan="2">기타</td><td>장래의 동향</td><td rowspan="2">기타<br>조건</td><td rowspan="2">기타</td><td>장래의 동향</td></tr>
<tr><td>기타</td><td>기타</td></tr>
</table>

### ⑦ 택지후보지지지대의 지역요인 및 개별요인

**지역요인**

| 조건 | 항목 | 세항목 |
|---|---|---|
| 접근조건 | 도심과의 거리 및 교통시설의 상태 | 인근교통시설과의 접근성 |
| | | 인근교통시설의 성격 |
| | | 인근교통시설의 도시중심 접근성 |
| | 상가의 배치상태 | 인근시장과의 접근성 |
| | | 인근상가의 품격 |
| | 공공 및 편익시설의 배치상태 | 유치원, 초등학교, 공원, 병원, 관공서 등 |
| | 주변가로의 상태 | 주변간선도로와의 접근성 및 가로의 종류 등 |
| 환경조건 | 기상조건 | 일조, 습도, 온도, 통풍 등 |
| | 자연환경 | 조망, 경관, 지반, 지질 등 |
| | 공급 및 처리시설의 상태 | 상하수도, 가스, 전기 등 설치의 난이 |
| | 인근환경 | 주변기존지역의 성격 및 규모 |
| | 시가화 정도 | 시가화 진행의 정도 |
| | 도시의 규모 및 성격 등 | 도시의 인구, 재정, 사회, 복지, 문화, 교육시설 등 |
| | 위험 및 혐오시설 | 변전소, 가스탱크, 오수처리장 등의 유무 |
| | | 특별고압선 등의 통과 유무 |
| | 재해발생의 위험성 | 홍수, 사태, 절벽붕괴 등 |
| | 공해발생의 정도 | 소음, 진동, 대기오염 등 |

**개별요인**

| 조건 | 항목 | 세항목 |
|---|---|---|
| 접근조건 | 교통시설과의 접근성 | 인근상가와의 거리 및 편의성 |
| | | 인근교통시설과의 거리 및 편의성 |
| | 공공 및 편의시설과의 접근성 | 유치원, 초등학교, 공원, 병원, 관공서 등과의 거리 및 편의성 |
| | 주변가로의 상태 | 주변간선도로와의 거리 및 가로의 종류 등 |
| 환경조건 | 일조 등 | 일조, 통풍 등 |
| | 자연환경 | 조망, 경관, 지반, 지질 등 |
| | 공급 및 처리시설의 상태 | 상하수도, 가스, 전기 등 설치의 난이 |
| | 위험 및 혐오시설 | 변전소, 가스탱크, 오수처리장 등의 유무 |
| | | 특별고압선 등과의 거리 |
| 획지조건 | 면적, 형상 등 | 면적 |
| | | 형상 |
| | 면적, 형상 등 | 접면도로상태 |
| | 방위, 고저 등 | 방위 |
| | | 경사 |
| | | 고저 |

| 지역요인 | | | 개별요인 | | |
|---|---|---|---|---|---|
| 조건 | 항목 | 세항목 | 조건 | 항목 | 세항목 |
| 택지 조성 조건 | 택지조성의 난이 및 유용성 | 택지조성의 난이 및 필요정도 | 택지 조성 조건 | 택지조성의 난이 및 유용성 | 택지조성의 난이도 및 필요정도 |
| | | 택지로서의 유효 이용도 | | | 택지로서의 유효 이용도 |
| 행정적 조건 | 행정상의 조장 및 규제정도 | 조장의 정도 | 행정적 조건 | 행정상의 조장 및 규제정도 | 조장의 정도 |
| | | 용도지역, 지구, 구역 등 | | | 용도지역, 지구, 구역 등 |
| | | 기타규제 | | | 기타규제 |
| 기타 조건 | 기타 | 장래의 동향 | 기타 조건 | 기타 | 장래의 동향 |
| | | 기타 | | | 기타 |

## 5 그 밖의 요인 보정

「**감정평가에 관한 규칙**」

**제14조(토지의 감정평가)**

② 감정평가법인등은 공시지가기준법에 따라 토지를 감정평가할 때에 다음 각 호의 순서에 따라야 한다.

5. 그 밖의 요인 보정: 대상토지의 인근지역 또는 동일수급권내 유사지역의 가치형성요인이 유사한 정상적인 거래사례 또는 평가사례 등을 고려할 것

「**감정평가 실무기준**」

**610-1.5.2.5(그 밖의 요인 보정)**

① 시점수정, 지역요인 및 개별요인의 비교 외에 대상토지의 가치에 영향을 미치는 사항이 있는 경우에는 그 밖의 요인 보정을 할 수 있다.

② 그 밖의 요인을 보정하는 경우에는 대상토지의 인근지역 또는 동일수급권 안의 유사지역의 정상적인 거래사례나 평가사례 등을 참작할 수 있다.

③ 제2항의 거래사례 등은 다음 각 호의 요건을 갖추어야 한다.

1. 용도지역등 공법상 제한사항이 같거나 비슷할 것
2. 이용상황이 같거나 비슷할 것

3. 주변환경 등이 같거나 비슷할 것
4. 지리적으로 가능한 한 가까이 있을 것

④ 그 밖의 요인 보정을 한 경우에는 그 근거를 감정평가서(감정평가액의 산출근거 및 결정 의견)에 구체적이고 명확하게 기재하여야 한다.

## 1) 그 밖의 요인 보정의 의의

표준지공시지가에 시점수정, 개별요인 및 지역요인 비교를 거쳤음에도 불구하고 적정한 가치에 도달하지 못하는 경우가 발생할 수 있다.

그 밖의 요인이란, 시점수정, 지역요인 및 개별요인의 비교 외에 대상토지의 가치에 영향을 미치는 요인이다. 그 밖의 요인 보정은 인근 유사토지의 거래사례나 평가선례 등을 감안하여 감정평가의 적정성이나 손실보상의 형평성을 기하고, 공시지가와 인근지역 지가수준 간의 괴리를 보완하기 위한 절차이다. 그 밖의 요인 보정은 실무상 '기타요인' 보정이라고도 하며, 개별요인 비교항목으로서 기타조건과는 구별하여야 한다.

## 2) 그 밖의 요인 보정의 방법

### (1) 참작할 수 있는 자료의 선정

인근지역 또는 동일수급권 내 유사지역의 토지 중 비교표준지 및 대상토지와 유사한 평가선례, 거래사례 등으로 대상토지의 시장가치를 반영할 수 있는 가격자료를 참작할 수 있다.

유사성의 판단은 용도지역 등 공법상 제한사항, 이용상황, 주변환경, 지리적 근접성 등을 기준으로 한다.

### (2) 격차율의 산정

격차율의 산정방식은 2가지 방법이 있으며 모두 평가선례 등의 가격이 표준지공시지가와 얼마나 괴리가 있는 지를 산정하는 것이다. 즉, "평가선례 등과 비교표준지의 개별 토지특성을 비교한 기준시점 현재 비교표준지의 가격" 대비 "기준시점 현재 비교표준지 공시지가 상당액"의 격차율을 의미한다.

방법1과 방법2는 결과적으로 같은 수치가 도출되는 것이나, 방법1은 대상토지를 매개로 하여 평가선례 등과 비교표준지의 격차율을 산정하는 것이며, 방법2는 평가선례 등과 비교표준지의 격차율을 직접 산정하는 것이다.

① **방법1**

$$\frac{\text{평가선례 등 단가}\times\text{지가변동률}\times\text{지역요인(대상/선례)}\times\text{개별요인(대상/선례)}}{\text{표준지공시지가}\times\text{지가변동률}\times\text{지역요인(대상/표준지)}\times\text{개별요인(대상/표준지)}}$$

② **방법2**

$$\frac{\text{평가선례 등 단가}\times\text{지가변동률}\times\text{지역요인(표준지/선례)}\times\text{개별요인(표준지/선례)}}{\text{표준지공시지가}\times\text{지가변동률}}$$

### (3) 그 밖의 요인 보정치 결정

그 밖의 요인 보정은 상기에서 산출한 격차율만을 고려하여 결정하는 것이 아닌 인근의 거래시세 및 각종 경제지표 등을 종합적으로 고려하여 결정한다.

그 밖의 요인 보정을 한 경우에는 그 근거를 감정평가서(감정평가액의 산출근거 및 결정 의견)에 구체적이고 명확하게 기재하여야 한다. 또한, 그 밖의 요인 보정치는 소수점 둘째 자리까지 표시함을 원칙으로 한다.

## 6 면적 사정

토지와 같은 부동산의 경우 면적에 따라 그 가치가 달라질 수 있으므로, 대상물건의 면적을 확정하는 것은 중요한 과정이다. 즉, 공시지가기준법에 따라 비교표준지의 공시지가에 시점수정치, 지역요인 비교치, 개별요인 비교치 및 그 밖의 요인 비교치를 고려하여 산정하는 것은 토지의 단가이므로, 단가를 산정한 후에 정확한 면적을 곱해야 토지의 감정평가액이 산정된다.

감정평가 시 실지조사에 의해 대상토지의 면적을 확인하여야 하지만, 실무적으로 정확한 면적을 실측하기에는 상당한 제약이 따르는 것이 현실이다.

따라서, 감정평가 시에는 토지의 물적 사항에 관한 공부인 토지대장 면적을 실제면적과 일치한 것으로 간주하되, 현장조사 시 실제면적과 토지대장상 면적이 현저하게 차이가 나는 경우와 의뢰인이 실제면적을 제시한 경우에는 실제면적을 기준으로 할 수 있다. 그러나 이 경우 면적의 차이 원인에 따른 근거서류를 확인해야 하며 가급적 토지대장의 면적을 실제와 부합하게 변경한 뒤 평가하여야 한다.

# 제3절 특수한 토지의 담보평가

## 1 공법상 제한을 받는 토지의 평가

「감정평가 실무기준」

**610-1.7.5(공법상 제한을 받는 토지)**

① 도시·군계획시설 저촉 등 공법상 제한을 받는 토지를 감정평가할 때(보상평가는 제외한다)에는 비슷한 공법상 제한상태의 표준지 공시지가를 기준으로 감정평가한다. 다만, 그러한 표준지가 없는 경우에는 [610-1.5.2.1]의 선정기준을 충족하는 다른 표준지 공시지가를 기준으로 한 가액에서 공법상 제한의 정도를 고려하여 감정평가할 수 있다.

② 토지의 일부가 도시·군계획시설 저촉 등 공법상 제한을 받아 잔여부분의 단독이용가치가 희박한 경우에는 해당 토지 전부가 그 공법상 제한을 받는 것으로 감정평가할 수 있다.

③ 둘 이상의 용도지역에 걸쳐있는 토지는 각 용도지역 부분의 위치, 형상, 이용상황, 그 밖에 다른 용도지역 부분에 미치는 영향 등을 고려하여 면적 비율에 따른 평균가액으로 감정평가한다. 다만, 용도지역을 달리하는 부분의 면적비율이 현저하게 낮아 가치형성에 미치는 영향이 미미하거나 관련 법령에 따라 주된 용도지역을 기준으로 이용할 수 있는 경우에는 주된 용도지역의 가액을 기준으로 감정평가할 수 있다.

### 1) 공법상 제한의 의의 및 종류

토지는 다양한 법률에 의하여 영향을 받고 있으며, 이러한 영향은 토지가치에 영향을 미치는 중요한 요인 중 하나이다. 공법상 제한이란, 관계법령의 규정에 의한 토지의 이용 및 처분 등에 관한 제한을 의미한다. 감정평가 시 이러한 공법상 제한이 토지가치에 어떠한 영향을 주는 지 파악할 필요가 있다.

공법상 제한은 각 개별 법률에 정해진 내용에 따라 다양하다. 가장 대표적으로는 「국토의 계획 및 이용에 관한 법률」에 의한 용도지역·지구·구역이 있다. 그 외에도 기타 개별 부동산 공법에 따라 여러 가지가 있다. 예컨대, 「국토의 계획 및 이용에 관한 법률」에 의한 도시계획시설, 「자연공원법」에 의한 자연공원, 「도로법」에 의한 접도구역, 「하천법」에 의한 하천구역 등 공법상 제한의 유형은 매우 다양하다.

## 2) 공법상 제한을 받는 토지의 평가방법

### (1) 원칙

공법상 제한을 받는 토지를 감정평가할 때에는 비슷한 공법상 제한상태의 표준지공시지가를 기준으로 감정평가한다. 그러나, 평가대상 토지와 같은 공법상 제한이 같은 정도로 제한을 받는 표준지가 없는 경우가 더 많기 때문에 실무적으로는 공법상 제한을 받지 않는 표준지를 선정하여 공법상 제한의 종류 및 정도에 따른 제한을 감안하여 평가한다.

### (2) 잔여부분의 단독이용가치가 희박한 경우

1필지 토지 일부가 공법상 제한을 받는 경우에는 공법상 제한을 받는 부분은 제한을 받는 상태로 평가하고 제한을 받지 않는 부분은 정상평가하는 것이 원칙이다. 그러나, 1필지 중 공법상 제한을 받는 부분의 비율이 커서 공법상 제한을 받지 않는 잔여부분의 단독이용가치가 희박한 경우에는 해당 토지 전부가 그 공법상 제한을 받는 것으로 보아 감정평가할 수 있다.

### (3) 둘 이상의 용도지역에 걸쳐있는 토지

둘 이상의 용도지역에 걸쳐있는 토지는 원칙적으로 각 용도지역 부분의 위치, 형상, 이용상황 그 밖에 다른 용도지역 부분에 미치는 영향 등을 고려하여 면적 비율에 따른 평균가액으로 감정평가한다.

다만, 용도지역을 달리하는 부분의 면적비율이 현저하게 낮아 가치형성에 미치는 영향이 미미하거나, 관련 법령에 따라 주된 용도지역을 기준으로 이용할 수 있는 경우에는 주된 용도지역의 가액을 기준으로 감정평가할 수 있다.

심화연구 1

# 공법상 제한 1 : 도시계획시설에 저촉된 토지

우리가 흔히 접하는 공공시설 즉, 도로, 공원, 공공청사 등은 도시생활에 없어서는 안 될 공공재입니다. 이러한 공공시설은 기반시설이라 하는데 기반시설은 "도시계획"에 의해 "계획"되고 "설치" 됩니다.

여신담당자로서 이러한 기반시설이 설치가 완료되어 현재의 이용상황이 도로, 공원, 공공 청사인 경우 해당 물건은 담보취득금지·제한물건으로 인식할 수가 있어 그에 따른 업무처리가 가능합니다.

그런데, 이러한 기반시설이 아직 설치되기 전 즉, "도면상 선만 그려져 있는 상황"인 경우 우리는 여신담당자로서 "이러한 선 (계획)"을 어떻게 인식해야 할까요?

## I 도시계획시설

### 1. 도시계획시설의 개요

#### 가. 도시계획시설의 의의

□ 도시에는 불특정 다수가 공동으로 이용할 수 있는 특정한 시설이 필요하며 이를 **도시기반시설**이라 함

□ 도시기반시설 중 개발계획이 시·군의 도시관리계획 또는 지구단위 계획으로 결정·고시된 시설이 **도시계획시설**

#### 나. 도시계획시설의 종류

**【 도시계획시설의 분류 】**

① 교통시설: **도로**·철도·항만·공항·**주차장**·자동차정류장·궤도·운하, 자동차 및 건설기계 검사시설, 자동차 및 건설기계운전학원

② 공간시설: 광장·**공원**·녹지·유원지·공공공지
③ 유통·공급시설: 유통업무설비, **수도·전기·가스·열공급설비**, 방송·통신시설, 공동구·시장, 유류 저장 및 송유설비
④ 공공·문화체육시설: **학교·공공청사·문화시설**·공공필요성이 인정되는 체육시설시설·연구시설·사회복지시설·공공직업훈련시설·청소년수련시설
⑤ 방재시설 : 하천·유수지·저수지·방화설비·방풍설비·방수설비
⑥ 보건위생시설 : **장사시설**·자연장지·장례식장·도축장·종합의료시설
⑦ 환경기초시설 : **하수도·폐기물처리 및 재활용시설**·수질오염방지시설

## 2. 도시계획시설의 사업절차

□ 도시계획시설로 결정되면 일련의 사업절차를 거쳐 기반시설의 설치가 완료되나, 부지확보를 위한 토지 등 보상비와 설치 공사를 위한 재원 등 예산확보 등 사유로 결정·고시된 이후 완료까지 통상 10년 내외 소요

**【 사업절차 】**

**도시계획시설 결정·고시 → 지형도면의 고시 → 사업실시계획 작성·인가·고시 → 보상 → 설치공사 → 준공검사**

## 3. 도시계획시설에 따른 행위제한과 토지소유자 보호제도

### 가. 행위제한

□ 결정·고시 이후 계획시설의 설치 장소로 결정된 토지에는 **그 계획시설이 아닌 건축물의 건축이나 공작물의 설치 불가**

○ 토지소유자 입장에서는 사유재산에 대한 **사용·수익이 제한**되는 것이며 이를 완화하는 예외적 가설건축물 건축 가능

【 도시계획시설 저촉 부지 가설건축물 】

**건축법 제20조에 의거 아래 요건 모두 만족하는 건축물은 건축 가능**

- 3층 이내
- 철근콘크리트조 또는 철골철근콘크리트조가 아닌 경우
- 존치기간 3년 이내 (다만, 도시계획시설 사업 시행 전까지 연장 가능)
- 전기·수도·가스 등 새로운 간선 공급설비 설치 불필요

## 나. 토지소유자 보호제도 (매수청구와 실효제도)

□ 도시계획시설사업이 시행되어 저촉 부지에 대한 보상금이 지급되기 전까지 토지소유자는 사유재산의 사용·수익을 제한받음

○ 제한기간 장기화에 따른 **고통경감을 위해 2000년 7월 매수청구 제도와 실효제도 도입**

□ **매수청구제도**

○ 도시계획시설 결정·고시 이후 **10년 이내 사업 미시행 시** 토지의 지목이 대지인 경우 도시계획시설 사업시행자에게 그 토지의 매수를 청구 가능

□ **실효제도**

○ 도시계획시설 결정·고시 이후 **20년 이내 사업 미시행 시** 20년이 되는 날의 익일에 도시계획시설 결정 처분은 자동 실효

【 미집행 도시계획시설 예시 】

- 미집행도시계획시설이란, 도시계획시설로 결정·고시되어 "토지이용계획확인서" 등에 의해 확인 가능한 도시계획시설이나 현재 설치되어 있지 않은 것
- **도시계획시설 집행 현황**

| 전체 | 설치완료 | 미집행 | |
|---|---|---|---|
| | | 10년 이내 | 10년 초과 |
| 2,885.2km$^2$ (874만평) | 1,592.7km$^2$ (480만평) | 539.5km$^2$ (167만평) | 753km$^2$ (227만평) |
| 100% | 55% | 19% | 26% |

▸ **장기 미집행 도시계획시설 실효의 예시**

- 도심지역 내 도시계획시설 도로 확장하기 위해 결정·고시되었으나 지가 상승으로 인한 보상비 부담으로 장기간 미집행 후 실효
- 오래전부터 공원으로 이용 중인 도시 공원(서울 남산공원, 해운대 동백공원)이나 면적 과다로 보상이 지연되어 실효 (「도시공원 일몰」)

# Ⅱ 도시계획시설에 저촉된 토지의 감정평가

## 1. 감정평가방법

□ 도시계획시설 저촉 부지는 **사용·수익의 제한**을 받아 자유 의사에 따른 개발행위가 제한되므로 **저촉되지 않은 토지 대비 가치가 떨어짐**

○ 저촉된 상태대로 가격이 형성되어 있는 경우 그 가격을 기준으로 평가

☞ 동일한 종류의 도시계획시설에 동일 비율 저촉된 표준지 기준 평가

○ 저촉된 상태대로 가격이 형성되어 있지 않은 경우 제한을 감안하여 평가

☞ 저촉되지 않은 표준지를 기준으로 저촉에 따른 감가율 감안 평가

**舊담보평가지침**

**제18조(도시계획시설에 저촉된 토지)** ① 도시계획시설에 저촉되는 토지는 그 도시계획시설에 저촉된 상태대로의 가격이 형성되어 있는 경우에는 그 가격을 기준으로 평가하고, 저촉된 상태대로의 가격이 형성되어 있지 아니한 경우에는 저촉되지 아니한 상태를 기준으로 한 가격에 그 도시계획시설의 저촉으로 인한 제한정도에 따른 적정한 감가율 등을 고려하여 평가한다.

**【 감가율 : 도시계획시설 저촉에 따른 토지가격 비준표 】**

| 대상물건 \ 비교대상 | 일반 | 도로 | 공원 | (계속) |
|---|---|---|---|---|
| 일반 | 1.00 | 0.70 | 0.60 | |
| 도로 | 1.42 | 1.00 | 0.85 | |
| 공원 | 1.66 | 1.16 | 1.00 | |
| (계속) | | | | |

## 2. 감정평가 사례

### ■ 토지 개요

- 소재지: 경기도 남양주시 00동 322-5
- 용도지역/지목/면적: 제1종일반주거지역/대/479㎡
- 도시계획시설: 소로3류(저촉)

### ■ 지적개황도

- 지적개황도상 전체면적 479㎡ 중 79㎡이 도시계획시설에 저촉

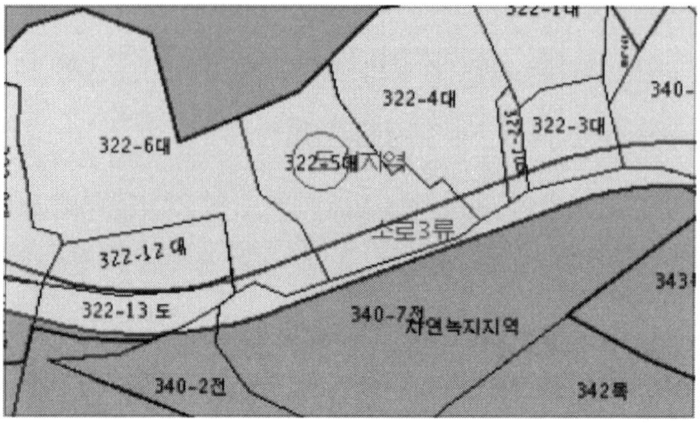


### ■ 감정평가금액 산정

- 인근지역에 동일한 종류의 도시계획시설에 동일 비율 저촉된 표준지가 없으므로, 저촉되지 않은 표준지를 기준으로 저촉에 따른 감가율을 감안하여 평가
- 전체면적 중 도시계획시설에 저촉된 면적을 개략 산정하여 구분하여 평가
- 토지단가 산정

| 표준지 공시지가 | 시점수정치 | 지역요인 비교치 | 개별요인 비교치 | 그 밖의 요인 보정치 | 적용단가 |
|---|---|---|---|---|---|
| 800,000 | 1.0200 | 1.000 | 1.100 | 1.50 | 1,346,000 |
| 800,000 | 1.0200 | 1.000 | 0.770주) | 1.50 | 942,000 |

주) 토지가격 비준표상 도로저촉에 따른 감가율 30% 적용, 1.100 × 0.7 = 0.770

- 감정평가명세표 예시

| 기호 | 소재지 | 지번 | 지목 | 용도지역 | 면적(㎡) | | 단가(원/㎡) | 금액(원) | 비고 |
|---|---|---|---|---|---|---|---|---|---|
| | | | | | 공부 | 사정 | | | |
| 1 | 00동 | 322-5 | 대 | 1종 일주 | 479 | 400<br>79 | 1,346,000<br>942,000 | 538,400,000<br>74,418,000 | <br>도로저촉 |
| 합계 | | | | | | | | 612,818,000 | |

# III 담보 취급 시 유의사항

## 1. 도시계획시설 저촉 부동산에 대한 금융기관별 취급기준

□ 금융기관별로 도시계획시설에 저촉된 토지를 취급하는 방법은 상이

○ 금융기관별 환가성 결여에 대한 판단의 정도가 다를 수 있음

## 2. 담보취득 시 유의사항

### 가. 도시계획시설에 저촉되지 않은 잔여토지

□ 1필지의 토지 중 일부가 도시계획시설에 저촉되고 나머지는 저촉되지 않는 경우, 원칙상 저촉된 부분은 제한을 감안하여 평가하고 저촉되지 않는 부분은 정상평가

○ 저촉되지 않는 부분 (잔여부분)의 면적이 과소하여 **단독효용가치가 없어** 해당 토지가 실질적 사용·수익이 불가능하다고 판단되는 경우 **전체를 저촉된 것으로 평가**하는 등 보수적 접근이 필요

**舊담보평가지침**

**제18조(도시계획시설에 저촉된 토지)**

② (생략) 잔여부분의 면적비율이 현저하게 낮아 단독으로 효용가치가 없다고 인정되는 경우에는 전체면적이 도시계획시설에 저촉된 것으로 보고 평가할 수 있다.

## 나. 정비구역 내 소재하는 도시계획시설 저촉 토지

□ 정비구역

○ 정비구역이란 「도시 및 주거환경 정비법」에 의해 **재개발 사업 등을 시행하기 위해 지정되는 구역**으로 주택재개발사업지구, 주택재건축사업지구, 도시환경정비사업지구 등이 있음

○ 정비사업을 시행하기 위해 **지구단위계획을 작성하며 해당 계획상 기반시설(도시계획시설)**의 설치도 포함

□ 정비구역 소재 기반시설에 저촉된 토지의 환가성

○ 정비구역 소재 기반시설 저촉 토지는 아래의 이유로 일반적 도시계획 시설 저촉토지와 **환가성 측면에서 차이**

- 정비사업에 따른 도시계획시설은 정비사업 시행을 전제로 정해진 것이므로 **정비사업 자체가 취소되는 경우 도시계획시설 저촉도 해제**

- 정비사업이 정상적으로 진행되는 경우 **종전자산을 평가**(구역 내 토지 등을 감정평가)하여 보상 또는 입주권 등을 부여하는 데, 이러한 평가 시 **도시계획시설이 저촉되지 않은 상태를 기준으로 평가**

○ 정비구역 소재 기반시설에 저촉된 토지의 담보목적의 평가 제반 환가성을 고려하여 저촉되지 않은 상태로 평가 가능

□ 담보취득 시 유의사항

○ **정비구역에 소재하면서 도시계획시설에 저촉**된 것으로 표시된 토지의 **감정평가** 시 상기 사유에 따라 도시계획시설이 **저촉되지 않은 상태를 기준으로 평가**되므로, 해당 물건 취급 시 **"정비구역 해당 여부" 및 "도시계획시설이 정비사업상 지구단위계획에 따라 지정된 것인지 여부"** 확인 필요

### 다. 가까운 장래에 보상금을 지급받을 것이 확실시 되는 경우

□ **도시계획시설 저촉이 환가성의 제한을 받는 이유**

○ 도시계획시설에 저촉되면 사업시행으로 보상금을 지급받기까지 사유 재산에 대한 **사용·수익이 제한**되며, 담보 설정 이후 보상금이 지급되는 경우 대출채권을 보상금에 **물상대위권을 행사하여 회수하여야 하는 위험성**

□ **도시계획시설 저촉이 환가성의 제한이 해소되는 시기**

○ 도시계획시설 사업의 시행에 따른 **보상절차가 개시**되어 보상금이 확정된 경우(보상금액 및 보상금을 받을 날짜가 모두 확정된 경우)에는 도시계획시설 **저촉되지 않은 상태로 감정평가한 금액으로 보상**받는 것이기 때문에 **사용·수익이 제한에 따른 환가성 제한이 해소**되었다 볼 수 있음

- 이 경우 담보목적의 평가 시 도시계획시설에 저촉되지 않은 상태를 기준으로 평가 가능

**舊담보평가지침**

**제18조(도시계획시설에 저촉된 토지)**

④ (생략) 가까운 장래에 공익사업의 시행으로 국가기관 등으로부터 보상금을 지급받을 것이 확실시 되는 경우에는 도시계획시설에 저촉되지 아니한 상태를 기준으로 평가할 수 있다.

□ **담보취득 시 유의사항**

○ **보상금 지급이 임박**한 도시계획시설 저촉 토지에 대해 상기 사유에 따라 **도시계획시설이 저촉되지 않은 상태를 기준으로 평가**된 경우 **"보상금 금액", "보상금 지급 일정 및 물상대위 행사절차" 등을 확인**하여 보수적 접근 필요

심화연구 2

## 공법상 제한 2 : 완충녹지와 접도구역

## I 완충녹지와 접도구역의 개념

### 1. 완충녹지의 개념

#### 가. 도시계획시설

□ 도시계획시설이란 공공이 이용하는 기반시설 중 도시관리계획으로 결정된 시설을 말하며, 결정 후 별도의 시설 사업을 통해 설치되며, 그 전에는 결정(지정)된 상태로 고시

#### 나. 완충녹지의 개념

□ **도시계획시설 '녹지'**

녹지란 「국토의 계획 및 이용에 관한 법률」에 따라 도시지역 안에서 도시의 자연환경을 보전하거나 개선하고, 공해나 재해를 방지하여 양호한 도시경관의 향상을 도모하기 위한 시설임

□ **'녹지'의 종류**

- 완충녹지: 대기오염, 소음, 진동 기타 이에 준하는 공해와 각종 사고나 자연재해 등을 방지하기 위한 녹지
- 경관녹지: 도시의 자연경관을 보전하거나 이를 개선하고, 훼손된 지역을 복원 및 개선함으로써 도시경관을 향상시키는 녹지
- 연결녹지: 도시 안의 공원, 하천, 산지 등을 유기적으로 연결하고, 공중의 휴식공간을 제공하기 위한 선형의 녹지

□ **완충녹지의 사례**

완충녹지는 일반적으로 신도시 등 택지개발지역 또는 간선도로나 철도 주변에서 자주 볼 수 있으며, 주거지역, 상업지역 및 공업지역 간 서로를 분리 시킬 목적으로 설치되거나, 서로 기능상 마찰을 일으킬 수 있는 지역 사이에 주로 설치됨(Green Buffer Zone)

## 2. 접도구역의 개념

### 가. 접도구역의 정의

□ 접도구역이란 도로 구조의 파손 방지, 미관의 훼손 또는 교통에 대한 위험을 방지하기 위하여 도로 경계선으로부터 일정거리 이내에 지정하는 구역을 말함

### 나. 근거법규 및 지정기준

□ 근거법규

「**도로법**」

**제49조(자동차 전용도로의 통행방법 등)** ① 관리청은 도로 구조의 손괴 방지, 미관 보존 또는 교통

에 대한 위험을 방지하기위해 도로경계선으로부터 20미터를 초과하지 않는 범위에서 대통령령으로 정하는 바에 따라 접도구역으로 지정할 수 있다.

③ 접도구역에서는 다음 각 호의 행위를 하여서는 아니 된다. 다만, **대통령령으로 정하는 행위**는 그러하지 아니하다.

1. 토지의 형질을 변경하는 행위
2. 건축물이나 그 밖의 공작물을 신축 개축 또는 증축하는 행위

**「도로법 시행령」**

**제46조(자동차전용도로의 지정)**

1. 면적 10제곱미터 이하의 변소, 연면적 50제곱미터 이하의 퇴비사 등
2. 30제곱미터 이하인 건축물의 건축
3. 건축물의 개축 재축 이전 또는 대수선
4. 주차장의 설치

## □ 지정기준

도로의 기능, 규정 속도 등에 따라 고속국도의 경우 10m, 국도 및 지방도 등의 경우 5m의 범위 내에서 접도구역 지정

| 도로의 종류 | 지정폭(양측 각각) | 비 고 |
|---|---|---|
| 고속국도 | 10m | |
| 일반국도 | 5m | |
| 지방도 | 5m | |

**※ 접도구역 지정 보기**

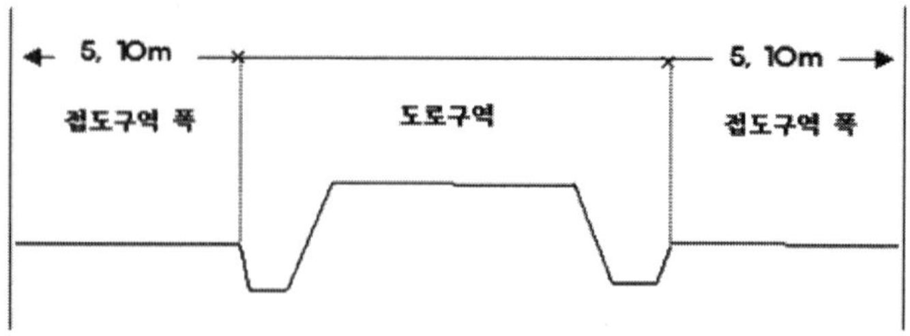


※ 출처 : 국토교통부 「접도구역 관리지침」 2019년 3월 7일

## Ⅱ 완충녹지와 접도구역의 행위제한

### 1. 완충녹지에서의 행위제한

□ **점용허가의 대상**

녹지 안에서 녹지의 조성에 필요한 시설외의 시설 및 건축물 또는 공작물을 설치하거나 토지의 형질변경, 죽목의 벌채, 토석의 채취, 물건의 적치 등을 하고자 하는 자는 시·군·구청장에게 점용허가를 받아야 함

- 건축물 등의 건축과 관련된 점용허가는 일시적인 점용이 아니라 영구적인 점용에 해당하는 바, 불허가되는 경우가 많음

□ **대지면적에서 제외**

대지면적의 산정은 수평투영면적으로 하며, 대지 안에 도시계획시설이 있는 경우는 대지면적에서 이를 제외한다고 규정

완충녹지에 저촉된 토지에 건축허가를 신청할 경우, 허가권자는 그 부분의 토지를 분할할 것을 전제로 건축허가를 승인하며, 분할되지 않는 경우에도 대지면적 산정에서 제외되기 때문에 건폐율, 용적률 산정 시 제외됨

**건축법 시행령**

**제119조(면적 등의 산정방법)** ① 법 제84조에 따라 건축물의 면적·높이 및 층수 등은 다음 각 호의 방법에 따라 산정한다.

1. 대지면적: 대지의 수평투영면적으로 한다. 다만, 다음 각 목의 어느 하나에 해당하는 면적은 제외한다.

가. 법 제46조제1항 단서에 따라 대지에 건축선이 정하여진 경우: 그 건축선과 도로 사이의 대지면적

나. 대지에 도시·군계획시설인 도로·공원 등이 있는 경우: 그 도시·군계획시설에 포함되는 대지(「국토의 계획 및 이용에 관한 법률」 제47조제7항에 따라 건축물 또는 공작물을 설치하는 도시·군계획시설의 부지는 제외한다) 면적

## 2. 접도구역에서의 행위제한

### 1) 저촉 비율에 따른 접도구역의 행위제한 정도

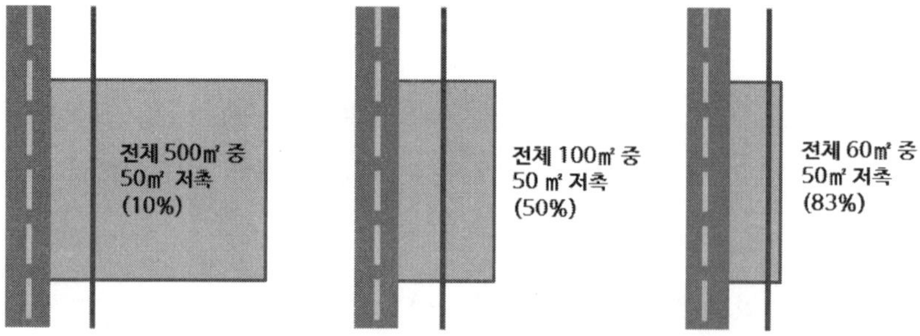


☞ 전체 토지 중 접도구역에 저촉된 토지의 면적 비율에 따라 토지의 행위제한에 따른 토지의 이용가치가 달라진다. 전체 토지 중 10%가량 저촉될 때에는 접도구역이 아닌 나머지 토지 부분에 얼마든지 건물 등을 건축할 수 있기 때문에 건축 시 접도구역상에 건축할 수 없다라는 행위제한의 영향이 적다.

그러나 50% 이상 상당한 부분이 접도구역인 경우에는 실질적으로 건축할 수 있는 토지 부분이 적기 때문에 건물의 건축에 제한을 받으며, 접도구역 저촉 부분이 대부분을 차지하고 있는 토지는 실질적으로 건축이 불가능한 토지가 될 수도 있다.

### 2) 주위환경에 따른 접도구역의 행위제한 정도

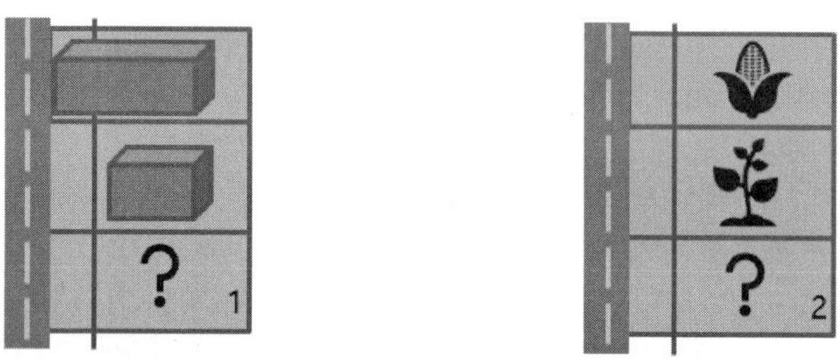


☞ 기호1번 토지는 주위환경이 변화한 상업지대 등으로 상업적인 이용이 최유효 이용인 토지이고, 기호2번 토지는 주위환경이 농경지대 등으로 건물 등을 건축하지 않고 이용하는 것이 최유효 이용이라고 판단할 수 있다. 이 경우 건물 건축 시 제약이 되는 접도구역에 따른 토지의 이용가치 제약은 기호2번 토지보다 기호1번 토지가 더 크다고 할 수 있다.

### 3) 건물 소재 여부에 따른 접도구역의 행위제한 정도

☞ 기호2번 토지는 접도구역에 저촉된 부분에 이미 건축물이 소재하는 경우로 접도구역 지정 전에 이미 건축이 이루어진 것으로 추정할 수 있다. 그러나, 기호1번 토지와 같은 나지의 경우 추후 건축 시 접도구역의 행위제한에 따라 접도구역상에는 건축할 수 없기 때문에 접도구역에 따른 행위제한에 의한 토지의 이용가치 제약은 기호2번 토지(건부지)보다 기호1번 토지(나지)가 더 크다고 할 수 있다.

## 3. 완충녹지와 접도구역에서의 행위제한 비교

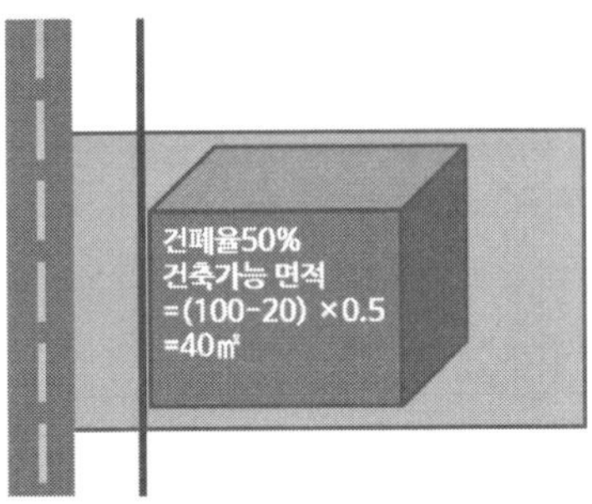


100㎡의 토지 중 20㎡ 완충녹지 저촉

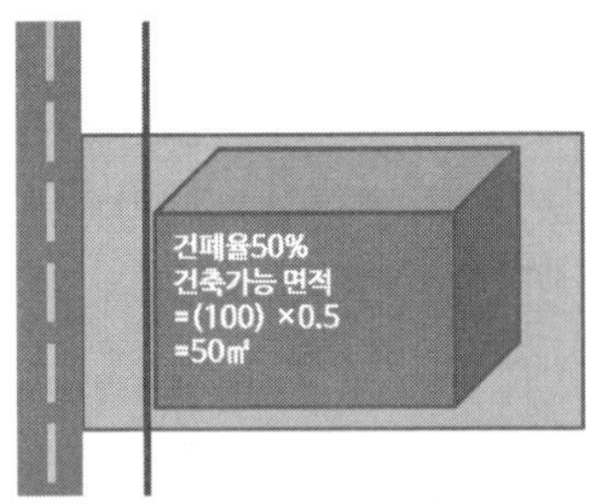


100㎡의 토지 중 20㎡ 접도구역 저촉

☞ 완충녹지로 지정된 토지는 그 지상을 이용함에 있어 점용허가를 득해야 하며, 접도구역으로 지정된 토지는 그 지상의 형질변경이 불가능하다. 즉, 완충녹지와 접도구역으로 지정된 토지는 공통적으로 해당 부분에 건물의 건축 등이 불가능하다.

다만, 완충녹지는 도시계획시설의 일종으로 도시계획시설로 지정된 부분은 건물의 대지면적 산정 시 해당 부분이 제외된다. 따라서, 완충녹지에 저촉된 토지는 접도구역에 저촉된 토지보다 대지면적이 감소되어 건축할 수 있는 건물의 규모가 감소되기 때문에 토지의 이용가치 제약이 더 크다고 할 수 있다.

## 2 일단지의 평가

### 1) 일단지의 개념

일단지란, 지적공부상 2필지 이상의 토지가 일단을 이루어 같은 용도로 이용되는 것이 사회적·경제적·행정적 측면에서 합리적이고 대상토지의 가치형성 측면에서 타당하다고 인정되는 등 용도상 불가분의 관계에 있는 토지를 말한다.

2필지 이상의 토지가 일단으로 이용 중인 경우로서 용도상 불가분의 관계가 인정되면, 각 필지를 개별로 평가해야 한다는 개별물건기준 평가원칙의 예외로서 2필지 이상의 토지를 일괄감정평가할 수 있다.

### 2) 일단지의 판단기준

#### (1) 일단지의 판단기준의 중요성

2필지 이상의 토지를 일괄감정평가한 경우 각각의 필지를 개별로 평가한 가액의 합과 달라지게 된다. 토지의 개별적인 가격형성요인의 적용이 달라지기 때문이다. 일반적으로 일괄감정평가한 경우의 감정평가액이 큰 경우가 대부분인데 담보평가 시 일단지가 아닌 토지를 일단지로 보아 일괄감정평가하는 경우 담보가치를 과다하게 산정할 가능성이 있다.

일단지의 판단기준은 일률적으로 정할 수 있는 것이 아니라 주거용지, 상업용지, 공업용지, 농경지 등 토지의 용도에 따라 차이가 있으며, 일반적으로 다음의 기준을 바탕으로 사회적·경제적·행정적 측면에서 종합적으로 판단해야 한다.

#### (2) 토지소유자의 동일성

일단지의 판단기준과 토지소유자의 동일성은 원칙적으로 직접적인 관련이 없다. 2필지 이상의 토지가 용도상 불가분의 관계에 있다고 인정되는 경우에는 각각의 토지소유자가 다른 경우에도 「민법」상 공유관계로 보아 일단지에 포함시키고 있다.

### (3) 지목의 동일성

지목은 토지의 지적공부에 등재된 명목상 용도를 의미하는 것으로서, 현실의 이용상황을 반영하지 못하는 경우가 많아 지목의 동일성이 용도상 불가분의 관계의 판단기준이 되지는 않는다.

예컨대, 2필지 이상의 다른 지목의 토지에 건축허가를 득하여 건축이 완료된 경우에도 소유자의 신청에 의해 지목변경이 이루어지지 않으면 지목은 다른 상태일 수 있으나, 2필지 이상의 토지가 하나의 건물 부지로서 용도상 불가분의 관계가 인정될 수도 있는 것이다.

### (4) 건축물의 존재 여부 및 일단지 인정시점

인접되어 있는 2필지 이상의 토지상에 기준시점 현재 하나의 건물이 있는 경우에는 용도상 불가분의 관계가 이미 성립되어 있는 것으로 볼 수 있어 일단지로 인정할 수 있다. 그러나 건물을 건축 중인 경우 또는 나지상태로서 착공 이전인 경우에는 일단지 인정 여부에 대한 판단이 필요하다.

#### ① 2필지 이상에 건축 후 사용승인된 건물이 소재하는 경우

사용승인을 받은 건물은 건축물대장이 존재할 것이므로, 이 경우 건축물대장상 '관련주소'란의 표기를 확인하여 일단지를 구성하는 필지를 확인할 수 있다.

■ 건축물대장의 기재 및 관리 등에 관한 규칙 [별지 제1호서식] (2쪽 중 제2쪽)

| 고유번호 | 4167038021-1-00310001 | 명칭 | 1동 | 호수/가구수/세대수 | 0호/0가구/0세대 |
|---|---|---|---|---|---|
| 대지위치 | 경기도 여주시 | 지번 | 31-1 외 2필지 | 도로명주소 | 경기도 여주시 |

| 구분 | 성명 또는 명칭 | 면허(등록)번호 | ※주차장 | | | | | 승강기 | | 허가일 2021.11.8. |
|---|---|---|---|---|---|---|---|---|---|---|
| 건축주 | | | 구분 | 옥내 | 옥외 | 인근 | 면제 | 승용 대 | 비상용 대 | 착공일 2022.10.12. |
| 설계자 | | 경기도-건축사사무소 | | | | | | ※ 하수처리시설 | | 사용승인일 2023.3.3. |
| 공사감리자 | | | 자주식 | 대 ㎡ | 대 ㎡ | 대 ㎡ | | 형식 | | 관련 주소 |
| 공사시공자 (현장관리인) | | | 기계식 | 대 ㎡ | 대 ㎡ | 대 ㎡ | 대 | 용량 | | 지번 30-5, 31-11 |

| ※제로에너지건축물 인증 | | ※건축물 에너지효율등급 인증 | | ※에너지성능지표(EPI) 점수 | ※녹색건축 인증 | | ※지능형건축물 인증 | |
|---|---|---|---|---|---|---|---|---|
| 등급 | | 등급 | | 점 | 등급 | | 등급 | |
| 에너지자립률 | 0 % | 1차에너지 소요량 (또는 에너지절감률) | 0 kWh/㎡(%) | ※에너지소비총량 | 인증점수 | 점 | 인증점수 | 점 |
| 유효기간: . . .~ . . . | | 유효기간: . . .~ . . . | | 0 kWh/㎡ | 유효기간: . . .~ . . . | | 유효기간: . . .~ . . . | |

| 내진설계 적용 여부 | 내진능력 | 특수구조 건축물 | 특수구조 건축물 유형 |
|---|---|---|---|
| 지하수위 G.L m | 기초형식 | 설계지내력(지내력기초인 경우) t/㎡ | 구조설계 해석법 |

도로명

변동사항

### ② 2필지 이상의 토지에 건축허가를 득한 후 착공신고를 한 경우

「표준지 조사·평가 기준」 제20조 제4항에서는 "건축 중에 있는 토지와 공시기준일 현재 나지상태이나 건축허가 등을 받고 공사를 착수한 때에는 토지소유자가 다른 경우에도 이를 일단지로 본다"고 규정하고 있다.

아래 예시에서 '*** 81외 8필지'에 대해 건축허가를 득한 후 착공신고를 한 것이며 그 일단지 내역은 후면 '첨부'에서 확인할 수 있다. 이 경우 '대지면적' 2,703.0471㎡를 일단지로 판단할 수 있다.

■ 건축법 시행규칙 [별지 제15호서식] <개정 2018. 11. 29.>

**착공신고필증**

• 건축물의 용도/규모는 전체 건축물의 개요입니다.

| 건축구분 | 신축 | 허가(신고)일자 | 20 |
|---|---|---|---|
| 건축주 | | | |
| 대지위치 | 강원도 강릉시 사천면 81 외8필지 | | |
| 대지면적 | 2,703.0471 ㎡ | | |
| 건축물명칭 | 사천면 사천진리 생활숙박시설 | 주용도 | 숙박시설 |
| 건축면적 | 1,991.3172 ㎡ | 건폐율 | 73.66 % |
| 연면적 합계 | 37,134.5875 ㎡ | 용적율 | 1,069.78 % |
| 착공예정일자 | 20 | | |

귀하께서 제출하신 착공신고서에 따라 착공신고필증을 「건축법 시행규칙」 제14조제4항에 따라 교부합니다.

20

강릉시장 [인]

#첨부

# 착공신고필증

| 대지위치 |
| --- |
| 강원도 강릉시 사천면 82 |
| 강원도 강릉시 사천면 83 |
| 강원도 강릉시 사천면 84 |
| 강원도 강릉시 사천면 85 |
| 강원도 강릉시 사천면 86 |
| 강원도 강릉시 사천면 87 |
| 강원도 강릉시 사천면 88 |
| 강원도 강릉시 사천면 90 |

### ③ 2필지 이상의 토지에 건축허가를 득한 경우(건축신고를 한 경우 포함)

건축허가 등을 득하거나 건축신고를 한 경우, 소유자의 사정 등으로 인해 바로 공사에 착수하지 않아 착공신고가 이루어지지 않았을 수 있으나, 건축허가를 받은 후 2년 이내(건축신고는 1년)에 착공할 수 있으며 1년의 기간을 연장할 수 있으므로 해당 기간 이내의 경우에는 용도상 불가분의 관계를 인정할 수 있다.

다만, 소유자의 의사 및 주변 상황 등으로 보아 공사를 착수하지 않을 것으로 판단되는 경우에는 보수적으로 접근할 필요성도 있다.

아래 예시에서 '*** 1외 2필지'에 대해 건축신고를 한 것이며 그 일단지 내역은 후면 '첨부'에서 확인할 수 있다. 이 경우 '대지면적' 1,111㎡를 일단지로 판단할 수 있다.

**건축 · 대수선 · 용도변경 신고필증**

• 건축물의 용도/규모는 전체 건축물의 개요입니다.

| 건축구분 | 허가/신고사항변경 (변경차수 : 1) | 신고번호 | 2021-[illegible]-신축신고-[illegible] |
|---|---|---|---|
| 건축주 | [illegible] | | |
| 대지위치 | 경기도 여주시 [illegible] | | |
| 지번 | [illegible] 1 외 2필지 | | |

※「공간정보의 구축 및 관리 등에 관한 법률」에 따른 지번을 적으며,「공유수면의 관리 및 매립에 관한 법률」제8조에 따라 공유수면의 점용 · 사용 허가를 받은 경우 그 장소가 지번이 없으면 그 점용 · 사용 허가를 받은 장소를 적습니다.

| 대지면적 | 1,111 ㎡ |
|---|---|

| 건축물명 | [illegible] | 주용도 | 제1종근린생활시설(소매점) |
|---|---|---|---|
| 건축면적 | 392 ㎡ | 건폐율 | 35.28 % |
| 연면적 합계 | 392 ㎡ | 용적률 | 35.28 % |

| 동고유번호 | 동명칭및번호 | 연면적(㎡) | 동고유번호 | 동명칭및번호 | 연면적(㎡) |
|---|---|---|---|---|---|
| 1 | 주건축물제1동 | 196 | 2 | 주건축물제2동 | 196 |

귀하께서 제출하신 건축물의 건축 · 대수선 · 용도변경 (변경)신고서에 대하여 건축 · 대수선 · 용도변경 신고필증을 「건축법시행규칙」 제12조 및 제12조의2에 따라 교부합니다.

2022년08월31일

산북면장 (인)

#첨부

# 건축·대수선·용도변경신고필증

| 관련지번 | 지목 |
|---|---|
| 경기도 여주시 [illegible] 3 | 전 |
| 경기도 여주시 [illegible] 2 | 전 |

## 3 공유지분 토지

「감정평가 실무기준」

**610-1.7.9(공유지분 토지)**

① 1필지의 토지를 2인 이상이 공동으로 소유하고 있는 토지의 지분을 감정평가할 때에는 대상토지 전체의 가액에 지분비율을 적용하여 감정평가한다.
다만, 대상지분의 위치가 확인되는 경우에는 그 위치에 따라 감정평가할 수 있다.

② 공유지분 토지의 위치는 공유지분자 전원 또는 인근 공유자 2인 이상의 위치확인동의서를 받아 확인한다. 다만, 공유지분 토지가 건물이 있는 토지(이하 "건부지"라 한다)인 경우에는 다음 각 호의 방법에 따라 위치 확인을 할 수 있으며 감정평가서에 그 내용을 기재한다.

1. 합법적인 건축허가도면이나 합법적으로 건축된 건물로 확인하는 방법
2. 상가·빌딩 관리사무소나 상가번영회 등에 비치된 위치도면으로 확인하는 방법

### 1) 공유지분 토지와 구분소유적 공유

#### (1) 공유지분 토지의 의의

「민법」상 공유는 물건의 지분에 의하여 수인의 소유로 귀속되고 있는 공동소유의 형태를 말한다(민법 제262조 제1항). 토지의 소유권은 보통 1인이 가지고 있는 경우가 많으나, 공유지분 토지는 하나의 토지를 2인 이상의 다수인이 공동으로 소유하고 각 공유자가 지분을 가지고 있는 토지를 의미한다.

#### (2) 구분소유적 공유의 의의

구분소유적 공유란, 1필지의 토지 중 위치, 면적이 특정된 일부를 양수하고서도 분필에 의한 소유권이전등기를 하지 않은 채, 편의상 그 필지의 면적에 대한 양수부분의 면적비율에 상응하는 공유지분등기를 경료한 경우를 말한다.

구분소유적 공유관계는 형식은 공유이지만 실질은 구분소유한 것과 동일한 경우로 각 공유자의 공유지분에 해당하는 토지의 위치 및 면적이 특정 즉, '위치확인'이 되는 경우를 의미한다고 할 수 있다. 따라서 공유지분 토지를 감정평가할 때에는 먼저 공유자 간 구분소유적 공유 관계에 있는지 즉, '위치확인'이 가능한 지 여부를 파악하는 것이 필요하다.

## 2) 공유지분 토지의 위치확인

위치확인은 공유지분으로 현재 점유하고 있는 위치를 확인하는 것에 그쳐서는 안 된다. 위치, 면적을 특정하고 그에 대한 약정이 있는 등 구분소유적 공유관계에 있는 것을 증명할 수 있어야만 그 위치에 따라 감정평가를 할 수 있으며, 일반적으로 공유지분 토지의 위치를 확인하는 방법으로 다음의 것들이 있다.

(1) 공유지분자 전원 또는 인근 공유지분자 2인 이상의 위치확인동의서를 받아 확인할 수 있다. 다만, 이 경우 공증 등을 통해 확인된 위치를 공적으로 증명하는 절차가 필요하다.

(2) 건부지의 경우에는 공유지분 토지의 해당 위치에 대한 합법적인 건축허가도면이나 건축된 건물의 공부로 확인할 수 있다.

## 3) 공유지분 토지의 평가방법

### (1) 위치확인이 안 되는 경우

공유지분을 감정평가할 때에는 대상토지 전체의 가액에 지분비율을 적용하여 감정평가한다. 즉, 1필지의 토지를 기준으로 평가한 금액에 지분비율을 적용하여 수량적인 일부로 평가하거나, 1필지의 토지를 기준으로 산정한 토지의 단가에 해당 지분의 면적을 곱하여 평가한다.

### (2) 위치확인이 되는 경우

대상지분의 위치가 확인되는 경우에는 그 위치에 따라 감정평가할 수 있다. 이 경우 1필지를 기준으로 평가해야 한다는 개별물건기준 평가원칙의 예외로서 특정 지분에 해당하는 1필지 중의 특정부분을 기준으로 감정평가할 수 있다. 다시 말해, 토지의 공시지가기준법을 적용하는 경우 1필지를 기준으로 가로조건, 획지조건 등을 적용하는 것이 아니라, 해당 지분의 특정 부분의 가로조건, 획지조건 등을 적용하여 평가할 수 있다는 의미이다.

## ④ 지상권이 설정된 토지

「감정평가 실무기준」

**610-1.7.10(지상권이 설정된 토지)**

① 지상권이 설정된 토지는 지상권이 설정되지 않은 상태의 토지가액에서 해당 지상권에 따른 제한정도 등을 고려하여 감정평가한다.

② 저당권자가 채권확보를 위하여 설정한 지상권의 경우에는 이에 따른 제한 등을 고려하지 않고 감정평가한다.

### 1) 지상권의 개관

#### (1) 지상권의 의의와 설정의 효과

지상권이란, 타인의 토지에 건물, 기타 공작물이나 수목을 소유하기 위하여 그 토지를 사용할 수 있는 물권을 말한다. 공중 공간 또는 지하 공간 상·하의 범위를 정하여 공작물 등을 소유하기 위한 것도 지상권의 목적으로 할 수 있다. 일반적으로 지상권이 설정되면 그 토지의 사용 및 수익이 제한되므로 감정평가 시 그 제한을 감안하여 평가한다.

#### (2) 지상권의 유형

지상권은 주로 지상에 건물 등을 소유하기 위해 지표면의 전부 또는 일부에 설정하는 경우와 공중 공간 또는 지하 공간을 이용하기 위해 설정하는 경우 등이 있다. 공중 공간 등에 설정하는 경우에는 일반적인 지상권과 구별하여 구분지상권이라 한다.

또한, 이외에도 지상권 설정의 형태를 띠지만 타인의 토지에 건물 등을 소유하기 위해서나 공중 공간 등을 이용하기 위한 것이 아니라 저당권자가 채권확보를 위하여 설정하는 경우도 있다.

## 2) 지상권이 설정된 토지의 평가방법

### (1) 지상권에 따른 제한정도 등을 고려하여 감정평가

지상권이 설정된 토지는 지상권이 설정되지 않은 상태의 토지가액에서 해당 지상권에 따른 제한정도 등을 고려하여 감정평가한다. 지상권에 따른 제한정도를 고려하는 방법으로는 지상권의 가치를 구하여 지상권이 설정되지 않은 상태의 토지가액에서 차감하는 방법, 지상권이 설정되지 않은 상태의 토지가액에 제한정도에 따른 적정한 비율을 결정하여 곱하는 방법이 있다.

#### ① 지상권의 가치를 구하여 차감하는 방법

지상권자에게 지급하는 대가 등을 파악할 수 있는 경우 아래 산식에 의해 지상권의 가치를 구하여 지상권이 설정되지 않은 상태의 토지가액에서 차감한다.

$$\text{지상권가치} = [(\mathrm{P} \times \mathrm{R}) + \mathrm{C} - \mathrm{L}] \times \frac{(1+\mathrm{r})^{n} - 1}{\mathrm{r} \times (1+\mathrm{r})^{n}}$$

P : 토지의 시장가치　　R : 적정기대이율
C : 필요제경비　　L : 실제지불임료(또는 지상권의 지료)
$n$ : 지상권의 존속기간　　$r$ : 이율

#### ② 제한의 정도를 감안한 일정비율의 적용

일반적으로 토지에 대한 지상권이 설정된 경우에는 토지소유자의 토지 이용이 제한된다. 따라서 제한의 정도를 고려한 적정비율을 적용하여 감정평가할 수 있다. 적정비율은 일률적으로 판단하기보다는 대상토지의 제반요인을 고려하여 결정한다.

### (2) 저당권자가 채권확보를 위하여 설정한 지상권의 경우

저당권자가 채권확보를 위하여 지상권을 설정한 경우에는 이에 구애 없이 평가한다. 이러한 경우는 통상적으로 저당권자가 해당 토지의 사용·수익을 위한 것이 아니라 단순히 채권확보의 수단으로 지상권을 설정한 것이기 때문이다.

## 5 지상 정착물과 소유자가 다른 토지

「감정평가 실무기준」
**610-1.7.7(지상 정착물과 소유자가 다른 토지)**
토지소유자와 지상의 건물 등 정착물의 소유자가 다른 토지는 그 정착물이 토지에 미치는 영향을 고려하여 감정평가한다.

### 1) 토지와 지상 정착물 소유권 관계와 토지가치

#### (1) 토지와 지상 정착물 소유권 관계

토지와 건물 간에 불일치하는 소유관계로 인하여 토지의 사용·수익·처분이 제한을 받을 수 있다. 따라서 토지와 지상 정착물의 소유권 관계를 명확히 파악하여야 정착물의 존재로 인한 토지가치의 영향을 적절하게 고려할 수 있다.

#### (2) 법정지상권의 성립 여부 판단

토지와 지상건축물의 소유자가 다른 경우 요건에 따라 법정지상권이 성립할 수 있다. 법정지상권이란, 당사자의 설정계약에 의하지 않고 법률의 규정에 의하여 당연히 인정되는 지상권을 말한다. 법정지상권이 인정되는 경우에는 이러한 지상권이 토지가치에 영향을 미치게 된다.

### 2) 지상 정착물과 소유자가 다른 토지의 평가방법

해당 토지의 지상에 정착물이 소재하고 있음으로 인하여 미치는 영향 즉, 다른 소유자의 건물이 존재함에 따른 불리한 정도를 등을 고려하여 감정평가한다.

만약 법정지상권이 성립하는 경우라면, 지상권이 설정된 인근 토지의 거래사례 등을 조사하여 지상권에 의한 제한으로 인해 제한이 없는 토지에 비해 얼마 정도 감액되어 거래되고 있는 지를 감안하여 평가한다.

## 6 제시외 건물 등이 있는 토지

「감정평가 실무기준」

**610-1.7.8(제시외 건물 등이 있는 토지)**

의뢰인이 제시하지 않은 지상 정착물(종물과 부합물을 제외한다)이 있는 토지의 경우에는 소유자의 동일성 여부에 관계없이 [610-1.7.7]을 준용하여 감정평가한다.

다만, 타인의 정착물이 있는 국·공유지의 처분을 위한 감정평가의 경우에는 지상 정착물이 있는 것에 따른 영향을 고려하지 않고 감정평가한다.

### 1) 제시외 건물의 개념

제시외 건물이란, 감정평가 의뢰인이 감정평가 의뢰 시 제시하지 않은 지상 정착물을 뜻한다. 제시외 건물은 토지만 의뢰되었을 경우 그 지상에 소재하는 건물, 구축물 등을 의미하고 토지와 건물이 함께 의뢰되었을 경우에는 대상물건의 종물이나 부합물이 아닌 것으로서 독립성이 강한 물건을 말한다.

### 심화연구 3

#### 제시외 건물의 종류

**① 무허가 건물**

무허가 건물이란, 건축법 제8조(건축허가) 및 동법 제9조(건축신고)에 따른 허가 및 신고를 받지 아니 하고서 건축된 건물을 말한다. 허가 및 신고 등을 필하지 아니하였으므로, 건축물대장에 등재되어 있지 아니하며, 건물등기도 경료되지 아니한 경우의 건물이다. 다만, 시·군·구 등에서 재산세 과세 등의 행정목적을 위하여 작성비치하고 있는 무허가건물대장에 등재되는 경우가 있다.

무허가건물이 나대지상에 소재하거나 등기된 건물의 별동으로 존재하는 경우 법정지상권 성립 가능성이 있으므로 토지가치에 미치는 영향이 적지 않다.

### ② 사용승인을 득하지 않은 건물

건축허가 또는 건축신고는 필하였으나, 건축법 제18조(건축물의 사용승인)에 의한 사용승인을 필하지 못한 상태에 있는 경우의 건물을 말한다. 건축 도중에 건축주 또는 시공회사가 부도 등으로 인하여 건축공사를 완료하지 못한 경우의 건물이거나, 위법 등 기타의 사유로 인하여 건축주가 시·군·구청장 등에게 사용승인을 받지 못한 경우의 건물이 이에 해당된다.

사용승인을 필하지 못한 관계로 건축법 제29조(건축물대장)에 의한 소정의 건축물대장이 작성비치되지 못하고 있으며, 건물등기도 경료되지 못한 경우가 대부분이다.

이런 경우에는 사용승인 미필의 원인을 규명하여 건축 중인 건물 등이 부도 등으로 인해 중지된 경우는 경매진행 시 공사비로 인한 유치권 발생 가능성이 농후하기 때문에 건물가액을 인정해선 안 되며 오히려 철거비 및 이로 인한 토지 사용제한으로 인한 적정한 토지 감가도 하여야 할 것이다.

또한, 사용승인미필의 사유가 위법 등의 사유인 경우에는 위법사항을 해소한 후 취급해야 할 것이다.

### ③ 건물 소유권 보존등기가 경료되지 아니한 건물

건축주가 건물의 사용승인을 필하였으나 조세회피 등을 이유로 건물등기를 하지 아니한 경우 등에 해당하는데 이런 경우는 금융기관에서 보존등기 신청과 동시에 저당권 설정을 하면 해결될 일이다.

### ④ 부합물

부합물이란, 주된 건물에 부착되어 합체한 하나 또는 여러 개의 건물부분을 의미한다. 이러한 건물부분은 통상 건물등기가 되어 있지 아니하며, 건축물대장에도 등재되어 있지 못한 경우가 대부분이다. 민법 제256조(부동산에의 부합)에는 "부동산의 소유자는 그 부동산에 부합한 물건의 소유권을 취득한다. 그러나, 타인의 권원에 의하여 부속된 것은 그러하지 아니하다."라고 규정하고 있다. 판례에 따르면 주건물에 부합된 건물인가 여부의 판단기준의 하나로 "과연 부속된 부분이 독립한 물건으로서의 가치와 기능을 시인할 수 있는가 아니면, 오로지 주건물에 부착되어 분리하여서는 독립된 물건으로서의 가치가 없고 주건물의 사용편의에 제공될 뿐인가" 하는 것을 들고 있다.

결국, 부속된 부분이 독립한 건물로서의 가치와 기능을 가진다면, 이는 부합물이 아니고 독립된 별개의 건물로 보아야 한다는 취지로 이해된다.

참고적으로 판례는 임차인이 임차건물에 덧붙여 방 한 칸과 부엌 일부를 증축하여 기존 건물과 일체로 점유 사용해 온 경우 증축된 부분은 물리적 구조나 용도, 기능 및 거래의 관점에서 사회적 경제적으로 고찰할 때 그 자체는 구조상 건물로서의 독립성은 없고 개별의 독립물로서의 효용을 갖지 못하여 기존 건물에 부합되었다고 할 것이라고 판시하여 부합물의 관념을 명확히 하고 있다.

⑤ **종물**

민법 제100조(주물, 종물) 제1항에서는 "물건의 소유자가 그 물건의 상용에 공하기 위하여 자기소유인 다른 물건을 이에 부속하게 한 때에는 그 부속물은 종물이다."라고 종물을 정의하고 있다.

동 조 제2항에는 종물은 주물의 경제적 처분에 따르도록 함으로써, 경제적 일체성을 규정하고 있다.

판례에서는 낡은 가재도구 등의 보관장소로 사용되고 있는 방, 연탄창고, 공동변소가 본채에서 떨어져 축조되어 있기는 하나 이들을 본채의 종물로 보고 있다. 이러한 방이나 연탄창고 및 공동변소가 본채의 상용에 제공하기 위한 것에 불과한 것으로 본 것이라 하겠다.

## 2) 제시외 건물 등이 소재하는 토지의 평가방법

### (1) 지상 정착물과 소유자가 다른 토지의 평가방법 준용

의뢰인이 제시하지 않은 지상 정착물이 있는 토지의 감정평가는 토지와 제시외 건물 소유자의 동일성 여부에 관계없이 '지상 정착물과 소유자가 다른 토지의 평가방법'을 준용한다. 즉, 제시외 건물 등이 토지와 별개로 매매되는 경우 등에 따라 법정지상권의 성립 가능성 등을 고려하여 보수적인 관점에서 지상 정착물과 소유자가 다른 경우로 보아 감정평가한다.

### (2) 제시외 건물 등의 소재에 따른 감가방법

제시외 건물 등의 소재로 인하여 토지 이용에 제한을 받는 경우, 등기 여부 및 구조, 면적, 용도 등에 따라 통상 정상 평가액의 일정비율을 감가하여 감정평가한다. 이때, 제시외 건물 등의 위치에 따라 등기된 건물의 이용에 제한이 있을 수 있는 점 등을 종합적으로 고려하여야 한다.

실무적으로는 제시외 건물의 위법정도(구조, 면적, 용도 등), 멸실의 난이성 및 감정평가 목적에 따라 취급방법이 달라질 수 있다. 제시외 건물에 구애 없이 토지를 정상평가하는 방법, 제시외 건물의 제약을 감안하여 일정비율 감액평가하는 방법, 그 제약이 심한 경우 토지의 전부 또는 일부를 감정평가 제외하는 방법 등이 있다.

## 7 규모가 과대하거나 과소한 토지

「감정평가 실무기준」

**610-1.7.11(규모가 과대하거나 과소한 토지)**

토지의 면적이 최유효이용 규모에 초과하거나 미달하는 토지는 대상물건의 면적과 비슷한 규모의 표준지 공시지가를 기준으로 감정평가한다. 다만, 그러한 표준지 공시지가가 없는 경우에는 규모가 과대하거나 과소한 것에 따른 불리한 정도를 개별요인 비교 시 고려하여 감정평가한다.

### 1) 토지의 가치와 규모의 관계

토지는 면적의 크기에 따라 그 가치가 달라질 수 있다. 토지가 사용되는 용도에 따라 적정 면적규모의 수준이 사회적·경제적으로 결정되고 이에 따라 그 효용성도 달라지는 것이다. 이러한 경향은 일률적인 것이 아니라 지역별, 용도지대별로 다르게 나타난다.

토지는 최유효 면적이어야 시장성과 효용성이 가장 높은 표준물건이 된다. 나지라고 해서 면적의 과다·과소에 구애 없이 표준물건으로서 시장성이나 효용성이 가장 높고 고가로 매매되는 것은 아니고 적정한 면적이어야 한다. 최유효 면적이라 함은 보편적이고 객관적인 이용, 통상의 이용능력을 가진 사람에 의한 이용 및 합리적이고 합법적인 이용을 전제로 하며, 이를 판단하기 위해서 인근 건부지의 표준적인 면적상황, 도시계획 지역·지구제의 지정내용, 건축허가가능면적 및 제한조건, 기타 법적인 규제내용과 해당 지역의 거래관행 등을 조사하여야 한다.

### 2) 평가방법

#### (1) 규모가 과소한 토지

해당지역에 적용되는 「건축법」상의 최소대지면적 이하인 소규모 토지는 그 규모의 비적합성으로 인해 건축을 통한 독자적 이용가치가 원칙적으로 없기 때문에 표준적 규모의 토지가격 이하의 가격수준에서 거래되는 것이 일반적이다.

그러나 인접토지의 부속용지로 이용되거나 인접토지와 합병을 통하여 사용될 경우 기여도가 월등히 우세하여 건축이 불가능한 장애를 극복하고도 남을 만한 위치적 가치를 갖는 특별한 경우에는 표준적 규모의 토지가격을 상회하는 가격이 형성될 수도 있다.

따라서, 소규모 토지의 감정평가 시 인접토지와의 관계 등을 고려하여 이에 대한 종합적인 판단이 이루어져야 한다.

> **「건축법」**
> **제57조(대지의 분할 제한)** ① 건축물이 있는 대지는 대통령령으로 정하는 범위에서 해당 지방자치단체의 조례로 정하는 면적에 못 미치게 분할할 수 없다.
>
> **「건축법 시행령」**
> **제80조(건축물이 있는 대지의 분할제한)** 법 제57조제1항에서 "대통령령으로 정하는 범위"란 다음 각 호의 어느 하나에 해당하는 규모 이상을 말한다.
> 1. 주거지역: 60제곱미터
> 2. 상업지역: 150제곱미터
> 3. 공업지역: 150제곱미터
> 4. 녹지지역: 200제곱미터
> 5. 제1호부터 제4호까지의 규정에 해당하지 아니하는 지역: 60제곱미터

### (2) 규모가 과대한 토지

규모가 과대한 토지는 표준적인 규모의 토지보다 거래하기 쉽지 않다. 이러한 토지를 거래하기 위하여 주변의 이용방법과 유사한 규모로 분할하는 것을 고려하여 이에 해당되는 감보율 및 분할비용에 상당하는 감가를 할 수 있다.

그러나, 표준적 규모보다 현저히 큰 대규모 토지가 인근지역의 지가수준과 무관하게 거래되는 사례도 있을 수 있다. 대규모 이용형태를 갖는 상업용지의 상대적 희소성이 증가되어 이를 취득하기 위한 수요의 강도가 증대되면서 표준적 규모의 토지 가격수준을 초과하기도 한다.

따라서, 대규모 토지의 감정평가 시에는 지역여건, 인근지역의 표준적인 이용상황, 토지의 주된 수요자 등에 대한 판단이 이루어져야 한다.

## 8 맹지

「감정평가 실무기준」

**610-1.7.12(맹지)**

지적도상 도로에 접한 부분이 없는 토지(이하 "맹지"라 한다)는 「민법」 제219조에 따라 공로에 출입하기 위한 통로를 개설하기 위해 비용이 발생하는 경우에는 그 비용을 고려하여 감정평가한다. 다만, 다음 각 호의 어느 하나에 해당하는 경우에는 해당 도로에 접한 것으로 보고 감정평가할 수 있다.

1. 토지소유자가 그 의사에 의하여 타인의 통행을 제한할 수 없는 경우 등 관습상 도로가 있는 경우
2. 지역권(도로로 사용하기 위한 경우) 등이 설정되어 있는 경우

### 1) 맹지의 개념

#### (1) 맹지의 의의

맹지란, 지적도상 공로에 접한 부분이 없는 토지를 말한다. 즉, 토지를 이용하기 위해서는 해당 토지에 접근이 되어야 할 것이나, 정당한 권원을 이용하여 해당 토지를 접근할 수 있는 통로가 확보되지 못하는 경우 이러한 토지는 가치형성 측면에서 공도에 접하고 있는 토지에 비하여 감가요인이 있을 수 있다.

#### (2) 접면도로와 토지가치의 관계

맹지는 원칙적으로 도로와 직접 접하지 않고 주위가 모두 타인의 토지로 둘러싸여 있어 「건축법」상 대지가 될 수 없는 토지를 말한다. 만약, 위치적 가치가 있어 다른 토지와 합병을 통하여 사용될 경우 기여도가 월등히 우세한 경우 높은 가격으로 매수될 가능성도 있지만, 이러한 가치의 실현은 인접지 토지소유자에게 맡겨져 있는 것이므로 그 가치의 실현 여부는 불확실하다.

토지는 건물의 건축 등을 통한 개발가능성이 주요 가치 구성요소라는 측면에서 맹지는 「건축법」상 대지가 될 수 없는 즉, 건축허가 등이 불가능한 토지라는 점에서 그 가치는 제한된다.

## 심화연구 4

### 맹지의 종류

| 종류 | 구분 | | 설명 | 비고 |
|---|---|---|---|---|
| | 지적도상 맹지 여부 | 현황 맹지 여부 | | |
| ㉠ | 맹지 | 도로 있음 | 지적도상 접한 도로가 없으나, 현황은 토지에 출입가능한 도로가 있는 경우 | 현황 도로 추인 가능성 검토 |
| ㉡ | 도로 있음 | 맹지 | 지적도상 도로에 접했으나, 현황 그 도로의 이용이 불가한 경우 | 도로 복구 가능성 검토 |
| ㉢ | 맹지 | 맹지 | 지적도상 접한 도로가 없으며, 현황으로도 도로가 아닌 토지로 둘러싸인 토지 | 맹지이므로 도로개설 필요 |

□ 지적도상 맹지이나 현황도로가 있는 ㉠과 같은 경우는 그 도로의 성격에 따라 추인을 통해 맹지가 「건축법」상 대지가 될 수 있음

○ 현황도로를 건축허가 시 허가권자로부터 도로로 지정받기 위해서는 이 도로의 토지 소유자와 이해관계자의 동의를 받아 제출
이때, 허가권자는 도로의 너비, 연장, 구간, 위치 등을 확인하여 건축허가가 가능하다고 판단되는 경우 건축허가를 승인하고, 별도의 도로대장을 작성하여 관리

○ 이러한 적극적 행위 이외에도, 1975년 12월 31일 개정된 「건축법」 부칙 제2조에 따라 "현황도로라 하더라도 너비가 4m 이상인 경우에는 「건축법」상 도로"로 인정

> **너비 4m 이상의 도로는 4m 미만의 도로와 달리 시장, 군수가 도로로 지정하지 않은 사실상의 도로라 하더라도 건축법상의 도로에 해당한다 할 것이니, 사실상의 도로가 그 너비가 4m 이상으로서 1975년12월31일 이전에 이미 주민들의 통행로로 이용되고 있었다면 이는 건축법상의 도로에 해당한다. (1994년 1월 28일 대법원3부)**

○ 그러나, 이 또한 1975년 12월 31일 이전부터 도로였는지 어떻게 알 수 있다는 말인가? 따라서 실무적인 판단기준은 다음과 같음

- 현황도로가 존재할 경우 4m 이상이고, 동일로변상에 다수의 기존 건축물이 존재하고 있다거나, 도로에 콘크리트 또는 아스콘 포장, 다수의 실제적 통행여부 파악을 통해 종합적으로 판단

□ 지적도상 도로가 있으나 현황 맹지인 ㉡과 같은 경우는 폐도 등으로 용도폐지된 도로가 아닌 이상 시·군·구에 민원신청을 하여 측량 등을 통해 도로 복구 가능

## 2) 맹지의 평가방법

### (1) 현황 평가

맹지의 이용상황이 농지, 임야, 농가주택에 부속된 텃밭 등인 경우 현재 상태로 이용함에 문제가 없고 그것이 인근지역의 상황으로 보아 최유효이용인 경우, 현황 맹지로서의 이용에 따른 가치로 감정평가하는 방법이다.

공시지가기준법에 의해 평가하는 경우 가로조건 또는 접근조건 등에서 맹지로서의 불리한 조건을 감안하여 평가한다.

### (2) 진입로 개설비용을 감안한 평가

도로개설의 가능성이 비교적 높은 경우 진입로 개설을 전제로 자루형 토지를 상정하여 감정평가액을 구한 후, 도로개설비용(진입로 부지 취득원가, 공사부대비용 등)을 공제하여 최종 감정평가액을 결정하는 방법이다.

진입로 개설에 소송 등으로 인하여 장기간이 소요될 것으로 예상된다면, 진입로 개설 실현시기까지의 시간을 감안하여 적정한 할인율로 할인하여 현재가치 기준으로 파악해야 한다. 또한, 도로개설의 현실성을 고려하여 적정한 감가율로 보정하여 감정평가액을 결정한다. 또한, 인근지역 자루형 토지의 가격과 균형성을 고려하여 감정평가액의 적정성을 검토할 수 있다.

$$\frac{(\text{자루형 토지를 상정한 평가액} - \text{도로개설비용})}{(1+\text{할인율})^n} \times (1 - \text{감가율})$$

### (3) 인접토지 합병 조건부 평가

해당 맹지와 인접한 토지 중 합병의 가능성이 가장 높은 토지를 매수한다고 가정한 후, 해당 맹지와 인접토지를 합한 획지 전체의 평가액에서 합병 전 인접토지평가액을 공제하고 적정한 감가율을 적용하여 최종 감정평가액을 결정하는 방법이다.

> (합병 후 맹지와 인접토지 전체 평가액 − 합병 전 인접토지평가액) × (1 − A)
>
> *A : 합병가능성, 합병가치배분액 등을 감안한 감가율

## 3) 맹지의 평가 시 유의사항

### (1) 관습상의 도로가 개설되어 있는 경우

지적도상 도로가 없는 맹지라 할지라도 관습상의 도로가 개설되어 있는 경우, 맹지로서의 감가 정도가 작을 수 있다. 그러나 관습상의 도로가 현황도로로 인정받을 수 있는지에 대한 검토가 필요하다.

### (2) 도로개설의 가능성이 높은 경우

현재 도로에 접해 있지는 않지만 지적도상 구거에 접해 있거나 과거에 구거가 있었던 사실이 인정되면 해당 토지를 관할하는 지자체로부터 구거점용허가를 받을 수 있다. 따라서 해당 구거를 진입로로 활용하면 도로에서 직접 진입이 가능해진다. 이러한 토지는 점용허가비, 포장비용 등을 부담하여 맹지가 아닌 토지와 동일하게 이용할 수 있는 점을 고려하여야 한다.

### (3) 맹지와 인접한 도로에 접한 토지의 소유자가 동일인인 경우

맹지와 인접한 토지가 동일인 소유이고, 인접토지를 통하여 출입하여 해당토지의 사용·수익 등에 제한이 없는 경우에는 감가에 유의하여야 한다. 토지소유자가 특별한 사정이 없는 한, 경제적 합리성에 반하여 해당 맹지만을 저가에 처분하는 경우는 발생하기 어렵기 때문이다.

## 9 택지 등 조성공사 중에 있는 토지

**「감정평가 실무기준」**

**610-1.7.14(택지 등 조성공사 중에 있는 토지)**

① 건물 등의 건축을 목적으로 농지전용허가나 산지전용허가를 받거나 토지의 형질 변경허가를 받아 택지 등으로 조성 중에 있는 토지는 다음 각 호에 따라 감정평가한다.

1. 조성 중인 상태대로의 가격이 형성되어 있는 경우에는 그 가격을 기준으로 감정평가한다.
2. 조성 중인 상태대로의 가격이 형성되어 있지 아니한 경우에는 조성 전 토지의 소지가액, 기준시점까지 조성공사에 실제 든 비용상당액, 공사진행정도, 택지조성에 걸리는 예상기간 등을 종합적으로 고려하여 감정평가한다.

② 「도시개발법」에서 규정하는 환지방식에 따른 사업시행지구 안에 있는 토지는 다음과 같이 감정평가한다.

1. 환지처분 이전에 환지예정지로 지정된 경우에는 환지예정지의 위치, 확정예정지번(블록·롯트), 면적, 형상, 도로접면상태와 그 성숙도 등을 고려하여 감정평가한다.
   다만, 환지면적이 권리면적보다 큰 경우로서 청산금이 납부되지 않은 경우에는 권리면적을 기준으로 한다.
2. 환지예정지로 지정 전인 경우에는 종전 토지의 위치, 지목, 면적, 형상, 이용상황 등을 기준으로 감정평가한다.

③ 「택지개발촉진법」에 따른 택지개발사업시행지구 안에 있는 토지는 그 공법상 제한사항 등을 고려하여 다음과 같이 감정평가한다.

1. 택지개발사업실시계획의 승인고시일 이후에 택지로서의 확정예정지번이 부여된 경우에는 제2항제1호 본문을 준용하되, 해당 택지의 지정용도 등을 고려하여 감정평가한다.
2. 택지로서의 확정예정지번이 부여되기 전인 경우에는 종전 토지의 이용상황 등을 기준으로 그 공사의 시행정도 등을 고려하여 감정평가하되, 「택지개발촉진법」 제11조 제1항에 따라 용도지역이 변경된 경우에는 변경된 용도지역을 기준으로 한다.

### 1) 택지 등으로 조성 중에 있는 토지의 평가

#### (1) 조성 중인 상태로의 가격이 형성되어 있는 경우

조성 중인 상태대로의 가격이 형성되어 있는 경우에는 비교방식 등을 통하여 감정평가가 가능하므로, 공시지가기준법 등을 통해 감정평가한다.

### (2) 조성 중인 상태로의 가격이 형성되어 있지 않은 경우

조성 중인 상태대로의 가격이 형성되어 있지 아니한 경우에는 비교방식의 적용이 어려울 수 있는 반면에 원가방식의 적용이 신뢰성이 높을 수 있다.

따라서, 조성 전 토지의 소지가액, 기준시점까지 조성공사에 실제 소요된 비용상당액, 공사진행정도, 택지조성에 걸리는 예상기간 등을 종합적으로 고려하여 감정평가한다.

**참고 원가법(가산방식에 의한 조성택지의 감정평가방법)**

조성시점을 기준으로 소지의 취득가액을 구한 다음 조성공사비 및 개발업자의 부대비용을 구하 고, 필요한 경우 각각에 대해 사정보정 및 시점수정을 행하여 조성완료시점에 있어서의 표준적인 가액을 구한 후, 이들을 합산한 가액을 유효택지면적으로 나누어 조성완료시점의 조성택지의 가액 을 구한다.

**조성택지 준공시점의 감정평가액**

= (소지가액 + 조성공사비 + 공공시설부담금 + 판매비 및 일반관리비 + 농지조성비 등 + 개발업자의 적정이윤) ÷ 유효택지면적

## 2) 환지방식에 의한 사업시행지구 안에 있는 토지의 평가

### (1) 환지예정지의 평가방법

환지예정지의 위치, 확정예정지번(블록·롯트), 면적, 형상, 도로접면상태와 성숙도 등을 고려하여 감정평가한다. 다만, 환지예정지로 지정되기 전인 경우는 종전 토지의 위치, 지목, 면적, 형상, 이용상황 등을 기준으로 감정평가한다.

### (2) 환지예정지의 면적사정

'권리면적'이란, 종전의 토지면적에서 환지방식에 의한 사업시행 시 도로, 공원 등 공공시설 설치 및 사업비에 따른 감보면적을 제외한 권리상 면적을 말한다. '환지면적'은 토지의 형상, 지역여건, 획지 배치의 효율성 등이 감안되어 사업 후 사실상 확정되는 면적으로 환지면적은 권리면적과 차이가 날 수 있다.

권리면적보다 환지면적이 작은 경우에는 종전 토지의 가치 대비 낮은 가치의 토지를 환지받는 것이기 때문에 이 경우 소유자는 청산금을 환급받는 것이므로 환지예정지의 평가는 작은 면적인 환지면적으로 면적사정하여 평가한다.

권리면적보다 환지면적이 큰 경우에는 종전 토지의 가치 대비 높은 가치의 토지를 환지받는 것이기 때문에 이 경우 소유자는 청산금을 납부해야 한다. 청산금을 납부하기 전에는 작은 면적인 권리면적으로 면적사정하여 평가한다. 다만, 청산금을 완납한 경우에는 높은 가치의 환지예정지를 취득할 수 있는 권리가 생긴 것이므로 큰 면적인 환지면적으로 면적사정하여 평가할 수 있다.

이러한 면적 등은 '환지예정지 지정증명' 등에 의한 서류도 확인할 수 있는데, 다음의 예시에서 종전 토지의 면적은 466㎡이었으나 환지사업의 공공시설 설치에 따른 감보율에 의해 종전 토지의 권리면적은 340.3㎡이다. 종전 토지의 소유자는 환지계획에 따라 340.0㎡의 토지를 환지 받게 된다.

이 경우 권리면적(340.3㎡)보다 환지면적(340.0㎡)이 작은 경우이기 때문에 토지소유자는 부족면적에 따른 청산금을 환급받을 것이고, 해당 금원은 이제 종전토지와 관련없게 되는 것이므로 작은 면적인 환지면적(340.0㎡)으로 면적사정하여 평가한다.

# 환지 예정지 증명

(환지예정지 지정일 1차 2015. 04. 06, 2차 2016. 11. 28)

발급번호 제 2019 - 325 호

확인자

## 환 지 예 정 지 지 정 조 서

| 신청인 | 성 명 | | 주 소 | | | | | | | |
|---|---|---|---|---|---|---|---|---|---|---|
| 환지예정지내역 | 종 전 토 지 | | | | 환 지 예 정 지 | | | | | |
| | 동 | 지 번 | 면적(㎡) | 감보율 | 블럭 | 롯트 | 권리면적(㎡) | 환지면적(㎡) | 과도면적 | 부족면적 | 비고 |
| | 동춘 | | 466 | 27.0 | 19 | 4 | 340.3 | 340.0 | | 0.3 | |

※ 본 도면은 해당 필지의 위치를 확인하기 위한 참고 도면으로서 측량이나 그밖에 목적으로 사용할 수 없습니다.

위와 같이 환지 예정지 지정되었음을 증명합니다.

# 제2장

# 건물

# 제1절 건물평가의 기초

## 1 건물의 개념

「건축법」

**제2조(정의)**

2. "건축물"이란 토지에 정착(定着)하는 공작물 중 지붕과 기둥 또는 벽이 있는 것과 이에 딸린 시설물, 지하나 고가(高架)의 공작물에 설치하는 사무소·공연장·점포·차고·창고, 그 밖에 대통령령으로 정하는 것을 말한다.

「감정평가 실무기준」

**610-2.1(정의)**

건물이란 토지에 정착하는 공작물 중 지붕과 기둥 또는 벽이 있는 것과 이에 부수되는 시설물, 지하 또는 고가(高架)의 공작물에 설치하는 사무소, 공연장, 점포, 차고, 창고, 그 밖에 「건축법 시행령」으로 정하는 것을 말한다.

### 1) 건물의 개념

건물 또는 건축물이란 토지에 정착하는 공작물 중 지붕과 기둥 또는 벽이 있는 것과 이에 부수되는 시설물, 지하나 고가의 공작물에 설치하는 사무소·공연장·점포·차고 등을 말한다.

### 2) 감정평가 대상으로서의 건물

'건물'과 '건축물'의 용어는 일반적으로 혼용되어 사용되지만 개별법에서는 구분되어 사용되고 있다. 예컨대, 「부동산등기법」, 「민법」, 「국토의 계획 및 이용에 관한 법률」 등에서는 '건물'을 사용하고 있으나, 「건축법」, 「공익사업을 위한 토지 등의 취득 및 보상에 관한 법률」 등에서는 '건축물'을 사용하고 있다.

이는 '지붕과 기둥 또는 벽'으로 이루어진 '건물'만을 지칭하는 경우에는 '건물', 공작물 또는 구축물 등 포함하여 지칭하는 경우에는 '건축물'이라 지칭하는 것이다.

또한, 건물을 물리적 상황 및 권리 형태 등에 따라 구분하여 대체로 1동의 건물을 1개의 소유권의 객체로 하는 경우는 '일반건물', 1동의 건물을 층 및 호로 구분하여 수개의 소유권의 객체로 하는 경우는 '집합건물'이라고 한다. 실무적으로는 '집합건물'은 수개의 소유권의 객체로 구분한 것으로 '구분소유 부동산' 또는 '구분건물'이라고도 한다.

## 2 건물평가의 기본 절차

**「감정평가 실무기준」**

**610-2.2(자료의 수집 및 정리)**

건물의 가격자료에는 원가자료, 거래사례, 임대사례, 수익자료, 시장자료 등이 있으며, 대상 건물의 특성에 맞는 적절한 자료를 수집하고 정리한다.

**「감정평가 실무기준」**

**610-2.3(면적사정)**

① 건물의 면적사정은 건축물대장상의 면적을 기준으로 하되, 다음 각 호의 경우에는 실제면적을 기준으로 할 수 있다.
  1. 현장조사 결과 실제면적과 건축물대장상 면적이 현저하게 차이가 나는 경우
  2. 의뢰인이 실제면적을 제시하여 그 면적을 기준으로 감정평가할 것을 요청한 경우

② 제1항제1호의 경우에는 의뢰인에게 그 사실을 알려야 하며, 의뢰인이 요청한 면적을 기준으로 감정평가할 수 있다.

③ 제1항의 실제면적은 바닥면적으로 하되 「건축법 시행령」 제119조제1항제3호에 따라 건축물의 각 층 또는 그 일부로서 벽, 기둥, 그 밖에 이와 비슷한 구획의 중심선으로 둘러싸인 부분의 수평투영면적을 실측에 의하여 산정한다.

## 1) 사전조사와 실지조사

### (1) 사전조사

건물을 감정평가할 때에는 실지조사 전에 건물 등기사항전부증명서, 건축물대장 등을 통해 다음 사항을 조사한다. 이는 감정평가의 기본적 사항을 확정하고, 처리계획을 수립하는 기초가 된다.

- 소재지, 지번, 용도, 구조, 지붕
- 용도지역, 지구 등 공법상 제한사항
- 건폐율과 용적률
- 층수 및 층별 용도
- 면적(건축면적, 바닥면적, 연면적 등)

### (2) 실지조사

사전조사 후에는 평가대상 건물에 방문하여 아래의 사항을 확인 및 조사하여야 한다.

#### ① 구조 및 지붕

건물의 구조는 목조, 블록조, 시멘트벽돌조, 철근콘크리트조 등으로 나눌 수 있다. 또한, 지붕은 슬레이트, 기와, 슬래브 등이 있다. 건물의 용도·구조별로 평가대상 건물의 재조달원가를 산정한다.

#### ② 면적 및 층수

건축면적이나 층수에 대한 조사는 건축기준의 허용오차 등을 감안하여 실측하여 조사한다. 건물의 층수 조사 시 층수를 달리하는 경우에는 그중 가장 많은 층수로 조사한다.

#### ③ 건축 부대설비

건축설비는 건물에 설치하는 전기, 전화, 가스, 급수, 배수, 환기, 난방, 소화 및 오물처리의 설비와 굴뚝, 승강기, 피뢰침, 공동시청안테나, 유선방송 수신시설 등의 설비를 의미한다.

- 일반설비 : 전등 및 전열설비, 전화설비, 동력·간설설비, 냉·난방설비 등
- 특수설비 : 화재탐지설비, 소화 및 자동제어설비, TV공시청설비, 변전설비 등
- 위생설비 : 급·배수설비, 급탕설비 등
- 기타 : 승강기설비, 태양열설비 등

#### ④ 시공자재 및 유지관리 상태

건물은 건축시공에 사용된 자재의 종류나 품질, 시공의 질에 따라 재조달원가가 달라진다. 또한, 건물의 유지관리 상태에 따라 건물의 가치하락 정도가 크게 영향을 받는다. 따라서, 시공자재의 종류 및 품질, 유지관리 상태의 정확한 조사는 재조달원가 산정 및 감가수정작업의 기초가 된다.

#### ⑤ 건축양식 및 부근건물과의 조화성

건물의 건축양식이나 설계가 진부하거나 인근지역 환경과 부조화를 이루는 경우에는 건물의 쾌적성과 수익성이 떨어질 수 있다. 따라서 건축양식의 구식화나 진부화로 인한 기능적 감가의 발생 여부를 조사하여야 한다.

#### ⑥ 종물과 부합물

종물 및 부합물은 주물의 소유자와의 관계를 조사하여 평가하되 종물 및 부합물은 주물의 처분에 따름에 유의하여 조사한다. 일반적으로 종물과 부합물은 '제시외 물건'으로 조사하며, 감정평가의 목적에 따라 평가 여부를 결정하게 된다.

즉, 담보평가의 경우 환가성 측면에서 별도의 가치를 인정하지 않는 것이 타당하므로 평가가액 산정에서 제외되나, 경매평가의 경우 경락의 대상이 되는 별도의 공작물 등이기 때문에 그 가액을 산정하여야 한다.

### 2) 자료의 수집 및 정리

건물의 경우에도 다른 대상물건과 마찬가지로 가치의 3면성이 작용한다. 따라서 시장성·비용성·수익성을 고려한 적절한 감정평가액을 산정하기 위해서는 건물의 시장성과 관련된 거래사례, 비용성과 관련된 원가자료 및 수익성과 관련된 임대사례 등을 수집하여야 하며, 공통적으로 시장자료 등을 수집하여야 한다.

- 거래사례 : 거래가격, 분양가격 등
- 원가자료 : 도급공사비, 실적공사비, 건물신축단가표 등
- 임대사례 : 임대수익, 임대보증금, 보증금운용이율 기타 수익, 총비용 등
- 수익자료 : 수익률, 성장률, 현금흐름추정자료 등
- 시장자료 : 경제성장률, 건축공사비지수, 물가상승률, 금리, 환율 등
- 그 밖에 감정평가액 결정에 참고가 되는 자료

### 3) 면적사정

#### (1) 면적사정의 원칙 및 기준

건물 감정평가 시 실지조사에 의하더라도 실측 등으로 그 면적을 정확하게 측정하는 데는 많은 어려움이 존재한다. 따라서 면적사정은 원칙적으로 대상건물의 건축물대장상의 면적을 기준으로 하되, 실지조사 결과 실제면적과 대장상 면적이 현저하게 차이가 나는 경우에는 실제면적을 기준으로 할 수 있다.

건물의 원가법에 의한 평가 시 단위 면적(㎡)당 단가를 기준으로 산정한 뒤 여기에 건물의 면적을 곱해서 감정평가액을 산정하기 때문에 면적사정은 건물의 감정평가 시 중요하다.

#### (2) 공부상 면적과 실제면적이 다른 경우

실지조사 결과 건물의 실제면적과 건축물대장상 면적이 현저하게 차이가 나는 경우가 있을 수 있으며, 이러한 경우에는 실제면적을 기준으로 감정평가할 수 있다. 현저한 차이가 나타나는 경우 의뢰인에게 그 사실을 알려야 하며, 의뢰인이 요청하는 경우 의뢰인이 요청한 면적을 기준으로 감정평가할 수 있다.

다만, 감정평가의 목적에 따라 그 처리방법이 달라질 것인 바, 담보목적의 평가 시 실제면적이 건축물대장상 면적과 다른 경우에는 건물의 증축 여부 등을 확인하고 공부 정리 등이 가능한 지를 종합적으로 판단하여 보수적으로 접근해야 한다.

## ③ 건물의 감정평가방법

「감정평가에 관한 규칙」

**제15조(건물의 감정평가)** ① 감정평가법인등은 건물을 감정평가할 때에 원가법을 적용해야 한다.

「감정평가 실무기준」

**610-2.4(건물의 감정평가방법)**

① 건물을 감정평가할 때에는 원가법을 적용하여야 한다. 이 경우 [400-4]를 따른다.

② 원가법으로 감정평가할 때 건물의 재조달원가는 직접법이나 간접법으로 산정하되, 직접법으로 구하는 경우에는 대상건물의 건축비를 기준으로 하고, 간접법으로 구하는 경우에는 건물신축단가표와 비교하거나 비슷한 건물의 신축원가 사례를 조사한 후 사정보정 및 시점수정 등을 하여 대상 건물의 재조달원가를 산정할 수 있다.

③ 거래사례비교법으로 감정평가할 때에는 적절한 건물의 거래사례를 선정하여 사정보정, 시점수정, 개별요인비교를 하여 비준가액을 산정한다. 다만, 적절한 건물만의 거래사례가 없는 경우에는 토지와 건물을 일체로 한 거래사례를 선정하여 토지가액을 빼는 공제방식이나 토지와 건물의 가액구성비율을 적용하는 비율방식 등을 적용하여 건물가액을 배분할 수 있다.

④ 수익환원법으로 감정평가할 때에는 전체 순수익 중에서 공제방식이나 비율방식 등으로 건물귀속순수익을 산정한 후 이를 건물의 환원율로 환원하여 건물의 수익가액을 산정한다.

⑤ 건물의 일반적인 효용을 위한 전기설비, 냉·난방설비, 승강기설비, 소화전설비 등 부대설비는 건물에 포함하여 감정평가한다. 다만, 특수한 목적의 경우에는 구분하여 감정평가할 수 있다.

### 1) 원가법의 적용

건물을 감정평가할 때에는 대상물건의 재조달원가에 감가수정을 하여 대상물건의 가액을 산정하는 원가법을 주된 방법으로 적용하여야 한다. 다만, 원가법을 적용하는 것이 곤란하거나 부적절한 경우에는 다른 감정평가방법을 적용할 수 있으며, 시산가액 비교를 통하여 합리성 검토를 하여야 한다.

따라서, 건물의 감정평가는 대체로 부득이한 경우를 제외하고는 원가법이 주된 방법으로 활용된다. 원가법이란, 대상물건의 재조달원가에 감가수정을 하여 대상물건의 가액을 산정하는 감정평가방법을 말한다.

## 2) 주된 방법이 아닌 다른 감정평가방법의 적용

### (1) 거래사례비교법

건물의 거래사례비교법은 대상물건과 비교가능성이 있는 적절한 건물만의 거래사례를 선정하여 사정보정, 시점수정, 개별요인비교를 하여 비준가액을 산정하는 방법이다. 그러나 일반적으로 토지와 건물이 일체로 거래되는 경우가 대부분이므로 건물만의 거래사례의 확보가 어려울 수 있다.

따라서, 토지와 건물이 일체로 거래된 복합부동산의 거래사례만을 알 수 있는 경우에는 전체 거래가격에서 건물가액을 구하여 거래사례비교법을 적용해야 한다. 건물가액을 구하는 방법은 전체 거래가액에서 토지가액을 빼는 공제방식이나 토지와 건물의 가액 구성비율을 적용하는 비율방식 등을 적용할 수 있다.

### (2) 수익환원법

건물의 수익환원법은 복합부동산을 기준으로 한 총수익에서 필요경비를 차감한 순수익을 산정하고, 이 중에 토지에 귀속하는 순수익을 공제하여 건물귀속순수익을 구한 후 이를 건물환원율로 환원하여 수익가액을 구하는 방법이다.

# 제2절 원가법

## 1 산식

원가법이란, 대상물건의 재조달원가에 감가수정을 하여 대상물건의 가액을 산정하는 감정평가방법을 말한다.

| 적산가액 = 재조달원가 − 감가수정액 |
|---|

## 2 재조달원가

### 1) 재조달원가의 개념

재조달원가란, 대상물건을 기준시점에 재생산하거나 재취득하는 데 필요한 적정원가의 총액을 말한다.

재조달원가의 산정은 해당 물건의 생산이나 취득에 실제로 소요된 원가가 아니라 일반적인 방법으로 생산하거나 취득한 생산비 또는 취득비를 기준으로 한다. 실제로 들어간 생산비나 취득비는 소유자 등이 주관적으로 부여하는 가치나 협상력에 따른 차이가 반영될 수 있기 때문에 일반적인 도급방식에 의해 생산 또는 취득된 원가로 산정하는 것이 원칙이다.

재조달원가의 종류는 복제원가(Reproduction Cost, 재생산비용)와 대치원가(Replacement Cost, 대체비용)가 있다. 복제원가는 대상물건과 같은 모양, 구조, 시공 등 노동의 질, 원자재를 가지고 복제품을 만드는 데 소요되는 원가이다. 대치원가는 대상물건과 같은 효용을 가진 물건을 기준시점 현재 만드는 데 소요되는 원가이다.

일반적으로 대치원가는 복제원가보다 적게 들며, 물건의 효용정도에 따라 객관화된 원가이므로 대상물건의 가치를 복제원가보다 잘 반영한다는 특징이 있다.

## 2) 재조달원가의 구성항목

재조달원가는 일반적인 도급방식에 의하여 소요되는 표준적인 건설비, 도급인이 별도로 지불한 건설기간 중의 통상부대비용 및 개발이윤으로 구성된다.

개발이윤은 개발업자가 대상 개발사업에 부담하는 전반적인 관리 및 위험에 대한 보수로서 완성된 부동산의 가치에서 개발비용을 뺀 차액을 말하는데, 매도할 경우에는 판매이윤의 형태로, 임대할 경우에는 정상적 임대수익 외에 소유자에게 귀속되는 추가적 투자수익의 형태로, 직접 사용할 경우에는 사용가치의 형태로 나타난다.

<table>
<tr><td rowspan="7">재조달원가</td><td rowspan="3">표준적인 건설비</td><td rowspan="2">공사비</td><td>직접비</td></tr>
<tr><td>간접비</td></tr>
<tr><td colspan="2">수급인의 적정이윤</td></tr>
<tr><td rowspan="3">도급인이 직접 부담하는<br>통상의 부대비용</td><td colspan="2">건설자금 이자, 설계비, 감리비</td></tr>
<tr><td colspan="2">허가비용, 세금 및 공과금, 등기수수료</td></tr>
<tr><td colspan="2">기타 도급인이 부담하는 비용</td></tr>
<tr><td>개발이윤</td><td colspan="2">판매이윤, 추가 투자수익, 사용가치</td></tr>
</table>

## 3) 재조달원가의 산정방법

### (1) 직접법

실제 투하된 건축비를 기준으로 산정하는 방법으로서 대상물건의 전체 또는 부분별 사용자재 및 소요비용의 품등·수량·시간 등을 조사하되 일반적으로 건축물의 도급계약서나 적산표를 활용한다.

직접법을 적용하여 재조달원가 산정 시 건물과 관련 없는 비용의 공제나 사정의 개입에 유의해야 한다. 건물과 관련이 없는 비용은 토지에 화체되는 비용(도로공사비, 옹벽공사비 등)과 건물과 무관한 항목(대문, 담장, 보도블럭, 토목공사비, 조경공사비, 마당공사비 등)이 있다.

### (2) 간접법

#### ① 간접법의 개념

간접법은 유사한 물건의 재조달원가를 구하고, 사정보정 및 시점수정 등을 하여 대상건물의 재조달원가를 구하는 방법이다. 대상물건과 비교가능성이 있는 유사사례 또는 건물신축단가표를 적용할 수 있다.

실무적으로는 한국부동산연구원 또는 한국감정평가사협회에서 조사·발간한 건물신축단가표를 활용하여 단가(원/㎡) 기준으로 산정하는 방법이 주로 사용된다.

#### ② 간접법의 적용방법

건물은 내력벽, 기둥, 보, 마감재 등 주체부분과 전기, 급수, 배수, 위생, 승강기, 냉난방 설비 등 부대시설로 구성된다. 건물을 재생산, 재취득하는 데 소유되는 비용인 재조달원가도 주체부분에 대한 표준단가와 부대시설에 대한 부대설비 보정단가로 구분하여 파악할 수 있다.

표준단가는 정부고시 표준품셈과 실적공사비 등을 적용하여 산정한 순수 건축공사비에 제경비(간접노무비, 산재보험료, 안전관리비, 기타경비, 일반관리비, 이윤 등), 설계·감리비 및 전기 기본설비비(전등, 전열공사비) 등이 포함된다.

부대설비 보정단가는 건물 표준단가에 포함되지 않은 전기, 위생, 냉난방, 승강기 설비 등 부대설비에 대한 설치비용이다.

### ③ 신축 단가표 적용 시 유의사항

- 신축단가표의 표준단가는 순수 건축공사비에 제경비(간접노무비, 산재보험료, 안전관리비, 기타 경비, 일반관리비, 이윤 등), 설계·감리비 및 전기기본설비비(전등, 전열공사비 등이 포함된 금액이며, 이외의 부대설비는 별도로 보정해야 한다.
- 건물의 등급에 따라 1급~5급까지 차등 적용할 수 있다.
- 일반주택, 고급주택, 통나무주택, 스털하우스의 표준단가에는 부가가치세가 포함되어 있고, 주택 외 건물은 부가가치세가 포함되어 있지 않다.
- 2층 이상의 건물로서 구조, 용도 및 사용자재 등이 상이하여 층별로 가격형성요인을 달리하는 경우에는 층별로 구분하여 표준단가를 적용할 수 있다.
- 건물의 면적 및 규모에 따라 건축비 차이가 있다. 연면적이 큰 건물이 작은 건물에 비하여 규모의 경제에 따라 단가당 건축비가 낮아질 수 있다.
- 1개층의 층고가 높을수록 건축비가 높아진다. 예컨대, 공장건물의 경우 층고 6m 건물은 층고 3m 건물 대비 2배의 건축비는 아니지만 기둥의 구조, 단면적이 더 커지게 되고 강재의 사용량도 늘어나게 되며, 기초공사비도 많이 소요되어 비용이 더 들어가게 된다.
- 건물의 효용을 발휘하기 위한 전기설비, 냉·난방설비, 승강기, 소화전설비 등 기타 건물에 부착된 설비는 건물과 별도로 구분하지 않고 건물에 포함하여 평가한다.

## 참고 신축단가표 예시 (표준단가)

| 분 류 | 용 도 | 구 조 | 급 수 | 표준단가(㎡) | 내용연수 |
|---|---|---|---|---|---|
| 04-02-05-09 | 사무실(고층용) | 철근콘크리트조/11층이상/평지붕 | 2 | 1,513,000 | 55 (50~60) |

| ■ 건물개요 | 항목 | 내용 | 항목 | 내용 |
|---|---|---|---|---|
| | 공 사 명 | OO 사옥 신축공사 | 구 조 | 철근콘크리트조 |
| | 공사규모 | 지하1층, 지상15층 | 건물높이 | 27.5m |
| | 연 면 적 | 2,567㎡ | | |

| ■ 주요설계 | 구분 | | | | | | |
|---|---|---|---|---|---|---|---|
| | 구 조 | 콘크리트(㎥) | | 거 푸 집(㎡) | | 철 근(t) | |
| | | 0.750 | ㎥/㎡ | 4.033 | ㎡/㎡ | 0.097 | t/㎡ |
| | 외부마감 | 부 위 | 자 재 | 수 량 | 부 위 | 자 재 | 수 량 |
| | | 외 장 | 화강석 | 0.74㎡ | ROOF | 복합방수 | 0.23㎡ |
| | | | 대리석 | 0.14㎡ | | | |
| | | 외부창호 | AW | 0.13㎡ | | | |
| | 내부마감 | 부 위 | 주요자재 | 수 량 | 부 위 | 주요자재 | 수 량 |
| | | 바 닥 | 화강석 | 0.84㎡ | 천 정 | 불연천정재 | 1.66㎡ |
| | | | 자기질타일 | 2.35㎡ | | 알루미늄천정재 | 1.08㎡ |
| | | | 에폭시코팅 | 0.98㎡ | | 흡음뿜칠 | 0.76㎡ |
| | | 벽 | 고무계타일 | 2.68㎡ | | | |
| | | | 도기질타일 | 0.61㎡ | | | |
| | | | 수성페인트 | 0.48㎡ | | | |

| 공 종 | | 주 요 내 역 | 공 사 비 | 재료 | 노무 | 경비 | 구성비(%) |
|---|---|---|---|---|---|---|---|
| 건축공사 | 1. 가설공사 | 공통가설, 직접가설 | 38,819 | 12 | 82 | 6 | 2.57 |
| | 2. 토 및 지정공사 | 터파기, 되메우고다지기, 잔토처리, 잡석지정 | 44,981 | 67 | 21 | 11 | 2.97 |
| | 3. 철근콘크리트공사 | 철근, 콘크리트, 거푸집 | 303,391 | 48 | 51 | 1 | 20.05 |
| | 4. 조적공사 | 0.5B, 1.0B조적 | 11,806 | 21 | 79 | - | 0.78 |
| | 5. 석공사 | 화강석바닥, 벽, 대리석바닥, 벽 | 130,062 | 31 | 69 | - | 8.60 |
| | 6. 타일공사 | 자기질타일, 도기질타일, 폴리싱타일 | 9,817 | 52 | 47 | 1 | 0.65 |
| | 7. 목 및 수장공사 | 고무계타일, 석고보드, 불연천정재, 악세스후로아, 건식벽체, 단열재 | 166,154 | 66 | 33 | - | 10.98 |
| | 8. 방수공사 | 복합방수, 침투성방수, 방수몰탈, 배수판, 지수판 | 34,780 | 66 | 34 | - | 2.30 |
| | 9. 지붕 및 홈통공사 | 드레인, 선홈통, 물받이블록, 상자홈통 | 1,547 | 53 | 47 | - | 0.10 |
| | 10. 금속공사 | 경량천정틀, 알루미늄천정재, 사다리, 핸드레일, 점검구뚜껑, 비드 | 50,561 | 47 | 51 | 2 | 3.34 |
| | 11. 미장공사 | 시멘몰탈, 면처리, 콘크리트표면강화재 | 20,914 | 3 | 97 | - | 1.38 |
| | 12. 창호 및 유리공사 | AW, 24㎜로이복층유리, 하드웨어 | 115,815 | 86 | 14 | - | 7.65 |
| | 13. 도장공사 | 수성페인트, 비닐페인트, 에폭시코팅, 흡음뿜칠 | 23,031 | 24 | 76 | 1 | 1.52 |
| | 14. 기타공사 | 정화조내부시설, 강재집수정, 싱크대 | 3,859 | 91 | 9 | - | 0.26 |
| | 15. 골재비 및 운반비 | 시멘트, 모래, 잡석 | 4,372 | 80 | - | 20 | 0.29 |
| ■ 직접비(원/㎡) | | 소 계 | 959,910 | | | | 63.44 |
| ■ 간접비(원/㎡) | | 간접노무비, 산재보험, 안전관리비, 기타경비, 일반관리, 이윤 | 449,137 | | | | 29.69 |
| ■ 건축공사합계(원/㎡) | | | 1,409,046 | | | | |
| 설계감리비 | | | 36,000 | | | | 2.38 |
| 전기기본공사비 | | | 68,000 | | | | 4.49 |
| ■ 합계(원/㎡) | | 건축 + 제경비 + 설계감리 + 전기기본공사비 | 1,513,000 | | | | 100 |

※ 출처 : 건축물 재조달원가 (2021년, 한국부동산연구원·한국감정평가사협회)

## 참고 신축단가표 예시 (부대설비 보정단가 : 냉난방 설비)

### 2. 냉난방 및 닥트

#### 1) 냉난방설비(바닥면적의 의한 산정)

(단위 : 원/㎡)

| 건 물 용 도 | | 장비 및 난방 배관설비 | | 냉난방설비 | | | 비 고 |
|---|---|---|---|---|---|---|---|
| | | 장비+기계실 | 난방배관 | 공조배관 | 덕트 | 공조덕트 및 휀코일 | |
| 단독주택 시설 | 일반주택 | | 28,000-35,000 | | | | |
| | 고급주택 | | 29,000-37,000 | | | | |
| | 통나무주택 | | 28,000-35,000 | | | | |
| | 경량철골조주택 | | 28,000-35,000 | | | | |
| | 다가구주택 | | 28,000-35,000 | | | | |
| 공동주택 시설 | 아파트 | 38,000-49,000 | 41,000-52,000 | | 14,000-17,000 | | 환기덕트 |
| | 연립주택 | | 28,000-35,000 | | | | |
| | 다세대주택 | | 28,000-35,000 | | | | |
| | 도시형생활주택 | 33,000-41,000 | 35,000-46,000 | | 14,000-17,000 | | 환기덕트 |
| | 기숙사 | 28,000-35,000 | 41,000-51,000 | | 14,000-17,000 | | 환기덕트 |
| 상업 시설 | 상가(일반) | 33,000-44,000 | 23,000-29,000 | | 23,000-29,000 | | |
| | 상가(일반목욕탕) | 43,000-54,000 | 28,000-35,000 | 40,000-50,000 | 33,000-44,000 | | |
| | 상가(대중목욕탕) | 45,000-57,000 | 28,000-35,000 | 40,000-50,000 | 33,000-44,000 | | |
| 업무 시설 | 업무시설 (사무실) 저층 | 73,000-94,000 | | 50,000-64,000 | 100,000-130,000 | 150,000-190,000 | |
| | 업무시설 (사무실) 고층 | 76,000-98,000 | | 53,000-70,000 | 110,000-140,000 | 160,000-210,000 | |
| | 업무시설 (공공청사) | 74,000-95,000 | | 51,000-67,000 | 100,000-130,000 | 150,000-200,000 | |
| | 지식산업시설 (아파트형공장) | 23,000-29,000 | 5,000-6,000 | | 23,000-29,000 | | 환기덕트 |
| 공업 시설 | 공장 (생산가공) | 50,000-64,000 | | 45,000-57,000 | 110,000-160,000 | 160,000-210,000 | |
| | 반도체공장 | 61,000-79,000 | | 50,000-64,000 | 130,000-170,000 | 180,000-230,000 | |
| | 창고 (일반창고) | 28,000-35,000 | | | 33,000-44,000 | | 환기덕트 |
| | 냉동창고 | 50,000-64,000 | | 47,000-59,000 | 120,000-150,000 | 170,000-220,000 | |
| 주상 복합 시설 | 점포주택 (상가+주택) | 41,000-51,000 | 38,000-49,000 | | 23,000-29,000 | | 환기덕트 |
| | 주상복합 (상가+오피스텔) | 42,000-53,000 | 40,000-50,000 | 38,000-49,000 | 95,000-120,000 | | 환기덕트포함 |
| | 주상복합 (상가+아파트) | 43,000-54,000 | 41,000-51,000 | 40,000-50,000 | 100,000-130,000 | | 환기덕트포함 |
| | 주상복합 (상가+오피스+아파트) | 44,000-55,000 | 42,000-54,000 | 41,000-52,000 | 100,000-130,000 | | 환기덕트포함 |

※ 출처 : 건축물 재조달원가 (2021년, 한국부동산연구원·한국감정평가사협회)

# 3 감가수정

## 1) 감가수정의 의의

감가수정이란 대상물건에 대한 재조달원가를 감액하여야 할 요인이 있는 경우에 물리적 감가, 기능적 감가 또는 경제적 감가 등을 고려하여 그에 해당하는 금액을 재조달원가에서 공제하여 기준시점에 있어서의 대상물건의 가액을 적정화하는 작업을 말한다.

회계학에서 감가상각이란, 유형자산 취득원가를 비용으로 인식할 수 있는 경우 이를 안분하여 비용으로 인식하기 위해 일정 기간에 걸쳐 배분하여 이를 회계적 비용으로 반영하기 위한 개념인 데 반해, 감정평가에서는 이러한 가치감소 현상을 가격으로 나타내기 위해 감가수정의 개념을 사용한다.

감가수정의 방법은 여러 가지가 있으나 실무상 건물을 감정평가할 때에는 내용연수법 중 정액법, 기계 등을 감정평가할 때에는 내용연수법 중 정률법을 주로 적용한다.

## 2) 감가요인

### (1) 물리적 감가

물리적 감가요인은 시간의 경과, 사용으로 인한 마모 또는 파손으로 발생하는 감가를 말한다. 예컨대, 건물 골조 부분의 부식, 콘크리트 강도의 저하 등이 있으며 건물의 내용연수법에 의한 전체내용연수를 정하는 기준이 된다.

### (2) 기능적 감가

기능적 감가요인은 형식의 구식화, 설비의 부족, 설계의 불량, 능률의 저하, 기타 기능적인 하자 등으로 발생하는 감가를 말한다. 예컨대, 4층 규모의 다가구주택 중 20년 전에 건축된 건물은 승강기 설비가 없으나, 최근 건축된 다가구주택은 승강기 설비가 있는 경우 20년 전에 건축된 건물은 최근 건축된 건물 대비 물리적 감가 외에 기능적 감가가 더 발생한다고 할 수 있다.

### (3) 경제적 감가

경제적 감가요인은 지리적 위치의 고정성에 의해 발생하며, 주위환경과의 부적합, 인근지역의 쇠퇴, 시장성의 감퇴 등으로 인한 감가를 말한다. 예컨대, 동일한 구조 및 용도의 건물이라도 건물이 위치하는 지역의 상권, 유동인구 또는 혐오시설의 입지 등 외부적 요인에 따라 감가가 발생할 수 있다.

## 3) 감가수정의 방법

### (1) 내용연수법

#### ① 정액법

대상물건의 감가총액을 단순히 경제적 내용연수로 평분하여 매년의 감가액으로 하는 방법으로, 감가수정액이 경과연수에 정비례하여 증가하므로 직선법이라고도 하는데, 건물이나 구축물 평가에 유용한 방법이다.

매년의 감가액(D) $D = \frac{C-S}{N} = \frac{C(1-R)}{N}$ (R = 0일 때에는 $D = \frac{C}{N}$)

감가누계액(Dn) $Dn = C\left\{(1-R)\frac{n}{N}\right\}$ (R = 0일 때에는 $Dn = C\frac{n}{N}$)

적산가액(Vn) $Vn = C\left\{1-(1-R)\frac{N-n'}{N}\right\}$ (R = 0일 때에는 $Vn = C\left\{1-\frac{N-n'}{N}\right\} = C \times \frac{n'}{N}$)

C : 재조달원가, S : 잔존가치, R : 잔가율, N : 내용연수, n : 경과연수, n′ : 잔존내용연수

#### ② 정률법

대상물건의 가치가 매년 일정한 비율로 감가된다는 가정 하에 매년 말 잔존가치에 일정한 감가율을 곱하여 매년의 감가액을 구하는 방법이다. 이 방법은 감가액이 첫해에 가장 크고 해가 갈수록 감가액이 점차 줄어드는 것으로, 기계·기구 등 평가에 주로 활용된다.

매년의 감가율(K) $K = 1 - \sqrt[N]{\frac{S}{C}}$ (K = 1 − r)

감가누계액(Dn) $Dn = C\{1-(1-K)^n\}$, $Dn = C\{1-r^n\}$

적산가액(Vn) $Vn = C - Dn = C - \{1-(1-K^n)\} = C(1-K^n) = Cr^n$

C : 재조달원가, S : 잔존가치, N : 내용연수, n : 경과연수, r : 전년 대비 잔가율

### ③ 상환기금법

대상물건의 내용연수 만료 시에 기준시점에서의 상태와 동일한 가치를 갖는 물건을 재취득하기 위하여 매년의 감가액을 외부에 축적하고, 그에 따른 복리이자도 발생한다는 것을 전제로 내용연수 만료 시에 감가누계액 및 그에 따른 복리이자상당액의 합계액이 감가 총액과 같아지도록 매년 일정액을 감가하는 방법을 말한다.

매년의 감가액(D) $D = (C - S) \times \frac{i}{(1+i)^N - 1}$

감가누계액(Dn) $Dn = D \times n = (C - S) \times \frac{i}{(1+i)^N - 1} \times n = C(1-R) \times \frac{i}{(1+i)^N - 1} \times n$

적산가액(Vn) $Vn = C - Dn = C - D \times n = C - n(C - S) \times \frac{i}{(1+i)^N - 1}$

C : 재조달원가, S : 잔존가치, R : 잔가율, N : 내용연수, n : 경과연수, i : 축적이율

## (2) 관찰감가법

감정평가 주체가 대상물건의 관찰을 통해 물리적·기능적·경제적 감가요인을 분석하여 감가액을 직접 구하는 방법이다. 즉, 감가의 기준을 직접적으로 경과연수에 두지 않고, 대상건물의 전체 또는 구성부분별로 물리적·기능적·경제적 감가요인에 의한 감가액을 직접 관찰함으로써 감가액을 구하는 방법이다.

관찰감가법은 대상물건의 각 구성부분 또는 전체에 대하여 그 실태를 조사하여 경제적 내용연수를 기준으로 구한 감가누계액이 대상물건의 적정한 감가액이 되지 아니하는 경우에는 관찰감가법을 적절히 활용하여 경과연수 또는 장래 보존연수 등을 조정·적용함으로써 감가누계액이 적정한 것이 되도록 하는 것이다.

예컨대, 노후 건물이 대수선이나 리모델링된 경우 경과연수에 따른 내용연수법으로 감가액 산정 시 현황이 반영되지 않기 때문에 적정한 감가가 이루어질 수 있도록 경과연수 또는 장래 보존연수 등을 조정·적용하는 것이다.

### (3) 그 밖의 방법

분해법은 대상부동산에 대한 감가요인을 물리적·기능적·경제적 요인으로 세분한 후 각 감가요인별로 측정하고, 이것을 전부 합산하여 감가수정 추계치를 산출하는 방법이다.

시장추출법이란, 대상부동산의 감가수정액을 시장에서 수집한 유사부동산의 거래사례자료를 적용하여 구하는 방법이다.

임대료손실환원법은 감가로 감소된 순수익을 자본환원하여 감가액을 추출하는 방법으로, 시장추출법과 마찬가지로 시장자료의 신뢰성이 높아야 감가수정의 신뢰도가 높아진다.

# 제3절 특수한 건물의 평가

## 1 공법상 제한을 받는 건물

「감정평가 실무기준」

**610-2.5.1(공법상 제한받는 건물)**

① 공법상 제한을 받는 건물이 제한을 받는 상태대로의 가격이 형성되어 있을 경우에는 그 가격을 기초로 하여 감정평가하여야 한다. 다만, 제한을 받는 상태대로의 가격이 형성되어 있지 아니한 경우에는 제한을 받지 않는 상태를 기준으로 하되 그 제한의 정도를 고려하여 감정평가한다.

② 건물의 일부가 도시·군계획시설에 저촉되어 저촉되지 않은 잔여부분이 건물로서 효용가치가 없는 경우에는 건물 전체가 저촉되는 것으로 감정평가하고, 잔여부분만으로도 독립건물로서의 가치가 있다고 인정되는 경우에는 그 잔여부분의 벽체나 기둥 등의 보수에 드는 비용 등을 고려하여 감정평가한다.

③ 공법상 제한을 받는 건물로서 현재의 용도로 계속 사용할 수 있는 경우에는 이에 따른 제한 등을 고려하지 않고 감정평가한다.

### 1) 공법상 제한을 받는 건물의 개념

토지뿐만 아니라 건물의 경우에도 공법상 제한에 따라 그 가치가 달라질 수 있다. 토지는 공법상 제한에 따라 건축 가능 여부가 영향을 받거나 건축 가능한 건물의 면적이 줄어드는 등의 제한이 있을 수 있다.

반면, 건물은 도시계획시설에 저촉된 경우 외에는 특별히 공법상 제한의 영향을 받지 않는다고도 볼 수 있다. 공법상 제한 중 도시계획시설에 저촉된 건물은 그 저촉에 따른 공법상 제한을 반영하여 평가하여야 한다.

### 2) 공법상 제한을 받는 건물의 평가기준

도시계획시설에 저촉되어 있는 건물은 공법상 제한의 정도를 고려하여 감정평가한다. 제한을 받는 상태대로의 가격이 형성되어 있을 경우에는 그 가격을 기초로 하여 감정평가하여야 하며, 제한을 받는 상태대로의 가격이 형성되어 있지 아니한 경우에는 제한을 받지 않는 상태를 기준으로 하되, 그 제한의 정도를 적정하게 고려하여 감정평가한다.

건물도 도시계획시설 도로 등에 저촉된 토지와 같이 향후 구체적인 사업이 예정된 공법상 제한이 있는 경우에는 그 사용·수익·처분상에 큰 영향이 있을 수 있다. 예를 들어 건물의 일부가 도시계획시설 도로에 저촉될 경우 해당 도로 사업이 시행된다면, 저촉된 부분은 해당 사업으로 인하여 철거될 것이며, 소유자는 잔여부분만을 사용하게 될 것이다.

이 경우 건물은 벽체나 기둥 등의 보수가 필요한 경우가 있을 수 있으므로 잔여부분의 벽체나 기둥 등의 보수에 드는 비용 등을 고려하여 감정평가한다.

또한, 건물의 일부가 도시계획시설에 저촉되는 경우 저촉된 부분은 저촉으로 인한 제한을 감안하여 평가하고 저촉되지 않은 부분은 정상평가하며 특히, 잔여부분의 면적이 작아 그 자체만으로 독립적인 효용이 없을 경우에는 전체가 도시계획시설에 저촉된 것으로 보아 보수적으로 감정평가한다.

## 2 기존 건물 상층부에 증축한 건물

> **「감정평가 실무기준」**
> **610-2.5.2(기존 건물 상층부에 증축한 건물)**
> 증축부분의 경과연수는 기존 건물의 경과연수에 관계없이 증축부분의 실제경과연수를 기준하며 장래보존연수는 기존 건물의 장래보존연수 범위에서 적용하여 감가수정한다.

기존 건물의 상층부에 증축한 건물은 기존 건물의 경과연수와는 관계없이 경과연수를 결정할 수 있다. 다만, 장래보존연수는 기존 건물의 장래보존연수 범위 안에서 적용해야 한다. 왜냐하면, 기존 건물 상층부에 증축한 건물은 기존 건물의 경제적인 효용이 다할 경우 기존 부분과 함께 효용이 소멸되기 때문이다.

예를 들어, 기존 건물이 철근콘크리트구조의 2층 단독주택이고, 전체 내용연수 50년 중 15년이 경과한 경우 정액법을 적용할 경우 잔존가치율은 35/50가 된다. 이 건물의 3층 부분에 동일한 철근콘크리트구조의 단독주택 용도의 건물이 증축될 경우 3층 부분의 전체 내용연수는 50년의 내구성을 가지며 증축한 직후이기 때문에 감가는 발생하지 않은 상태이다.

이 경우 증축된 3층 부분에 적용할 잔존가치율은 50/50이 아니라, 35/35가 된다. 왜냐하면, 기존 건물의 장래보존연수 범위 내에서 증축부분의 장래보존연수를 결정해야 하기 때문이다.

## 참고 증축한 건물의 감정평가명세표 예시

| 일련번호 | 소재지 | 지번 | 용도 | 구조 | 면적(㎡) | | 감정평가액(원) | | 비고 |
|---|---|---|---|---|---|---|---|---|---|
| | | | | | 공부 | 사정 | 단가 | 금액 | |
| 가 | 동 소<br>[도로명]<br>서울특별시<br>강남구<br>***<br>***<br>** | 60-*1 | 단독주택 | 철근콘크리트조<br>슬래브 지붕<br>3층 | | | | | |
| | | | | 1층 | 125 | 250 | 1,050,000 | 262,500,000 | 1,500,000<br>× 35/50 |
| | | | | 2층 | 125 | | | | |
| | | | | 3층 | 125 | 125 | 1,500,000 | 187,500,000 | 1,500,000<br>× 35/35<br>증축부분 |

## 심화연구 5

### 증축한 건물에 근저당권의 효력이 미치는가에 대한 판례

① 저당건물을 증·개축한 경우 저당권의 효력이 증·개축한 부분에 미치는 여부는 저당건물과 증·개축으로 인한 현존 건물사이에 객관적으로 동일성, 유사성이 인식될 수 있느냐의 여부가 전제이다. (대법원 1968. 5. 27.자 68마140 결정)

② 기존건물에 증축된 건물부분이 물리적 구조나 용도, 기능 및 거래의 관점에서 독립성이 없고 종전의 건물과 일체로서 거래의 대상이 되는 상태에 있으면 기존건물에 부합된 것이므로 저당권의 효력은 증축된 부분에 미친다. (대법원 1981. 12. 8. 선고 80다2821 판결)

③ 그러나 증축부분이 기존건물과는 별개로 구분소유권의 객체가 될 수 있는 것인 경우에는 저당권의 효력은 증축된 부분에는 미치지 않는다. (대법원 1982. 1. 26. 선고 81다519 판결)

④ 주된 건물에 저당권이 설정된 뒤 증축된 부분이 주된 건물의 벽과 난간 등을 함께 쓰는 이상 하나의 건물로 보아야 하므로 건물을 낙찰받게 된 원고에게(전세권자는)점유권을 넘겨줘야 한다. (서울지법 민사합의3부, 1999. 5. 2.)

⑤ 근저당권이 설정된 각 부동산이 재단법인의 기본재산으로 편입되고 그 부동산 중 기존건물이 증축되어 표시변경등기와 그로 인한 공동담보변경 목적의 부기등기가 경료된 사안에서, 그 증축부분은 기존건물에 부합되었다고 봄이 상당하므로 위 근저당권에 기한 임의경매절차에서 그 증축부분을 포함하여 이루어진 위 부동산의 일괄매각이 적법하다. (서울지법 민사합의3부, 1999. 5. 2.)

⑥ 기존건물 위에 거의 같은 넓이와 크기의 2층을 증축한 경우 증축부분이 기존 가옥부분과의 관계에 있어서 구조상으로 경계가 명확하고 피차 차단되어 있어 그 자체의 전용부분이 있다고 보이며 이것이 이용상으로 보아 소유권의 객체가 될 만한 것이라면 이를 기존부분에 종속되거나 부종되었다고 볼 이유가 없고 이 부분이 구분소유권의 객체가 된다고 할 것이다. (대법원 1977. 5. 24. 선고 76다464 판결)

⑦ 건물이 증축된 경우에 증축 부분의 기존 건물에 부합 여부는 증축 부분이 기존 건물에 부착된 물리적 구조뿐만 아니라, 그 용도와 기능면에서 기존 건물과 독립한 경제적 효용을 가지고 거래상 별개의 소유권의 객체가 될 수 있는지의 여부 및 증축하여 이를 소유하는 자의 의사 등을 종합하여 판단하여야 한다. (대법원 1996. 6. 14. 선고 94다53006 판결)

# 제3장

# 복합부동산

# 제1절 복합부동산의 개념과 감정평가방법

## 1 복합부동산의 개념과 감정평가 기준

### 1) 복합부동산의 개념

복합부동산이란, 토지와 건물이 결합되어 구성된 부동산을 말한다. 부동산의 현실적인 이용 측면에서 토지만을 이용하는 경우도 있으나 대부분 토지상에 건물을 건축하여 이용하는 형태가 대부분이고, 토지를 수반하지 않는 건물은 드문 바, 부동산은 보통 복합부동산의 형태를 갖고 있다고 할 수 있다.

구분소유 부동산은 토지와 건물이 결합되어 있긴 하지만, 그 안의 각 호의 구분소유로 이루어진 부분을 의미하므로 보통 토지와 건물 전체로 이루어진 복합부동산과는 구분된다.

### 2) 복합부동산의 감정평가 기준

복합부동산을 감정평가할 때에는 복합부동산의 구성부분인 토지와 건물을 각각 개별로 감정평가하여 합산하는 방법을 원칙으로 한다. 이 경우 토지는 공시지가기준법, 건물은 원가법을 주된 방법으로 적용한다.

「감정평가에 관한 규칙」 제7조 제2항에 따라 둘 이상의 대상물건이 일체로 거래되거나, 대상물건 상호 간에 용도상 불가분의 관계가 있는 경우에는 일괄하여 감정평가할 수 있으며, 복합부동산은 토지와 건물이 통상 일체로 거래되고 용도상 불가분의 관계가 있는 것으로 인정할 수 있으므로 일괄감정평가할 수 있다.

복합부동산을 일괄감정평가할 때에는 일반적으로 거래사례비교법을 적용하여야 한다. 다만, 「감정평가에 관한 규칙」 제12조 제2항에 따라 다른 감정평가방식에 속하는 하나 이상의 감정평가방법으로 산출한 시산가액과 비교하여 합리성을 검토해야 한다. 이 경우 실무적으로 수익환원법에 의한 가격을 산정하여 비교한다.

따라서, 이하에서는 복합부동산의 일괄감정평가방법인 일괄거래사례비교법과 일괄수익환원법에 대해 기술하기로 한다.

**舊「감정평가에 관한 규칙」**

**제19조(건물과 토지의 일괄평가 등)** ① 제15조제1항 단서의 규정에 의하여 건물과 토지를 일괄하여 평가하는 경우에는 거래사례비교법 또는 수익환원법에 의한다. 이 경우 그 평가가격은 합리적인 기준에 따라 건물가격과 토지가격으로 구분하여 표시할 수 있다.

**「감정평가 실무기준」**

**3.2.3 복합부동산의 감정평가방법**

① 복합부동산은 토지와 건물을 개별로 감정평가하는 것을 원칙으로 한다. 다만, 토지와 건물이 일체로 거래되는 경우에는 일괄하여 감정평가할 수 있다.

② 제1항 단서에 따라 토지와 건물을 일괄하여 감정평가할 때에는 거래사례비교법을 적용하여야 한다. 이 경우 [400-4]를 따른다.

③ 토지와 건물을 일괄하여 감정평가한 경우의 감정평가액은 합리적인 배분기준에 따라 토지가액과 건물가액으로 구분하여 표시할 수 있다.

**「감정평가에 관한 규칙」**

**제7조(개별물건기준 원칙 등)** ① 감정평가는 대상물건마다 개별로 하여야 한다.

② 둘 이상의 대상물건이 일체로 거래되거나 대상물건 상호 간에 용도상 불가분의 관계가 있는 경우에는 일괄하여 감정평가할 수 있다.

③ 하나의 대상물건이라도 가치를 달리하는 부분은 이를 구분하여 감정평가할 수 있다.

④ 일체로 이용되고 있는 대상물건의 일부분에 대하여 감정평가하여야 할 특수한 목적이나 합리적인 이유가 있는 경우에는 그 부분에 대하여 감정평가할 수 있다.

**제12조(감정평가방법의 적용 및 시산가액 조정)**

② 감정평가법인등은 대상물건의 감정평가액을 결정하기 위하여 제1항에 따라 어느 하나의 감정평가방법을 적용하여 산정한 가액[이하 "시산가액"이라 한다]을 제11조 각 호의 감정평가방식 중 다른 감정평가방식에 속하는 하나 이상의 감정평가방법(이 경우 공시지가기준법과 그 밖의 비교방식에 속한 감정평가방법은 서로 다른 감정평가방식에 속한 것으로 본다)으로 산출한 시산가액과 비교하여 합리성을 검토해야 한다. 다만, 대상물건의 특성 등으로 인하여 다른 감정평가방법을 적용하는 것이 곤란하거나 불필요한 경우에는 그렇지 않다.

## 2 일괄거래사례비교법

### 1) 산식

| 일괄 거래사례가격 × 사정보정치 × 시점수정치 × 지역요인비교치 × 개별요인비교치 × 면적비교 |
|---|

### 2) 사례선정

사례선정 시 대상물건과 동일한 유형의 거래사례로서 비교가능성이 인정되는 사례를 선정한다. 용도지역 등 공법상 제한의 유사성이 중요한 선정기준으로 작용하나 토지의 사례선정만큼 용도지역의 동일성이 강조되지는 않는다. 즉, 대상이 일체로 거래되는 시장에서 토지의 공법상 제한사항인 용도지역보다는 건물의 용도 및 규모 또는 입지의 유사성 등이 주요 가치형성요인으로 인식되는 경우라면 그 주요 가치형성요인이 유사한 사례를 선정하면 된다.

### 3) 시점수정

토지와 건물에 대한 시간에 따른 가치변화를 기준으로 비교하여야 하며 한국부동산원에서 조사·발표하는 자본수익률 등을 활용한다.

### 4) 지역요인 및 개별요인 비교

토지와 건물에 대한 제 요인을 감안하여야 하며 토지 측면의 가로조건, 접근조건, 환경조건, 획지조건, 행정조건 등과 건물 측면의 시공상태, 구조, 노후도, 건물 규모, 건물 용도, 공용시설의 종류 및 상태 등을 감안하여 비교한다.

### 5) 면적비교

일반적으로 용도지역별로 허용되는 용적률 범위 수준까지 건축되었다는 것을 가정하여 건물면적 기준으로 비교하는 것이 원칙이나, 재개발지역 등 건물가액이 토지가액에 화체된 지역 등인 경우에는 토지면적을 기준으로 비교할 수 있다.

## 3 일괄수익환원법

### 1) 개념

수익환원법이란, 대상물건이 장래 산출할 것으로 기대되는 순수익이나 미래의 현금흐름을 환원하거나 할인하여 대상물건의 가액을 산정하는 감정평가방법을 말한다. 수익가액이란, 수익환원법에 따라 산정된 가액을 말한다.

### 2) 순수익

순수익이란, 대상물건에 귀속하는 적절한 수익으로서 유효총수익에서 운영경비를 공제하여 산정한다. 감정평가에서는 부동산의 시장가치를 구하는 것이 목적이고 시장가치는 최유효이용을 기준으로 형성되므로, 이러한 수익은 단순히 대상물건의 현재 임대료를 기준으로 산정하는 것이 아니라 현재 대상물건이 창출할 수 있는 적정한 수익을 기준으로 한다. 따라서, 대상물건이 공실이거나 소유자 자가사용인 경우에도 이에 상응하는 임대료를 추정하여 적용한다.

물론, 현재의 임대료가 대상물건의 최유효이용을 반영한 적정한 임대로로 판단되면, 현재의 임대료를 기준으로 순수익을 산정한다.

### (1) 산식

순수익 = 가능총수익 – 공실 손실 상당액 및 손실충당금 - 운영경비

※가능총수익 – 공실 손실 상당액 및 손실충당금 = 유효총수익

### (2) 가능총수익

연간 임대료 총액, 연간 관리비 수입, 보증금 운용수익, 주차수입 등 기타수입의 총합계로 산정한다. 임대료 또는 관리비가 월차임으로 구성되는 경우 12개월치로 산정하며, 보증금의 정기예금 이자율 등에 따른 수익 및 기타수입을 합산한다.

### (3) 공실 손실 상당액 및 손실충당금

'공실 손실'은 대상물건이 임대되지 않은 경우의 손실, '손실충당금'은 현재 임차인이 임대료를 지급하기 않을 경우에 예상되는 손실을 의미한다. 대상물건이 현재 공실이 없거나 전체를 소유자가 자가사용하는 경우로서 임대료를 추정한 경우에도 일반적으로 5% 내외의 손실 상당액을 감안한다.

### (4) 운영경비

대상물건으로 임대료 수입 등을 얻기 위해 소요되는 경비로 용역인건비, 수선유지비, 세금·공과금, 손해보험료, 광고선전비 등으로 구성되며, 실제 운영경비가 아니라 소요되는 적정한 경비 수준을 감안하여 적용한다. 통상 유효총수익의 10% 내외 수준을 기준으로 산정한다.

## 3) 환원율과 할인율

수익환원법에서 사용하는 자본환원율은 '환원율'과 '할인율'로 구분할 수 있다. 환원율은 순수익을 기준시점의 경제적 가치로 환산하기 위하여 적용하는 적정한 율이고, 할인율이란 미래의 현금흐름을 현재가치로 환산하기 위하여 적용하는 수익률로 투자자의 요구수익률이다.

환원율은 직접환원법의 수익가액 및 할인현금수지분석법의 복귀가액을 산정할 때, 일정 기간의 순수익에서 대상부동산의 가액을 직접 구할 때 사용하며, 장래 수익에 영향을 미치는 요인의 변동성에 따른 수익 예측의 불확실성을 포함한다.

할인율은 할인현금수지분석법에서 어떤 장래시점의 수익을 현재시점의 가치로 환산할 때 사용하며, 환원율에 포함되는 수익 예측의 불확실성을 매기별 수익 추정을 통해 일부 제외한 형태를 기준으로 한다.

환원율을 산정하는 방법은 시장추출법, 요소구성법, 투자결합법, 엘우드법, 부채감당법이 있으며, 실무적으로는 주로 요소구성법을 사용한다. 요소구성법은 무위험률에 부동산의 지역적, 개별적 특성을 감안한 위험할증률을 가산하여 산정하는 방법이다.

## 4) 환원(할인)방법

**「감정평가에 관한 규칙」**

**제2조(정의)**

10. "수익환원법"이란 대상물건이 장래 산출할 것으로 기대되는 순수익이나 미래의 현금흐름을 환원하거나 할인하여 대상물건의 가액을 산정하는 감정평가방법을 말한다.

**「감정평가 실무기준」**

**3.4.1.2 환원방법**

① 직접환원법은 단일기간의 순수익을 적절한 환원율로 환원하여 대상물건의 가액을 산정하는 방법을 말한다.

② 할인현금흐름분석법은 대상물건의 보유기간에 발생하는 복수기간의 순수익(이하 "현금흐름"이라 한다)과 보유기간 말의 복귀가액에 적절한 할인율을 적용하여 현재가치로 할인한 후 더하여 대상물건의 가액을 산정하는 방법을 말한다.

③ 수익환원법으로 감정평가할 때에는 직접환원법이나 할인현금흐름분석법 중에서 감정평가 목적이나 대상물건에 적절한 방법을 선택하여 적용한다. 다만, 부동산의 증권화와 관련한 감정평가 등 매기의 순수익을 예상해야 하는 경우에는 할인현금흐름분석법을 원칙으로 하고 직접환원법으로 합리성을 검토한다.

### (1) 직접환원법

직접환원법은 단일기간의 순수익을 적절한 환원율로 환원하는 방법으로 전통적인 직접환원법과 잔여환원법으로 구분한다. 전통적인 직접환원법은 직접법, 직선법, 상환기금법, 연금법으로 세분되며, 잔여환원법은 토지잔여법, 건물잔여법, 부동산잔여법 등으로 세분된다.

| 순수익 ÷ 환원율 = 수익가액 |
|---|

### (2) 할인현금수지분석법

할인현금수지분석법은 보유기간 중 매기의 미래 현금흐름과 보유기간 말의 복귀가액에 적절한 할인율을 적용하여 현재가치로 할인한 후 대상물건의 수익가액을 산정하는 방법이다.

매기의 순수익을 각각 현재시점으로 할인하고, 보유기간 말 복귀가액은 보유기간만큼 현재시점으로 할인하여 이를 모두 합산하여 수익가액을 산정한다. 보유기간 말 복귀가액은 일반적으로 직접환원법으로 산정하며, 이 경우 보유기간 말년의 순수익을 환원율로 환원하여 산정한다.

$$\text{순수익}_1 \div (1+\text{할인율})^1$$
$$+\text{순수익}_2 \div (1+\text{할인율})^2$$
$$+\text{순수익}_3 \div (1+\text{할인율})^3$$
$$+\text{순수익}_4 \div (1+\text{할인율})^4$$
$$+\text{순수익}_5 \div (1+\text{할인율})^5$$
$$+\text{보유기간 말 복귀가액} \div (1+\text{할인율})^5$$
$$=\text{수익가격}$$

※ 5기 동안 보유가정 시

※ 보유기간 말 복귀가액 = $\text{순수익}_5 \div \text{환원율}$

# 제2절 대형부동산의 유형별 감정평가방법

## 1 오피스 빌딩

### 1) 오피스 빌딩의 주요 검토사항

오피스 빌딩은 일정규모 이상의 업무시설 및 지원시설로 구성된 대규모 건물을 말하는 것으로 시장구조상 권역별, 규모별 층화된 시장을 형성한다. 층화된 시장별로 매매거래가격, 임대료 수준 및 공실률 수준이 일정한 경향성을 갖고 있어 감정평가 시 권역별 규모별 시장동향을 파악할 필요가 있다.

**오피스 빌딩의 권역**

| 권역 | | 지역 | 세부지역 |
|---|---|---|---|
| 서울 | CBD | 종로구, 중구(중림동 제외), 용산구 동자동 | 광화문신문로, 남대문, 을지로, 종로, 도심기타 |
| | GBD | 강남구, 서초구 | 테헤란로, 강남대로, 강남기타 |
| | YBD | 영등포구 여의도동 | 서여의도, 동여의도중권, 동여의도기타 |
| | Others | 주요 3권역 이외 서울 지역 | 마포, 용산, 잠실송파, 상암, 서울기타 |
| BBD | | 성남시 분당구, 수정구(제2, 3테크노밸리) | 서현, 수내, 분당기타, 판교 |
| 6대 광역시 | | 인천, 대구, 대전, 광주, 울산, 부산 | |

**서울 세부지역 분류 기준**

해당 권역별로 프라임, A, B, C등급으로 분류
※ 출처 : OFFICE MARKET REPORT (GenstarMate)

## 2) 오피스 빌딩의 감정평가방법

3방식을 모두 사용하여 평가하고, 각 방식별 시산가액을 검토하여 평가액을 결정한다. 원가방식은 토지를 공시지가기준법으로 평가하고 건물은 원가법으로 평가하여 이를 합산하여 산정한다. 비교방식은 유사 오피스 빌딩의 거래사례가격을 기준으로 시점수정, 지역요인, 개별요인을 감안하여 평가하되, 이때 면적은 건물면적을 기준으로 비준한다. 수익방식은 해당 오피스 빌딩의 적정한 순수익을 기준으로 직접환원법 또는 할인현금수지분석법을 적용하여 산정한다.

### 참고 마천루

□ 세계 최고 높이 건물 순위

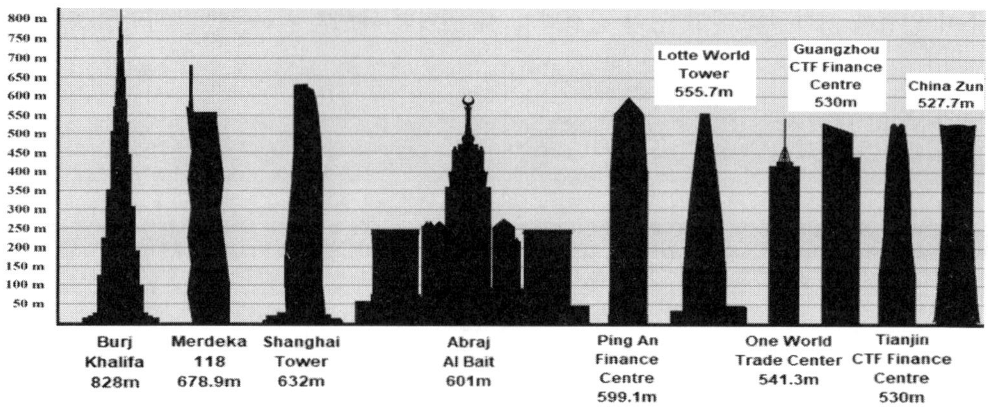


□ 국내 최고 높이 건물 순위

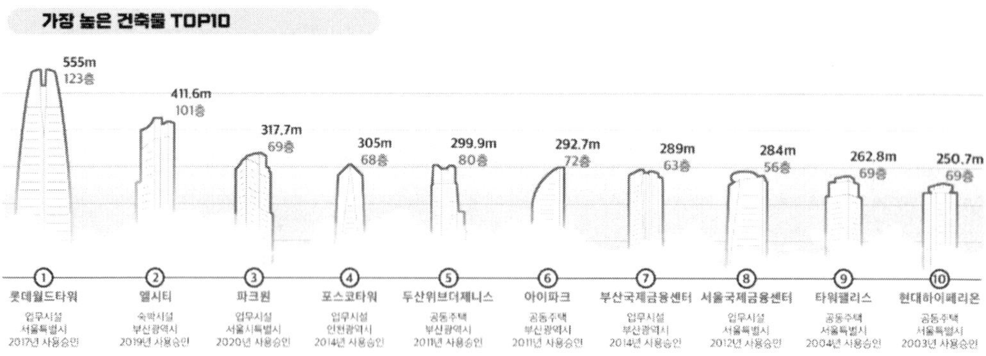


※ 출처 : 국토교통부 보도자료 등 (2022.03.08)

## 2 호텔·리조트

### 1) 호텔·리조트의 주요 검토사항

호텔의 가치는 호텔의 수급 및 호텔시장 동향에 직접적인 영향을 받으며, 관광객 수 및 관광시장 동향에 간접적인 영향을 받는다. 이와 같은 요인들이 호텔의 수익성을 결정하는 객실 판매매출에 영향을 끼쳐 호텔의 가치를 결정한다.

**참고 호텔의 객실판매 매출지표**

□ **판매가능 객실 수**

- 얼마나 많은 객실을 판매할 수 있는 규모·운영상태인가

□ **OCC(Occupancy, 객실 점유율) = 판매된 객실 수 / 판매가능 객실 수 × 100**

- 얼마나 많은 객실을 판매하였는가

□ **ADR(Average Daily Rate, 평균객실단가) = 객실 수입액 / 판매된 객실 수 × 100**

- 객실을 평균적으로 얼마에 판매하였는가

■ **객실 판매 매출액 = 판매가능 객실 수 × OCC × ADR**

### 2) 호텔·리조트의 감정평가방법

3방식을 모두 사용하여 평가하고, 각 방식별 시산가액을 검토하여 평가액을 결정한다. 원가방식은 토지를 공시지가기준법으로 평가하고 건물은 원가법으로 평가하여 이를 합산하여 산정한다. 비교방식은 유사 호텔의 거래사례가격을 기준으로 시점수정, 지역요인, 개별요인을 감안하여 평가하되, 이때 면적은 건물면적을 기준으로 비준한다. 수익방식은 객실판매 매출액과 부대시설 매출액을 합산액을 기준으로 순수익을 산출하고 직접환원법 또는 할인현금수지분석법을 적용하여 산정한다.

## 3 대형 판매시설

### 1) 대형 판매시설의 주요 검토사항

대형 판매시설은 백화점이나 대형마트가 속해 있는 유통산업 부분의 부동산군을 말한다. 백화점 및 대형마트의 임대차는 매출액의 일정비율(임대료율)로 체결되는 시장관행이 있다. 대형 판매시설은 연간매출을 판매시설 면적으로 나누어 산정한 '평효율'을 감정평가에 반영한다.

대형 판매시설은 입지적 요소 외에 '영업면적 규모', '주차대수', '입점 브랜드 수준' 및 '운영주체', '운영방법'에 따라서도 매출이 달라지며 부동산 가치에 영향을 준다.

**참고 비율임대차**

- □ 비율임대차란, 임대료를 결정할 때 해당 목적물에서 발생하는 매출의 일정비율로 결정하거나 고정임대료에 매출의 일정비율을 가산하여 결정하는 방식의 임대차를 말한다. 이때, 고정임대료는 최저보장임대료라고도 한다.
- □ 평효율(원/3.3㎡) = 점포별 연간 매출 ÷ 판매시설 면적
- □ 판매시설 면적당 임대료 = 평효율 × 임대료율

### 2) 대형 판매시설의 감정평가방법

3방식을 모두 사용하여 평가하고, 각 방식별 시산가액을 검토하여 평가액을 결정한다. 원가방식은 토지를 공시지가기준법으로 평가하고 건물은 원가법으로 평가하여 이를 합산하여 산정한다. 비교방식은 유사 판매시설의 거래사례가격을 기준으로 시점수정, 지역요인, 개별요인을 감안하여 평가하되, 이때 면적은 건물면적을 기준으로 비준한다. 수익방식은 비율임대차 매장과 고정임대차 매장을 구분하여 순수익을 산출하고 직접환원법 또는 할인현금수지분석법을 적용하여 산정한다.

## 4 골프장

### 1) 골프장의 주요 검토사항

골프장을 구성하는 유형자산은 토지와 건물이다. 골프장은 주로 자연상태의 미개발지인 소지를 개발하여 조성되는 경우가 대부분이므로 토지는 원형보전지와 개발지(골프코스, 주차장 및 도로, 조정지, 조경지 및 관리시설의 부지)로 구성된다. 건물은 클럽하우스, 티하우스, 휴게시설, 기숙사 등으로 구성된다.

골프장은 운영 및 이용형태에 따라 회원제골프장(사단법인제, 주주회원제, 예탁금회원제)과 대중제골프장(정규대중, 일반대중, 간이대중)으로 나뉜다.

「감정평가 실무기준」

**1.7.2 골프장용지 등**

① 골프장용지는 해당 골프장의 등록된 면적 전체를 일단지로 보고 감정평가하되, 토지에 화체되지 아니한 건물, 구축물, 기계·기구 등(골프장 안의 클럽하우스·창고·오수처리시설 등을 포함한다)의 가액은 포함하지 아니한다. 이 경우 하나의 골프장이 회원제골프장과 대중골프장으로 구분되어 있을 때에는 각각 일단지로 구분하여 감정평가한다.

② 제1항은 경마장 및 스키장시설, 그 밖에 이와 비슷한 체육시설용지나 유원지의 감정평가에 준용한다.

### 2) 골프장의 감정평가방법

3방식을 모두 사용하여 평가하고, 각 방식별 시산가액을 검토하여 평가액을 결정한다. 원가방식은 토지를 공시지가기준법(골프장용지가 대부분 일단지로서 표준지임) 또는 원가법으로 평가하고 건물은 원가법으로 평가하여 이를 합산하여 산정한다. 비교방식은 유사 골프장의 거래사례단가(홀당 또는 면적당)를 기준으로 위치, 교통편의 및 접근성, 개발지의 비율, 홀의 수, 회원수, 인지도 등을 개별요인으로 비교하여 산정한다. 수익방식은 회원권 판대금액운용이익과 골프장운영이익으로 순수익을 산출하고 보통 할인현금수지분석법을 적용하여 산정한다.

# 제4장
# 구분소유 부동산

# 제1절 구분소유 부동산의 개념

## 1 구분소유 부동산의 개념

### 1) 구분소유 부동산의 정의

구분소유권이란, 1동의 건물에 구조상 구분되는 2개 이상의 부분이 있어서 그것들이 독립하여 주거·점포·사무실 등으로 사용되는 경우에 그 부분을 각각 다른 사람의 소유로 할 수 있을 때 이러한 전용부분에 대한 권리를 말한다.

집합건물이란, 일정 대지 위에 공용부분을 매개로 전용부분들이 결합되어 한 동을 이루는 건물형태를 말하며, 이러한 형태의 건물이 주로 구분소유권의 대상이 되기 때문에 실무에서는 집합건물과 구분소유 부동산(약칭: 구분건물)을 혼용하여 사용하기도 한다.

구분소유권은 '1동의 건물을 구조상 구분'한 것이기 때문에 구분소유권이 성립되기 위해서는 '구조상·이용상 독립성'이 필수 요건이다.

**「집합건물의 소유 및 관리에 관한 법률」**

**제1조(건물의 구분소유)** 1동의 건물 중 구조상 구분된 여러 개의 부분이 독립한 건물로서 사용될 수 있을 때에는 그 각 부분은 이 법에서 정하는 바에 따라 각각 소유권의 목적으로 할 수 있다.

**제1조의2(상가건물의 구분소유)** ① 1동의 건물이 다음 각 호에 해당하는 방식으로 여러 개의 건물부분으로 이용상 구분된 경우에 그 건물부분(이하 "구분점포"라 한다)은 이 법에서 정하는 바에 따라 각각 소유권의 목적으로 할 수 있다.

1. 구분점포의 용도가 「건축법」 제2조제2항제7호의 판매시설 및 같은 항 제8호의 운수시설일 것
2. 삭제 〈2020. 2. 4.〉
3. 경계를 명확하게 알아볼 수 있는 표지를 바닥에 견고하게 설치할 것
4. 구분점포별로 부여된 건물번호표지를 견고하게 붙일 것

② 제1항에 따른 경계표지 및 건물번호표지에 관하여 필요한 사항은 대통령령으로 정한다.

「집합건물의 소유 및 관리에 관한 법률 시행령」

**제2조(경계표지)** ① 「집합건물의 소유 및 관리에 관한 법률」(이하 "법"이라 한다) 제1조의2제1항제3호에 따른 경계표지는 바닥에 너비 3센티미터 이상의 동판, 스테인리스강판, 석재 또는 그 밖에 쉽게 부식·손상 또는 마모되지 아니하는 재료로서 구분점포의 바닥재료와는 다른 재료로 설치하여야 한다.

② 경계표지 재료의 색은 건물바닥의 색과 명확히 구분되어야 한다.

**제3조(건물번호표지)** ① 법 제1조의2제1항제4호에 따른 건물번호표지는 구분점포 내 바닥의 잘 보이는 곳에 설치하여야 한다.

② 건물번호표지 글자의 가로규격은 5센티미터 이상, 세로규격은 10센티미터 이상이 되어야 한다.

③ 구분점포의 위치가 표시된 현황도를 건물 각 층 입구의 잘 보이는 곳에 견고하게 설치하여야 한다.

④ 건물번호표지의 재료와 색에 관하여는 제2조를 준용한다.

▸ **관련판례**

**대법원 2010. 1. 14.자 2009마1449 결정**

**【판시사항】**

건물의 일부분이 구분소유권의 객체가 되기 위한 요건 및 구분소유권의 객체로서 적합한 물리적 요건을 갖추지 못한 건물의 일부를 경매절차에서 매수한 매수인의 소유권 취득 여부(소극)

**【결정요지】**

1동의 건물의 일부분이 구분소유권의 객체가 될 수 있으려면 그 부분이 이용상은 물론 구조상으로도 다른 부분과 구분되는 독립성이 있어야 하고, 그 이용상황 내지 이용 형태에 따라 구조상의 독립성 판단의 엄격성에 차이가 있을 수 있으나, 구조상의 독립성은 주로 소유권의 목적이 되는 객체에 대한 물적 지배의 범위를 명확히 할 필요성 때문에 요구된다고 할 것이므로, 구조상의 구분에 의하여 구분소유권의 객체 범위를 확정할 수 없는 경우에는 구조상의 독립성이 있다고 할 수 없다. 그리고 구분소유권의 객체로서 적합한 물리적 요건을 갖추지 못한 건물의 일부는 그에 관한 구분소유권이 성립할 수 없는 것이어서, 건축물관리대장상 독립한 별개의 구분건물로 등재되고 등기부상에도 구분소유권의 목적으로 등기되어 있어 이러한 등기에 기초하여 경매절차가 진행되어 매각허가를 받고 매수대금을 납부하였다 하더라도, 그 등기는 그 자체로 무효이므로 매수인은 소유권을 취득할 수 없다.

## 2) 구분소유 부동산의 구성부분

### (1) 전유부분

전유부분이란, 구분소유권의 목적인 건물부분을 말한다. 전유부분은 구분소유자가 사용·수익권을 배타적으로 행사하는 부분이다. 전유부분은 구분소유권이 목적이기 때문에 등기사항전부증명서상 표시되는 건물부분의 면적은 전유면적의 크기에 한한다.

### (2) 공용부분

공용부분이란, 전유부분 외의 건물부분을 말한다. 여러 개의 전유부분으로 통하는 복도, 계단 그 밖에 구조상 구분소유자 전원 또는 일부의 공용에 제공되는 건물부분은 구분소유권의 목적으로 할 수 없다. 공용부분에 대한 공유자의 지분은 그가 가지는 전유부분의 처분에 따르며, 공유자는 그가 가지는 전유부분과 분리하여 공용부분에 대한 지분을 처분할 수 없다.

### (3) 대지사용권

#### ① 대지사용권의 개념

건물의 대지란, 전유부분이 속하는 1동의 건물이 있는 토지 및 「집합건물의 소유 및 관리에 관한 법률」 제4조에 따라 건물의 대지로 된 토지를 말한다.

대지사용권이란, 구분소유자가 전유부분을 소유하기 위하여 건물의 대지에 대하여 가지는 권리를 말한다. 대지사용권은 소유권, 지상권, 전세권 또는 임차권 중의 한 가지 형태로 할 수 있다. 전유부분과 분리하여 이를 처분할 수 없을 때 대지사용권을 대지권이라 한다.

#### ② 대지권 미등기의 유형과 감정평가방법

아파트와 같은 대규모 집합건물의 경우, 대지의 분·합필 및 환지절차의 지연, 각 세대당 지분비율 결정의 지연 또는 토지에 대한 분쟁 등으로 인하여 전유부분에 대한 소유권이전등기만 경료되고 대지사용권 등기는 상당기간 지체되어 대지사용권이 미등기된 구분건물이 종종 발생한다.

「감정평가 실무기준」

**3.1.4 대지사용권을 수반하지 않은 구분건물의 감정평가**

대지사용권을 수반하지 않은 구분건물의 감정평가는 건물만의 가액으로 감정평가한다.
다만, 추후 토지의 적정지분이 정리될 것을 전제로 가격이 형성되는 경우에는 대지사용 권을 포함한 가액으로 감정평가할 수 있다.

### ㉠ 원천적으로 대지권이 없는 경우

대지권을 수반하지 않은 구분건물은 건축관계법규상 건축 및 분양에 대한 제한이 있기 때문에 국·공유지상에 건축된 건물이거나 토지에 대한 분쟁 등이 있는 경우가 아니면 현실에서 발생되는 경우는 드물다.

이 경우 건물만의 가격으로 구분소유 부동산을 감정평가한다. 이때 토지 등기사항전부증명서 또는 임대차계약서상 권원을 확인하여 건물 소재의 적법 여부를 확인하여야 한다.

### ㉡ 대지를 수반하여 건축하였으나 지적정리 지연 등 사유로 미등기인 경우

대규모 집합건물의 경우 대지의 분·합필 및 환지절차의 지연, 각 세대당 지분비율 결정의 지연 또는 토지에 대한 분쟁 등으로 인하여 전유부분에 대한 소유권이전등기만 경료되고 대지사용권 등기는 상당기간 지체되어 대지사용권이 미등기된 구분건물이 종종 발생한다.

이 경우 토지에 대한 적정대지권이 정리될 수 있는 경우에 해당되면, 건물만의 가격이 아니라 토지 및 건물을 일괄한 구분소유권의 가격으로 평가한다. 이때, 집합건물의 공급계약서 등을 확인하여 대지권이 분양가격에 포함되었는지 여부를 확인하여야 한다.

**참고 추후 토지의 적정지분이 정리될 것을 전제로 평가 시 감정평가서에 기재되는 사항 예시**

"구분소유 부동산은 「집합건물의 소유 및 관리에 관한 법률」 제20조 규정에 의거하여 전유부분과 소유권·대지권이 일체성을 가지며 또한 전유부분과 대지권을 일체로 하여 일반적으로 분양 및 거래가 되고 있는 바, 대지권을 제외한 건물만의 평가는 곤란하므로 귀행 요청에 의거 향후 토지의 소유권·대지권이 정상적으로 전유부분 소유자에게 이전될 것을 전제로 평가하였는바, 업무 진행 시 참고하시기 바랍니다."

### ⓒ 대지사용권은 있으나 별도의 토지소유권(공유지분 등) 형태인 경우

토지상의 건물이 구분소유 부동산이나 구분소유 부동산의 등기부에 토지의 대지권을 정리하지 않고, 토지등기부상 공동소유(공유지분) 형태로 토지를 보유하고 있는 경우에 해당한다. 이러한 사례는 노후화된 구분소유 부동산 또는 기존에 일반건물이었다가 구분소유 부동산으로 소유 형태를 바꾼 경우가 있을 수 있다.

이 경우 감정평가 시 토지등기부를 확인하여 토지소유자(공유자)와 집합건물 소유자의 일치 여부를 확인할 필요가 있다. 만약 전체 건물 중 해당 호수의 면적 비율과 토지의 공유지분 비율이 동일하면 토지 및 건물을 일괄한 구분소유권의 정상적인 가격으로 평가할 수 있으나, 그 비율이 상이하면 그러한 비율의 불일치가 가격에 미치는 영향을 감안하여 감정평가할 필요가 있다.

# 제2절 구분소유 부동산의 감정평가방법

## 1 구분소유 부동산의 감정평가 기준

**「감정평가에 관한 규칙」**

**제16조(토지와 건물의 일괄감정평가)** 감정평가법인등은 「집합건물의 소유 및 관리에 관한 법률」에 따른 구분소유권의 대상이 되는 건물부분과 그 대지사용권을 일괄하여 감정평가하는 경우 등 제7조제2항에 따라 토지와 건물을 일괄하여 감정평가할 때에는 거래사례비교법을 적용해야 한다. 이 경우 감정평가액은 합리적인 기준에 따라 토지가액과 건물가액으로 구분하여 표시할 수 있다.

**「감정평가실무기준」**

**3.1.3 구분소유 부동산의 감정평가방법**

① 구분소유 부동산을 감정평가할 때에는 건물(전유부분과 공유부분)과 대지사용권을 일체로 한 거래사례비교법을 적용하여야 한다. 이 경우 [400-4]를 따른다.

② 구분소유 부동산을 감정평가할 때에는 층별·위치별 효용요인을 반영하여야 한다.

③ 감정평가액은 합리적인 배분기준에 따라 토지가액과 건물가액으로 구분하여 표시할 수 있다.

일반적으로 구분소유 부동산은 전유부분과 공용부분에 대한 지분의 일체성, 전유부분과 대지사용권의 일체성에 따라 건물(전유부분과 공용부분)과 대지사용권이 일체로 거래된다. 따라서 구분소유권의 목적이 되는 건물 및 그 부지에 대한 감정평가는 건물 및 부지를 일체로 한 거래사례비교법을 적용한다.

다만, 「감정평가에 관한 규칙」 제12조 제2항에 따라 다른 감정평가방식에 속하는 하나 이상의 감정평가방법으로 산출한 시산가액과 비교하여 합리성을 검토해야 한다. 따라서, 수익환원법에 의한 가격을 산정하여 거래사례비교법에 의한 대상물건이 가격과 비교하되, 원가법에 의한 가격은 그 산정과정상 주관성 개입 문제 등으로 인해 단순한 참고용으로 적용한다.

## 2 거래사례비교법

### 1) 산식

| 구분소유 부동산 거래가격 × 시점수정치 × 구분소유 부동산의 개별요인비교치 × 면적비교 |
|---|

### 2) 사례선정

사례는 대상물건과 동일한 유형을 선정한다. 집합건물의 유형은 용도에 따라 주거용과 상업용 및 공업용으로 나눌 수 있다. 「건축법 시행령」 별표1에 따르면, 주거용은 '다세대주택', '연립주택', '아파트', '도시형생활주택' 등의 유형이 있으며, 상업용은 '근린생활시설', '업무시설(오피스텔 포함)', '공장(지식산업센터)' 등이 있다. 가급적 이러한 공부상 용도가 동일한 사례를 선정한다.

### 3) 시점수정

구분소유 부동산의 유형에 따른 가격지수를 이용한 시점수정 비교치를 이용한다. 주거용은 아파트·연립주택·주거용 오피스텔별로 한국부동산원이 공시하는 '유형별 매매가격지수', 상업용은 한국부동산원이 공시하는 '투자수익률' 중 '자본수익률'을 기준으로 시점수정치를 산정한다. 시점수정치 산정 시 해당 월 또는 분기의 지수가 미공시된 경우는 전 월 또는 분기의 지수를 연장사정하여 적용한다.

| 대분류 | 종류 | 권장 지수 |
|---|---|---|
| 주거용 | 공동주택 | 한국부동산원 유형별 매매가격지수 |
| | 주거용 오피스텔 | 한국부동산원 아파트 매매가격지수 |
| 상업용 | 구분 상가 | 한국부동산원 상업용 부동산 자본수익률 |
| | 업무시설(비주거용 오피스텔 포함) | |
| | 지식산업센터 | |
| | 특수부동산(숙박시설 등) | |

※ 출처 : 「법원감정평가실무」 한국감정평가사협회(2021.02)

## 4) 구분소유 부동산의 개별요인 비교

가치형성요인의 구분은 '단지외부 요인', '단지내부 요인' 및 '호별요인'으로 나누어 비교한다. 단지외부 요인은 해당 구분소유권에 대한 토지(단지전체)의 개별요인, 단지내부 요인은 구분소유권이 속한 1동 건물 전체의 개별요인, 호별요인은 각 호별 구체적인 가치형성요인을 의미한다.

개별요인 비교의 항목 등은 법규상 정해진 형식은 없으나, 실무상 다음과 같은 항목을 고려하며, 담보평가 시 '기타요인'에서 "1.00" 미만의 수치를 적용하여 담보평가로서의 보수성 및 환가성을 감안한다.

### 참고 구분소유 부동산의 개별요인 비교항목 (1)

– 주거용

| 구분 | 세부항목 |
|---|---|
| 단지외부요인 | 대중교통의 편의성, 교육시설 등의 배치, 도심지 및 상업, 업무시설과의 접근성, 차량이용의 편리성, 공공시설 및 편익시설의 배치, 자연환경(조망, 풍치, 경관 등) 등 |
| 단지내부요인 | 시공업체의 브랜드, 단지 내 총세대수 및 최고층수, 건물의 구조 및 마감상태, 경과연수에 따른 노후도, 단지 내 면적구성(대형, 중형, 소형), 단지 내 통로구조(복도식/계단식) 등 |
| 호별요인 | 층별 효용, 향별 효용, 위치별 효용(동별 및 라인별), 전유부분의 면적 및 대지사용권 크기, 내부 평면방식(베이), 간선도로 및 철도 등에 의한 소음 등 |
| 기타요인 | 기타 가치에 영향을 미치는 요인 |

– 상업용

| 구분 | 세부항목 |
|---|---|
| 단지외부요인 | 고객 유동성과의 적합성, 도심지 및 상업·업무시설과의 접근성, 대중교통의 편의성 단지외부요인(지하철, 버스정류장), 배후지의 크기, 상가의 성숙도, 차량이용의 편의성(가로의 폭, 구조 등) 등 |
| 단지내부요인 | 단지 내 주차의 편리성, 건물 전체의 공실률, 건물 관리상태 및 각종 설비의 유무, 건물 전체의 임대료 수준 및 임대비율, 건물의 구조 및 마감상태, 건물의 규모 및 최고층수 등 |
| 호별요인 | 층별 효용, 위치별 효용(동별 및 라인별), 주출입구와의 거리, 에스컬레이터 및 엘리베이터와의 거리, 향별 효용, 전유부분의 면적 및 대지권의 크기 등 |
| 기타요인 | 기타 가치에 영향을 미치는 요인 |

※ 출처 : 「집합건물 개별요인 비교에 관한 연구」 한국감정원 부동산연구원(2013.12)

## 참고 구분소유 부동산의 개별요인 비교항목 (2)

- 업무용

| 구분 | 세부항목 |
|---|---|
| 단지외부요인 | 도심지 및 상업·업무시설과의 접근성, 대중교통의 편의성, 차량이용의 편리성, 종사자 밀도, 공공시설 및 편익시설 등의 배치, 공급 및 처리시설의 상태 등 |
| 단지내부요인 | 건물의 상태 및 각종설비의 유무, 경과연수에 따른 노후도, 단지 내 주차의 편리성 정도, 건물의 구조 및 마감상태, 건물의 규모 및 최고층수, 건물 전체의 임대료 수준 및 임대비율 등 |
| 호별요인 | 층별 효용, 위치별 효용(동별 및 라인별), 향별 효용, 전유부분의 면적 및 대지권의 크기, 내부 평면방식, 주출입구와의 거리 등 |
| 기타요인 | 기타 가치에 영향을 미치는 요인 |

- 공업용

| 구분 | 세부항목 |
|---|---|
| 단지외부요인 | 외부진출의 용이성, 차량이용의 편리성(가록의 폭, 구조 등), 동력자원 및 노동력 확보의 용이성, 대중교통의 편의성, 도심지 및 상업, 업무시설과의 접근성, 공급 및 처리시설의 상태 등 |
| 단지내부요인 | 건물의 관리상태 및 각종 설비의 유무, 입주업체의 용도 및 지원시설의 규모, 단지 내 화물용 및 승객용 승강기의 편의성, 단지 내 주차의 편리성 유무, 건물의 구조 및 마감상태, 경과연수에 따른 노후도 등 |
| 호별요인 | 층별 효용, 위치별 효용(동별 및 라인별), 전유부분의 면적 및 대지권의 크기, 내부평면방식, 전유면적의 비율, 향별 효용 등 |
| 기타요인 | 기타 가치에 영향을 미치는 요인 |

※ 출처 : 「집합건물 개별요인 비교에 관한 연구」 한국감정원 부동산연구원(2013.12)

### 5) 구분소유 부동산의 면적 비교

구분소유 부동산의 평가 시 면적비교는 전유면적을 기준으로 하는 것이 원칙이다. 거래관행상 공용부분의 면적을 포함한 분양(임대) 면적당 단가를 기준으로 거래가격수준이 형성되는 경우가 있어 이에 대한 구별이 필요하다.

## 심화연구 6

### 구분소유 부동산 단가의 종류 ?

**① 사례**

| 구분 | 전유면적(㎡) | 공용면적(㎡) | 분양면적(㎡) | 전용율(%) | 분양가, 감정평가액 |
|---|---|---|---|---|---|
| A | 84 | 25 | 109 | 77 | 12억원 |

- 상기와 같은 아파트가 분양가는 12억원, '평당 3천 6백만원'이다.
- 감정평가를 한 결과 감정평가액은 12억원, 단가는 '1천 4백만원'이라고 한다.

▸ 분양가와 감정평가액은 같은데 왜 단가를 달리 표현할까?

**② 거래관행상 단가기준과 감정평가의 단가기준**

현재에도 우리는 부동산의 가격을 말할 때 '평당 얼마'라고 하여 '평'이라는 단위를 사용한다. 그런데, 이 '평'이라는 단어는 일찍이 1983년에 '평' 대신 '㎡'의 사용이 권고되어 왔으며, 2007년 부터는 과태료 조항까지 규정되었다.

「계량에 관한 법률」 제76조(과태료)

② 다음 각호의 어느 하나에 해당하는 자에게는 200만원 이하의 과태료를 부과한다.

1. 제6조제2항을 위반하여 비법정단위를 계량에 사용하거나 광고에 사용한 자

거래관행상 구분소유 부동산의 가격의 단가를 표현할 때에는 전체 분양면적당 단가로 파악하는 사례가 많다.

그런데, 감정평가는 미터법에 근거해 '㎡당 얼마'로 가격을 산정하고 있다. 또한, 감정평가는 전유면적당 단가로 산정한다. 이는 전유면적이 실제 효용을 반영하는 의미가 있으며, 구분소유권의 대상은 전유부분에 국한되기 때문이기도 하다.

**③ 단가의 환산**

**분양면적 평당 단가 × 121/400 ÷ 전용률 = 전유면적 ㎡당 단가**

**반대로**

**전유면적 ㎡당 단가 × 400/121 × 전용률 = 분양면적 평당 단가**

## 3 원가법

원가법은 대상물건을 재생산·재취득하기 위한 재조달원가에 감가수정을 하여 가격을 산정하는 방법이다. 구분소유 부동산은 건물의 구조상 일부이기 때문에 재조달원가 및 감가수정을 적용하기가 곤란하여 실무적으로 원가법은 거의 사용되지 않는다. 다만, 1동의 건물 전체에 해당하는 구분소유 부동산을 모두 평가하는 경우에는 거래사례비교법 등으로 산정한 가액의 합리성을 검토하기 위한 부수적인 평가방법으로 활용되는 경우가 있다.

구분소유 부동산의 1개호의 가격을 원가법으로 산정하기 위해서는 먼저, 1동의 건물 전체의 가격을 원가법 등으로 산정한 후 1동의 건물 중 1개호가 차지하는 효용비율을 감안하여 산정하는 방식을 사용할 수 있다.

1동 건물 전체의 평가액 × 1개호의 효용비율

※ 1동의 건물 전체의 평가액 = 토지 및 건물의 평가액

※ 1개호의 효용비율 = 1개호의 효용적수/1동의 효용적수

### 구분소유 부동산의 원가법 적용 사례

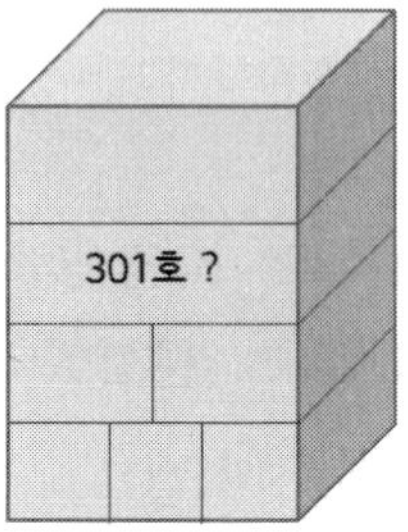


① 1동 건물 전체의 평가액

| 구분 | 평가액 |
|---|---|
| 토지 | 20억원 |
| 건물 | 10억원 |
| 합계 | 30억원 |

② 301호 1개호의 평가액

| 층 | 호 | 면적(㎡) | 층별효용비 | 호별효용적수 | 효용적수비 | 평가액(억원) |
|---|---|---|---|---|---|---|
| 1 | 101 | 40 | 100 | 4,000 | 13% | 4 |
| 1 | 102 | 40 | 100 | 4,000 | 13% | 4 |
| 1 | 103 | 40 | 100 | 4,000 | 13% | 4 |
| 2 | 201 | 60 | 60 | 3,600 | 12% | 3.6 |
| 2 | 202 | 60 | 60 | 3,600 | 12% | 3.6 |
| **3** | **301** | **120** | **50** | **6,000** | **20%** | **6** |
| 4 | 401 | 120 | 40 | 4,800 | 16% | 4.8 |
| **합계** | | **480** | **-** | **30,000** | **100%** | **30** |

## 참고 층별 효용비

**층별효용비율표**

| 층별 | 고층 및 중층 시가지 | | 저층 시가지 | | | | 주택지 |
|---|---|---|---|---|---|---|---|
| | A형 | B형 | A형 | B형 | A형 | B형 | |
| 20 | 35 | 43 | | | | | |
| 19 | 35 | 43 | | | | | |
| 18 | 35 | 43 | | | | | |
| 17 | 35 | 43 | | | | | |
| 16 | 35 | 43 | | | | | |
| 15 | 35 | 43 | | | | | |
| 14 | 35 | 43 | | | | | |
| 13 | 35 | 43 | | | | | |
| 12 | 35 | 43 | | | | | |
| 11 | 35 | 43 | | | | | |
| 10 | 35 | 43 | | | | | |
| 9 | 35 | 43 | 42 | 51 | | | |
| 8 | 35 | 43 | 42 | 51 | | | |
| 7 | 35 | 43 | 42 | 51 | | | |
| 6 | 35 | 43 | 42 | 51 | | | |
| 5 | 35 | 43 | 42 | 51 | 36 | 100 | |
| 4 | 40 | 43 | 45 | 51 | 38 | 100 | |
| 3 | 46 | 43 | 50 | 51 | 42 | 100 | |
| 2 | 58 | 43 | 60 | 51 | 54 | 100 | 100 |
| 지상1 | 100 | 100 | 100 | 100 | 100 | 100 | 100 |
| 지하1 | 44 | 43 | 44 | 44 | 46 | 48 | – |
| 2 | 35 | 35 | – | – | – | – | – |

출처 : 토지보상평가지침

## 4 수익환원법

수익환원법은 대상물건이 장래 산출할 것으로 기대되는 순수익이나 미래의 현금흐름을 환원하거나 할인하여 수익가액을 산출하는 방법이다. 수익성 부동산의 가격을 산정할 때 유용한 방법으로서 주거용보다는 상업용 집합건물의 가격 산정 시 많이 사용된다.

## 5 토지 및 건물 가격의 배분

구분소유 부동산의 경우 법률상 제약으로 토지와 건물을 분리하여 처분하는 데에 제한이 있고 거래관행상 건물과 토지의 가액을 분리하는 것이 곤란하다. 따라서 일반적으로 집합건물의 감정평가는 건물(전유부분과 공용부분)과 토지(대지권)를 일체로 산정한다. 다만, 경매절차에서 배당과 관련하여 집합건물의 건물부분의 가액과 토지부분의 가액의 배분이 필요한 경우가 있다. 따라서, 경매 목적의 감정평가에서는 집합건물의 건물과 토지의 가액을 배분하여 표시한다.

토지와 건물의 가액을 배분하는 방법으로는 적정한 비율을 적용하여 배분하는 방법, 토지 또는 건물의 가액을 구하여 일체의 가액에서 배분하는 방법이 있다. 또한 대상물건이 소재한 인근지역을 조사하여 합리적인 배분비율을 산출할 수 있는 경우에는 그 비율을 적용하여 배분할 수 있다.

**「집합건물의 소유 및 관리에 관한 법률」**

**제20조(전유부분과 대지사용권의 일체성)** ① 구분소유자의 대지사용권은 그가 가지는 전유부분의 처분에 따른다.

② 구분소유자는 그가 가지는 전유부분과 분리하여 대지사용권을 처분할 수 없다. 다만, 규약으로써 달리 정한 경우에는 그러하지 아니하다.

③ 제2항 본문의 분리처분금지는 그 취지를 등기하지 아니하면 선의로 물권을 취득한 제3자에게 대항하지 못한다.

④ 제2항 단서의 경우에는 제3조제3항을 준용한다.

# 제5장

# 「공장 및 광업재단 저당법」에 따른 공장

# 제1절 공장의 개념과 감정평가방법

## 1 공장 및 공장재단의 개념

### 1) 공장의 개념

공장은 물품의 제조·가공, 인쇄, 촬영, 방송 또는 전기나 가스의 공급 목적에 사용하는 장소 또는 그 외의 목적이라 할지라도 기업용 재산으로서 사회통념상 공장으로 간주할 수 있는 것을 말한다.

공장은 유형자산인 토지, 건물, 정착물, 기계·기구 등과 무형자산인 지적재산권 등으로 구성된다.

**「공장 및 광업재단 저당법」**

**제2조(정의)**

1. "공장"이란 영업을 하기 위하여 물품의 제조·가공, 인쇄, 촬영, 방송 또는 전기나 가스의 공급 목적에 사용하는 장소를 말한다.
2. "공장재단"이란 공장에 속하는 일정한 기업용 재산으로 구성되는 일단(一團)의 기업 재산으로서 이 법에 따라 소유권과 저당권의 목적이 되는 것을 말한다.

**「산업집적활성화 및 공장설립에 관한 법률」**

**제2조(정의)**

1. "공장"이란 건축물 또는 공작물, 물품제조공정을 형성하는 기계·장치 등 제조시설과 그 부대시설(이하 "제조시설등"이라 한다)을 갖추고 대통령령으로 정하는 제조업을 하기 위한 사업장으로서 대통령령으로 정하는 것을 말한다.

**「감정평가 실무기준」**

**620-1.1(정의)**

공장재단이란 영업을 하기 위하여 물품 제조·가공 등의 목적에 사용하는 일단의 기업용 재산(이하 "공장"이라 한다)으로서, 「공장 및 광업재단 저당법」에 따라 소유권과 저당권의 목적이 되는 것을 말한다.

### 2) 공장재단의 개념

'공장재단'이란, 공장에 속하는 일정한 기업용 재산으로 구성되는 일단의 기업재산으로서 소유권과 저당권의 목적이 되는 것을 말한다. '공장재단저당권'이란, 공장에 속하는 유무형의 재산으로 구성되는 공장재단을 목적으로 하는 저당권을 말한다. 공장재단의 구성물이 될 수 있는 것은 ① 공장에 속하는 토지, 건물, 그 밖의 공작물 ② 기계, 기구, 전봇대, 전선, 배관, 레일, 그 밖의 부속물 ③ 항공기, 선박, 자동차 등 등기나 등록이 가능한 동산 ④ 지상권 및 전세권 ⑤ 임대인이 동의한 경우에는 물건의 임차권 ⑥ 지식재산권 등이 있다.

공장재단은 공장재단 등기부에 소유권보존등기를 통하여 설정되며 '공장재단 목록'은 공장재단을 구성하는 물건 또는 권리의 표시를 기재한 것으로서, 공장재단이 어떠한 것들로 구성되는 것인가를 명확히 하기 위하여 작성되는 것이다. 소유권보존등기에 따라 성립된 공장재단은 독립한 1개의 부동산으로 간주된다.

**「공장 및 광업재단 저당법」**

**제13조(공장재단의 구성물)** ① 공장재단은 다음 각 호에 열거하는 것의 전부 또는 일부로 구성할 수 있다.

1. 공장에 속하는 토지, 건물, 그 밖의 공작물
2. 기계, 기구, 전봇대, 전선(電線), 배관(配管), 레일, 그 밖의 부속물
3. 항공기, 선박, 자동차 등 등기나 등록이 가능한 동산
4. 지상권 및 전세권
5. 임대인이 동의한 경우에는 물건의 임차권
6. 지식재산권

② 공장에 속하는 토지나 건물로서 미등기된 것이 있으면 공장재단을 설정하기 전에 그 토지나 건물의 소유권보존등기를 하여야 한다.

③ 다음 각 호의 물건은 공장재단의 구성물이 될 수 없다.

1. 타인의 권리의 목적인 물건
2. 압류, 가압류 또는 가처분의 목적인 물건

## 2 공장 및 공장재단 평가의 기본 절차

「감정평가 실무기준」

**620-1.2(자료의 수집 및 정리)**

공장의 가격자료에는 다음과 같은 자료가 있으며, 대상 공장의 특성에 맞는 적절한 자료를 수집하고 정리한다.

1. 토지, 건물, 기계·기구 등 공장을 구성하는 자산은 해당 물건의 자료의 수집 및 정리 규정을 준용한다.
2. 수익자료, 시장자료, 그 밖에 감정평가액 결정에 참고가 되는 자료

「감정평가 실무기준」

**630-1.2(자료의 수집 및 정리)**

기계기구류의 가격자료에는 거래사례, 제조원가, 시장자료 등이 있으며, 대상 기계기구류의 특성에 맞는 적정한 자료를 수집하고 정리한다.

### 1) 사전조사와 실지조사

#### (1) 사전조사

공장의 감정평가 시 토지·건물의 공부 등을 통해 해당 공장의 소재지, 지번 지목, 면적 및 관련 법령에 의한 사용·처분 등의 제한 등에 대한 사항을 조사한다.

기계·기구의 경우 먼저 의뢰인 또는 소유자로부터 기계·기구의 목록을 받은 후 등기 유무, 견적서, 계약서, 세금계산서 및 기계설치도면 등을 통해 관련사항을 사전에 확인한다. 외국에서 수입한 도입기계의 경우 해당 도입기계의 수입신고서 및 Invoice 등을 징구하여 각 서류에 기재된 내용을 검토한다.

#### (2) 실지조사

실지조사 시 사업체의 개요, 원료의 수급관계, 제품의 시장성, 생산능력 및 규모의 적정성, 생산공정의 적부, 생산실적 및 예상, 입지조건, 경영 및 기술능력 등 전반적인 사업의 적부에 관한 사항을 조사하여야 한다. 또한 토지 및 건물, 기계·기구 등을 실지조사하며, 특히 기계·기구 등은 명칭, 규

격·용량·형식·능력, 제작자·제작번호. 제작연월일이나 취득연월일, 용도 및 배치상황에 관한 사항을 조사하여야 한다.

실제 공장 내 설치된 기계·기구를 조사할 때 사전조사 시 구비된 서류를 바탕으로 기계·기구 설치 및 배치현황, 명판 및 표지판 내용(명칭, 제조번호, 모델명, 제작회사, 제조연월일 및 구입처 등), 의뢰목록과 실제 기계·기구의 동일성 여부를 확인한다.

실지조사 시 기계·기구에 대해 확인된 사항에 대해 기록 및 사진 촬영이 중요하며, 유의 기계·기구(소유권유보부, 리스 등) 인지 여부 및 정상작동 여부와 유휴시설인지에 대해서도 확인할 필요가 있다. 또한, 옵션의 부가 여부 및 환가성 정도 등에 대해서도 파악한다.

### 2) 자료의 수집 및 정리

공장 감정평가 시 토지의 가격자료로는 거래가격, 공시지가 자료, 토지매입비, 조성공사비 등이 있으며, 건물의 가격자료로는 대상 공장의 건축 당시 건축비 등으로 이를 수집하여 분석하여야 한다. 또한 기계·기구의 가격자료로는 구입단가(도입가격), 해체처분가격, 부대비용, 외화환산율, 도입기계 가격 보정지수 등이 있으며, 이러한 자료를 수집·정리해야 한다. 수익자료에는 해당 공장의 재무제표 수익률, 성장률, 현금흐름추정자료 등이 있으며, 시장자료에는 경제성장률, 물가상승률, 금리 및 환율 등의 지표가 있다.

## 심화연구 7

### 유의하여야 할 기계·기구

**– 소유권유보부 기계기구**

매도인이 매수인에게 기계기구를 인도하면서 대금의 일부만 수령하되 소유권은 매도인이 가지며, 추후 대금 잔금의 완납시점에 이르러야 매수인이 소유권을 가지게 되는 기계기구 등을 의미한다. 이 같은 기계기구 등은 매매시 작성된 계약서 내용 등을 통해 면밀히 확인할 필요가 있다. 다만, 대법원은 소유권 이전을 위하며 등기나 등록을 요하는 재산에 대하여는 소유권유보부매매가 성립될 여지가 없다고 보고 있다. (대법원 2010. 2. 25. 선고 20095064 판결)

**소유권유보 표시 사례**

| ※ 주의사항 |
|---|
| 본 제품은(또는 '○○물건', '이 건물 내 보관된 ○○물건' 등 소유권유보 물건의 표시) ○○회사의 소유물로서, 사용자의 임의 매각 및 그 밖의 채권자들의 강제집행 대상(압류·가압류·가처분 등)이 될 수 없으며, 멸실·훼손·무단 이전 시 민·형사상 처벌될 수 있으니 유의하시기 바랍니다. |
| **20××년 ××월 ××일**<br>**○○회사 대표** |

**- 리스 물건**

「여신전문금융업법」에 의한 시설대여업자가 대여한 리스물건은 시설대여업자의 소유물건으로 보아 감정평가하지 않는 것이 원칙이나, 실무적으로는 리스물건인지 여부에 대한 판별이 어렵다는 문제가 있다. 따라서 기계기구 등에 부착된 명판 또는 표지판에 대한 확인을 통해 우선 확인한 후, 해당 공장 장부서류 등을 검토하거나 매도자, 의뢰인 등을 통해 관련 사항을 확인할 필요가 있다.

**특정물건의 표지(여신전문금융업법 시행규칙 별지 서식)**

1. 시설대여회사
   상 호 :
   주 소 :

2. 특정물건의 일련번호 :

3. 특정물건명 :

4. 시설대여 등의 기간 :
   년 월 일부터 년 월 일까지

※ 이 물건은 위 회사의 소유물이며 시설대여 등의 기간 중 사용하고 있는 것입니다.

**- 과잉유휴시설**

과잉유휴시설이란 해당 공장에 설치되어 있거나 보유하고 있는 시설 중에서 공장의 운영에 직접적으로 이용되지 않거나 가까운 장래에도 이용될 가능성이 없는 시설 등을 말한다. 특히, 담보감정평가의 경우 가까운 장래 시점까지 이용될 가능성이 없는 기계·기구까지 담보취득의 대상으로 보아 감정평가하는 것이 타당한지 여부에 대해 보수적인 관점에서 판단할 필요가 있다.

## 3 공장 및 공장재단 평가의 방법

> **「감정평가에 관한 규칙」**
>
> **제19조(공장재단 및 광업재단의 감정평가)** ① 감정평가법인등은 공장재단을 감정평가할 때에 공장재단을 구성하는 개별 물건의 감정평가액을 합산하여 감정평가해야 한다. 다만, 계속적인 수익이 예상되는 경우 등 제7조제2항에 따라 일괄하여 감정평가하는 경우에는 수익환원법을 적용할 수 있다.
>
> ② 감정평가법인등은 광업재단을 감정평가할 때에 수익환원법을 적용해야 한다.

### 1) 평가의 원칙

공장의 감정평가는 각 자산의 물건별 감정평가액을 합산하는 것을 원칙으로 한다. 공장의 유형자산은 토지, 건물, 기계·기구, 구축물, 과잉유휴시설로 구분하여 감정평가한다. 이 경우 각 자산별 규모 및 감정평가액이 적정한 비율로 구성되는지, 업종, 생산규모, 지역적 경제 수준 등에 비추어 공장의 감정평가액 수준이 적정한지에 대한 충분한 검토가 이루어져야 한다.

예외적으로 계속기업의 원칙에 의거 해당 공장이 영속적으로 생산 및 기업활동을 영위한다는 전제하에 계속적인 수익이 예상되는 경우에는 개별물건기준 원칙의 예외로서 일괄감정평가할 수 있으며, 이 경우에는 수익환원법을 적용하여 평가한다.

### 2) 토지 및 건물의 평가

공장으로 사용되는 토지에 대한 평가는 일반적인 토지평가의 원칙에 따라 주된 방식인 공시지가기준법으로 평가하며, 부수적으로 거래사례비교법, 원가법, 수익환원법 등을 적용할 수 있다.

공장의 토지는 여러 지목으로 된 다수의 필지가 공업용 등 하나의 현실적인 이용상황으로 이용되는 경우가 있으며 이때 각각의 지목들과 현실적인 이용상황 사이에는 차이가 발생할 수 있다. 예컨대, 지목상 농경지 또는 임야이나 실제로는 공장부지이거나 야적장 또는 주차장 등의 부지로 이용되는 경우가 있을 수 있으며 이 경우 현실적인 이용상황의 판단과 관련해서 적법성, 합리성 여부 및 전환 가능성 등을 고려하여 일단지 여부를 충분히 고려하여 감정평가하여야 한다.

공장으로 사용되는 건물은 일반적인 건물평가의 원칙에 따라 주된 방식인 원가법으로 평가하며, 부수적으로 거래사례비교법, 수익환원법 등을 적용할 수 있다.

공장 건물의 평가 시에는 공장으로서의 가치형성요인 및 그 격차 등을 고려하여야 한다. 동일한 구조의 건물이라 하더라도 생산공정의 특성에 따라 건물 규모, 배치, 부대설비 등이 달라질 수 있으므로 이를 감정평가 시에 반영하여야 한다.

예컨대, 철골조 건물의 경우 재조달원가 산정 시 연면적 또는 각 층별 면적보다는 건물의 층고 및 바닥면적과의 연관성이 크므로 이에 주의하여야 한다.

또한, 통상적으로 구조가 같은 건물의 경우 층고가 증가하면 단가는 상승하며, 바닥면적이 증가하면 단가는 하락하게 된다.

면적이 과다하게 큰 건물의 경우 단순히 구조에 따른 재조달원가를 적용하기보다는 공장 건물의 특성과 규모에 따른 시공 자재의 종류 및 규격, 주기둥의 크기, 높이 및 간격 등 건물에 대한 종합적인 사항을 고려하여야 한다.

### 3) 기계·기구의 평가

기계·기구는 원가법을 적용하여 평가한다. 다만, 대상물건과 현상·성능 등이 비슷한 동종물건의 중고상태로서의 적절한 거래사례나 시중시가를 확실히 파악할 수 있는 경우에는 그 중고가격을 기초로 하여 거래사례비교법으로 감정평가할 수 있다. 기타 자세한 내용은 동산의 평가방법에서 기술하기로 한다.

### 4) 구축물의 평가

구축물을 감정평가할 때에는 원가법을 적용한다. 구축물이 주된 물건의 부속물로 이용 중인 경우에는 주된 물건에 대한 기여도 및 상관관계 등을 고려하여 주된 물건에 포함하여 감정평가할 수 있다. 즉, 담보평가의 경우 구축물을 별도로 평가하지 않고 주된 물건인 토지 또는 건물에 포함하여 평가할 수 있다.

### 5) 과잉유휴시설의 평가

과잉유휴시설은 현재 이용되지 않고 가까운 장래에도 이용될 가능성이 없는 시설 등을 말한다. 감정평가 목적과 전용 가능성에 따라 과잉유휴시설의 감정평가방법이 달라진다. 일반적인 기계·기구류의 감정평가방법을 적용하되 전환비용 등을 고려하거나, 해체·철거를 전제한 해체처분가격으로 감정평가할 수 있다.

# 제2절 「산업집적활성화 및 공장설립에 관한 법률」의 이해

## 1 「산업집적활성화 및 공장설립에 관한 법률」의 주요내용

「산업집적활성화 및 공장설립에 관한 법률」은 공장의 유형과 종류를 규정하고 설립·설치에 관한 사항을 정하는 법률이다. 이 법 내용 중 감정평가와 관련된 주요내용은 공장의 개념, 공장이 집단으로 소재하는 산업단지의 종류, 구분소유 부동산 형태인 지식산업센터 및 공장의 설립 기준·절차에 대한 사항이다.

**「산업집적활성화 및 공장설립에 관한 법률」**

**제2조(정의)**

1. "공장"이란 건축물 또는 공작물, 물품제조공정을 형성하는 기계·장치 등 제조시설과 그 부대시설(이하 "제조시설등"이라 한다)을 갖추고 대통령령으로 정하는 제조업을 하기 위한 사업장으로서 대통령령으로 정하는 것을 말한다.

13. "지식산업센터"란 동일 건축물에 제조업, 지식산업 및 정보통신산업을 영위하는 자와 지원시설이 복합적으로 입주할 수 있는 다층형 집합건축물로서 대통령령으로 정하는 것을 말한다.

14. "산업단지"란 「산업입지 및 개발에 관한 법률」 제6조·제7조·제7조의2 및 제8조에 따라 지정·개발된 국가산업단지, 일반산업단지, 도시첨단산업단지 및 농공단지를 말한다.

14의2. "스마트그린산업단지"란 입주기업체와 산업집적기반시설·산업기반시설 및 공공시설 등의 디지털화, 에너지 자립 및 친환경화를 추진하는 산업단지로서 제45조의11에 따라 지정된 것을 말한다.

20. "공장의 설립"이란 공장을 신설 또는 증설하는 것을 말한다.

21. "공장의 신설"이란 건축물을 신축(공작물을 축조하는 것을 포함한다)하거나 기존 건축물의 용도를 공장용도로 변경하여 제조시설등을 설치하는 것을 말한다.

22. "공장의 증설"이란 제16조제1항에 따라 등록된 공장의 공장건축면적 또는 공장부지면적을 넓히는 것을 말한다.

23. "업종변경"이란 제13조에 따라 공장설립 등의 승인을 받은 공장 또는 제16조에 따라 등록된 공장의 업종을 다른 업종(제8조에 따른 공장입지의 기준에 따른 업종을 말한다)으로 변경하거나 해당 공장에 다른 업종을 추가하는 것을 말한다.

## 2 공장의 개념

공장은 제조업을 영위하기 위해 필요한 건축물 또는 공작물, 물품제조공정을 형성하는 기계·장치 등 제조시설과 그 부대시설 그리고 공장부지를 말하며 제조업의 범위는 표준산업분류상 제조업을 의미한다.

**「산업집적활성화 및 공장설립에 관한 법률 시행령」**

**제2조(공장의 범위)** ① 「산업집적활성화 및 공장설립에 관한 법률」(이하 "법"이라 한다) 제2조제1호에 따른 제조업의 범위는 「통계법」 제22조에 따라 통계청장이 고시하는 표준산업분류(이하 "한국표준산업분류"라 한다)에 따른 제조업으로 한다.

② 법 제2조제1호에 따른 공장의 범위에 포함되는 것은 다음 각 호와 같다.

1. 제조업을 하기 위하여 필요한 제조시설(물품의 가공·조립·수리시설을 포함한다. 이하 같다) 및 시험생산시설
2. 제조업을 하는 경우 그 제조시설의 관리·지원, 종업원의 복지후생을 위하여 해당 공장부지 안에 설치하는 부대시설로서 산업통상자원부령으로 정하는 것
3. 제조업을 하는 경우 관계 법령에 따라 설치가 의무화된 시설
4. 제1호부터 제3호까지의 시설이 설치된 공장부지

**표준산업분류상 제조업의 분류**
**(대분류 : C 제조업, 중분류 : 10~34)**

| 코드 | 명칭 | 코드 | 명칭 |
|---|---|---|---|
| 10 | 식료품 제조업 | 15 | 가죽, 가방 및 신발 제조업 |
| 11 | 음료 제조업 | 16 | 목재 및 나무제품 제조업; 가구 제외 |
| 12 | 담배 제조업 | 17 | 펄프, 종이 및 종이제품 제조업 |
| 13 | 섬유제품 제조업; 의복 제외 | 18 | 인쇄 및 기록매체 복제업 |
| 14 | 의복, 의복 액세서리 및 모피제품 제조업 | 19 | 코크스, 연탄 및 석유정제품 제조업 |

| 코드 | 명칭 | 코드 | 명칭 |
|---|---|---|---|
| 20 | 화학물질 및 화학제품 제조업; 의약품 제외 | 28 | 전기장비 제조업 |
| 21 | 의료용 물질 및 의약품 제조업 | 29 | 기타 기계 및 장비 제조업 |
| 22 | 고무 및 플라스틱제품 제조업 | 30 | 자동차 및 트레일러 제조업 |
| 23 | 비금속 광물제품 제조업 | 31 | 기타 운송장비 제조업 |
| 24 | 1차 금속 제조업 | 32 | 가구 제조업 |
| 25 | 금속가공제품 제조업; 기계 및 가구 제외 | 33 | 기타 제품 제조업 |
| 26 | 전자부품, 컴퓨터, 영상, 음향 및 통신장비 제조업 | 34 | 산업용 기계 및 장비 수리업 |
| 27 | 의료, 정밀, 광학기기 및 시계 제조업 | - | - |

## 3 산업단지

산업단지란, 공장 부지 등으로 사용되는 '산업시설용지' 외에 이에 부수되는 교육·연구·업무 및 주거·문화시설을 집단적으로 설치하기 위하여 포괄적 계획에 따라 지정·개발되는 일단의 토지를 말한다.

산업단지는 규모, 입지 업종 및 지정권자에 따라 '국가산업단지', '일반산업단지', '도시첨단산업단지', '농공단지' 및 '스마트그린산업단지'로 나뉜다.

「산업입지 및 개발에 관한 법률」

**제2조(정의)**

7의2. "산업시설용지"란 공장, 지식산업 관련 시설, 문화산업 관련 시설, 정보통신산업 관련 시설, 재활용 산업 관련 시설, 자원비축시설, 물류시설, 교육·연구시설 및 그 밖에 대통령령으로 정하는 시설의 용지를 말한다.

7의3. "복합용지"란 제7호의2와 제9호나목부터 자목까지의 시설을 하나의 용지에 일부 또는 전부를 설치하기 위한 용지를 말한다.

8. "산업단지"란 제7호의2에 따른 시설과 이와 관련된 교육·연구·업무·지원·정보처리·유통 시설 및 이들 시설의 기능 향상을 위하여 주거·문화·환경·공원녹지·의료·관광·체육·복지 시설 등을 집단적으로 설치하기 위하여 포괄적 계획에 따라 지정·개발되는 일단의 토지로서 다음 각 목의 것을 말한다.

가. 국가산업단지: 국가기간산업, 첨단과학기술산업 등을 육성하거나 개발 촉진이 필요한 낙후지역이나 둘 이상의 특별시·광역시·특별자치시 또는 도에 걸쳐 있는 지역을 산업단지로 개발하기 위하여 제6조에 따라 지정된 산업단지

나. 일반산업단지: 산업의 적정한 지방 분산을 촉진하고 지역경제의 활성화를 위하여 제7조에 따라 지정된 산업단지

다. 도시첨단산업단지: 지식산업·문화산업·정보통신산업, 그 밖의 첨단산업의 육성과 개발 촉진을 위하여 「국토의 계획 및 이용에 관한 법률」에 따른 도시지역에 제7조의2에 따라 지정된 산업단지

라. 농공단지: 대통령령으로 정하는 농어촌지역에 농어민의 소득 증대를 위한 산업을 유치·육성하기 위하여 제8조에 따라 지정된 산업단지

8의2. "스마트그린산업단지"란 입주기업과 기반시설·주거시설·지원시설 및 공공시설 등의 디지털화, 에너지 자립 및 친환경화를 추진하는 산업단지를 말한다.

## 4 지식산업센터

### 1) 지식산업센터의 개념

지식산업센터란, 동일 건축물에 제조업, 지식산업 및 정보통신산업을 영위하는 시설과 지원시설이 복합적으로 입주할 수 있는 다층형 집합건축물을 말한다.

지식산업센터는 공장 등으로 이용되는 구분소유 부동산이라는 측면에서 '아파트형 공장'이라는 명칭으로 사용되었다. 서울을 비롯한 수도권의 중소 제조업체는 과거에 공장부지의 감소와 수도권 내 공장입지규제로 운영에 큰 어려움을 겪었다. 이를 해소하기 위해 '아파트형 공장'이 도입되었다. 이후 지식산업에 대한 수요를 반영하여 2010년 '아파트형 공장'에서 '지식산업센터'로 명칭을 변경하고 제조업뿐만 아니라 지식산업 및 정보통신산업도 입주할 수 있게 하였다.

**「산업집적활성화 및 공장설립에 관한 법률」**

**제2조(정의)**

13. "지식산업센터"란 동일 건축물에 제조업, 지식산업 및 정보통신산업을 영위하는 자와 지원시설이 복합적으로 입주할 수 있는 다층형 집합건축물로서 대통령령으로 정하는 것을 말한다.

**「산업집적활성화 및 공장설립에 관한 법률 시행령」**

**제4조의6(지식산업센터)** 법 제2조제13호에서 "대통령령으로 정하는 것"이란 다음 각 호의 요건을 모두 갖춘 건축물을 말한다.

1. 지상 3층 이상의 집합건축물일 것
2. 공장, 제6조제2항에 따른 지식산업의 사업장 또는 같은 조 제3항에 따른 정보통신산업의 사업장이 6개 이상 입주할 수 있을 것
3. 「건축법 시행령」 제119조제1항제3호에 따른 바닥면적(지상층만 해당한다)의 합계가 같은 항 제2호에 따른 건축면적의 300퍼센트 이상일 것. 다만, 다음 각 목의 어느 하나에 해당하여 바닥면적의 합계가 건축면적의 300퍼센트 이상이 되기 어려운 경우에는 해당 법령이 허용하는 최대 비율로 한다.
   가. 「국토의 계획 및 이용에 관한 법률」 제78조에 따라 용적률을 특별시·광역시·특별자치시·특별자치도·시 또는 군의 조례로 따로 정한 경우
   나. 「산업기술단지 지원에 관한 특례법」 제8조에 따른 면적을 준수하기 위한 경우

## 2) 지식산업센터의 입주시설 범위

지식산업센터에 입주할 수 있는 시설은 제조업, 지식기반업, 지식산업 및 정보통신산업으로 제한된다. 다만, 산업단지 안의 지식산업센터는 산업단지관리기관이 인정하는 사업, 산업단지 밖의 지식산업센터는 시·군·구청장이 인정하는 사업인 경우 입주가 가능하다.

또한, '입주업체의 생산 활동을 지원하기 위한 시설(지원시설)'은 시행령에서 제외하도록 정하고 있는 것을 제외하고는 입주가 가능한 바, 현실적으로 설치되는 시설은 주로 근린생활시설, 업무시설 등이다.

**「산업집적활성화 및 공장설립에 관한 법률」**

**제28조의5(지식산업센터에의 입주)** ① 지식산업센터에 입주할 수 있는 시설은 다음 각 호의 시설로 한다.

1. 제조업, 지식기반산업, 정보통신산업, 그 밖에 대통령령으로 정하는 사업을 운영하기 위한 시설
2. 「벤처기업육성에 관한 특별조치법」 제2조제1항에 따른 벤처기업을 운영하기 위한 시설
3. 그 밖에 입주업체의 생산 활동을 지원하기 위한 시설로서 대통령령으로 정하는 시설

② 제1항제1호에 따라 지식산업센터에 입주할 수 있는 시설의 범위 및 규모는 대통령령으로 정한다.

**「산업집적활성화 및 공장설립에 관한 법률 시행령」**

**제36조의4(지식산업센터에의 입주)** ① 법 제28조의5제1항제1호에서 "대통령령으로 정하는 사업"이란 다음 각 호의 사업을 말한다.

1. 제6조제2항 및 같은 조 제3항에 따른 지식산업 및 정보통신산업
2. 그 밖에 특정 산업의 집단화와 지역경제의 발전을 위하여 다음 각 목의 구분에 따라 지식산업센터에의 입주가 필요하다고 인정하는 사업
   가. 산업단지 안의 지식산업센터의 경우: 법 제2조제18호에 따른 산업에 해당하는 사업으로서 관리기관이 인정하는 사업
   나. 산업단지 밖의 지식산업센터의 경우: 시장·군수 또는 구청장이 인정하는 사업

② 법 제28조의5제1항제3호에 따른 입주업체의 생산 활동을 지원하기 위한 시설은 다음 각 호의 시설을 제외한 시설로 한다.

(중략)

### 3) 지원시설의 설치가능 면적 범위

지식산업센터에는 제조업 등 시설 외에 '입주업체의 생산 활동을 지원하기 위한 시설(지원시설)'의 설치가 가능한 바, 설치가능 면적의 범위는 시행령에서 정하고 있다.

지원시설은 전체 연면적의 30% 범위 내에서 설치가 가능하나, '복합구역 안의 지식산업센터', '「수도권정비계획법」 제2조 제1호에 따른 수도권 밖의 지식산업센터'의 경우 전체 연면적의 50%까지 설치가 가능하다.

**「산업집적활성화 및 공장설립에 관한 법률 시행령」**

**제36조의4(지식산업센터에의 입주)**

④ 제2항에 따른 입주업체 생산활동 지원시설의 총 건축연면적은 다음 각 호의 범위 이내로 해야 한다.

1. 산업단지 안의 지식산업센터로서 다음 각 목에 해당하는 경우에는 그 해당 범위
    가. 법 제33조제8항 본문에 따른 산업시설구역 안의 지식산업센터: 건축연면적의 100분의 30.
    나. 법 제33조제8항 단서에 따른 복합구역 안의 지식산업센터: 건축연면적의 100분의 50
2. 산업단지 밖의 지식산업센터로서 다음 각 목에 해당하는 경우에는 그 해당 범위
    가. 「수도권정비계획법」 제2조제1호에 따른 수도권 안의 지식산업센터: 건축연면적의 100분의 30
    나. 「수도권정비계획법」 제2조제1호에 따른 수도권 밖의 지식산업센터: 건축연면적의 100분의 50

⑤ 법 제28조의5제1항제1호에 따라 제조업을 하기 위한 시설을 설치할 때 해당 지식산업센터가 산업단지 또는 공업지역이 아닌 지역에 위치한 경우에는 도시형공장(제34조제2호에 따른 도시형공장은 제외한다)의 시설에 한정하여 이를 설치할 수 있다.

⑥ 시장·군수 또는 구청장이나 관리기관은 지식산업센터에서 제조업을 하는 입주기업의 부대시설 중 사무실 또는 창고를 그 지식산업센터 건축물 내의 별도 구역에 설치하게 할 수 있다.

## 5 설립

### 1) 공장설립의 개념

공장의 설립이란, 공장을 신설 또는 증설하는 것을 말한다. '신설'은 건축물을 신축하거나 기존 건축물의 용도를 공장용도로 변경하여 제조시설 등을 설치하는 것을 말하며, '증설'은 등록된 공장의

건축면적 또는 부지면적을 넓히는 것을 말한다. '업종변경'이란, 공장설립 등의 승인을 받은 공장 또는 등록된 공장의 업종을 다른 업종으로 변경하거나 해당 공장에 다른 업종을 추가하는 것을 말한다.

## 2) 공장설립 등의 승인과 다른 법률에 따른 인·허가 등의 의제

### (1) 공장설립 등의 승인

공장건축면적이 500제곱미터 이상인 공장의 신설·증설 또는 업종변경을 하기 위해서는 시장·군수 또는 구청장의 승인을 받아야 한다. 따라서, 해당 공장설립 예정지가 적법한 인·허가를 득하였는지 확인하기 위해서는 아래와 같은 공장설립 승인서를 확인하여야 한다.

다만, 다른 법률에 따라 공장설립 등이 의제되는 경우에는 그에 따른 서류를 통해 적법한 인·허가를 득하였는지 확인하여야 한다.

공장설립 승인 여부 검토

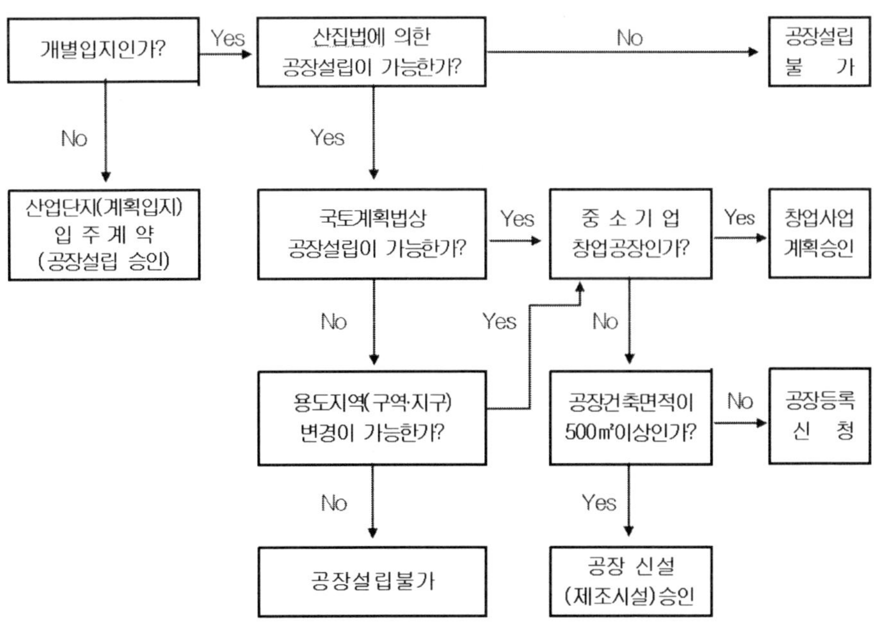


※ 출처 : 중소벤처기업부, 「창업절차메뉴얼」

「산업집적활성화 및 공장설립에 관한 법률」

**제13조(공장설립등의 승인)** ① 공장건축면적이 500제곱미터 이상인 공장의 신설·증설 또는 업종변경(이하 "공장설립등"이라 한다)을 하려는 자는 대통령령으로 정하는 바에 따라 시장·군수 또는 구청장의 승인을 받아야 하며, 승인을 받은 사항을 변경하려는 경우에도 또한 같다. 다만, 승인을 받은 사항 중 산업통상자원부령으로 정하는 경미한 사항을 변경하려는 경우에는 시장·군수 또는 구청장에게 신고하여야 한다.

② 다음 각 호의 어느 하나에 해당하는 경우에는 제1항에 따른 공장설립등의 승인을 받은 것으로 본다.

1. 제20조제2항에 따른 승인을 받은 경우***(과밀억제권역에서의 행위제한의 완화에 따른 승인 등)***
2. 제38조제1항 본문 및 제2항에 따른 입주계약 및 변경계약을 체결한 경우 ***(산업단지입주계약 등)***
3. 대통령령으로 정하는 다른 법률에 따라 그 공장설립에 관한 허가·인가·면허 등을 받은 경우

「산업집적활성화 및 공장설립에 관한 법률 시행령」

**제19조(공장설립등의 승인절차)**

④ 법 제13조제2항제3호에 따라 공장설립등의 승인을 받은 것으로 보는 다른 법률에 따른 공장설립에 관한 허가·인가·면허 등은 다음 각 호와 같다.

1. 「자유무역지역의 지정 및 운영에 관한 법률」 제11조제1항에 따른 입주허가
2. 「중소기업창업 지원법」 제45조에 따른 공장 설립계획의 승인
3. 「산업입지 및 개발에 관한 법률」 제17조, 제17조의2, 제18조, 제18조의2 및 제19조에 따른 실시계획의 승인(같은 법 제16조제3항에 따라 해당 산업단지에 입주할 자가 산업단지개발사업을 시행하는 경우만 해당한다)

⑤ 공장설립승인신청은 공장건설을 위한 건축허가신청 또는 건축신고 전에 하여야 한다. 다만, 법 제13조의2제1항에 따라 공장설립승인으로써 건축허가 또는 건축신고를 의제받으려는 경우에는 그러하지 아니하다.

## 공장설립 등의 승인서 예시

# 공장설립 승인서

[ 담당자: ]

귀하께서 20 신청한 **공장설립승인** 신청에 대하여 산업집적활성화 및 공장설립에 관한 법률 제13조 및 동법 시행령 제19조 제3항의 규정에 의하여 다음과 같이 승인합니다.

가. 승인사항

| 구 분 | 승 인 내 역 | 비 고 |
|---|---|---|
| 회 사 명 | | |
| 대 표 자<br>(법인,주민등록번호) | | |
| 소 재 지<br>(도 로 명) | 향남읍 갈천리 | |
| 업 종<br>(분류번호) | 천연 및 혼합조제 조미료제조업<br>( 10742 ) | |
| 공장부지면적 | 8,248.00㎡ | |
| 공장건축면적<br>(제조시설 / 부대시설) | 5,355.55㎡<br>( 제조시설: 3,447.42㎡ / 부대시설: 1,908.13㎡ ) | |

나. 공장설립승인에 의하여 인·허가된 것으로 처리되는 사항 및 조건 : 붙임

1) 국토의계획및이용에관한법률 제56조 규정에 의한 개발행위협의
   [ 위치: 향남읍 갈천리 / 면적:8,248.00㎡ ]
2) 산지관리법 제14조 규정에 의한 산지전용협의
   [ 위치:향남읍 갈천리 / 면적:8,248.00㎡ ]

다. 공장설립등의 취소사유

1) 공장설립등의 승인을 받은 날로부터 3년(농지전용허가 또는 신고가 의제된 경우에는 2년)이 지날 때까지 공장을 착공하지 아니하는 경우
2) 토지의 형질변경 허가 등이 취소되어 공장설립등이 불가능하게 된 경우
3) 공장설립등의승인 및 제조시설설치승인을 받은 후 4년이 지난 날까지 법 제15조 제1항에 따른 완료신고를 하지 아니하거나, 공장착공 후 1년 이상 공사를 중단한 경우
4) 공장설립등의 승인을 받은 부지 또는 건축물을 정당한 사유 없이 승인을 받은 내용과 다른 용도로 활용하는 경우
5) 법 제13조 제1항의 규정에 의한 공장설립등의 승인기준에 미달하게 된 경우

20

**화 성 시** 화성시장인

### (2) 공장설립 등의 승인으로 의제되는 다른 법률에 따른 인·허가

공장은 설립 시 농지·산지 전용, 토지거래계약의 허가, 하천·도로 등의 점용허가 및 건축허가·신고 등 여러 개별 법률에 따른 허가가 필요하다. 공장설립 등의 신청 시 아래의 명세에 해당하는 인·허가 서류를 제출하는 경우 공장설립 등 승인을 받음으로 해당 인·허가는 받은 것으로 의제되는 바, 해당 여부를 확인하여 인·허가를 득한 상태를 기준으로 토지를 감정평가할 수 있다.

**의제되는 다른 법률에 따른 인·허가**

■ 산업집적활성화 및 공장설립에 관한 법률 시행규칙 [별지 제5호의3서식] <개정 2014.11.6.>

**공장설립승인으로 의제처리되는 인 · 허가 명세서**

| 절 차 명 | | 인 · 허가 신청 여부 (해당에 ✔표시) |
|---|---|---|
| 근거 법령 | 신청명 | |
| 「농지법」 | 농지전용의 허가 | |
| | 농지전용의 신고 | |
| | 용도변경의 승인 | |
| 「산지관리법」 | 산지전용허가 | |
| | 산지전용신고 | |
| | 산지일시 사용허가 · 신고 | |
| | 산지 전용된 토지의 용도변경 승인 | |
| 「산림자원의 조성 및 관리에 관한 법률」 | 입목벌채 등의 허가 · 신고 | |
| 「초지법」 | 초지전용의 허가 | |
| 「사방사업법」 | 사방지의 죽목의 벌채 등의 허가 | |
| | 사방지 지정의 해제 | |
| 「국토의 계획 및 이용에 관한 법률」 | 개발행위(토지의 형질 변경 또는 토지 분할만 해당)의 허가 | |
| | 도시 · 군계획시설사업의 시행자의 지정 | |
| | 실시계획의 인가 | |
| | 토지거래계약의 허가 | |
| 「하천법」 | 하천공사시행의 허가 | |
| | 하천점용의 허가 | |
| 「공유수면 관리 및 매립에 관한 법률」 | 공유수면의 점용 · 사용허가 | |
| | 실시계획의 승인 또는 신고 | |
| | 공유수면의 매립면허 | |
| 「장사 등에 관한 법률」 | 분묘 개장의 허가 | |
| 「사도법」 | 사도 개설 등의 허가 | |
| 「도로법」 | 도로점용의 허가 | |
| 「농어촌정비법」 | 농업생산기반시설의 목적 외 사용의 승인 | |
| 「국유재산법」 | 국유재산의 사용허가 | |
| | 도로 · 하천 · 구거 및 제방의 용도폐지 | |
| 「공유재산 및 물품 관리법」 | 행정재산의 용도의 변경 또는 폐지 | |
| | 행정재산의 사용 · 수익허가 | |
| 「건축법」 | 건축허가 | |
| | 건축신고 | |
| | 건축물의 용도변경의 허가나 신고 | |
| | 기재내용의 변경 | |
| | 가설건축물 건축의 허가 또는 신고 | |
| | 공작물 축조의 신고 | |
| 「환경영향평가법」 | 소규모 환경영향평가에 대한 협의 | |
| 「자연재해대책법」 | 사전재해영향성 검토 협의 | |

위의 절차에 대해 인허가 등을 의제처리 받고자 하는 자는 해당 법률에 따른 신청서류를 작성하여 첨부하여야 한다. 이 경우 신청양식의 중복항목 (성명, 주소, 법인등록번호(생년월일), 전화번호 등의 작성은 생략할 수 있다.

# 제6장

# 동산

# 제1절 「동산·채권 등의 담보에 관한 법률」의 이해

## 1 용어의 정의[19)]

1. "동산담보권"은 동산을 담보물(담보의 목적물)로 하여 등기하거나 등기하려고 하는 담보권을 말한다.
2. "동산담보등기"는 동산을 담보로 제공하기 위하여 이루어진 등기를 말한다.
3. "동산담보권"은 「동산·채권 등의 담보에 관한 법률」[20)]에 따라 동산담보권을 설정하거나 관리하기 위해 이루어지는 감정평가를 말한다.
4. "담보권자"는 담보를 제공받고 담보권을 실행할 권리를 지닌 자를 말한다.
5. "담보권설정자"는 담보에 담보권을 설정하도록 용인하는 자를 말한다.
6. "개별동산"은 개별 동산별로 담보권을 설정하려는 동산을 말한다. 개별동산 중 동산의 특성에 따라 특정할 수 있는 물건은 동산담보등기의 목적물(동산담보평가의 대상물건)이 될 수 있다.
7. "집합동산"은 여러 개의 동산에 대하여 1개의 담보권을 설정하려는 동산의 집합으로서 경제적으로 단일한 가치를 가지고 거래상으로도 일체로 다루어지는 '일단의 동산 집합물을 말한다. 집합동산 중 동산의 보관장소에 따라 특정할 수 있는 물건은 동산 담보등기의 목적물이 될 수 있다.

* 동산담보등기를 할 수 있는 개별동산이란,
해당 개별동산에 대해 다른 물건과 구별할 수 있도록 ① 그 종류를 명백히 구분파악할 수 있고 ② 제조번호 또는 제품번호가 동산에 표시된 물건을 말한다.

* 동산담보등기를 할 수 있는 집합동산이란,
해당 집합동산에 대해 다른 물건과 구별할 수 있도록 ① 그 종류를 명백히 구분파악할 수 있고 ② 보관장소의 구체적 소재지(토지의 경우에는 지번 건물의 경우 동·호수가 있는 경우에는 이를 포함)를 파악할 수 있으며 ③ 같은 보관장소에 있는 같은 종류의 동산 전체를 담보목적물로 하는 경우를 말한다.

---

19) 출처 : 감정평가실무메뉴얼 동산담보평가편 (2021, 한국감정평가사협회 감정평가기준위원회)
20) 「동산·채권 등의 담보에 관한 법률」, 이하 동산채권담보법이라 한다.

## 2 동산·채권담보권의 개관

### 1) 담보권 등기

#### (1) 동산담보권

동산채권담보법에 따라 동산을 담보로 제공하고 담보등기를 할 수 있다. 다만, 양도할 수 없는 물건은 담보목적물로 할 수 없는데, 양도할 수 없는 물건의 경우 그 물건의 대가로부터 우선변제권을 확보할 수 없기 때문이다.

1개의 동산뿐만 아니라 여러 개의 동산의 집합도 담보등기를 할 수 있는데, 이 경우에는 목적물의 종류·보관장소·수량을 정하거나 유사한 방법으로 특정할 수 있어야 한다.

한편, 장래에 취득할 동산도 담보등기를 할 수 있는데, 예컨대 기업이 보유한 원재료를 이용하여 생산한 제품 등에 대하여 제품생산 전에 담보로 제공하고 자금을 조달하는 경우에도 담보등기를 할 수 있다.

#### (2) 채권담보권

동산채권담보법에 따라 이 법에 따라 채권을 담보로 제공하고 담보등기를 할 수 있다. 이때 채권은 '금전의 지급을 목적으로 하는 지명채권'을 말한다. 즉, 금전채권으로 한정되며, 신용카드대금 채권, 물품채권, 리스료 채권 등이 있다.

여러 개의 채권이나 장래에 발생할 채권에 대해서도 담보등기를 할 수 있다. 다만, 여러 개의 채권의 경우에는 채권의 종류·발생원인·발생연월일을 정하거나 유사한 방법으로 특정할 수 있어야 한다.

#### (3) 지식재산권 담보권

특허권·실용신안권·디자인권·상표권·저작권·반도체집적회로의 배치설계권 등 법률에 따라 질권 설정이 가능한 재산권은 동산채권담보법에 따라 담보권을 등록할 수 있다.

#### (4) 담보등기를 할 수 없는 대상

##### ① 등기·등록된 동산

「선박등기법」에 따라 등기된 선박, 「자동차 등 특정동산 저당법」에 따라 등록된 건설기계·자동차·항공기·소형선박, 「공장저당법」에 따라 등기된 기업재산, 그 밖에 다른 법률에 따라 등기되거나 등록된 동산은 공시 이원화로 인한 거래의 혼선을 방지하기 위해 동산채권담보법에 따른 담보의 대상으로 인정되지 않는다.

다만, 해당 동산이 아직 등록이나 등기되지 않은 경우(또는 등록이나 등기가 말소된 경우)에는 동산채권담보법에 따른 담보권 등기를 할 수 있다.

##### ② 화물상환증 등이 작성된 동산

화물상환증·선하증권·창고증권이 작성된 동산은 '증권의 인도'가 해당 동산을 인도한 것과 같은 물권적 효력이 있기 때문에(상법 제133조, 제157조, 제861조) 증권과 물건의 이중 담보 제공 등의 문제가 발생하지 않도록 동산채권담보법에 따른 담보의 대상으로 인정되지 않는다.

##### ③ 무기명채권증서 등

무기명채권증서, 「자산유동화에 관한 법률」에 따른 유동화증권, 「자본시장과 금융투자업에 관한 법률」에 따른 증권은 동산채권담보법에 따른 담보의 대상으로 인정되지 않는다.

### 2) 담보권 설정자의 자격

법인 또는 「부가가치세법」에 따라 '사업자등록을 한 사람[21)]'이 동산 또는 채권을 목적으로 하는 담보권을 설정할 수 있으며, 담보권설정자의 사업자등록이 말소된 경우에도 이미 설정된 동산담보권의 효력에는 영향을 미치지 않는다.

21) 법 제정 시에는 설정자의 자격을 '법인 또는 「상업등기법」에 따른 상호등기를 한 사람'으로 제한하였으나, 법 개정을 통해 2022년 4월 21일부터는 이와 같이 확대하였다.

## 참고 동산담보 등기기록

[별지 제1호 양식] 담보권설정자가 법인인 경우 동산담보 등기기록 <개정 2022. 2. 25.>

등기고유번호 0000-000000　　등기일련번호 000000

| 【담 보 권 설 정 자】 ( 담보권설정자에 관한 사항 ) | | | | |
|---|---|---|---|---|
| 표시번호 | 상호 / 명칭 | 법인등록번호 | 본점 / 주사무소 | 등기원인 및 등기일자 |
| | | | | |

| 【 담 보 권 】 ( 담보권에 관한 사항 ) | | | | |
|---|---|---|---|---|
| 순위번호 | 등기목적 | 접수 | 등기원인 | 담보권자 및 기타사항 |
| | | | | |

| 【 담 보 목 적 물 】 ( 담보목적물에 관한 사항 ) | | | |
|---|---|---|---|
| 일련번호 | 동산의 종류 | 보관장소 / 특성 | 기타사항 |
| | | | |

---

[별지 제2호 양식] 담보권설정자가 사업자등록을 한 사람인 경우 동산담보 등기기록 <개정 2022. 2. 25.>

등기고유번호 0000-000000　　등기일련번호 000000

| 【담 보 권 설 정 자】 ( 담보권설정자에 관한 사항 ) | | | | |
|---|---|---|---|---|
| 표시번호 | 성 명 | 주민등록번호 | 주 소 | 등기원인 및 등기일자 |
| | | | | |

| 【 담 보 권 】 ( 담보권에 관한 사항 ) | | | | |
|---|---|---|---|---|
| 순위번호 | 등기목적 | 접수 | 등기원인 | 담보권자 및 기타사항 |
| | | | | |

| 【 담 보 목 적 물 】 ( 담보목적물에 관한 사항 ) | | | |
|---|---|---|---|
| 일련번호 | 동산의 종류 | 보관장소 / 특성 | 기타사항 |
| | | | |

※ 출처 : 「동산·채권의 담보등기 등에 관한 규칙」 서식

### 3) 효력

#### (1) 동산 담보등기의 기능

약정에 따른 동산담보권의 득실변경은 등기부에 등기를 하여야 그 효력이 생긴다. 동일한 동산에 설정된 동산담보권의 순위는 등기의 순서에 따른다. 동일한 동산에 관하여 '등기부의 등기'와 '인도'(「민법」에 규정된 간이인도, 점유개정, 목적물반환청구권의 양도를 포함한다)가 같이 행하여진 경우에 권리 사이의 순위는 법률에 다른 규정이 없으면 그 선후[22]에 따른다.

#### (2) 동산담보권의 효력

담보권자는 담보목적물에 대하여 다른 채권자보다 우선변제를 받을 권리가 있으며, 담보권자는 피담보채권 전부를 변제받을 때까지 담보목적물 전부에 대하여 권리를 행사할 수 있다.

동산담보권의 효력은 담보목적물에 부합된 물건과 종물에 미치며, 담보목적물에 대한 압류 또는 인도 청구가 있은 후 담보권설정자가 수취하거나 수취할 수 있는 담보목적물의 과실에 미친다.

또한, 동산담보권은 담보목적물의 매각·임대·멸실·훼손·공용징수 등으로 인하여 담보권설정자가 받을 금전이나 그 밖의 물건에 대하여도 행사할 수 있다.

#### (3) 동산 담보권자의 권한

담보권설정자는 정당한 사유 없이 담보권자의 담보목적물에 대한 현황조사 요구를 거부할 수 없다. 담보권설정자에게 책임이 있는 사유로 담보목적물의 가액이 현저히 감소된 경우에는 담보권자는 담보권설정자에게 그 원상회복 또는 적당한 담보의 제공을 청구할 수 있다.

---

22) 동산담보권은 동산채권담보법에 의한 등기된 담보권과 질권·양도담보권과 같이 등기하지 않은 담보권이 병립할 수 있다. 이 경우 등기된 담보권에 우선권을 부여하지 않고 있다. 등기되지 않은 담보권은 공시되지 않아 선순위의 존재 여부를 알 수 없으므로 오히려 등기한 담보권자(동산·채권담보권)가 등기하지 않은 담보권자(질권·양도담보권 등)보다 불리한 지위에 놓일 가능성이 크다.

### 4) 실행

동산담보권의 실행은 주로 경매에 의하나, 담보목적물로 직접 변제 충당(취득정산) 또는 담보목적물을 매각하여 변제 충당(처분정산)하는 방법이 있다.

경매를 할 경우 그 절차는 「민사집행법」상 부동산을 목적으로 하는 담보권 실행을 위한 경매절차(「민사집행법」 제264조), 유체동산에 대한 강제집행 절차 등에 따른다. 이 경우 담보권설정자가 담보목적물을 점유하고 있다면 경매절차는 압류에 의해 개시한다.

정당한 이유가 있는 경우 담보권자는 담보목적물을 직접 변제에 충당하거나 담보목적물을 매각할 수 있다.

**「동산·채권 등의 담보에 관한 법률」**

**제21조(동산담보권의 실행방법)** ① 담보권자는 자기의 채권을 변제받기 위하여 담보목적물의 경매를 청구할 수 있다.

② 정당한 이유가 있는 경우 담보권자는 담보목적물로써 직접 변제에 충당하거나 담보목적물을 매각하여 그 대금을 변제에 충당할 수 있다. 다만, 선순위권리자(담보등기부에 등기되어 있거나 담보권자가 알고 있는 경우로 한정한다)가 있는 경우에는 그의 동의를 받아야 한다.

**제23조(담보목적물의 직접 변제충당 등의 절차)** ① 제21조제2항에 따라 담보권자가 담보목적물로써 직접 변제에 충당하거나 담보목적물을 매각하기 위하여는 그 채권의 변제기 후에 동산담보권 실행의 방법을 채무자 등과 담보권자가 알고 있는 이해관계인에게 통지하고, 그 통지가 채무자 등과 담보권자가 알고 있는 이해관계인에게 도달한 날부터 1개월이 지나야 한다. 다만, 담보목적물이 멸실 또는 훼손될 염려가 있거나 가치가 급속하게 감소될 우려가 있는 경우에는 그러하지 아니하다.

② 제1항의 통지에는 피담보채권의 금액, 담보목적물의 평가액 또는 예상매각대금, 담보목적물로써 직접 변제에 충당하거나 담보목적물을 매각하려는 이유를 명시하여야 한다.

③ 담보권자는 담보목적물의 평가액 또는 매각대금(이하 "매각대금 등"이라 한다)에서 그 채권액을 뺀 금액(이하 "청산금"이라 한다)을 채무자 등에게 지급하여야 한다. 이 경우 담보목적물에 선순위의 동산담보권 등이 있을 때에는 그 채권액을 계산할 때 선순위의 동산담보권 등에 의하여 담보된 채권액을 포함한다.

④ 담보권자가 담보목적물로써 직접 변제에 충당하는 경우 청산금을 채무자 등에게 지급한 때에 담보목적물의 소유권을 취득한다.

(중략)

## 3 동산담보권의 대상

### 1) 개별동산

#### (1) '개별동산'의 확인사항

① 대상물건이 포함된 유형자산 관리대장, 유형자산 감가상각 명세서

② 대상물건에 대한 카탈로그, 설명서

③ 도입기계인 경우 수입신고필증

④ 신규 기계의 경우 대금납입확인서 또는 세금계산서

⑤ 대상물건 배치도, 설치도, 공정작업도, 배선도 등 관련 도면

⑥ 대상물건의 옵션과 관련된 자료

⑦ 대상물건에 대한 자본적 지출 내역

#### (2) '개별동산'의 담보 적격성 판단사항

| 판단 기준 | 내용 |
|---|---|
| **법령상 제한** | - 법으로 소유·양도를 금지하거나 제한한 물건<br>- 등기·등록된 선박·건설기계·자동차·항공기<br>- 화물상환증·선하증권·창고증권이 작성된 것으로 파악되는 동산 |
| **경제적 가치** | - 경제적 가치가 존재하지 않거나, 측정하기 어렵거나, 경제적 가치를 객관적으로 입증하기 어렵다고 합리적으로 판단되는 물건<br>- 현상이 불량하여 담보가치가 희박하다고 판단되는 물건<br>- 용도가 특정업체에 특히 제한된 경우로서 범용성이 없다고 판단되는 물건 |
| **담보 안정성** | - 동산담보권 설정 기간(1~5년 내외) 동안 물건의 존재가치·효용이 사라지거나 급격히 감소할 것으로 추정되는 물건<br>- 이동·은닉·반출이 지나치게 용이하여 담보물의 확인·관리가 사실상 어렵다고 판단되는 물건<br>- 동산 자체의 동력으로 이동할 수 있는 물건<br>- 정상적으로 사용 또는 가동하고 있지 않은 물건 |

<table>
<tr><th>판단 기준</th><th>내용</th></tr>
<tr><td>담보권 제약</td><td>- 부동산이나 다른 동산의 종물·부합물로 판단될 수 있는 물건<br>- 대상물건 외관에 공장저당권이 표시된 물건<br>- 대상물건 외관에 양도담보(매도담보)가 표시된 물건<br>- 대상물건 외관에 소유권유보·위탁 계약·리스임이 표시된 물건</td></tr>
<tr><td>물건 특정</td><td>- 물건의 명칭·내용·범위·한계 등을 파악할 수 없거나 다른 물건과 구별이 어려운 사유 등으로 인해 물건 자체를 특정하기 어렵다고 판단되는 경우<br>- 특정은 가능하나 식별번호·제품명·모델명·제조사·제조연월의 확인이 사실상 곤란한 물건<br>- 여러 개의 동산이 일체적으로 사용되어 독립성이 결여된물건</td></tr>
</table>

※ 출처 : 감정평가실무메뉴얼 동산담보평가편 (2021, 한국감정평가사협회 감정평가기준위원회)

## 2) 집합동산

### (1) '집합동산'의 확인사항

① 최근 1년 이상의 대상물건(재고자산) 입출고 내역

② 최근 1년 이상의 대상물건(재고자산) 관리대장, 계정별원장, 재고조사표

③ 최근 1년 이상의 제조원가 명세서 (제품·상품의 경우 필수)

④ 최근 1년 이상의 대상물건(재고자산) 대금지급 내역·증명서

⑤ 대상물건에 대한 수출입신고필증 (해당하는 경우)

⑥ 대상물건 배치도 및 관련 도면

### (2) '집합동산'의 담보 적격성 판단사항

<table>
<tr><th>판단 기준</th><th>내용</th></tr>
<tr><td>법령상 제한</td><td>법으로 소유·양도를 금지하거나 제한한 물건</td></tr>
<tr><td>경제적 가치</td><td>- 경제적 가치가 존재하지 않거나, 측정하기 어렵거나, 경제적 가치를 객관적으로 입증하기 어렵다고 합리적으로 판단되는 물건<br>- 현상이 불량하여 담보가치가 희박하다고 판단되는 물건<br>- 용도가 특정업체에 특히 제한된 경우로서 범용성이 없다고 판단되는 물건</td></tr>
</table>

| 판단 기준 | 내용 |
|---|---|
| 담보권 제약 | - 보관장소 출입구에 공장저당권이 표시된 물건<br>- 보관장소 출입구에 양도담보(매도담보)가 표시된 물건<br>- 보관장소 출입구에 소유권유보 - 위탁 계약·리스임이 표시된 물건 |
| 물건 특정 | - 집합물의 명칭·내용·범위·한계 등을 파악할 수 없거나 집합물의 식별이 어려운 사유 등으로 인해 집합물 자체를 특정하기 어렵다고 판단되는 경우<br>- 하나의 집합물 중 일부만을 특정하고자 하는 경우<br>- 보관장소의 특정이 곤란한 경우<br>- 같은 보관장소 내에서 같은 종류의 동산으로 특정할 수 없는 경우<br>- 보관장소별, 종류별 규격(품종)별로 기준수량 산정을 위한 기준시점 이전 1년 이상의 입출고 내역 자료를 제공받지 못하거나 제공받은 자료의 신뢰성이 의심되는 경우 |

※ 출처 : 감정평가실무메뉴얼 동산담보평가편 (2021, 한국감정평가사협회 감정평가기준위원회)

## 3) 소

① 최근 1년 이상의 소 사육 현황, 입식·출하 내역

② 농장식별번호 발급증

③ 개체별 관리대장(개체식별번호·출생연월일, 종류, 암수, 양도양수일, 반입반출일 등 표시)

④ 축산 및 사육 관련 허가증 예방접종 확인서, 그 밖에 검사 또는 인증서 등

⑤ 입식한 개체에 대한 매입가격 자료

⑥ 출하한 개체에 대한 가격 자료

⑦ 재무제표 또는 수입·경비지출 내역과 관련한 자료

⑧ 농장 배치도 및 관련 도면

## 4) 돼지

① 최근 1년 이상의 돼지 사육 현황, 입식·출하 내역

② 농장식별번호 발급증

③ 관리대장(개체 수·종류, 양도양수일, 반입반출일 등 표시)

④ 축산 및 사육 관련 허가증 예방접종 확인서, 그 밖에 검사 또는 인증서 등

⑤ 입식한 개체에 대한 매입가격 자료

⑥ 출하한 개체에 대한 가격 자료

⑦ 재무제표 또는 수입·경비지출 내역과 관련한 자료

⑧ 농장 배치도 및 관련 도면

## 5) 기타 농축수산물

① 최근 1년 이상의 대상물건 입출고 내역

② 최근 1년 이상의 대상물건 관리대장, 재고조사표

③ 최근 1년 이상의 대상물건 대금지급 또는 대금 관련 장부·내역·증명서

④ 대상물건에 대한 수출입신고필증 (해당하는 경우)

⑤ 대상물건에 대한 이력·원산지·품질등급 등, 위생 등과 관련한 대장·증명서

⑥ 대상물건 배치도 및 관련 도면

# 제2절 동산의 감정평가방법

## 1 개별동산(기계·기구)의 감정평가방법

「감정평가 실무기준」

**630-1.1(정의)**

① 기계란 동력을 받아 외부의 대상물에 작용을 하는 설비 및 수동식 구조물로 일정한 구속운행에 의하여 작용을 하는 설비를 말한다.
② 기구란 인력 또는 기계에 의하여 이루어지는 모든 노동을 보조하는 것 또는 작업에 간접적으로 사용되는 물건을 말한다.
③ 장치란 내부에 원료 등을 수용하여 이를 분해, 변형, 운동시키는 설비를 말한다.

**630-1.3(기계기구류의 감정평가방법)**

① 기계기구류를 감정평가할 때에는 원가법을 적용하여야 한다.
② 제1항에도 불구하고 대상물건과 현상·성능 등이 비슷한 동종물건의 적절한 거래사례를 통해 시중시가를 파악할 수 있는 경우(외국으로부터의 도입기계기구류를 포함한다)에는 거래사례비교법으로 감정평가할 수 있다.

### 1) 기계·기구 감정평가의 기준

기계·기구류의 평가는 재조달원가에 감가수정을 감안하는 원가법을 적용한다. 다만, 대상물건과 현상·성능 등이 비슷한 동종물건의 중고상태로서의 적절한 거래사례나 시중시가를 확실히 파악할 수 있는 경우에는 그 중고가격을 기초로 하여 거래사례비교법으로 감정평가할 수 있다.

거래사례비교법을 적용하기 위해서는 거래사례의 적정성 및 객관성 여부, 시중에 공정한 시장이 존재하는가에 대한 판단이 선행되어야 하는데, 이러한 점에 주관적 판단이 개입될 소지가 많으므로 기계·기구류의 평가는 주로 원가법을 적용한다.

## 2) 재조달원가

「감정평가 실무기준」

**630-1.3.1.1(국산기계기구류의 재조달원가)**

국산기계기구류의 재조달원가는 기준시점 당시 같거나 비슷한 물건을 재취득하는 데에 드는 비용으로 하되, 명칭 및 규격이 같은 물건인 경우에도 제조기술, 제작자, 성능, 부대시설의 유무 등에 따른 가격의 차이가 있는 경우에는 이를 고려한다.

**630-1.3.1.2(도입기계기구류의 재조달원가)**

① 도입기계기구류의 재조달원가는 수입가격에 적정한 부대비용을 포함한 금액으로 한다. 다만, 수입시차가 상당하여 이 방법에 따라 산정된 재조달원가가 부적정하다고 판단될 때에는 대상물건과 제작자·형식·성능 등이 같거나 비슷한 물건의 최근 수입가격에 적정 한 부대비용을 더한 금액으로 한다.

② 제1항의 방법에 따라 재조달원가를 산정하는 것이 불합리하거나 불가능한 경우에는 같은 제작국의 동종기계기구류로서 가치형성요인이 비슷한 물건의 최근 수입가격 또는 해당 기계기구류의 도입 당시 수입가격 등을 기준으로 추정한 수입가격에 적정한 부대비용 을 더하여 산정할 수 있다.

### (1) 국내제작 기계의 재조달원가 산정

재조달원가는 기준시점 당시 같거나 비슷한 물건을 재취득하는 데에 드는 비용으로 하되, 명칭 및 규격이 같은 물건인 경우에도 제조기술, 제작자, 성능, 부대시설의 유무에 따른 가격의 차이가 있는 경우에는 이를 고려하여야 한다.

대상물건에 대한 가격자료가 없거나 재조달원가를 직접 구하는 것이 곤란한 경우에는 구조, 규격, 형식, 용량 등 가치구성요인이 비슷한 물건의 재조달원가를 기준으로 비교·수정하여 대상물건의 재조달원가를 결정할 수 있다.

한편, 실무적으로는 대상 기계를 최근에 취득한 경우에는 그 취득가격으로 재조달원가를 결정하거나 「동산시가조사표」(한국부동산원)와 물가자료집 등을 활용하여 산정한다.

### (2) 도입기계의 재조달원가 산정

#### ① 재조달원가 산정 기준

도입기계의 재조달원가는 수입가격에 적절한 부대비용을 포함한 금액으로 한다. 다만, 이 방법으로 산정된 재조달원가가 수입시차 등으로 부적정하다고 판단될 때에는 대상물건과 제작자·형식·성능 등이 같거나 비슷한 물건의 최근 수입가격을 기초로 하여 부대비용을 더한 금액을 기준으로 산정할 수 있다.

실무적으로는 해당 기계의 도입 당시 수입가격을 기준으로 보정한 가액에 적정한 부대비용 등을 더한 금액으로 재조달원가를 산정한다. 즉, 도입 당시의 수입가격을 기준시점 기준 원화로 산정한 '도입기계 수입가격'과 '부대비용'을 합산하여 산정한다. 이때, 필요한 자료는 해당 기계의 수입신고필증을 그 근거로 한다.

#### ② 도입기계 수입가격

㉠ FOB(Free On Board) 기준가격

'발송지가격'이라고도 하며, 운임, 보험료를 포함하지 않은 가격이다. 도입 당시의 FOB가격이 확인되고 현행의 운임과 보험료의 파악이 가능한 경우에 활용된다.

㉡ ClF(Cost Insurance and Freight) 기준가격

'도착지가격'이라고도 하며 FOB에 운임, 보험료를 포함하는 가격이다. 현행 운임 및 보험료의 파악이 어렵거나 불합리한 경우에 활용된다.

도입기계 수입가격 $= Pf \times Mr \times R + F + I$ ← FOB 기준

$= Pi \times Mr \times R$ ← CIF 기준

※ Pf : 도입 당시 평가대상 기계의 FOB 원산지 외화가격

Pi : 도입 당시 평가대상 기계의 FOB 원산지 외화가격

Mr : 기계가격보정지수

R : 외화의 원화환산율

F : 현행운임

I : 현행보험료

## 참고 Mr : 기계가격보정지수, R : 외화의 원화 환산율

▸ **Mr: 기계가격보정지수**

재조달원가 산정 시 도입시점과 기준시점과의 시간의 차이를 보정하는 시점수정치의 개념으로, 감정평가 대상 기계제조국에 대한 연도별 기계가격지수를 직접 구할 수 있는 경우 기계가격보정지수는 일반기계 및 전기기계를 구분하여 적용한다. 일반기계 보정지수는 전기기계를 제외한 모든 기계에 적용할 수 있다. 전기기계 보정지수는 전기설비와 기계기구의 주요 구성부분이 전동기, 전열장치 등의 전기기구로 이루어진 기계기구에 적용한다. 연도별 기계가격보정지수는 다음 산식에 따라 산정하며, 기계가격지수는 도입국의 기계가격지수 또는 생산자물가지수를 참고하여 산정한다.

▸ **R: 외화의 원화 환산율**

舊 「담보평가지침」에서는 가격시점 이전 최근 15일 평균을 적용하되, 환율변동이 심한 경우 가격시점 이전 최근 3월 평균 기준 환율 또는 재정환율을 적용하도록 되어 있다. (지침 제27조 제4항 제3호)

### ③ 부대비용

적정 부대비용은 신용장개설비, 하역료, 통관비, 창고료, 육상운반비, 설치비, 관세, 농어촌특별세, 소요자금이자, 감독비 등으로 구성된다.

- 신용장개설비, 하역료, 통관비, 창고료, 육상운반비 등은 수입가격의 3% 이내에서 적정수준을 고려하여 적용한다.
- 설치비는 일반적으로 수입가격의 1.5% 이내를 적용하되, 대상물건의 규모 또는 종류에 따라 별도로 정할 수 있다.
- 소요자금이자 및 감독비 등은 상당한 건설기간이 소요된 사업체 설비에 한하여 가산하되, 소요자금 중 외화자금은 실제 발생한 이자율 적용을 원칙으로 한다.

## 참고 수입신고서(= 수입신고필증, 舊 수입면장)

■ 관세법 시행규칙 [별지 제1호의3서식] <개정 2021. 3. 16.>

관세청 인터넷통관포탈(portal.customs.go.kr)에서도 신청할 수 있습니다.

'수입신고서, '수입신고필증'은 서식이 같음

UNI-PASS

# 수 입 신 고 서

*처리기간 3일 (3쪽 중 제1쪽)

| ①신고번호 | ②신고일 | ③세관. 과 | ⑥입항일 | ⑦전자인보이스 제출번호 |
|---|---|---|---|---|

| ④B/L(AWB) 번호 | ⑤화물관리번호 | ⑧반입일 | ⑨징수형태 |
|---|---|---|---|

| | | | | |
|---|---|---|---|---|
| ⑩신 고 인 | | ⑮통관계획 | ⑲원산지증명서유무 | ㉑총중량 |
| ⑪수 입 자 | | ⑯신고구분 | ⑳가격신고서유무 | ㉒총포장갯수 |
| ⑫납세의무자 | (통관고유부호-사업자등록번호) | ⑰거래구분 | ㉓국내도착항 | ㉔운송형태 |
| | (주소) | | | |
| | (상호) | ⑱종류 | ㉕적출국 | |
| | (전화번호) | | | |
| | (이메일주소) | | ㉖선기명 | |
| | (성명) | | | |
| ⑬운송주선인 | | | | |
| ⑭해외거래처 | | ㉗Master B/L(AWB) | | ㉘운수기관부호 |
| ㉙검사(반입)장소 | | | | |

● 품명 · 규격

| | | | | |
|---|---|---|---|---|
| ㉚품 명<br>㉛거래품명 | | | ㉜상 표 | |
| ㉝모델 · 규격 | ㉞성분 | ㉟규격수량 | ㊱단가 | ㊲금액 |
| ㊳품목번호 | | ㊵순중량 | 검사여부 | ㊸사후확인기관 |
| ㊴과세가격 | (미화) | ㊶수량 | | |
| | (원화) | ㊷환급물량 | ㊹원산지 | ㊺특수세액근거 |
| ㊻수입요건확인<br>(발급서류명) | | | | |

| ㊼세목 | ㊽세율 | ㊾감면율 | ㊿세액 | 51감면분납부호 | 감면액 | 내국세목부호 |
|---|---|---|---|---|---|---|
| | | | | | | |

| | | | |
|---|---|---|---|
| 52결제금액(인도조건-통화종류-금액-결제방법) | | | 55환 율 |
| 53총 과세가격 (미화) | 54운임 | 57가산금액 | 납부(고지)서 번호 |
| (원화) | 56보험료 | 58공제금액 | 62총 부가가치세과표 |

| 세 목 | 59세 액 | 60신고인기재란 | 세관기재란 |
|---|---|---|---|
| 관 세 | | 「관세법」 제241조에 따라 위와같이 신고합니다.<br>년 월 일<br>신고인 : (서명/인)<br>**OO세관장** 귀하 | |
| 개 소 세 | | | |
| 교 통 세 | | | |
| 주 세 | | | |
| 교 육 세 | | | |
| 농 특 세 | | | |
| 부 가 세 | | | |
| 신고지연가산세 | | | |
| 미신고가산세 | | | |
| 61총 세액합계 | | 담당자 / 접수일시 | 수리일자 |

### (3) 재조달원가 산정 시 유의사항

#### ① 수익적 지출과 자본적 지출

해당 기계를 유지하기 위해 경상적으로 투입된 수리비·관리비 등은 수익적 지출로서 기계를 정상적으로 사용하기 위하여 불가피하게 들여야 하는 비용으로서, 추가적인 가치증진에 직접적으로 기여하는 자본의 성격은 아니므로 이러한 비용 항목을 재조달원가에 반영하면 안 된다.

자산가치를 증대시키거나 사용기간을 연장시켜주는 자본적 지출은 이로 인해 기계·기구의 환가성이 증대된다고 합리적으로 조사·판단되는 경우에만 재조달원가에 반영해야 한다. 자본적 지출로 인하여 담보물의 개별성과 특수성이 강화되어 오히려 시장성이 떨어진다면, 자본적 지출로 환가성이 증대되는 것이 아니라 오히려 환가성이 저하되는 경우도 있기 때문이다.

#### ② 설치비와 운반비의 합산 여부

동산담보평가 시에는 설치비·운반비를 재조달원가에 반영하지 않는다. 왜냐하면 채권을 회수하기 위해 동산담보권을 실행한다면 담보물인 동산을 매각해야 하며, 담보권 실행에 따른 매각으로 해당 동산을 매수한 사람은 당초 보관장소에서 이를 반출하여 다른 곳으로 이전 설치할 것이기 때문이다. 따라서, 담보권 실행 시 동산담보의 매각가격은 당연히 매수자가 추가로 투입해야 할 설치비·운반비를 고려하여 형성될 수밖에 없다.

반면, 공장저당권의 감정평가 시에는 공장저당권 목록에 포함된 기계·기구를 부동산과 분리하여 처분·반출할 수 없으므로, 설치비·운반비를 감정평가액에 포함할 수 있다.

기계·기구류에 부착된 옵션(부가 증치물)의 비용 및 그 설치비 중 필수적인 옵션으로서 동산담보권 실행 등에 따른 처분 시 당연히 주물인 기계기구와 함께 처분될 수 있는 옵션이 아닌 경우에는 재조달원가에 반영하지 않는다.

#### ③ 중고기계를 구입하여 사용하고 있는 경우

기준시점 현재 신제품을 상정한 재조달원가를 산정한 후 실제경과연수를 고려하여 감정평가한다. 중고기계 구입 시 취득가격이 재조달원가가 아님에 유의하여야 한다.

## 3) 감가수정

「감정평가 실무기준」

**630-1.3.2 (감가수정)**

① 기계기구류는 정률법으로 감가수정하는 것을 원칙으로 한다. 다만, 정률법으로 감가수정하는 것이 적정하지 않은 경우에는 정액법 또는 다른 방법에 따라 감가수정할 수 있다.

② 내용연수는 경제적 내용연수로 한다.

③ 장래보존연수는 대상물건의 내용연수 범위에서 사용·수리의 정도, 관리상태 등을 고려한 장래 사용가능한 기간으로 한다.

### (1) 감가수정의 원칙

기계는 정률법으로 감가수정함을 원칙으로 한다. 내용연수는 기계의 경제성과 효율성이 유지되는 경제적 내용연수로 한다. 장래보존연수는 대상물건의 내용연수 범위 안에서 사용·수리의 정도, 관리상태 등을 고려한 장래 사용가능한 기간으로 한다.

### (2) 정률법에 의한 감가수정 산식

대상물건의 가치가 매년 일정한 비율로 감가된다는 가정하에 매년 말 잔존가치에 일정한 감가율을 곱하여 매년의 감가액을 구하는 방법이다. 이 방법은 감가액이 첫해에 가장 크고 해가 갈수록 감가액이 점차 줄어드는 것으로, 기계·기구 등 평가에 주로 활용된다.

매년의 감가율(K) $K = 1 - \sqrt[N]{\frac{S}{C}}$ $(K = 1 - r)$

감가누계액(Dn) $Dn = C\{1-(1-K)^n\}$, $Dn = C\{1-r^n\}$

적산가액(Vn) $Vn = C - Dn = C - \{1-(1-K^n)\} = C(1-K^n) = Cr^n$

C : 재조달원가, S : 잔존가치, N : 내용연수, n : 경과연수, r : 전년대비 잔가율

### (3) 기계의 내용연수

기계기구의 내용연수는 유사 기계가 별도의 자본적 지출 없이 경제적 효용을 발휘하는 기간을 기준으로 정하되, 실무상 통상 10~20년을 그 기간으로 하고 있다.

### (4) 감가수정 시 유의사항

동산담보평가 시에는 감정평가 목적 및 대상물건의 특성(담보물이 비교적 단기의 내용연수를 갖고 있다는 점 등)을 고려할 때, 가급적 관찰감가 등을 통해 내용연수나 장래보존연수를 연장하는 것은 지양해야 한다.

다만, 대상물건이 중고기계로서 재매도 가능성이 충분하고 다음의 각 호에 해당하는 경우에는 내용연수나 장래보존연수를 조정하여 감정평가할 수 있다.

- 표준적인 내용연수는 이미 만료되었지만 실제로 가동하고 있는 경우
- 중고기계, 즉, 중고품을 구입하여 사용함으로써 최초 재조달원가나 제작시점을 파악하기 곤란한 경우
- 표준적인 내용연수와 단순한 경과연수의 반영으로는 기계·기구의 개별성 및 특수성을 반영하기 어려워 조정이 필요하다고 판단되는 경우

## 참고 정률법에 의한 잔존가치율표

(최종잔가율 10%) (잔존내용연수/잔존가치율)

| 연간감가율 | | 0.900 | 0.684 | 0.536 | 0.438 | 0.369 | 0.319 | 0.280 | 0.250 | 0.226 | 0.206 | 0.189 | 0.175 | 0.162 | 0.152 | 0.142 | 0.134 | 0.127 | 0.120 | 0.114 | 0.109 |
|---|---|---|---|---|---|---|---|---|---|---|---|---|---|---|---|---|---|---|---|---|---|
| 경과연수 | 내용연수 | 1 | 2 | 3 | 4 | 5 | 6 | 7 | 8 | 9 | 10 | 11 | 12 | 13 | 14 | 15 | 16 | 17 | 18 | 19 | 20 |
| 1 | | 0.100 | 1/0.316 | 2/0.464 | 3/0.562 | 4/0.631 | 5/0.681 | 6/0.720 | 7/0.750 | 8/0.774 | 9/0.794 | 10/0.811 | 11/0.825 | 12/0.838 | 13/0.848 | 14/0.858 | 15/0.866 | 16/0.873 | 17/0.880 | 18/0.886 | 19/0.891 |
| 2 | | | 0.100 | 1/0.215 | 2/0.316 | 3/0.398 | 4/0.464 | 5/0.518 | 6/0.562 | 7/0.599 | 8/0.631 | 9/0.658 | 10/0.681 | 11/0.702 | 12/0.720 | 13/0.736 | 14/0.750 | 15/0.763 | 16/0.774 | 17/0.785 | 18/0.794 |
| 3 | | | | 0.100 | 1/0.178 | 2/0.251 | 3/0.316 | 4/0.373 | 5/0.422 | 6/0.464 | 7/0.501 | 8/0.534 | 9/0.562 | 10/0.588 | 11/0.611 | 12/0.631 | 13/0.649 | 14/0.666 | 15/0.681 | 16/0.695 | 17/0.708 |
| 4 | | | | | 0.100 | 1/0.158 | 2/0.215 | 3/0.268 | 4/0.316 | 5/0.359 | 6/0.398 | 7/0.433 | 8/0.464 | 9/0.492 | 10/0.518 | 11/0.541 | 12/0.562 | 13/0.582 | 14/0.599 | 15/0.616 | 16/0.631 |
| 5 | | | | | | 0.100 | 1/0.147 | 2/.0193 | 3/0.237 | 4/0.278 | 5/0.316 | 6/0.351 | 7/0.383 | 8/0.412 | 9/0.439 | 10/0.464 | 11/0.487 | 12/0.508 | 13/0.527 | 14/0.546 | 15/0.562 |
| 6 | | | | | | | 0.100 | 1/0.139 | 2/0.178 | 3/0.215 | 4/0.251 | 5/0.285 | 6/0.316 | 7/0.346 | 8/0.373 | 9/0.398 | 10/0.422 | 11/0.444 | 12/0.464 | 13/0.483 | 14/0.501 |
| 7 | | | | | | | | 0.100 | 1/0.133 | 2/0.167 | 3/0.200 | 4/0.231 | 5/0.261 | 6/0.289 | 7/0.316 | 8/0.341 | 9/0.365 | 10/0.387 | 11/0.408 | 12/0.428 | 13/0.447 |
| 8 | | | | | | | | | 0.100 | 1/0.129 | 2/0.158 | 3/0.187 | 4/0.215 | 5/0.242 | 6/0.268 | 7/0.293 | 8/0.316 | 9/0.338 | 10/0.359 | 11/0.379 | 12/0.398 |
| 9 | | | | | | | | | | 0.100 | 1/0.126 | 2/0.152 | 3/0.178 | 4/0.203 | 5/0.228 | 6/0.251 | 7/0.274 | 8/0.296 | 9/0.316 | 10/0.336 | 11/0.355 |
| 10 | | | | | | | | | | | 0.100 | 1/0.123 | 2/0.147 | 3/0.170 | 4/0.193 | 5/0.215 | 6/0.237 | 7/0.258 | 8/0.278 | 9/0.298 | 10/0.316 |
| 11 | | | | | | | | | | | | 0.100 | 1/0.121 | 2/0.143 | 3/0.164 | 4/0.185 | 5/0.205 | 6/0.225 | 7/0.245 | 8/0.264 | 9/0.282 |
| 12 | | | | | | | | | | | | | 0.100 | 1/0.119 | 2/0.139 | 3/0.158 | 4/0.178 | 5/0.197 | 6/0.215 | 7/0.234 | 8/0.251 |
| 13 | | | | | | | | | | | | | | 0.100 | 1/0.118 | 2/0.136 | 3/0.154 | 4/0.172 | 5/0.190 | 6/0.207 | 7/0.224 |
| 14 | | | | | | | | | | | | | | | 0.100 | 1/0.117 | 2/0.133 | 3/0.150 | 4/0.167 | 5/0.183 | 6/0.200 |
| 15 | | | | | | | | | | | | | | | | 0.100 | 1/0.115 | 2/0.131 | 3/0.147 | 4/0.162 | 5/0.178 |
| 16 | | | | | | | | | | | | | | | | | 0.100 | 1/0.115 | 2/0.129 | 3/0.144 | 4/0.158 |
| 17 | | | | | | | | | | | | | | | | | | 0.100 | 1/0.114 | 2/0.127 | 3/0.141 |
| 18 | | | | | | | | | | | | | | | | | | | 0.100 | 1/0.113 | 2/0.126 |
| 19 | | | | | | | | | | | | | | | | | | | | 0.100 | 1/0.112 |
| 20 | | | | | | | | | | | | | | | | | | | | | 0.100 |

## 2 집합동산의 감정평가방법

「감정평가 실무기준」

**670-1.1(정의)**

동산이란 상품, 원재료, 반제품, 재공품, 제품, 생산품 등 부동산 이외의 물건을 말한다.

**670-1.2(자료의 수집 및 정리)**

동산의 가격자료에는 거래사례, 제조원가, 시장자료 등이 있으며 대상 동산의 특성에 맞는 적절한 자료를 수집하고 정리한다.

**670-1.3(동산의 감정평가방법)**

① 동산을 감정평가할 때에는 거래사례비교법을 적용하여야 한다.

② 동산이 본래의 용도로 효용가치가 없는 경우에는 해체처분가액으로 감정평가할 수 있다.

### 1) 집합동산의 감정평가의 기준

집합동산은 동일 또는 상이한 물건들의 집합체를 의미하는 것으로 집합동산의 경제적 가치는 '기준시점 현재 집합동산을 이루는 개별 물건 가격의 합계'로 표시할 수 있다. 다만, 개별 물건의 감정평가액을 일일이 산정하여 이를 합산하는 방식으로 감정평가를 하는 경우는 많지 않다.

집합동산의 평가는 '기준단가 × 기준수량'으로 산정한다. 실무적으로는 부분집합별(종류별, 규격별)로 '기준단가 × 기준수량'으로 산정하고, 전체 집합동산은 '각 부분집합(종류 및 규격)별 감정평가액의 총합'으로 산정한다.

'기준단가'는 집합동산의 동산담보평가 시 집합동산을 구성하는 종류별, 규격별 단가를 말한다. 1개 집합동산을 구성하는 집합물 전부가 동일한 단가를 갖는 경우에는 종류별로 1개의 기준단가를 산정하면 되고, 1개 집합동산을 구성하는 집합물이 규격별로 여러 개의 서로 다른 단가를 갖는 경우에는 규격별로 기준단가를 산정한다.

'기준수량'은 집합동산의 동산담보평가 시 감정평가의 대상이 되는 집합동산의 수량을 말한다.

## 2) 기준단가의 산정

'원재료'의 경우에는 매입가격, '제품'의 경우에는 제조원가와 출고가격, 재판매를 위한 '상품'의 경우에는 매입가격·매출원가·출고가격 등을 고려한다.

'반제품'의 경우 동산의 상품성, 환가성을 고려하되, 수요에 제한이 있을 수 있으므로 시장 유통가능 여부 및 유통가격 등을 검토한다.

'제품' 및 '상품'의 경우 출고가격과 시장 유통가격(즉, 권장소비자가격)을 혼동하면 안 된다. 출고가격은 시장 유통가격에서 최종 유통업체의 이윤 등을 고려하여 할인율을 적용한 가격이다. 즉, 출고가격에 유통업체의 판매관리비·이윤 등을 더한 가격이 최종 소비자가격 또는 시장 유통가격이다.

재고자산의 가치형성요인을 고려할 때에는 생산연도, 유형·형식·기능의 구식화, 진부화, 관리·보관상태, 유통기한 경과 여부 등을 감안하며, 필요한 경우 장부상 가액 대비 적절하게 감액할 필요가 있을 수 있다.

## 3) 기준수량의 산정

### (1) 특정집합동산의 기준수량 산정

특정집합동산이란, 집합을 이루는 구성물의 내용(수량 등)이 변하지 않고 고정된 경우를 말한다. 따라서, 특정집합동산은 기준시점 당시 의뢰인이 제시한 수량을 기준으로 감정평가하되, 물건의 상태나 사전조사 및 실지조사 과정에서 이를 확인한 후 대상 수량을 확정한다.

### (2) 유동집합동산의 기준수량 산정

유동집합동산이란, 집합을 이루는 구성물의 내용이 입출고나 가공 등을 통해 변하지만 전반적으로 동일성(종류·보관장소·식별 가능성 등)을 유지하는 경우를 말한다. 유동집합동산은 담보권 설정 기간 중 집합의 수량이 변동될 것을 전제로 한다. 하지만, 대출금액 확정을 위해서는 감정평가액이 정해져야 하고, 반대로 감정평가액을 산정하려면 기준시점 당시의 수량이 확정되어야 한다.

따라서, 실무상으로는 '기준시점 이전 1년 이상의 입출고 내역 자료를 확인하여, 가장 최저수량의 80% 이내에서 정함'을 원칙으로 한다.

### (3) 기준수량 산정 시 유의사항

집합동산은 동일한 장소에 보관된 동일한 종류의 물건으로서 다른 물건과 구별되는 식별성과 특정성을 갖춰야 한다.

규격별로 '80%' 기준을 적용하여 산정한 기준수량이 너무 적다면, 해당 규격에 대해서는 감정평가에서 제외하는 것이 타당하다. 왜냐하면 '같은 종류의 물건이 정상적인 생산활동을 위해 입출고를 거듭하더라도, 해당 보관장소를 기준으로 하나의 물건처럼 담보권의 목적물로 인정'하는 것이 집합동산의 개념인데, 산정된 기준수량 자체가 너무 적으면 담보가치의 측면에서 볼 때 담보물의 필수요건인 '안전성'에 부합하지 못하기 때문이다. 다만, '몇 개'까지 인정할 것인가는 대상물건의 특성 및 가격수준 등에 따라 상대적으로 결정된다.

#### 참고 소와 돼지의 평가

**▸ 소**

소는 개체식별번호가 있으므로 각 개체별로 감정평가를 할 수 있다. 소를 감정평가를 할 경우에는 개별동산의 감정평가방법에 따라 거래사례비교법을 적용한다. 거래사례비교법으로 평가할 때에는 소의 품종, 성별, 크기, 연령 등을 고려한다.

**▸ 돼지**

돼지는 농장별로 담보권을 설정하므로 개별동산이 아닌 집합동산이며, 농장 내 돼지 의 종류별(일반종 / 재래종 / 멧돼지)로 집합물의 가격을 합산하여 평가한다. 이때 각각의 집합물은 '기준단가 × 기준수량'으로 거래사례비교법으로 평가한다.

# 제4편

# 담보평가를 위한 부동산 관계법규

# 제 1 장

# 「국토의 계획 및 이용에 관한 법률」

# 제1절 「국토의 계획 및 이용에 관한 법률」의 핵심

## 1 도시계획의 개관

**「국토의 계획 및 이용에 관한 법률」**

**제1조(목적)** 이 법은 국토의 이용·개발과 보전을 위한 계획의 수립 및 집행 등에 필요한 사항을 정하여 공공복리를 증진시키고 국민의 삶의 질을 향상시키는 것을 목적으로 한다.

**제2조(정의)**

2. "도시·군계획"이란 특별시·광역시·특별자치시·특별자치도·시 또는 군(광역시의 관할 구역에 있는 군은 제외한다. 이하 같다)의 관할 구역에 대하여 수립하는 공간구조와 발전방향에 대한 계획으로서 도시·군기본계획과 도시·군관리계획으로 구분한다.
3. "도시·군기본계획"이란 특별시·광역시·특별자치시·특별자치도·시 또는 군의 관할 구역에 대하여 기본적인 공간구조와 장기발전방향을 제시하는 종합계획으로서 도시·군관리계획 수립의 지침이 되는 계획을 말한다.
4. "도시·군관리계획"이란 특별시·광역시·특별자치시·특별자치도·시 또는 군의 개발·정비 및 보전을 위하여 수립하는 토지 이용, 교통, 환경, 경관, 안전, 산업, 정보통신, 보건, 복지, 안보, 문화 등에 관한 다음 각 목의 계획을 말한다.
   가. 용도지역·용도지구의 지정 또는 변경에 관한 계획
   나. 개발제한구역, 도시자연공원구역, 시가화조정구역, 수산자원보호구역의 지정 또는 변경에 관한 계획
   다. 기반시설의 설치·정비 또는 개량에 관한 계획
   라. 도시개발사업이나 정비사업에 관한 계획
   마. 지구단위계획구역의 지정 또는 변경에 관한 계획과 지구단위계획
   바. 입지규제최소구역의 지정 또는 변경에 관한 계획과 입지규제최소구역계획

## 1) 도시계획의 개관

헌법 제23조 제1항은 "모든 국민의 재산권은 보장된다. 그 내용과 한계는 법률로 정한다."라고 규정하여 사유재산권을 보장함과 동시에 그 한계도 정할 수 있도록 하고 있다. 즉, 소유자가 자신의 의사에 따라 토지 등을 이용할 수 있는 반면에 이용할 수 있는 용도 또는 밀도는 한계가 있을 수 있다는 의미이다.

도시계획이란, 도시의 건전한 발전과 균형 있는 정비를 통하여 시민의 삶의 질을 보장하기 위해 토지의 이용, 개발, 보전 등에 관해 수립되는 행정계획을 말한다.

토지의 사용 및 수익에 직·간접적인 영향을 미치는 것이 도시계획이며, 부동산 공법 중 도시계획에 관한 대표적인 법률이 「국토의 계획 및 이용에 관한 법률」이다.

## 2) 도시계획의 주요 종류

### (1) 도시기본계획

도시기본계획은 도시의 기본적인 공간구조와 장기발전방향을 제시하는 종합계획으로 도시관리계획 수립의 지침 역할을 하며 아래와 같은 내용을 포함한다.

- 지역계획의 방향, 목표
- 공간구조, 생활권 설정, 인구 배분
- 토지의 이용 및 개발, 용도별 수요 및 공급
- 기반시설, 공원, 경관계획 등

### (2) 도시관리계획

도시관리계획은 도시기본계획의 목표를 달성하기 위해 토지 이용, 교통, 환경, 경관 측면의 구체적 실행 계획을 수립하는 것으로서, 다음과 같은 내용을 포함한다. 즉, 도시관리계획이 실질적인 토지의 사용 및 수익에 직접적인 영향을 미친다고 할 수 있다.

- 용도지역, 용도지구, 용도구역의 지정 또는 변경
- 기반시설의 설치 등

- 도시개발사업, 정비사업에 관한 계획
- 지구단위계획구역, 입지규제최소구역에 관한 계획

## 2 용도지역, 용도지구, 용도구역

### 1) 용도지역

#### (1) 용도지역의 의의 및 종류

용도지역이란, 토지의 이용 및 건축물의 용도·건폐율·용적률·높이 등을 제한함으로써 토지를 경제적·효율적으로 이용하고 공공복리의 증진을 도모하기 위하여 서로 중복되지 아니하게 도시·군관리계획으로 결정하는 지역을 말한다.

토지의 이용실태 및 특성, 장래의 토지이용방향 등을 고려하여 다음과 같은 용도지역으로 구분한다.

<table>
<tr><th>대분류</th><th>중분류</th><th>소분류</th><th>세분류</th><th>내용</th></tr>
<tr><td rowspan="8">도시지역</td><td rowspan="6">주거지역</td><td rowspan="2">전용<br>주거지역</td><td>제1종전용<br>주거지역</td><td>단독주택 중심의 양호한 주거환경을 보호하기 위하여 필요한 지역</td></tr>
<tr><td>제2종전용<br>주거지역</td><td>공동주택 중심의 양호한 주거환경을 보호하기 위하여 필요한 지역</td></tr>
<tr><td rowspan="3">일반<br>주거지역</td><td>제1종일반<br>주거지역</td><td>저층주택을 중심으로 편리한 주거환경을 조성하기 위하여 필요한 지역</td></tr>
<tr><td>제2종일반<br>주거지역</td><td>중층주택을 중심으로 편리한 주거환경을 조성하기 위하여 필요한 지역</td></tr>
<tr><td>제3종일반<br>주거지역</td><td>중고층주택을 중심으로 편리한 주거환경을 조성하기 위하여 필요한 지역</td></tr>
<tr><td>준<br>주거지역</td><td colspan="2">주거기능을 위주로 이를 지원하는 일부 상업기능 및 업무기능을 보완하기 위하여 필요한 지역</td></tr>
<tr><td rowspan="2">상업지역</td><td>중심<br>상업지역</td><td colspan="2">도심·부도심의 상업기능 및 업무기능의 확충을 위하여 필요한 지역</td></tr>
<tr><td>일반<br>상업지역</td><td colspan="2">일반적인 상업기능 및 업무기능을 담당하게 하기 위하여 필요한 지역</td></tr>
</table>

<table>
<tr><th>대분류</th><th>중분류</th><th>소분류</th><th>내용</th></tr>
<tr><td rowspan="8">도시지역</td><td rowspan="2">상업지역</td><td>근린 상업지역</td><td>근린지역에서 일용품 및 서비스의 공급을 위하여 필요한 지역</td></tr>
<tr><td>유통 상업지역</td><td>도시 내 및 지역 간 유통기능의 증진을 위하여 필요한 지역</td></tr>
<tr><td rowspan="3">공업지역</td><td>전용 공업지역</td><td>주로 중화학공업, 공해성 공업 등을 수용하기 위하여 필요한 지역</td></tr>
<tr><td>일반 공업지역</td><td>환경을 저해하지 아니하는 공업의 배치를 위하여 필요한 지역</td></tr>
<tr><td>준 공업지역</td><td>경공업 그 밖의 공업을 수용하되, 주거기능·상업기능 및 업무기능의 보완이 필요한 지역</td></tr>
<tr><td rowspan="3">녹지지역</td><td>자연 녹지지역</td><td>도시의 자연환경·경관·산림 및 녹지공간을 보전할 필요가 있는 지역</td></tr>
<tr><td>생산 녹지지역</td><td>주로 농업적 생산을 위하여 개발을 유보할 필요가 있는 지역</td></tr>
<tr><td>보전 녹지지역</td><td>도시의 녹지공간의 확보, 도시확산의 방지, 장래 도시용지의 공급 등을 위하여 보전할 필요가 있는 지역으로서 불가피한 경우에 한하여 제한적 개발이 허용되는 지역</td></tr>
<tr><td rowspan="3">관리지역</td><td>계획 관리지역</td><td colspan="2">도시지역으로의 편입이 예상되는 지역이나 자연환경을 고려하여 제한적인 이용·개발을 하려는 지역으로서 계획적·체계적인 관리가 필요한 지역</td></tr>
<tr><td>생산 관리지역</td><td colspan="2">농업·임업·어업 생산 등을 위하여 관리가 필요하나, 주변 용도지역과의 관계 등을 고려할 때 농림지역으로 지정하여 관리하기가 곤란한 지역</td></tr>
<tr><td>보전 관리지역</td><td colspan="2">자연환경 보호, 산림 보호, 수질오염 방지, 녹지공간 확보 및 생태계 보전 등을 위하여 보전이 필요하나, 주변 용도지역과의 관계 등을 고려할 때 자연환경보전지역으로 지정하여 관리하기가 곤란한 지역</td></tr>
<tr><td>농림지역</td><td colspan="3">도시지역에 속하지 아니하는 「농지법」에 따른 농업진흥지역 또는 「산지관리법」에 따른 보전산지 등으로서 농림업을 진흥시키고 산림을 보전하기 위하여 필요한 지역</td></tr>
<tr><td>자연환경 보전지역</td><td colspan="3">자연환경·수자원·해안·생태계·상수원 및 문화재의 보전과 수산자원의 보호·육성 등을 위하여 필요한 지역</td></tr>
</table>

### (2) 용도지역별 행위제한

#### ① 용도제한

행정적 규제의 방식에는 '포지티브 규제'와 '네거티브 규제'가 있다. 포지티브 규제는 법령 등에 의해 허용되는 사항을 열거하여 그 밖의 사항은 허용하지 않는 방식이고 반대로 네거티브 규제는 허용되지 않는 것만 열거하여 그 밖의 사항을 모두 허용하는 방식이이다.

2014년 이전에는 예컨대, "일반상업지역에서 건축할 수 있는 건축물"이라는 식으로, 건축 가능한 건축물을 열거하는 규정방식 즉, 포지티브 규제를 모든 용도지역에 적용하였다,

그러나, 용도지역별로 지정목적 및 특성 등을 고려하여 입지가능한 건축물을 법령에서 열거하는 방식으로 건축행위를 제한하는 것은 산업의 변화 등에 신속하게 대응하는 데 한계가 있다는 주장이 제기됨에 따라 현재는 다양한 용도의 건축물 등이 함께 입지하여 융·복합 효과가 크게 나타날 수 있는 준주거지역·상업지역·준공업지역과 비도시지역 중 중소기업의 입지수요가 높은 계획관리지역에 대해서는 네거티브 규제를 적용하고 있다[23].

---

23) 국토의 계획 및 이용에 관한 법률 시행령 [대통령령 제25090호, 2014. 1. 14., 일부개정]
【제정·개정이유】
사. 준주거지역 등 주요 용도지역별 건축제한의 네거티브 방식 전환(제71조제1항, 별표 7부터 별표 11까지, 별표 14 및 별표 20)
1) 현재는 용도지역별로 지정목적 및 특성 등을 고려하여 입지가능한 건축물을 법령에서 열거하는 방식으로 건축행위를 제한하고 있으나 산업의 변화 등에 신속하게 대응하는 데 한계가 있음.
2) 다양한 용도의 건축물 등이 함께 입지하여 융·복합 효과가 크게 나타날 수 있는 준주거지역·상업지역·준공업지역과 비도시지역 중 중소기업의 입지수요가 높은 계획관리 지역에 대해서는 건축이 금지되는 건축물이나 시설을 제한적으로 열거하는 원칙적 허용 및 예외적 금지의 방식으로 건축행위 제한 규정 방식을 전환함.

## 참고 용도지역별 용도제한 규정형식 ('포지티브 방식')

■ 국토의 계획 및 이용에 관한 법률 시행령 [별표 4] <개정 2023. 5. 15.>

**제1종일반주거지역안에서 건축할 수 있는 건축물**(제71조제1항제3호관련)

1. 건축할 수 있는 건축물[4층 이하(「주택법 시행령」 제10조제1항제2호에 따른 단지형 연립주택 및 같은 항 제3호에 따른 단지형 다세대주택인 경우에는 5층 이하를 말하며, 단지형 연립주택의 1층 전부를 필로티 구조로 하여 주차장으로 사용하는 경우에는 필로티 부분을 층수에서 제외하고, 단지형 다세대주택의 1층 바닥면적의 2분의 1 이상을 필로티 구조로 하여 주차장으로 사용하고 나머지 부분을 주택 외의 용도로 쓰는 경우에는 해당 층을 층수에서 제외한다. 이하 이 호에서 같다)의 건축물만 해당한다. 다만, 4층 이하의 범위에서 도시·군계획조례로 따로 층수를 정하는 경우에는 그 층수 이하의 건축물만 해당한다]
   가. 「건축법 시행령」 별표 1 제1호의 단독주택
   나. 「건축법 시행령」 별표 1 제2호의 공동주택(아파트를 제외한다)
   다. 「건축법 시행령」 별표 1 제3호의 제1종 근린생활시설
   라. 「건축법 시행령」 별표 1 제10호의 교육연구시설 중 유치원·초등학교·중학교 및 고등학교
   마. 「건축법 시행령」 별표 1 제11호의 노유자시설
2. 도시·군계획조례가 정하는 바에 의하여 건축할 수 있는 건축물(4층 이하의 건축물에 한한다. 다만, 4층 이하의 범위안에서 도시·군계획조례로 따로 층수를 정하는 경우에는 그 층수 이하의 건축물에 한한다)
   가. 「건축법 시행령」 별표 1 제4호의 제2종 근린생활시설(단란주점 및 안마시술소를 제외한다)
   나. 「건축법 시행령」 별표 1 제5호의 문화 및 집회시설(공연장 및 관람장을 제외한다)
   다. 「건축법 시행령」 별표 1 제6호의 종교시설
   라. 「건축법 시행령」 별표 1 제7호의 판매시설 중 같은 호 나목 및 다목(일반게임제공업의 시설은 제외한다)에 해당하는 것으로서 해당용도에 쓰이는 바닥면적의 합계가 2천제곱미터 미만인 것(너비 15미터 이상의 도로로서 도시·군계획조례가 정하는 너비 이상의 도로에 접한 대지에 건축하는 것에 한한다)과 기존의 도매시장 또는 소매시장을 재건축하는 경우로서 인근의 주거환경에 미치는 영향, 시장의 기능회복 등을 고려하여 도시·군계획조례가 정하는 경우에는 해당용도에 쓰이는 바닥면적의 합계의 4배 이하 또는 대지면적의 2배 이하인 것
   마. 「건축법 시행령」 별표 1 제9호의 의료시설(격리병원을 제외한다)

(중략)

## 참고 용도지역별 용도제한 규정형식 ('네거티브 방식')

■ 국토의 계획 및 이용에 관한 법률 시행령 [별표 20] <개정 2022. 1. 18.>

**계획관리지역안에서 건축할 수 없는 건축물**(제71조제1항제19호 관련)

1. 건축할 수 없는 건축물

가. 4층을 초과하는 모든 건축물

나. 「건축법 시행령」 별표 1 제2호의 공동주택 중 아파트

다. 「건축법 시행령」 별표 1 제3호의 제1종 근린생활시설 중 휴게음식점 및 제과점으로서 국토교통부령으로 정하는 기준에 해당하는 지역에 설치하는 것

라. 「건축법 시행령」 별표 1 제4호의 제2종 근린생활시설 중 다음의 어느 하나에 해당하는 것

(1) 「건축법 시행령」 별표 1 제4호아목의 시설 및 같은 호 자목의 일반음식점으로서 국토교통부령으로 정하는 기준에 해당하는 지역에 설치하는 것

(2) 「건축법 시행령」 별표 1 제4호너목의 시설로서 성장관리방안이 수립되지 않은 지역에 설치하는 것

(3) 「건축법 시행령」 별표 1 제4호더목의 단란주점

마. 「건축법 시행령」 별표 1 제7호의 판매시설(성장관리계획구역에 설치하는 판매시설로서 그 용도에 쓰이는 바닥면적의 합계가 3천제곱미터 미만인 경우는 제외한다)

바. 「건축법 시행령」 별표 1 제14호의 업무시설

사. 「건축법 시행령」 별표 1 제15호의 숙박시설로서 국토교통부령으로 정하는 기준에 해당하는 지역에 설치하는 것

아.「건축법 시행령」 별표 1 제16호의 위락시설

자. 「건축법 시행령」 별표 1 제17호의 공장으로서 성장관리방안이 수립되지 않은 지역에 설치하는 것

차. 「건축법 시행령」 별표 1 제17호의 공장 중 성장관리방안이 수립된 지역에 설치하는 것으로서 다음의 어느 하나에 해당하는 것. 다만, 「공익사업을 위한 토지 등의 취득 및 보상에 관한 법률」에 따른 공익사업 및 「도시개발법」에 따른 도시개발사업으로 해당 특별시·광역시·특별자치시·특별자치도·시 또는 군의 관할구역으로 이전하는 레미콘 또는 아스콘 공장과 「대기환경보전법」, 「물환경보전법」, 「소음·진동관리법」 또는 「악취방지법」에 따른 배출시설의 설치 허가 또는 신고 대상이 아닌 공장은 제외한다.

(1) 별표 16 제2호아목(1)부터 (4)까지에 해당하는 것. 다만, 인쇄·출판시설이나 사진처리시설로서 「물환경보전법」 제2조제8호에 따라 배출되는 특정수질유해물질을 전량 위탁처리하는 경우는 제외한다.

(2) 화학제품시설(석유정제시설을 포함한다). 다만, 다음의 어느 하나에 해당하는 시설로서 폐수를 「하수도법」 제2조제9호에 따른 공공하수처리시설

(중략)

### ② 규모제한

용도지역 안에서 건폐율 및 용적률의 최대한도는 관할구역의 면적 및 인구규모, 용도지역의 특성 등을 감안하여 「국토의 계획 및 이용에 관한 법률 시행령」이 정하는 다음의 기준에 따라 특별시·광역시·특별자치시·특별자치도·시 또는 군의 조례로 정한다.

<table>
<tr><th colspan="3">용 도 지 역</th><th colspan="2">건 폐 율</th><th>용 적 률</th><th>비고</th></tr>
<tr><td rowspan="17">도시지역</td><td rowspan="6">주거지역</td><td rowspan="2">전용주거지역</td><td>제1종</td><td>50% 이하</td><td>50% 이상 100% 이하</td><td rowspan="6"></td></tr>
<tr><td>제2종</td><td>50% 이하</td><td>50% 이상 150% 이하</td></tr>
<tr><td rowspan="3">일반주거지역</td><td>제1종</td><td>60% 이하</td><td>100% 이상 200% 이하</td></tr>
<tr><td>제2종</td><td>60% 이하</td><td>100% 이상 250% 이하</td></tr>
<tr><td>제3종</td><td>50% 이하</td><td>100% 이상 300% 이하</td></tr>
<tr><td>준주거지역</td><td colspan="2">70% 이하</td><td>200% 이상 500% 이하</td></tr>
<tr><td rowspan="4">상업지역</td><td>중심상업지역</td><td colspan="2">90% 이하</td><td>200% 이상 1,500% 이하</td><td rowspan="4"></td></tr>
<tr><td>일반상업지역</td><td colspan="2">80% 이하</td><td>200% 이상 1,300% 이하</td></tr>
<tr><td>근린상업지역</td><td colspan="2">70% 이하</td><td>200% 이상 900% 이하</td></tr>
<tr><td>유통상업지역</td><td colspan="2">80% 이하</td><td>200% 이상 1,100% 이하</td></tr>
<tr><td rowspan="3">공업지역</td><td>전용공업지역</td><td colspan="2" rowspan="3">70% 이하</td><td>150% 이상 300% 이하</td><td rowspan="3"></td></tr>
<tr><td>일반공업지역</td><td>150% 이상 350% 이하</td></tr>
<tr><td>준공업지역</td><td>150% 이상 400% 이하</td></tr>
<tr><td rowspan="3">녹지지역</td><td>보전녹지지역</td><td colspan="2" rowspan="3">20% 이하</td><td>50% 이상 80% 이하</td><td rowspan="3"></td></tr>
<tr><td>생산녹지지역</td><td>50% 이상 100% 이하</td></tr>
<tr><td>자연녹지지연</td><td>50% 이상 100% 이하</td></tr>
<tr><td colspan="2">미세분지역</td><td colspan="2">20% 이하</td><td>50% 이상 80% 이하</td><td>국토 79②<br>국토령 86</td></tr>
<tr><td rowspan="5">관리지역</td><td colspan="2">보전관리지역</td><td colspan="2">20% 이하</td><td>50% 이상 80% 이하</td><td rowspan="3"></td></tr>
<tr><td colspan="2">생산관리지역</td><td colspan="2">20% 이하</td><td>50% 이상 80% 이하</td></tr>
<tr><td colspan="2">계획관리지역</td><td colspan="2">40% 이하</td><td>50% 이상 100% 이하</td></tr>
<tr><td colspan="2">미세분지역</td><td colspan="2">20(40)% 이하</td><td>50% 이상 80% 이하</td><td>국토 79②<br>국토령 부칙 13</td></tr>
<tr><td colspan="2">2종지구단위계획구역</td><td colspan="2">60% 이하</td><td>150% 이하</td><td>국토령 부칙 13</td></tr>
<tr><td colspan="3">농림지역</td><td colspan="2" rowspan="2">20% 이하</td><td rowspan="2">50% 이상 80% 이하</td><td></td></tr>
<tr><td colspan="3">자연환경보전지역</td><td></td></tr>
<tr><td colspan="3">4개용도 미지정지역</td><td colspan="2">20% 이하</td><td>50% 이상 80% 이하</td><td>국토 79①</td></tr>
</table>

(주) 1. 건폐율: 대지면적에 대한 건축면적(대지에 2 이상의 건축물이 있는 경우에는 이들 건축면적의 합계)의 비율
2. 용적률: 대지면적에 대한 건축물의 연면적(대지에 2 이상의 건축물이 있는 경우에는 이들 연면적의 합계)의 비율

## 2) 용도지구

용도지구란, 토지의 이용 및 건축물의 용도·건폐율·용적률·높이 등에 대한 용도지역의 제한을 강화 또는 완화하여 적용함으로써 용도지역의 기능을 증진시키고 미관·경관·안전 등을 도모하기 위하여 도시관리계획으로 결정하는 지역을 말한다.

용도지구 안에서의 건축물 그 밖의 시설의 용도·종류 및 규모 등의 제한에 관한 사항은 법률에 특별한 규정이 있는 경우를 제외하고는 「국토의 계획 및 이용에 관한 법률 시행령」이 정하는 기준에 따라 특별시·광역시·특별자치시·특별자치도·시 또는 군의 조례로 정할 수 있다.

<table>
<tr><th>명칭</th><th>세분</th><th>내용</th></tr>
<tr><td rowspan="3">경관지구</td><td>자연<br>경관지구</td><td>산지·구릉지 등 자연경관을 보호하거나 유지하기 위하여 필요한 지구</td></tr>
<tr><td>시가지<br>경관지구</td><td>지역 내 주거지, 중심지 등 시가지의 경관을 보호 또는 유지하거나 형성하기 위하여 필요한 지구</td></tr>
<tr><td>특화<br>경관지구</td><td>지역 내 주요 수계의 수변 또는 문화적 보존가치가 큰 건축물 주변의 경관 등 특별한 경관을 보호 또는 유지하거나 형성하기 위하여 필요한 지구</td></tr>
<tr><td>고도지구</td><td colspan="2">쾌적한 환경 조성 및 토지의 효율적 이용을 위하여 건축물 높이의 최고한도를 규제할 필요가 있는 지구</td></tr>
<tr><td>방화지구</td><td colspan="2">화재의 위험을 예방하기 위하여 필요한 지구</td></tr>
<tr><td rowspan="2">방재지구</td><td>시가지<br>방재지구</td><td>건축물·인구가 밀집되어 있는 지역으로서 시설 개선 등을 통하여 재해 예방이 필요한 지구</td></tr>
<tr><td>자연<br>방재지구</td><td>토지의 이용도가 낮은 해안변, 하천변, 급경사지 주변 등의 지역으로서 건축 제한 등을 통하여 재해 예방이 필요한 지구</td></tr>
<tr><td rowspan="3">보호지구</td><td>역사문화환경<br>보호지구</td><td>문화재·전통사찰 등 역사·문화적으로 보존가치가 큰 시설 및 지역의 보호와 보존을 위하여 필요한 지구</td></tr>
<tr><td>중요시설물<br>보호지구</td><td>중요시설물[항만, 공항, 공용시설(공공업무시설, 공공필요성이 인정되는 문화시설·집회시설·운동시설 및 그 밖에 이와 유사한 시설로서 도시·군계획조례로 정하는 시설을 말한다), 교정시설·군사시설]의 보호와 기능의 유지 및 증진 등을 위하여 필요한 지구</td></tr>
<tr><td>생태계<br>보호지구</td><td>야생동식물서식처 등 생태적으로 보존가치가 큰 지역의 보호와 보존을 위하여 필요한 지구</td></tr>
<tr><td rowspan="2">취락지구</td><td>자연<br>취락지구</td><td>녹지지역·관리지역·농림지역 또는 자연환경보전지역 안의 취락을 정비하기 위하여 필요한 지구</td></tr>
<tr><td>집단<br>취락지구</td><td>개발제한구역 안의 취락을 정비하기 위하여 필요한 지구</td></tr>
</table>

<table>
<tr><th>명칭</th><th>세분</th><th>내용</th></tr>
<tr><td rowspan="5">개발진흥<br>지구</td><td>주거개발<br>진흥지구</td><td>주거기능을 중심으로 개발·정비할 필요가 있는 지구</td></tr>
<tr><td>산업·유통<br>개발진흥지구</td><td>공업기능 및 유통·물류기능을 중심으로 개발·정비할 필요가 있는 지구</td></tr>
<tr><td>관광·휴양<br>개발진흥지구</td><td>관광·휴양기능을 중심으로 개발·정비할 필요가 있는 지구</td></tr>
<tr><td>복합개발<br>진흥지구</td><td>주거기능, 공업기능, 유통·물류기능 및 관광·휴양기능 중 2 이상의 기능을 중심으로 개발·정비할 필요가 있는 지구</td></tr>
<tr><td>특정개발<br>진흥지구</td><td>주거기능, 공업기능, 유통·물류기능 및 관광·휴양기능 외의 기능을 중심으로 특정한 목적을 위하여 개발·정비할 필요가 있는 지구</td></tr>
<tr><td>특정용도<br>제한지구</td><td colspan="2">주거기능 보호나 청소년 보호 등의 목적으로 청소년 유해시설 등 특정시설의 입지를 제한할 필요가 있는 지구</td></tr>
<tr><td>복합용도<br>지구</td><td colspan="2">지역의 토지 이용 상황, 개발 수요 및 주변 여건 등을 고려하여 효율적이고 복합적인 토지 이용을 도모하기 위하여 특정시설의 입지를 완화할 필요가 있는 지구(일반주거지역, 일반공업지역, 계획관리지역에 지정)</td></tr>
</table>

## 3) 용도구역

용도구역이란, 토지의 이용 및 건축물의 용도·건폐율·용적률·높이 등에 대한 용도지역 및 용도지구의 제한을 강화 또는 완화하여 따로 정함으로써 시가지의 무질서한 확산을 방지하고 계획적이고 단계적인 토지 이용을 도모, 토지 이용의 종합적 조정·관리 등을 위하여 도시·군관리계획으로 결정하는 지역을 말한다.

### (1) 개발제한구역

국토교통부장관은 도시의 무질서한 확산을 방지하고 도시주변의 자연환경을 보전하여 도시민의 건전한 생활환경을 확보하기 위하여 도시의 개발을 제한할 필요가 있거나 국방부장관의 요청이 있어 보안상 도시의 개발을 제한할 필요가 있다고 인정되는 경우에는 개발제한구역의 지정 또는 변경을 도시·군관리계획으로 결정할 수 있다. 개발제한구역의 지정 또는 변경에 관하여 필요한 사항과 개발제한구역 안에서의 행위제한 그 밖에 개발제한구역의 관리에 관하여 필요한 사항은 「개발제한구역의 지정 및 관리에 관한 특별조치법」을 적용한다.

### (2) 시가화조정구역

국토교통부장관은 직접 또는 관계 행정기관의 장의 요청을 받아 도시지역과 그 주변지역의 무질서한 시가화를 방지하고 계획적·단계적인 개발을 도모하기 위하여 5년 이상 20년 이내의 범위 내에서 시가화를 유보할 필요가 있다고 인정되는 경우에는 시가화조정구역의 지정 또는 변경을 도시·군관리계획으로 결정할 수 있다. 시가화조정구역의 지정에 관한 도시관리계획의 결정은 시가화 유보기간이 만료된 날의 다음 날부터 그 효력을 상실한다. 이 경우 국토교통부장관은 대통령령이 정하는 바에 따라 그 사실을 고시하여야 한다.

### (3) 수산자원보호구역

농림수산식품부장관은 직접 또는 관계 행정기관의 장의 요청을 받아 수산자원의 보호·육성을 위하여 필요한 공유수면이나 그에 인접된 토지에 대한 수산자원보호구역의 지정 또는 변경을 도시·군관리계획으로 결정할 수 있다.

### (4) 도시자연공원구역

시·도지사가 도시의 자연환경 및 경관을 보호하고 도시민에게 건전한 여가·휴식공간을 제공하기 위하여 도시지역 안에서 식생이 양호한 산지의 개발을 제한할 필요가 있다고 인정하면 결정할 수 있으며 구역의 지정과 행위제한은 「도시공원 및 녹지 등에 관한 법률」을 적용한다.

## 3 지구단위계획

### 1) 지구단위계획의 개념

#### (1) 지구단위계획의 의의

지구단위계획은 당해 지구단위계획구역의 토지 이용을 합리화하고 그 기능을 증진시키며 경관·미관을 개선하고 양호한 환경을 확보하거나, 당해 구역을 체계적·계획적으로 개발·관리하기 위하여 건축물 그 밖의 시설의 용도·종류 및 규모 등에 대한 제한을 완화하거나 건폐율 또는 용적률을 완화하여 수립하는 계획이다.

#### (2) 지구단위계획의 내용 및 토지 사용·수익의 영향

지구단위계획은 지구단위계획구역의 토지에 대해 다음과 같은 사항을 정한다.

① 용도지역이나 용도지구를 세분하거나 변경하는 사항

② 기존의 용도지구를 폐지하고 그 용도지구에서의 건축물이나 그 밖의 시설의 용도·종류 및 규모 등의 제한을 대체하는 사항

③ 일정한 기반시설의 배치와 규모

④ 건축물의 용도제한, 건축물의 건폐율 또는 용적률, 건축물 높이의 최고한도 또는 최저한도 등

따라서, 해당 토지가 속하는 시·군의 도시관리계획에 의해 이미 정해져 있는 사항 등을 지구단위계획구역 내 토지에 대해 새롭게 정할 수 있으므로, 지구단위계획구역 내 토지는 도시관리계획의 내용보다 지구단위계획의 내용이 토지의 사용·수익에 보다 직접적인 영향을 미치게 된다.

### 2) 지구단위계획의 수립 대상 및 절차

지구단위계획은 도시지역의 기존시가지 내 용도지구 및 도시개발구역, 정비구역, 택지개발예정지구, 대지조성사업지구 등에 지구단위계획구역을 지정하여 수립한다.

지구단위계획구역으로 지정되면 지구단위계획구역의 지정에 관한 도시관리계획결정의 고시일부터 3년 이내에 지구단위계획이 결정·고시되지 아니하면 그 3년이 되는 날의 다음 날에 그 지구단위계획구역 지정의 효력은 상실된다.

## 4 기타

### 1) 개발밀도관리구역

개발밀도관리구역이란, 개발로 인하여 기반시설이 부족할 것으로 예상되나 기반시설을 설치하기 곤란한 지역을 대상으로 건폐율이나 용적률을 강화하여 적용하기 위하여 지정하는 구역을 말한다. 특별시장·광역시장·특별자치시장·특별자치도지사·시장 또는 군수는 주거·상업 또는 공업지역에서의 개발행위로 기반시설(도시·군계획시설을 포함한다)의 처리·공급 또는 수용능력이 부족할 것으로 예상되는 지역 중 기반시설의 설치가 곤란한 지역을 개발밀도관리구역으로 지정할 수 있다.

### 2) 기반시설부담구역

개발밀도관리구역 외의 지역으로서 개발로 인하여 도로, 공원, 녹지 등 대통령령으로 정하는 기반시설의 설치가 필요한 지역을 대상으로 기반시설을 설치하거나 그에 필요한 용지를 확보하게 하기 위하여 지정하는 구역을 말한다.

### 3) 개발행위허가제한지역

개발행위허가제한지역은 생태계, 문화재 등 보호 및 도시관리계획상 특히 필요하다고 인정되어 중앙도시계획위원회 또는 지방도시계획위원회의 심의를 거쳐 지정되는 지역이며, 1회에 한하여 3년 이내의 기간 동안 개발행위허가를 제한할 수 있다.

### 4) 도시개발구역

도시개발구역이란, 도시개발사업을 시행하기 위하여 지정·고시된 구역을 말한다. 도시개발사업이란 도시개발구역 안에서 주거·상업·산업·유통·정보통신·생태·문화·보건 및 복지 등의 기능을 가지는 단지 또는 시가지를 조성하기 위하여 시행하는 사업을 말한다. 도시개발사업은 시행자가 도시개발구역 안의 토지 등을 수용 또는 사용하는 방식이나 환지방식 또는 이를 혼용하는 방식으로 시행할 수 있다.

### 5) 정비구역

정비구역이란, 기반시설을 정비하고 주택 등 건축물을 개량하거나 건설하기 위한 정비사업을 시행하기 위해 지정하는 구역을 말한다. 정비구역의 지정 또는 변경지정에 대한 고시가 있는 경우 제1종 지구단위계획구역으로 결정·고시된 것으로 본다. 또한, 정비구역의 지정고시가 있은 날부터 당해 정비구역 안에는 정비계획의 내용에 적합하지 아니한 건축물 또는 공작물을 설치할 수 없다.

# 제2절 토지이용계획확인서의 이해

## 1 토지이용계획확인서의 개관

「토지이용규제 기본법」

**제10조(토지이용계획확인서의 발급 등)** ① 시장·군수 또는 구청장은 다음 각 호의 사항을 확인하는 서류(이하 "토지이용계획확인서"라 한다)의 발급 신청이 있는 경우에는 대통령령으로 정하는 바에 따라 토지이용계획확인서를 발급하여야 한다.

1. 지역·지구등의 지정 내용
2. 지역·지구등에서의 행위제한 내용
3. 그 밖에 대통령령으로 정하는 사항

### 1) 토지이용계획확인서의 개념

#### (1) 토지이용계획확인서의 의의

「국토의 계획 및 이용에 관한 법률」에 의하여 결정·고시된 도시관리계획의 내용, 다른 법률에 의하여 결정·고시된 용도지역·지구·구역 등의 지정, 토지의 용도 및 도시계획시설의 결정 여부 등에 관한 사항을 확인(또는 열람)하고자 하는 자의 신청에 의하여 시장·군수·구청장이 확인해 주는 서류를 말한다.

#### (2) 감정평가와 토지이용계획확인서

토지의 가치는 토지를 어떠한 용도 및 밀도로 이용할 수 있는지 즉, 토지의 이용가능성에 따라 결정된다고 할 수 있다. 이러한 이용가능성은 토지가 갖는 제반 특성과 공법상의 제한을 조사·확인하여 판단할 수 있다.

이러한 공법상 제한사항은 토지이용계획확인서에 의하여 확인이 가능하며, 현행 토지이용계획확인서에 의하여 토지이용규제 및 개발사업의 시행 등 각종 개별법상 확인할 수 있는 내용은 12개 항목에 70가지의 지역·지구·구역 등이다.

다만, 토지이용계획확인서를 활용하는 데 있어서 주의할 점은 확인사항이 모든 법령의 제한사항을 망라한 것이 아니기 때문에 확인내용을 이해하지 못하거나 구체적인 내용을 알고자 할 때에는 시·군·구청에 확인하여 이를 명확히 하는 등 조사가 필요하다.

## 2) 토지이용계획확인서의 열람 및 발급

토지이용계획확인서는 토지소유자가 아니더라도 열람 및 발급할 수 있다. 인터넷 "토지이음(eum.go.kr)" 홈페이지에서 토지 소재지를 입력하면, 해당 내용을 열람 및 출력할 수 있고, "정부24(gov.kr)" 홈페이지에서는 정본을 발급받을 수 있다.

열람 및 발급 시 토지이용계획확인서의 양식은 「토지이용규제 기본법 시행규칙」상 정해져 있다. ㉠ 신청인에 관한 사항, ㉡ 신청토지 표시에 관한 사항, ㉢ 「국토의 계획 및 이용에 관한 법률」상 지역·지구등의 지정 여부, ㉣ ㉢ 외 다른 법령 등에 따른 지역·지구등의 지정 여부, ㉤ 「토지이용규제 기본법 시행령」 제9조 제4항 각 호에 해당되는 사항으로 「국토의 계획 및 이용에 관한 법률」 제117조에 따라 지정된 토지거래계약에 관한 허가구역 여부, 그 밖에 일반 국민에게 그 지정내용을 알릴 필요가 있는 사항으로서 국토교통부령으로 정하는 사항[24], ㉥ 확인도면으로 구성된다.

---

24) 「토지이용규제 기본법 시행규칙」
제2조(토지이용계획확인서 등)
② 영 제9조제4항제2호에서 "국토교통부령으로 정하는 사항"이란 다음 각 호의 사항을 말한다.
1. 「택지개발촉진법 시행령」 제5조제2항 후단에 따른 열람기간
2. 「공공주택건설 등에 관한 특별법 시행령」 제8조제2항에 따른 열람기간
3. 「건축법」 제2조제1항제11호나목에 따른 도로
4. 「국토의 계획 및 이용에 관한 법률」 제25조에 따른 도시·군관리계획 입안사항
5. 「농지법 시행령」 제5조의2제1항에 따른 영농여건불리농지
6. 「공유수면 관리 및 매립에 관한 법률」 제48조에 따른 매립목적 변경 제한
7. 「산지관리법」 제21조제1항에 따른 용도변경 승인 기간
8. 「경관법」 제9조제1항제4호에 따른 중점경관관리구역
9. 지방자치단체가 도시·군계획조례로 정하는 토지 이용 관련 정보

[별지 제2호서식] 〈개정 2009.8.13〉

발급번호: 발행매수: 0/0 발급일: 0000/00/00 (앞쪽)

<table>
<tr><td colspan="6" rowspan="2">토지이용계획확인서</td><td>처리기간</td></tr>
<tr><td>1일</td></tr>
<tr><td rowspan="2">㉠ 신청인</td><td rowspan="2">성명</td><td rowspan="2"></td><td>주소</td><td colspan="3"></td></tr>
<tr><td>전화번호</td><td colspan="3"></td></tr>
<tr><td rowspan="2">㉡ 신청토지</td><td colspan="2">소재지</td><td>지번</td><td>지목</td><td colspan="2">면적(㎡)</td></tr>
<tr><td colspan="2"></td><td></td><td></td><td colspan="2"></td></tr>
<tr><td rowspan="2">지역·지구등의 지정 여부</td><td colspan="2">㉢ 「국토의 계획 및 이용에 관한 법률」에 따른 지역·지구등</td><td colspan="4"></td></tr>
<tr><td colspan="2">㉣ 다른 법령 등에 따른 지역·지구등</td><td colspan="4"></td></tr>
<tr><td colspan="3">㉤ 「토지이용규제 기본법 시행령」 제9조제4항 각 호에 해당되는 사항</td><td colspan="4"></td></tr>
<tr><td rowspan="2">㉥ 확인도면</td><td colspan="4" rowspan="2"></td><td colspan="2">범례</td></tr>
<tr><td colspan="2">축척 /</td></tr>
<tr><td colspan="5" rowspan="2">「토지이용규제 기본법」 제10조제1항에 따라 귀하의 신청토지에 대한 현재의 토지이용계획을 위와 같이 확인합니다.<br><br>년 월 일<br><br>특별·자치도지사<br>시장·군수·구청장 직인</td><td colspan="2">수입증지 붙이는 곳</td></tr>
<tr><td colspan="2">수입증지 금액<br>(지방자치단체의 조례로 정함)</td></tr>
</table>

210㎜×297㎜(보존용지(2종) 70g/㎡)

문서확인번호: 1677-2260-0925-

시청확인필 진본 정부사협확인센터

발급번호 : 2023117100025　　발행매수 : 1/2　　발급일 : 2023/ 02/ 24

# 토지이용계획확인서

| 처리기간 |
|---|
| 1 일 |

| 신청인 | 성명 | | 주소 | 서울특별시 |
|---|---|---|---|---|
| | | | 전화번호 | |

| 신청토지 | 소재지 | 지 번 | 지 목 | 면적(㎡) |
|---|---|---|---|---|
| | 서울특별시 | 37 | 대 | 197.9 |

| 지역·지구등 지정여부 | | |
|---|---|---|
| 지역·지구등 지정여부 | 「국토의 계획 및 이용에 관한 법률」에 따른 지역·지구등 | 도시지역, 제2종일반주거지역(7층이하), 도로(접합) [이하공란] |
| | 다른 법령 등에 따른 지역·지구등 | 가축사육제한구역<가축분뇨의 관리 및 이용에 관한 법률>, 대공방어협조구역(위탁고도:77-257m)<군사기지 및 군사시설 보호법>, 비행안전제2구역(전술)(2013-09-30)<군사기지 및 군사시설 보호법>, 과밀억제권역<수도권정비계획법>, 공장설립승인지역(2016-11-28)(2호)<수도법> [이하공란] |
| 「토지이용규제 기본법 시행령」 제9조제4항 각 호에 해당되는 사항 | | [해당없음] |

확인도면

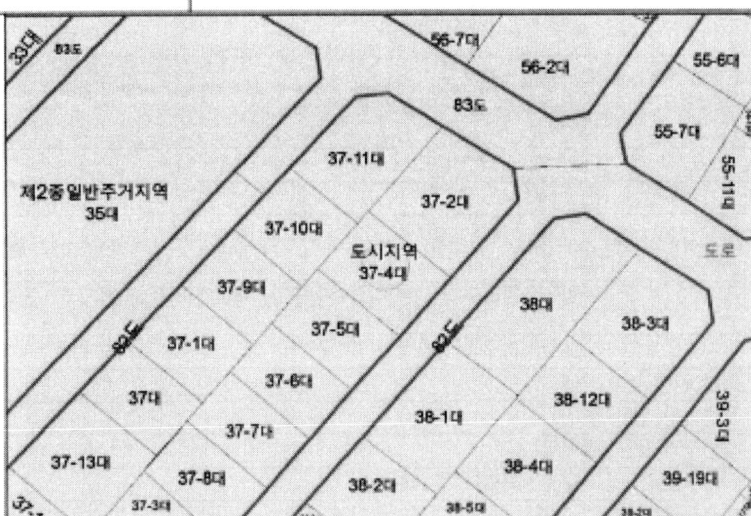


범례

- 도시지역
- 제2종일반주거지역
- 도로
- 법정동

축척 1/900

「토지이용규제 기본법」 제10조제1항에 따라 귀하의 신청토지에 대한 현재의 토지이용계획을 위와 같이 확인합니다.

2023/ 02/ 24

서 울 특 별 시　　구 청

수입증지 붙이는곳

수 수 료
전자결제
인 원

토지이용계획확인서가 인터넷 발급이 안 되는 시기에는 아래와 같은 양식으로 발급되었다. 시·군·구청에 방문하여 토지이용계획확인서 발급 신청서를 작성·제출하면, 아래의 양식에 해당되는 부분에 확인 도장을 찍어 발급하였다. 물론 현재도 시·군·구청에 방문하여 발급할 수 있다.

<table>
<tr><td colspan="7">토지이용계획확인(신청)서<br>※ 굵은선 안에만 기재하기 바랍니다.</td><td>처리기간<br>1일</td></tr>
<tr><td>신청인</td><td>성 명</td><td></td><td>주 소</td><td colspan="4">우 (전화: )</td></tr>
<tr><td rowspan="4">대상지</td><td colspan="3">토 지 소 재 지</td><td rowspan="2">지 번</td><td rowspan="2">지 목</td><td colspan="2" rowspan="2">면적(㎡)</td></tr>
<tr><td>시·군·구</td><td>읍·면</td><td>리·동</td></tr>
<tr><td></td><td></td><td></td><td></td><td></td><td colspan="2"></td></tr>
<tr><td></td><td></td><td></td><td></td><td></td><td colspan="2"></td></tr>
</table>

<table>
<tr><td rowspan="17">확인내용</td><td rowspan="6">1</td><td rowspan="6">도시관리 계 획</td><td>용 도 지 역</td><td>(제1종전용·제2종전용·제1종일반·제2종일반·제3종일반·일반·준)주거지역<br>(중심·일반·근린·유통)상업지역<br>(전용·일반·준)공업지역<br>(보전·생산·자연)녹지지역<br>(보전·생산·계획)관리지역<br>농림지역<br>자연환경보전지역</td></tr>
<tr><td>용 도 지 구</td><td>(자연·수변·시가지)경관지구<br>(중심지·역사문화·일반)미관지구<br>고도지구( m 이상·이하 또는 층 이상·이하)<br>방화지구·방재지구<br>(문화자원·중요시설물·생태계)보존지구<br>(학교·공용·항만·공항)시설보호지구<br>(자연·집단)취락지구<br>(주거·산업·유통·관광휴양·복합)개발진흥지구<br>특정용도제한지구<br>아파트지구, 위락지구, 리모델링지구<br>기타( )</td></tr>
<tr><td>용 도 구 역</td><td>개발제한구역, 시가화조정구역, 수자원보호구역</td></tr>
<tr><td>도시계획시설</td><td>도로·공원·기타( )</td></tr>
<tr><td>지구단위계획구역</td><td>(제1종, 제2종) 지구단위계획구역<br>건폐율( ), 용적률( ), 층수( ), 건축물용도( )(자세한 사항 별도 확인 : 과)</td></tr>
<tr><td>기 타</td><td>개발밀도관리구역, 기반시설부담구역, 개발행위허가제한지역, 도시개발구역, 재개발구역, 도시계획입안사항</td></tr>
<tr><td>2</td><td>군사시설</td><td colspan="2">군사시설보호구역·해군기지구역·군용항공기지구역(비행안전구역, 기지보호구역) 해당없음</td></tr>
<tr><td>3</td><td>농 지</td><td colspan="2">농업(진흥·보호)구역 해당없음</td></tr>
<tr><td>4</td><td>산 림</td><td colspan="2">보전임지(생산·공익) 해당없음</td></tr>
<tr><td>5</td><td>자연공원</td><td colspan="2">공원구역·공원보호구역 해당없음</td></tr>
<tr><td>6</td><td>수 도</td><td colspan="2">상수원보호구역·수질보전특별대책지역·수변구역 해당없음</td></tr>
<tr><td>7</td><td>하 천</td><td colspan="2">하천구역·하천예정지·연안구역·댐건설예정지역 해당없음</td></tr>
<tr><td>8</td><td>문 화 재</td><td colspan="2">문화재·문화재보호구역 해당없음</td></tr>
<tr><td>9</td><td>전원개발</td><td colspan="2">전원개발사업구역(발전소·변전소)·전원개발사업 예정구역 해당없음</td></tr>
<tr><td>10</td><td>토지거래</td><td colspan="2">허가구역 해당없음</td></tr>
<tr><td>11</td><td>개발사업</td><td colspan="2">택지개발예정지구, (국가·지방·농공)산업단지 해당없음</td></tr>
<tr><td>12</td><td>기 타</td><td colspan="2">해당없음</td></tr>
<tr><td colspan="4">국토의계획및이용에관한법률 제132조제1항의 규정에 의하여 귀하의 신청토지에 대한 현재의 토지이용계획사항을 위와 같이 확인합니다.<br>년 월 일<br>시장·군수·구청장 ㊞</td><td>수 수 료<br>지방자치단체의 조례로 정함</td></tr>
</table>

## 2 토지이용계획확인서의 기재사항

### 1) 도시관리계획

앞에서 살펴본 「국토의 계획 및 이용에 관한 법률」에 의해 정해진 지역·지구 등, 도시계획시설 저촉 여부, 지구단위계획구역 여부 및 지구단위계획 내용 일부, 개발밀도관리구역, 기반시설부담구역, 개발행위허가제한지역, 도시개발구역, 정비구역, 도시계획입안사항이 기재된다.

### 2) 군사시설

**「군사기지 및 군사시설 보호법」**

**제2조(정의)** 이 법에서 사용하는 용어의 정의는 다음과 같다.

6. "군사기지 및 군사시설 보호구역"이란 군사기지 및 군사시설을 보호하고 군사작전을 원활히 수행하기 위하여 국방부장관이 제4조 및 제5조에 따라 지정하는 구역으로서 다음 각 목의 것을 말한다.
   가. 통제보호구역: 군사기지 및 군사시설 보호구역(이하 "보호구역"이라 한다) 중 고도의 군사활동 보장이 요구되는 군사분계선의 인접지역과 중요한 군사기지 및 군사시설의 기능보전이 요구되는 구역
   나. 제한보호구역: 보호구역 중 군사작전의 원활한 수행을 위하여 필요한 지역과 군사기지 및 군사시설의 보호 또는 지역주민의 안전이 요구되는 구역
7. "민간인통제선"이란 고도의 군사활동 보장이 요구되는 군사분계선의 인접지역에서 군사작전상 민간인의 출입을 통제하기 위하여 국방부장관이 제4조 및 제5조에 따라 지정하는 선을 말한다.
8. "비행안전구역"이란 군용항공기의 이착륙에 있어서의 안전비행을 위하여 국방부장관이 제4조 및 제6조에 따라 지정하는 구역을 말한다.
9. "대공방어협조구역"이란 대공(對空)방어작전을 보장하기 위하여 국방부장관이 제4조 및 제7조에 따라 지정하는 구역을 말한다.

## (1) 군사기지 및 군사시설보호구역

### ① 통제보호구역

민간인통제선 이북지역을 말한다. 다만, 통일정책의 추진에 필요한 지역, 취락지역 또는 안보관광지역 등으로서 대통령령으로 정하는 기준에 해당하는 지역은 제한보호구역으로 지정할 수 있다.

그 외의 지역에 위치한 중요한 군사기지 및 군사시설의 최외곽 경계선으로부터 300미터 범위 이내의 지역. 다만, 방공기지의 경우에는 최외곽 경계선으로부터 500미터 범위 이내의 지역으로 한다.

### ② 제한보호구역

군사분계선의 이남 25킬로미터 범위 이내의 지역 중 민간인통제선 이남지역을 말한다. 다만, 중요한 군사기지 및 군사시설이 없거나 군사작전상 장애가 되지 아니하는 지역으로서 대통령령으로 정하는 기준에 해당하는 지역은 제한보호구역의 지정에서 제외하여야 한다.

그 외의 지역에 위치한 군사기지 및 군사시설의 최외곽 경계선으로부터 500미터 범위 이내의 지역. 다만, 취락지역에 위치한 군사기지 및 군사시설의 경우에는 당해 군사기지 및 군사시설의 최외곽 경계선으로부터 300미터 범위 이내의 지역으로 한다.

## (2) 비행안전구역

비행안전구역이란 군용항공기의 이착륙에 있어서의 안전비행을 위하여 지정하는 구역을 말한다. 비행안전구역은 ① 전술항공작전기지, ② 지원항공작전기지, ③ 헬기전용작전기지, ④ 예비항공작전기지로 나누어 지정한다.

## (3) 대공방어협조구역

대공방어협조구역이란 대공방어작전을 보장하기 위하여 국방부장관이 지정하는 구역을 말한다. 대공방어협조구역으로 지정된 지역 안에서는 대공방어진지에 배치된 대공화기의 사정거리안의 수평조준선 높이 이상의 건축물의 건축 및 공작물의 설치에 대해 관계 행정기관의 장이 허가나 처분을 하는 경우 국방부장관 또는 관할부대장 등과 협의하여야 한다.

## 참고 군사기지 및 군사시설보호구역에서의 행위제한(법 제13조)

건축행위 등의 인허가 시 허가권자는 사전에 관할부대장과 의무적으로 해당 건축행위의 군사작전에 대한 지장 여부를 확인하여야 하며, 지장을 초래한다고 판단하는 경우 부동의 또는 조건부 동의를 할 수 있다. 다만, 일정한 범위 안에서 건축협의권을 허가권자에게 위탁하여 처리할 수 있다. (위탁고도)

**「군사기지 및 군사시설 보호법」**

**제13조(행정기관의 처분에 관한 협의 등)** ① 관계 행정기관의 장은 보호구역 안에서 다음 각 호의 어느 하나에 해당하는 사항에 관한 허가나 그 밖의 처분(이하 "허가등"이라 한다)을 하려는 때에는 대통령령으로 정하는 협의절차와 국방부장관이 정하는 작전성 검토 등 협의기준에 따라 국방부장관 또는 관할부대장등과 협의하여야 한다. 국가기관 또는 지방자치단체가 다음 각 호에 해당하는 행위를 하려는 경우에도 이와 같다. 다만, 보호구역의 보호·관리 및 군사작전에 지장이 없는 범위 안에서 대통령령으로 정하는 사항은 그러하지 아니하다.

1. 건축물의 신축·증축 또는 공작물의 설치와 건축물의 용도변경
2. 도로·철도·교량·운하·터널·수로·매설물 등과 그 부속 공작물의 설치 또는 변경
3. 하천 또는 해면의 매립·준설(浚渫)과 항만의 축조 또는 변경
4. 광물·토석(土石) 또는 토사(土砂)의 채취
5. 해안의 굴착
6. 조림 또는 임목(林木)의 벌채
7. 토지의 개간 또는 지형의 변경
8. 해저시설물의 부설 또는 변경
9. 통신시설의 설치와 그 사용
10. 총포의 발사 또는 폭발물의 폭발
11. 해운의 영위
12. 어업권 또는 양식업권의 설정, 수산동식물의 포획 또는 채취
13. 부표(浮標)·입표(立標), 그 밖의 표지의 설치 또는 변경

### 3) 농지

#### (1) 농지의 정의

전·답 또는 과수원 기타 그 법적 지목 여하에 불구하고 실제의 토지현황이 농작물의 경작 또는 다년성 식물재배지로 이용되는 토지를 말한다. 그 외 토지의 개량시설(유지, 양·배수시설, 수로, 농로, 제방 등)의 부지와 고정식온실, 버섯재배사 등 농업생산에 필요한 시설의 부지도 농지에 해당된다.

#### (2) 농업진흥지역의 지정대상 및 구분

시·도지사는 농지를 효율적으로 이용·보전하기 위하여 「국토의 계획 및 이용에 관한 법률」에 의한 녹지지역(단, 특별시의 녹지지역은 제외)·관리지역·농림지역 및 자연환경보전지역을 대상으로 농업진흥지역을 지정한다. 농업진흥지역은 다음의 용도구역으로 구분하여 지정할 수 있다.

① 농업진흥구역: 농업의 진흥을 도모하여야 하는 다음에 해당하는 지역으로서 농림수산식품부장관이 정하는 규모로 농지가 집단화되어 농업목적으로 이용하는 것이 필요한 지역

- 농지조성사업 또는 농업기반정비사업이 시행되었거나 시행 중인 지역으로서 농업용으로 이용하고 있거나 이용할 토지가 집단화되어 있는 지역
- 이외의 지역으로서 농업용으로 이용하고 있는 토지가 집단화되어 있는 지역

② 농업보호구역: 농업진흥구역의 용수원확보, 수질보전 등 농업환경을 보호하기 위하여 필요한 지역

#### (3) 농지의 소유상한

① 상속에 의하여 농지를 취득한 자로서 농업경영을 하지 아니하는 자는 그 상속농지 중에서 10,000㎡까지만 소유할 수 있다.

② 대통령령이 정하는 기간 이상 농업경영을 한 후 이농한 자는 이농 당시의 소유농지 중에서 10,000㎡까지만 소유할 수 있다.

③ 주말·체험영농을 하고자 하는 자는 1,000㎡ 미만의 농지에 한하여 소유할 수 있다. 면적의 계산은 그 세대원 전부가 소유하는 총면적으로 한다.

## 4) 산지

### (1) 산지의 정의

① 임목, 죽이 집단적으로 생육하고 있는 토지

② 집단적으로 생육한 입목·죽이 일시 상실된 토지

③ 입목·죽의 집단적 생육에 사용하게 된 토지

④ 임도, 작업로 등 산길

⑤ 암석지·소택지를 포함

### (2) 산지의 구분

#### ① 보전산지

- 임업용산지: 산림자원의 조성과 임업경영기반의 구축 등 임업생산기능의 증진을 위하여 필요한 산지로서 산림청장이 지정하는 산지
- 공익용산지: 임업생산과 함께 재해방지·수원보호·자연생태계보전·자연경관 보전·국민보건휴양 증진 등의 공익기능을 위하여 필요한 산지로서 산림청장이 지정하는 산지

#### ② 준보전산지: 보전산지 이외의 산지

**「산지관리법」**

**제4조(산지의 구분)** ① 산지를 합리적으로 보전하고 이용하기 위하여 전국의 산지를 다음 각 호와 같이 구분한다.

1. 보전산지

가. 임업용산지: 산림자원의 조성과 임업경영기반의 구축 등 임업생산 기능의 증진을 위하여 필요한 산지로서 다음의 산지를 대상으로 산림청장이 지정하는 산지

1) 「산림자원의 조성 및 관리에 관한 법률」에 따른 채종림 및 시험림의 산지

2) 「국유림의 경영 및 관리에 관한 법률」에 따른 보전국유림의 산지

3) 「임업 및 산촌 진흥촉진에 관한 법률」에 따른 임업진흥권역의 산지

4) 그 밖에 임업생산 기능의 증진을 위하여 필요한 산지로서 대통령령으로 정하는 산지

나. 공익용산지: 임업생산과 함께 재해 방지, 수원 보호, 자연생태계 보전, 산지경관 보전, 국민보건휴양 증진 등의 공익 기능을 위하여 필요한 산지로서 다음의 산지를 대상으로 산림청장이 지정하는 산지

1) 「산림문화·휴양에 관한 법률」에 따른 자연휴양림의 산지

2) 사찰림의 산지

3) 제9조에 따른 산지전용·일시사용제한지역

4) 「야생생물 보호 및 관리에 관한 법률」 제27조에 따른 야생생물 특별보호구역 및 같은 법 제33조에 따른 야생생물 보호구역의 산지

5) 「자연공원법」에 따른 공원구역의 산지

6) 「문화재보호법」에 따른 문화재보호구역의 산지

7) 「수도법」에 따른 상수원보호구역의 산지

8) 「개발제한구역의 지정 및 관리에 관한 특별조치법」에 따른 개발제한구역의 산지

9) 「국토의 계획 및 이용에 관한 법률」에 따른 녹지지역 중 대통령령으로 정하는 녹지 지역의 산지

10) 「자연환경보전법」에 따른 생태·경관보전지역의 산지

11) 「습지보전법」에 따른 습지보호지역의 산지

12) 「독도 등 도서지역의 생태계보전에 관한 특별법」에 따른 특정도서의 산지

13) 「백두대간 보호에 관한 법률」에 따른 백두대간보호지역의 산지

14) 「산림보호법」에 따른 산림보호구역의 산지

15) 그 밖에 공익 기능을 증진하기 위하여 필요한 산지로서 대통령령으로 정하는 산지

2. 준보전산지: 보전산지 외의 산지

### (3) '산지전용제한지역'의 지정 및 행위제한

① 산지전용이란, 산지를 조림·육림 및 토석의 굴취·채취 그 밖에 대통령령이 정하는 임산물생산의 용도 외로 사용하거나 이를 위하여 산지의 형질을 변경하는 것을 말한다.

② 산림청장은 공공의 이익증진을 위하여 보전이 특히 필요하다고 인정되는 산지를 산지전용이 제한되는 지역으로 지정할 수 있다. 또한 산림청장은 산지전용제한지역의 지정목적이 상실되었거나 산지전용제한지역으로 계속 둘 필요가 없다고 인정되는 경우로서 대통령령이 정하는 경우에는 산지전용제한지역의 지정을 해제할 수 있다.

## 5) 자연공원

### (1) 자연공원의 정의

자연공원이란, 국립공원·도립공원·군립공원 및 지질공원을 말한다. 국립공원이란 우리나라의 자연생태계나 자연 및 문화경관을 대표할 만한 수려한 자연풍경지로서 환경부장관이 지정·관리한다. 도립공원이란 특별시·광역시·도 및 특별자치도의 자연생태계나 경관을 대표할 만한 국립공원 이외의 수려한 자연풍경지로서 특별시장·광역시장·도시자 또는 특별자치도지사가 지정·관리한다. 군립공원이란 시·군 및 자치구의 자연생태계나 경관을 대표할 만한 국립공원 및 도립공원 이외의 수려한 자연풍경지로서 시장·군수 또는 자치구의 구청장이 지정·관리한다. 지질공원이란 지구과학적으로 중요하고 경관이 우수한 지역으로서 이를 보전하고 교육·관광 사업 등에 활용하기 위하여 시·도지사가 신청하고 환경부장관이 인증한 공원을 말한다.

### (2) 공원구역 내에서의 용도지구

공원구역이란, 「자연공원법」에 의하여 자연공원으로 지정된 지역을 말하며, 공원관리청은 자연공원을 효과적으로 보전하고 이용할 수 있도록 하기 위하여 다음과 같이 용도지구를 공원계획으로 결정한다.

① 공원자연보존지구

생물다양성이 특히 풍부한 곳, 자연생태계가 원시성을 지니고 있는 곳, 특별히 보호할 가치가 높은 야생 동·식물이 살고 있는 곳, 경관이 특히 아름다운 곳으로 특별히 보호할 필요가 있는 지역

② 공원자연환경지구

공원자연보존지구의 완충공간으로 보전할 필요가 있는 지역

③ 공원마을지구

마을이 형성된 지역으로서 주민생활을 유지하는 데에 필요한 지역

④ 공원문화유산지구

「문화재보호법」에 따른 지정문화재를 보유한 사찰과 「전통사찰의 보존 및 지원에 관한 법률」에 따른 전통사찰의 경내지 중 문화재의 보전에 필요하거나 불사에 필요한 시설을 설치하고자 하는 지역

## 6) 수도

### (1) 상수원보호구역

#### ① 상수원보호구역의 지정

상수원이란, 음용·공업용 등에 제공하기 위하여 취수시설을 설치한 지역의 하천·호소·지하수 등을 말한다. 환경부장관은 상수원의 확보와 수질보전상 필요하다고 인정되는 지역을 상수원보호를 위한 구역으로 지정하거나 이를 변경할 수 있다.

#### ② 상수원보호구역에서의 행위제한

「수도법」

**제7조(상수원보호구역 지정 등)**

④ 제1항과 제2항에 따라 지정·공고된 상수원보호구역에서 다음 각 호의 어느 하나에 해당하는 행위를 하려는 자는 관할 특별자치시장·특별자치도지사·시장·군수·구청장의 허가를 받아야 한다. 다만, 대통령령으로 정하는 경미한 행위인 경우에는 신고하여야 한다.

1. 건축물, 그 밖의 공작물의 신축·증축·개축·재축(再築)·이전·용도변경 또는 제거
2. 입목(立木) 및 대나무의 재배 또는 벌채
3. 토지의 굴착·성토(盛土), 그 밖에 토지의 형질변경

「수도법 시행령」

**제14조(상수원보호구역에서의 신고행위)** 법 제7조제4항 단서에 따라 특별자치시장·특별자치도지사·시장·군수·구청장에게 신고하고 할 수 있는 경미한 행위는 다음 각 호와 같다.

1. 상하수도시설·환경오염방지시설 및 상수원보호구역관리시설을 제외한 건축물이나 그 밖의 공작물의 제거
2. 주택지에서의 나무의 재배·벌채
3. 농업개량시설의 보수나 농지개량 등을 위한 복토 등 토지의 형질변경
4. 수해 등 천재지변으로 손괴된 건축물과 공작물의 원상복구
5. 공장(「산업집적활성화 및 공장설립에 관한 법률」 제2조제1호에 따른 공장을 말한다. 이하 같다)·숙박시설·일반음식점의 주택·창고시설로의 용도변경

### (2) 수질보전특별대책지역

환경부장관은 환경의 오염 또는 자연생태계의 변화가 현저하거나 현저하게 될 우려가 있는 지역을 관계중앙행정기관의 장 및 시·도지사와 협의하여 환경보전을 위한 특별대책지역으로 지정·고시하고 당해 지역 안의 환경보전을 위한 특별종합대책을 수립하여 관할 시·도지사에게 이를 시행하게 할 수 있다. 수질보전특별대책지역으로는 팔당호상수원 수질보전특별대책지역과 대청호상수원 수질보전특별대책지역이 있다.

## 7) 하천

### (1) 정의

하천이라 함은 지표면에 내린 빗물 등이 모여 흐르는 물길로서 공공의 이해에 밀접한 관계가 있어 국가하천 또는 지방하천으로 지정된 것을 말하며, 하천구역과 하천시설을 포함한다.

하천관리청은 하천을 보전하고 홍수로 인한 피해를 예방하기 위하여 필요하다고 인정되는 경우에는 이에 해당하는 지역을 홍수관리구역으로 지정할 수 있다.

**참고 '하천예정지' 지정 규정 삭제 (2015.08.11.)**

과거 법에 따르면 하천관리청은 하천의 신설, 그 밖의 하천공사로 새로이 하천구역으로 편입될 토지를 하천예정지로 지정할 수 있고, 하천예정지 안에서 공작물의 신축 또는 개축 등의 행위를 하려는 자는 하천관리청의 허가를 받도록 규정하고 있음.

그런데 하천예정지로 지정된 후 그 하천에 관한 사업이 3년 이내에 착수되지 아니하여 대부분 지정의 효력을 잃고 있으며, 하천예정지의 지정으로 인한 손실을 제대로 보상하지 않은 채 행위제한만 이루어지고 있어 국민의 사유재산권을 침해하고 불편을 가중시키고 있는 실정임.

이에 하천예정지 지정 및 행위제한 규정을 삭제함으로써 불필요한 규제를 완화하고 국민의 불편을 해소하려는 것임.

### (2) 행위제한

「하천법」

**제38조(홍수관리구역 안에서의 행위제한)** ① 제12조제3항에 따라 고시된 홍수관리구역 안에서 다음 각 호의 행위를 하려는 자는 대통령령으로 정하는 바에 따라 하천관리청의 허가를 받아야 한다. 다만, 대통령령으로 정하는 경미한 행위에 대하여는 그러하지 아니하다.

1. 공작물의 신축 또는 개축
2. 토지의 굴착·성토·절토, 그 밖에 토지의 형질변경

## 8) 문화재

### (1) 정의

「문화재보호법」

**제2조(정의)** ① 이 법에서 "문화재"란 인위적이거나 자연적으로 형성된 국가적·민족적 또는 세계적 유산으로서 역사적·예술적·학술적 또는 경관적 가치가 큰 다음 각 호의 것을 말한다.

**제27조(보호물 또는 보호구역의 지정)** ① 문화재청장은 제23조·제25조 또는 제26조에 따른 지정을 할 때 문화재 보호를 위하여 특히 필요하면 이를 위한 보호물 또는 보호구역을 지정할 수 있다.

### (2) 행위제한

「문화재보호법 시행령」

**제21조의2(국가지정문화재 등의 현상변경 등의 행위)** ① 법 제35조제1항제1호에서 "대통령령으로 정하는 행위"란 다음 각 호의 행위를 말한다.

3. 국가지정문화재, 보호물 또는 보호구역 안에서 하는 다음 각 목의 행위
   가. 건축물 또는 도로·관로·전선·공작물·지하구조물 등 각종 시설물을 신축, 증축, 개축, 이축(移築) 또는 용도변경(지목변경의 경우는 제외한다)하는 행위
   나. 수목을 심거나 제거하는 행위

다. 토지 및 수면의 매립·간척·땅파기·구멍뚫기, 땅깎기, 흙쌓기 등 지형이나 지질의 변경을 가져오는 행위

라. 수로, 수질 및 수량에 변경을 가져오는 행위

마. 소음·진동·악취 등을 유발하거나 대기오염물질·화학물질·먼지·빛 또는 열 등을 방출하는 행위

바. 오수(汚水)·분뇨·폐수 등을 살포, 배출, 투기하는 행위

사. 동물을 사육하거나 번식하는 등의 행위

아. 토석, 골재 및 광물과 그 부산물 또는 가공물을 채취, 반입, 반출, 제거하는 행위

자. 광고물 등을 설치, 부착하거나 각종 물건을 쌓는 행위

## 9) 전원개발

**「전원개발촉진법」**

**제2조(정의)** 이 법에서 사용하는 용어의 뜻은 다음과 같다.

1. "전원설비(電源設備)"란 발전(發電)·송전(送電) 및 변전(變電)을 위한 전기사업용 전기설비와 그 부대시설을 말한다.
2. "전원개발사업"이란 다음 각 목의 어느 하나에 해당하는 사업을 말한다.

가. 전원설비를 설치·개량하는 사업

나. 설치 중이거나 설치된 전원설비의 토지등을 취득하거나 사용권원(使用權原)을 확보하는 사업

※ '전원개발사업구역'이란 전원개발사업에 따라 지정된 구역을 말함

## 10) 토지거래

### (1) 토지거래허가구역의 지정

「부동산 거래신고 등에 관한 법률」

**제10조(토지거래허가구역의 지정)** ① 국토교통부장관 또는 시·도지사는 국토의 이용 및 관리에 관한 계획의 원활한 수립과 집행, 합리적인 토지이용 등을 위하여 토지의 투기적인 거래가 성행하거나 지가(地價)가 급격히 상승하는 지역과 그러한 우려가 있는 지역으로서 대통령령으로 정하는 지역에 대해서는 다음 각 호의 구분에 따라 5년 이내의 기간을 정하여 제11조제1항에 따른 토지거래계약에 관한 허가구역(이하 "허가구역"이라 한다)으로 지정할 수 있다.

1. 허가구역이 둘 이상의 시·도의 관할 구역에 걸쳐 있는 경우: 국토교통부장관이 지정
2. 허가구역이 동일한 시·도 안의 일부지역인 경우: 시·도지사가 지정. 다만, 국가가 시행하는 개발사업 등에 따라 투기적인 거래가 성행하거나 지가가 급격히 상승하는 지역과 그러한 우려가 있는 지역 등 대통령령으로 정하는 경우에는 국토교통부장관이 지정할 수 있다.

### (2) 허가대상 면적 및 허가기준

「부동산 거래신고 등에 관한 법률」

**제11조(허가구역 내 토지거래에 대한 허가)** ① 허가구역에 있는 토지에 관한 소유권·지상권(소유권·지상권의 취득을 목적으로 하는 권리를 포함한다)을 이전하거나 설정(대가를 받고 이전하거나 설정하는 경우만 해당한다)하는 계약(예약을 포함한다. 이하 "토지거래계약"이라 한다)을 체결하려는 당사자는 공동으로 대통령령으로 정하는 바에 따라 시장·군수 또는 구청장의 허가를 받아야 한다. 허가받은 사항을 변경하려는 경우에도 또한 같다.

② 경제 및 지가의 동향과 거래단위면적 등을 종합적으로 고려하여 대통령령으로 정하는 용도별 면적 이하의 토지에 대한 토지거래계약에 관하여는 제1항에 따른 허가가 필요하지 아니하다.

「부동산 거래신고 등에 관한 법률 시행령」

**제9조(토지거래계약허가 면제 대상 토지면적 등)** ① 법 제11조제2항에서 "대통령령으로 정하는 용도별 면적"이란 다음 각 호의 구분에 따른 면적을 말한다. 다만, 국토교통부장관 또는 시·도지사가 허가구역을 지정할 당시 해당 지역에서의 거래실태 등을 고려하여 다음 각 호의 면적으로 하는 것이 타당하지 않다고 인정하여 해당 기준면적의 10퍼센트 이상 300퍼센트 이하의 범위에서 따로 정하여 공고한 경우에는 그에 따른다.

1. 「국토의 계획 및 이용에 관한 법률」 제36조제1항제1호에 따른 도시지역(이하 "도시지역"이라 한다): 다음 각 목의 세부 용도지역별 구분에 따른 면적

가. 주거지역: 60제곱미터

나. 상업지역: 150제곱미터

다. 공업지역: 150제곱미터

라. 녹지지역: 200제곱미터

마. 가목부터 라목까지의 구분에 따른 용도지역의 지정이 없는 구역: 60제곱미터

2. 도시지역 외의 지역: 250제곱미터. 다만, 농지(「농지법」 제2조제1호에 따른 농지를 말한다. 이하 같다)의 경우에는 500제곱미터로 하고, 임야의 경우에는 1천제곱미터로 한다.

② 제1항에 따른 면적을 산정할 때 일단(一團)의 토지이용을 위하여 토지거래계약을 체결한 날부터 1년 이내에 일단의 토지 일부에 대하여 토지거래계약을 체결한 경우에는 그 일단의 토지 전체에 대한 거래로 본다.

③ 허가구역 지정 당시 제1항에 따른 면적을 초과하는 토지가 허가구역 지정 후에 분할(「국토의 계획 및 이용에 관한 법률」에 따른 도시·군계획사업의 시행 등 공공목적으로 인한 분할은 제외한다)로 제1항에 따른 면적 이하가 된 경우 분할된 해당 토지에 대한 분할 후 최초의 토지거래계약은 제1항에 따른 면적을 초과하는 토지거래계약으로 본다. 허가구역 지정 후 해당 토지가 공유지분으로 거래되는 경우에도 또한 같다.

### (3) 벌칙

**「부동산 거래신고 등에 관한 법률」**

**제26조(벌칙)**

② 제11조제1항에 따른 허가 또는 변경허가를 받지 아니하고 토지거래계약을 체결하거나, 속임수나 그 밖의 부정한 방법으로 토지거래계약 허가를 받은 자는 2년 이하의 징역 또는 계약 체결 당시의 개별공시지가에 따른 해당 토지가격의 100분의 30에 해당하는 금액 이하의 벌금에 처한다.

# 제2장

# 「건축법」

# 제1절 「건축법」의 핵심

## 1 용어의 정의

「건축법」

**제2조(정의)** ① 이 법에서 사용하는 용어의 뜻은 다음과 같다.

1. “대지(垈地)”란 「공간정보의 구축 및 관리 등에 관한 법률」에 따라 각 필지(筆地)로 나눈 토지를 말한다. 다만, 대통령령으로 정하는 토지는 둘 이상의 필지를 하나의 대지로 하거나 하나 이상의 필지의 일부를 하나의 대지로 할 수 있다.
2. “건축물”이란 토지에 정착(定着)하는 공작물 중 지붕과 기둥 또는 벽이 있는 것과 이에 딸린 시설물, 지하나 고가(高架)의 공작물에 설치하는 사무소·공연장·점포·차고·창고, 그 밖에 대통령령으로 정하는 것을 말한다.
3. “건축물의 용도”란 건축물의 종류를 유사한 구조, 이용 목적 및 형태별로 묶어 분류한 것을 말한다.
4. “건축설비”란 건축물에 설치하는 전기·전화 설비, 초고속 정보통신 설비, 지능형 홈네트워크 설비, 가스·급수·배수(配水)·배수(排水)·환기·난방·냉방·소화(消火)·배연(排煙) 및 오물처리의 설비, 굴뚝, 승강기, 피뢰침, 국기 게양대, 공동시청 안테나, 유선방송 수신시설, 우편함, 저수조(貯水槽), 방범시설, 그 밖에 국토교통부령으로 정하는 설비를 말한다.
5. “지하층”이란 건축물의 바닥이 지표면 아래에 있는 층으로서 바닥에서 지표면까지 평균높이가 해당 층 높이의 2분의 1 이상인 것을 말한다.
6. “거실”이란 건축물 안에서 거주, 집무, 작업, 집회, 오락, 그 밖에 이와 유사한 목적을 위하여 사용되는 방을 말한다.
7. “주요구조부”란 내력벽(耐力壁), 기둥, 바닥, 보, 지붕틀 및 주계단(主階段)을 말한다. 다만, 사이 기둥, 최하층 바닥, 작은 보, 차양, 옥외 계단, 그 밖에 이와 유사한 것으로 건축물의 구조상 중요하지 아니한 부분은 제외한다.
8. “건축”이란 건축물을 신축·증축·개축·재축(再築)하거나 건축물을 이전하는 것을 말한다.
9. “대수선”이란 건축물의 기둥, 보, 내력벽, 주계단 등의 구조나 외부 형태를 수선·변경하거나 증설하는 것으로서 대통령령으로 정하는 것을 말한다.
10. “리모델링”이란 건축물의 노후화를 억제하거나 기능 향상 등을 위하여 대수선하거나 건축물의 일부를

증축 또는 개축하는 행위를 말한다.

11. "도로"란 보행과 자동차 통행이 가능한 너비 4미터 이상의 도로(지형적으로 자동차 통행이 불가능한 경우와 막다른 도로의 경우에는 대통령령으로 정하는 구조와 너비의 도로)로서 다음 각 목의 어느 하나에 해당하는 도로나 그 예정도로를 말한다.
   가. 「국토의 계획 및 이용에 관한 법률」, 「도로법」, 「사도법」, 그 밖의 관계 법령에 따라 신설 또는 변경에 관한 고시가 된 도로
   나. 건축허가 또는 신고 시에 특별시장·광역시장·특별자치시장·도지사·특별자치도지사(이하 "시·도지사"라 한다) 또는 시장·군수·구청장(자치구의 구청장을 말한다. 이하 같다)이 위치를 지정하여 공고한 도로

**「건축법 시행령」**

**제2조(정의)**

1. "신축"이란 건축물이 없는 대지(기존 건축물이 해체되거나 멸실된 대지를 포함한다)에 새로 건축물을 축조(築造)하는 것[부속건축물만 있는 대지에 새로 주된 건축물을 축조하는 것을 포함하되, 개축(改築) 또는 재축(再築)하는 것은 제외한다]을 말한다.
2. "증축"이란 기존 건축물이 있는 대지에서 건축물의 건축면적, 연면적, 층수 또는 높이를 늘리는 것을 말한다.
3. "개축"이란 기존 건축물의 전부 또는 일부[내력벽·기둥·보·지붕틀(제16호에 따른 한옥의 경우에는 지붕틀의 범위에서 서까래는 제외한다) 중 셋 이상이 포함되는 경우를 말한다]를 해체하고 그 대지에 종전과 같은 규모의 범위에서 건축물을 다시 축조하는 것을 말한다.
4. "재축"이란 건축물이 천재지변이나 그 밖의 재해(災害)로 멸실된 경우 그 대지에 다음 각 목의 요건을 모두 갖추어 다시 축조하는 것을 말한다.
   가. 연면적 합계는 종전 규모 이하로 할 것
   나. 동(棟)수, 층수 및 높이는 다음의 어느 하나에 해당할 것
      1) 동수, 층수 및 높이가 모두 종전 규모 이하일 것
      2) 동수, 층수 또는 높이의 어느 하나가 종전 규모를 초과하는 경우에는 해당 동수, 층수 및 높이가 「건축법」(이하 "법"이라 한다), 이 영 또는 건축조례(이하 "법령등"이라 한다)에 모두 적합할 것
5. "이전"이란 건축물의 주요구조부를 해체하지 아니하고 같은 대지의 다른 위치로 옮기는 것을 말한다.

## 참고 주요구조부 ?

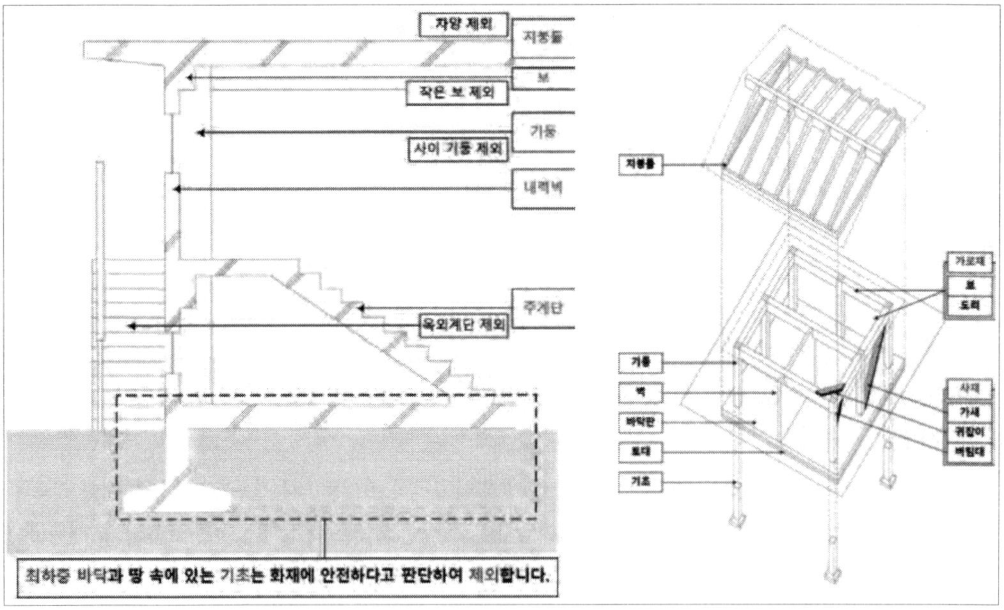


※ 출처 : 그림으로 이해하는 건축법 (서울특별시, 2020)

## 2 건축물의 용도

### 1) 건축물의 용도

건축물의 용도는 「건축법 시행령」 별표1에서 규정하고 있다.

■ **건축법 시행령 [별표 1] 〈개정 2023. 5. 15.〉**

**용도별 건축물의 종류**(제3조의5 관련)

1. 단독주택[단독주택의 형태를 갖춘 가정어린이집·공동생활가정·지역아동센터·공동육아나눔터(「아이돌봄 지원법」 제19조에 따른 공동육아나눔터를 말한다. 이하 같다)·작은도서관(「도서관법」 제4조제2항제1호가목에 따른 작은도서관을 말하며, 해당 주택의 1층에 설치한 경우만 해당한다. 이하 같다) 및 노인복지시설(노인복지주택은 제외한다)을 포함한다]
   가. 단독주택
   나. 다중주택: 다음의 요건을 모두 갖춘 주택을 말한다.
      1) 학생 또는 직장인 등 여러 사람이 장기간 거주할 수 있는 구조로 되어 있는 것
      2) 독립된 주거의 형태를 갖추지 않은 것(각 실별로 욕실은 설치할 수 있으나, 취사시설은 설치하지 않은 것을 말한다)
      3) 1개 동의 주택으로 쓰이는 바닥면적(부설 주차장 면적은 제외한다. 이하 같다)의 합계가 660제곱미터 이하이고 주택으로 쓰는 층수(지하층은 제외한다)가 3개 층 이하일 것. 다만, 1층의 전부 또는 일부를 필로티 구조로 하여 주차장으로 사용하고 나머지 부분을 주택(주거 목적으로 한정한다) 외의 용도로 쓰는 경우에는 해당 층을 주택의 층수에서 제외한다.
      4) 적정한 주거환경을 조성하기 위하여 건축조례로 정하는 실별 최소 면적, 창문의 설치 및 크기 등의 기준에 적합할 것
   다. 다가구주택: 다음의 요건을 모두 갖춘 주택으로서 공동주택에 해당하지 아니하는 것을 말한다.
      1) 주택으로 쓰는 층수(지하층은 제외한다)가 3개 층 이하일 것. 다만, 1층의 전부 또는 일부를 필로티 구조로 하여 주차장으로 사용하고 나머지 부분을 주택(주거 목적으로 한정한다) 외의 용도로 쓰는 경우에는 해당 층을 주택의 층수에서 제외한다.
      2) 1개 동의 주택으로 쓰이는 바닥면적의 합계가 660제곱미터 이하일 것
      3) 19세대(대지 내 동별 세대수를 합한 세대를 말한다) 이하가 거주할 수 있을 것
   라. 공관(公館)

2. 공동주택[공동주택의 형태를 갖춘 가정어린이집·공동생활가정·지역아동센터·공동육아나눔터·작은도서관·노인복지시설(노인복지주택은 제외한다) 및 「주택법 시행령」 제10조제1항제1호에 따른 소형 주택을 포함한다]. 다만, 가목이나 나목에서 층수를 산정할 때 1층 전부를 필로티 구조로 하여 주차장으로 사용하는 경우에는 필로티 부분을 층수에서 제외하고, 다목에서 층수를 산정할 때 1층의 전부 또는 일부를 필로티 구조로 하여 주차장으로 사용하고 나머지 부분을 주택(주거 목적으로 한정한다) 외의 용도로 쓰는 경우에는 해당 층을 주택의 층수에서 제외하며, 가목부터 라목까지의 규정에서 층수를 산정할 때 지하층을 주택의 층수에서 제외한다.

가. 아파트: 주택으로 쓰는 층수가 5개 층 이상인 주택

나. 연립주택: 주택으로 쓰는 1개 동의 바닥면적(2개 이상의 동을 지하주차장으로 연결하는 경우에는 각각의 동으로 본다) 합계가 660제곱미터를 초과하고, 층수가 4개 층 이하인 주택

다. 다세대주택: 주택으로 쓰는 1개 동의 바닥면적 합계가 660제곱미터 이하이고, 층수가 4개 층 이하인 주택(2개 이상의 동을 지하주차장으로 연결하는 경우에는 각각의 동으로 본다)

라. 기숙사: 다음의 어느 하나에 해당하는 건축물로서 공간의 구성과 규모 등에 관하여 국토교통부장관이 정하여 고시하는 기준에 적합한 것. 다만, 구분소유된 개별 실(室)은 제외한다.

1) 일반기숙사: 학교 또는 공장 등의 학생 또는 종업원 등을 위하여 사용하는 것으로서 해당 기숙사의 공동취사시설 이용 세대 수가 전체 세대 수(건축물의 일부를 기숙사로 사용하는 경우에는 기숙사로 사용하는 세대 수로 한다. 이하 같다)의 50퍼센트 이상인 것(「교육기본법」 제27조제2항에 따른 학생복지주택을 포함한다)

2) 임대형기숙사: 「공공주택 특별법」 제4조에 따른 공공주택사업자 또는 「민간임대주택에 관한 특별법」 제2조제7호에 따른 임대사업자가 임대사업에 사용하는 것으로서 임대 목적으로 제공하는 실이 20실 이상이고 해당 기숙사의 공동취사시설 이용 세대 수가 전체 세대 수의 50퍼센트 이상인 것

3. 제1종 근린생활시설

가. 식품·잡화·의류·완구·서적·건축자재·의약품·의료기기 등 일용품을 판매하는 소매점으로서 같은 건축물(하나의 대지에 두 동 이상의 건축물이 있는 경우에는 이를 같은 건축물로 본다. 이하 같다)에 해당 용도로 쓰는 바닥면적의 합계가 1천 제곱미터 미만인 것

나. 휴게음식점, 제과점 등 음료·차(茶)·음식·빵·떡·과자 등을 조리하거나 제조하여 판매하는 시설(제4호너목 또는 제17호에 해당하는 것은 제외한다)로서 같은 건축물에 해당 용도로 쓰는 바닥면적의 합계가 300제곱미터 미만인 것

다. 이용원, 미용원, 목욕장, 세탁소 등 사람의 위생관리나 의류 등을 세탁·수선하는 시설(세탁소의 경우 공장에 부설되는 것과 「대기환경보전법」, 「물환경보전법」 또는 「소음·진동관리법」에 따른 배출시설의 설치 허가 또는 신고의 대상인 것은 제외한다)

라. 의원, 치과의원, 한의원, 침술원, 접골원(接骨院), 조산원, 안마원, 산후조리원 등 주민의 진료·치료 등을 위한 시설

마. 탁구장, 체육도장으로서 같은 건축물에 해당 용도로 쓰는 바닥면적의 합계가 500제곱미터 미만인 것

바. 지역자치센터, 파출소, 지구대, 소방서, 우체국, 방송국, 보건소, 공공도서관, 건강보험공단 사무소 등 주민의 편의를 위하여 공공업무를 수행하는 시설로서 같은 건축물에 해당 용도로 쓰는 바닥면적의 합계가 1천 제곱미터 미만인 것

사. 마을회관, 마을공동작업소, 마을공동구판장, 공중화장실, 대피소, 지역아동센터(단독주택과 공동주택에 해당하는 것은 제외한다) 등 주민이 공동으로 이용하는 시설

아. 변전소, 도시가스배관시설, 통신용 시설(해당 용도로 쓰는 바닥면적의 합계가 1천제곱미터 미만인 것에 한정한다), 정수장, 양수장 등 주민의 생활에 필요한 에너지공급·통신서비스제공이나 급수·배수와 관련된 시설

자. 금융업소, 사무소, 부동산중개사무소, 결혼상담소 등 소개업소, 출판사 등 일반업무시설로서 같은 건축물에 해당 용도로 쓰는 바닥면적의 합계가 30제곱미터 미만인 것

차. 전기자동차 충전소(해당 용도로 쓰는 바닥면적의 합계가 1천제곱미터 미만인 것으로 한정한다)

4. 제2종 근린생활시설

가. 공연장(극장, 영화관, 연예장, 음악당, 서커스장, 비디오물감상실, 비디오물소극장, 그 밖에 이와 비슷한 것을 말한다. 이하 같다)으로서 같은 건축물에 해당 용도로 쓰는 바닥면적의 합계가 500제곱미터 미만인 것

나. 종교집회장[교회, 성당, 사찰, 기도원, 수도원, 수녀원, 제실(祭室), 사당, 그 밖에 이와 비슷한 것을 말한다. 이하 같다]으로서 같은 건축물에 해당 용도로 쓰는 바닥면적의 합계가 500제곱미터 미만인 것

다. 자동차영업소로서 같은 건축물에 해당 용도로 쓰는 바닥면적의 합계가 1천제곱미터 미만인 것

라. 서점(제1종 근린생활시설에 해당하지 않는 것)

마. 총포판매소

바. 사진관, 표구점

사. 청소년게임제공업소, 복합유통게임제공업소, 인터넷컴퓨터게임시설제공업소, 가상현실체험 제공업소, 그 밖에 이와 비슷한 게임 및 체험 관련 시설로서 같은 건축물에 해당 용도로 쓰는 바닥면적의 합계가 500제곱미터 미만인 것

아. 휴게음식점, 제과점 등 음료·차(茶)·음식·빵·떡·과자 등을 조리하거나 제조하여 판매하는 시설(너목 또는 제17호에 해당하는 것은 제외한다)로서 같은 건축물에 해당 용도로 쓰는 바닥면적의 합계가 300제곱미터 이상인 것

자. 일반음식점

차. 장의사, 동물병원, 동물미용실, 「동물보호법」 제73조제1항제2호에 따른 동물위탁관리업을 위한 시설, 그 밖에 이와 유사한 것

카. 학원(자동차학원·무도학원 및 정보통신기술을 활용하여 원격으로 교습하는 것은 제외한다), 교습소(자동차교습·무도교습 및 정보통신기술을 활용하여 원격으로 교습하는 것은 제외한다), 직업훈련소(운전·정비 관련 직업훈련소는 제외한다)로서 같은 건축물에 해당 용도로 쓰는 바닥면적의 합계가 500제곱미터 미만인 것

타. 독서실, 기원

파. 테니스장, 체력단련장, 에어로빅장, 볼링장, 당구장, 실내낚시터, 골프연습장, 놀이형시설(「관광진흥법」에 따른 기타유원시설업의 시설을 말한다. 이하 같다) 등 주민의 체육 활동을 위한 시설(제3호마목의 시설은 제외한다)로서 같은 건축물에 해당 용도로 쓰는 바닥면적의 합계가 500제곱미터 미만인 것

하. 금융업소, 사무소, 부동산중개사무소, 결혼상담소 등 소개업소, 출판사 등 일반업무시설로서 같은 건축물에 해당 용도로 쓰는 바닥면적의 합계가 500제곱미터 미만인 것(제1종 근린생활시설에 해당하는 것은 제외한다)

거. 다중생활시설(「다중이용업소의 안전관리에 관한 특별법」에 따른 다중이용업 중 고시원업의 시설로서 국토교통부장관이 고시하는 기준과 그 기준에 위배되지 않는 범위에서 적정한 주거환경을 조성하기 위하여 건축조례로 정하는 실별 최소 면적, 창문의 설치 및 크기 등의 기준에 적합한 것을 말한다. 이하 같다)로서 같은 건축물에 해당 용도로 쓰는 바닥면적의 합계가 500제곱미터 미만인 것

너. 제조업소, 수리점 등 물품의 제조·가공·수리 등을 위한 시설로서 같은 건축물에 해당 용도로 쓰는 바닥면적의 합계가 500제곱미터 미만이고, 다음 요건 중 어느 하나에 해당하는 것

1) 「대기환경보전법」, 「물환경보전법」 또는 「소음·진동관리법」에 따른 배출시설의 설치 허가 또는 신고의 대상이 아닌 것

2) 「물환경보전법」 제33조제1항 본문에 따라 폐수배출시설의 설치 허가를 받거나 신고해야 하는 시설로서 발생되는 폐수를 전량 위탁처리하는 것

더. 단란주점으로서 같은 건축물에 해당 용도로 쓰는 바닥면적의 합계가 150제곱미터 미만인 것

러. 안마시술소, 노래연습장

5. 문화 및 집회시설

가. 공연장으로서 제2종 근린생활시설에 해당하지 아니하는 것

나. 집회장[예식장, 공회당, 회의장, 마권(馬券) 장외 발매소, 마권 전화투표소, 그 밖에 이와 비슷한 것을 말한다]으로서 제2종 근린생활시설에 해당하지 아니하는 것

다. 관람장(경마장, 경륜장, 경정장, 자동차 경기장, 그 밖에 이와 비슷한 것과 체육관 및 운동장으로서 관람석의 바닥면적의 합계가 1천 제곱미터 이상인 것을 말한다)

라. 전시장(박물관, 미술관, 과학관, 문화관, 체험관, 기념관, 산업전시장, 박람회장, 그 밖에 이와 비슷한 것을 말한다)

마. 동·식물원(동물원, 식물원, 수족관, 그 밖에 이와 비슷한 것을 말한다)

6. 종교시설

가. 종교집회장으로서 제2종 근린생활시설에 해당하지 아니하는 것

나. 종교집회장(제2종 근린생활시설에 해당하지 아니하는 것을 말한다)에 설치하는 봉안당(奉安堂)

7. 판매시설

가. 도매시장(「농수산물유통 및 가격안정에 관한 법률」에 따른 농수산물도매시장, 농수산물공판장, 그 밖에 이와 비슷한 것을 말하며, 그 안에 있는 근린생활시설을 포함한다)

나. 소매시장(「유통산업발전법」 제2조제3호에 따른 대규모 점포, 그 밖에 이와 비슷한 것을 말하며, 그 안에 있는 근린생활시설을 포함한다)

다. 상점(그 안에 있는 근린생활시설을 포함한다)으로서 다음의 요건 중 어느 하나에 해당하는 것

1) 제3호가목에 해당하는 용도(서점은 제외한다)로서 제1종 근린생활시설에 해당하지 아니하는 것

2) 「게임산업진흥에 관한 법률」 제2조제6호의2가목에 따른 청소년게임제공업의 시설, 같은 호 나목에 따른 일반게임제공업의 시설, 같은 조 제7호에 따른 인터넷컴퓨터게임시설제공업의 시설 및 같은 조 제8호에 따른 복합유통게임제공업의 시설로서 제2종 근린생활시설에 해당하지 아니하는 것

8. 운수시설

가. 여객자동차터미널

나. 철도시설

다. 공항시설

라. 항만시설

마. 그 밖에 가목부터 라목까지의 규정에 따른 시설과 비슷한 시설

9. 의료시설

가. 병원(종합병원, 병원, 치과병원, 한방병원, 정신병원 및 요양병원을 말한다)

나. 격리병원(전염병원, 마약진료소, 그 밖에 이와 비슷한 것을 말한다)

10. 교육연구시설(제2종 근린생활시설에 해당하는 것은 제외한다)

가. 학교(유치원, 초등학교, 중학교, 고등학교, 전문대학, 대학, 대학교, 그 밖에 이에 준하는 각종 학교를 말한다)

나. 교육원(연수원, 그 밖에 이와 비슷한 것을 포함한다)

다. 직업훈련소(운전 및 정비 관련 직업훈련소는 제외한다)

라. 학원(자동차학원·무도학원 및 정보통신기술을 활용하여 원격으로 교습하는 것은 제외한다), 교습소(자동차교습·무도교습 및 정보통신기술을 활용하여 원격으로 교습하는 것은 제외한다)

마. 연구소(연구소에 준하는 시험소와 계측계량소를 포함한다)

바. 도서관

11. 노유자시설

가. 아동 관련 시설(어린이집, 아동복지시설, 그 밖에 이와 비슷한 것으로서 단독주택, 공동주택 및 제1종 근린생활시설에 해당하지 아니하는 것을 말한다)

나. 노인복지시설(단독주택과 공동주택에 해당하지 아니하는 것을 말한다)

다. 그 밖에 다른 용도로 분류되지 아니한 사회복지시설 및 근로복지시설

12. 수련시설

가. 생활권 수련시설(「청소년활동진흥법」에 따른 청소년수련관, 청소년문화의집, 청소년특화시설, 그 밖

에 이와 비슷한 것을 말한다)

나. 자연권 수련시설(「청소년활동진흥법」에 따른 청소년수련원, 청소년야영장, 그 밖에 이와 비슷한 것을 말한다)

다. 「청소년활동진흥법」에 따른 유스호스텔

라. 「관광진흥법」에 따른 야영장 시설로서 제29호에 해당하지 아니하는 시설

13. 운동시설

가. 탁구장, 체육도장, 테니스장, 체력단련장, 에어로빅장, 볼링장, 당구장, 실내낚시터, 골프연습장, 놀이형 시설, 그 밖에 이와 비슷한 것으로서 제1종 근린생활시설 및 제2종 근린생활시설에 해당하지 아니하는 것

나. 체육관으로서 관람석이 없거나 관람석의 바닥면적이 1천제곱미터 미만인 것

다. 운동장(육상장, 구기장, 볼링장, 수영장, 스케이트장, 롤러스케이트장, 승마장, 사격장, 궁도장, 골프장 등과 이에 딸린 건축물을 말한다)으로서 관람석이 없거나 관람석의 바닥면적이 1천 제곱미터 미만인 것

14. 업무시설

가. 공공업무시설: 국가 또는 지방자치단체의 청사와 외국공관의 건축물로서 제1종 근린생활시설에 해당하지 아니하는 것

나. 일반업무시설: 다음 요건을 갖춘 업무시설을 말한다.

1) 금융업소, 사무소, 결혼상담소 등 소개업소, 출판사, 신문사, 그 밖에 이와 비슷한 것으로서 제1종 근린생활시설 및 제2종 근린생활시설에 해당하지 않는 것

2) 오피스텔(업무를 주로 하며, 분양하거나 임대하는 구획 중 일부 구획에서 숙식을 할 수 있도록 한 건축물로서 국토교통부장관이 고시하는 기준에 적합한 것을 말한다)

15. 숙박시설

가. 일반숙박시설 및 생활숙박시설(「공중위생관리법」 제3조제1항 전단에 따라 숙박업 신고를 해야 하는 시설로서 국토교통부장관이 정하여 고시하는 요건을 갖춘 시설을 말한다)

나. 관광숙박시설(관광호텔, 수상관광호텔, 한국전통호텔, 가족호텔, 호스텔, 소형호텔, 의료관광호텔 및 휴양 콘도미니엄)

다. 다중생활시설(제2종 근린생활시설에 해당하지 아니하는 것을 말한다)

라. 그 밖에 가목부터 다목까지의 시설과 비슷한 것

16. 위락시설

가. 단란주점으로서 제2종 근린생활시설에 해당하지 아니하는 것

나. 유흥주점이나 그 밖에 이와 비슷한 것

다. 「관광진흥법」에 따른 유원시설업의 시설, 그 밖에 이와 비슷한 시설(제2종 근린생활시설과 운동시설에 해당하는 것은 제외한다)

라. 삭제 〈2010.2.18.〉

마. 무도장, 무도학원
바. 카지노영업소

17. 공장
물품의 제조·가공[염색·도장(塗裝)·표백·재봉·건조·인쇄 등을 포함한다] 또는 수리에 계속적으로 이용되는 건축물로서 제1종 근린생활시설, 제2종 근린생활시설, 위험물저장 및 처리시설, 자동차 관련 시설, 자원순환 관련 시설 등으로 따로 분류되지 아니한 것

18. 창고시설(위험물 저장 및 처리 시설 또는 그 부속용도에 해당하는 것은 제외한다)
가. 창고(물품저장시설로서 「물류정책기본법」에 따른 일반창고와 냉장 및 냉동 창고를 포함한다)
나. 하역장
다. 「물류시설의 개발 및 운영에 관한 법률」에 따른 물류터미널
라. 집배송 시설

19. 위험물 저장 및 처리 시설
「위험물안전관리법」, 「석유 및 석유대체연료 사업법」, 「도시가스사업법」, 「고압가스 안전관리법」, 「액화석유가스의 안전관리 및 사업법」, 「총포·도검·화약류 등 단속법」, 「화학물질 관리법」 등에 따라 설치 또는 영업의 허가를 받아야 하는 건축물로서 다음 각 목의 어느 하나에 해당하는 것. 다만, 자가난방, 자가발전, 그 밖에 이와 비슷한 목적으로 쓰는 저장시설은 제외한다.
가. 주유소(기계식 세차설비를 포함한다) 및 석유 판매소
나. 액화석유가스 충전소·판매소·저장소(기계식 세차설비를 포함한다)
다. 위험물 제조소·저장소·취급소
라. 액화가스 취급소·판매소
마. 유독물 보관·저장·판매시설
바. 고압가스 충전소·판매소·저장소
사. 도료류 판매소
아. 도시가스 제조시설
자. 화약류 저장소
차. 그 밖에 가목부터 자목까지의 시설과 비슷한 것

20. 자동차 관련 시설(건설기계 관련 시설을 포함한다)
가. 주차장
나. 세차장
다. 폐차장
라. 검사장
마. 매매장

바. 정비공장

사. 운전학원 및 정비학원(운전 및 정비 관련 직업훈련시설을 포함한다)

아. 「여객자동차 운수사업법」, 「화물자동차 운수사업법」 및 「건설기계관리법」에 따른 차고 및 주기장(駐機場)

자. 전기자동차 충전소로서 제1종 근린생활시설에 해당하지 않는 것

21. 동물 및 식물 관련 시설

가. 축사(양잠·양봉·양어·양돈·양계·곤충사육 시설 및 부화장 등을 포함한다)

나. 가축시설[가축용 운동시설, 인공수정센터, 관리사(管理舍), 가축용 창고, 가축시장, 동물검역소, 실험동물 사육시설, 그 밖에 이와 비슷한 것을 말한다]

다. 도축장

라. 도계장

마. 작물 재배사

바. 종묘배양시설

사. 화초 및 분재 등의 온실

아. 동물 또는 식물과 관련된 가목부터 사목까지의 시설과 비슷한 것(동·식물원은 제외한다)

22. 자원순환 관련 시설

가. 하수 등 처리시설

나. 고물상

다. 폐기물재활용시설

라. 폐기물 처분시설

마. 폐기물감량화시설

23. 교정시설(제1종 근린생활시설에 해당하는 것은 제외한다)

가. 교정시설(보호감호소, 구치소 및 교도소를 말한다)

나. 갱생보호시설, 그 밖에 범죄자의 갱생·보육·교육·보건 등의 용도로 쓰는 시설

다. 소년원 및 소년분류심사원

라. 삭제 〈2023. 5. 15.〉

23의2. 국방·군사시설(제1종 근린생활시설에 해당하는 것은 제외한다)

「국방·군사시설 사업에 관한 법률」에 따른 국방·군사시설

24. 방송통신시설(제1종 근린생활시설에 해당하는 것은 제외한다)

가. 방송국(방송프로그램 제작시설 및 송신·수신·중계시설을 포함한다)

나. 전신전화국

다. 촬영소

라. 통신용 시설
마. 데이터센터
바. 그 밖에 가목부터 마목까지의 시설과 비슷한 것

25. 발전시설
발전소(집단에너지 공급시설을 포함한다)로 사용되는 건축물로서 제1종 근린생활시설에 해당하지 아니하는 것

26. 묘지 관련 시설
가. 화장시설
나. 봉안당(종교시설에 해당하는 것은 제외한다)
다. 묘지와 자연장지에 부수되는 건축물
라. 동물화장시설, 동물건조장(乾燥葬)시설 및 동물 전용의 납골시설

27. 관광 휴게시설
가. 야외음악당
나. 야외극장
다. 어린이회관
라. 관망탑
마. 휴게소
바. 공원·유원지 또는 관광지에 부수되는 시설

28. 장례시설
가. 장례식장[의료시설의 부수시설(「의료법」 제36조제1호에 따른 의료기관의 종류에 따른 시설을 말한다)에 해당하는 것은 제외한다]
나. 동물 전용의 장례식장

29. 야영장 시설
「관광진흥법」에 따른 야영장 시설로서 관리동, 화장실, 샤워실, 대피소, 취사시설 등의 용도로 쓰는 바닥면적의 합계가 300제곱미터 미만인 것

* 비고
1. 제3호 및 제4호에서 "해당 용도로 쓰는 바닥면적"이란 부설 주차장 면적을 제외한 실(實) 사용면적에 공용부분 면적(복도, 계단, 화장실 등의 면적을 말한다)을 비례 배분한 면적을 합한 면적을 말한다.
2. 비고 제1호에 따라 "해당 용도로 쓰는 바닥면적"을 산정할 때 건축물의 내부를 여러 개의 부분으로 구분하여 독립한 건축물로 사용하는 경우에는 그 구분된 면적 단위로 바닥면적을 산정한다. 다만, 다음 각 목에 해당하는 경우에는 각 목에서 정한 기준에 따른다.

가. 제4호더목에 해당하는 건축물의 경우에는 내부가 여러 개의 부분으로 구분되어 있더라도 해당 용도로 쓰는 바닥면적을 모두 합산하여 산정한다.

나. 동일인이 둘 이상의 구분된 건축물을 같은 세부 용도로 사용하는 경우에는 연접되어 있지 않더라도 이를 모두 합산하여 산정한다.

다. 구분 소유자(임차인을 포함한다)가 다른 경우에도 구분된 건축물을 같은 세부 용도로 연계하여 함께 사용하는 경우(통로, 창고 등을 공동으로 활용하는 경우 또는 명칭의 일부를 동일하게 사용하여 홍보하거나 관리하는 경우 등을 말한다)에는 연접되어 있지 않더라도 연계하여 함께 사용하는 바닥면적을 모두 합산하여 산정한다.

3. 「청소년 보호법」 제2조제5호가목8) 및 9)에 따라 여성가족부장관이 고시하는 청소년 출입·고용금지업의 영업을 위한 시설은 제1종 근린생활시설 및 제2종 근린생활시설에서 제외하되, 위 표에 따른 다른 용도의 시설로 분류되지 않는 경우에는 제16호에 따른 위락시설로 분류한다.

4. 국토교통부장관은 별표 1 각 호의 용도별 건축물의 종류에 관한 구체적인 범위를 정하여 고시할 수 있다.

## 2) 건축물의 용도변경

사용승인을 득한 건물은 허가나 신고를 득하고 용도변경이 가능하다. 현행 29개의 용도를 9가지의 '군'으로 나누어 '상위군'으로 용도변경 시 '허가'를 받아야 하며, '하위군'으로 용도변경 시 '신고'를 통해 용도변경할 수 있으며, 동일군 내 용도로의 변경은 단순히 건축물대장의 변경을 신청하면 된다.

**「건축법」**

**제19조(용도변경)** ① 건축물의 용도변경은 변경하려는 용도의 건축기준에 맞게 하여야 한다.

② 제22조에 따라 사용승인을 받은 건축물의 용도를 변경하려는 자는 다음 각 호의 구분에 따라 국토교통부령으로 정하는 바에 따라 특별자치시장·특별자치도지사 또는 시장·군수·구청장의 허가를 받거나 신고를 하여야 한다.

1. 허가 대상: 제4항 각 호의 어느 하나에 해당하는 시설군(施設群)에 속하는 건축물의 용도를 상위군(제4항 각 호의 번호가 용도변경하려는 건축물이 속하는 시설군보다 작은 시설군을 말한다)에 해당하는 용도로 변경하는 경우
2. 신고 대상: 제4항 각 호의 어느 하나에 해당하는 시설군에 속하는 건축물의 용도를 하위군(제4항 각 호의 번호가 용도변경하려는 건축물이 속하는 시설군보다 큰 시설군을 말한다)에 해당하는 용도로 변경하는 경우

③ 제4항에 따른 시설군 중 같은 시설군 안에서 용도를 변경하려는 자는 국토교통부령으로 정하는 바에 따라 특별자치시장·특별자치도지사 또는 시장·군수·구청장에게 건축물대장 기재내용의 변경을 신청하여야 한다. 다만, 대통령령으로 정하는 변경의 경우에는 그러하지 아니하다.

④ 시설군은 다음 각 호와 같고 각 시설군에 속하는 건축물의 세부 용도는 대통령령으로 정한다.

1. 자동차 관련 시설군
2. 산업 등의 시설군
3. 전기통신시설군
4. 문화 및 집회시설군
5. 영업시설군
6. 교육 및 복지시설군
7. 근린생활시설군
8. 주거업무시설군
9. 그 밖의 시설군

**「건축법」**

**제14조(용도변경)**

⑤ 법 제19조제4항 각 호의 시설군에 속하는 건축물의 용도는 다음 각 호와 같다.

1. 자동차 관련 시설군: 자동차 관련 시설
2. 산업 등 시설군: 운수시설, 창고시설, 공장, 위험물저장 및 처리시설, 자원순환 관련 시설, 묘지 관련 시설, 장례시설
3. 전기통신시설군: 방송통신시설, 발전시설,
4. 문화집회시설군: 문화 및 집회시설, 종교시설, 위락시설, 관광휴게시설
5. 영업시설군: 판매시설, 운동시설, 숙박시설, 제2종 근린생활시설 중 다중생활시설
6. 교육 및 복지시설군: 의료시설, 교육연구시설, 노유자시설, 수련시설, 야영장 시설
7. 근린생활시설군: 제1종 근린생활시설, 제2종 근린생활시설(다중생활시설은 제외한다)
8. 주거업무시설군: 단독주택, 공동주택, 업무시설, 교정시설, 국방·군사시설
9. 그 밖의 시설군: 동물 및 식물 관련 시설

## 참고 근린생활시설

근린생활시설은 주거지역에 필요한 시설군으로 이루어진 용도이다. 슈퍼마켓과 일용품 소매점, 이용원, 미용원, 일반목욕장, 동사무소, 경찰파출소, 소방서 등의 제1종근린생활시설과 일반음식점, 기원, 테니스장, 체력단련장, 학원 등 제2종근린생활시설로 구분된다.

용도에 따라 면적제한이 있는 경우는 주의해야 한다. 바닥면적 1천㎡ 미만인 슈퍼마켓은 제1종 근린생활시설, 500$m^2$ 미만인 PC방은 제2종 근린생활시설이지만 그 규모를 넘을 경우 각각 판매시설에 해당한다. 500$m^2$ 미만인 체육도장은 제1종 근린생활시설이지만 500㎡ 이상인 체육도장은 운동시설에 해당된다.

500㎡ 미만인 학원은 제2종 근린생활시설이지만 그 규모를 넘는 것은 교육연구시설에 해당된다. 한 동의 건축물에 이미 다른 학원이 있는 상태에서 새로운 학원이 들어와 전체 학원의 면적이 500㎡ 이상이 되면, 기존의 학원을 포함해서 모두 교육연구시설(학원)로 용도를 변경해야 한다.

그렇게 되면 주차장을 추가 확보해야 하는 등 다른 문제가 발생하여 사실상 학원의 추가 설치가 불가능하게 될 수도 있기 때문에 사전에 챙겨야 손해를 보지 않을 것이다.

또 한 가지 주의할 점은 판매시설이 있는 건축물 안의 근린생활시설은 모두 판매시설로 인정된다는 점이다. 가령, 도매시장, 소매시장, 상점의 어느 한 부분에 음식점, 이용원, 부동산중개소, 사진관 등의 근린생활시설이 있다면 이들 용도 모두는 판매시설로 보아야 한다. 그렇게 되면 주차장 등 다른 기준이 강화되어 불리한 점이 생기게 된다.

제1종 근린생활시설과 제2종 근린생활시설은 대부분의 용도지역에서 허용되지만 단란주점과 안마시술소는 전용주거지역과 일반주거지역 안에서는 들어설 수 없다. 제1종근린생활시설과 제2종 근린생활시설은 상호 변경 사용할 때 허가나 신고대상은 아니지만 미리 건축물대장 기재사항변경 신청을 해야만 한다.

※ 출처 : 건축법 이야기 (기문당, 윤혁경)

## 3 건축물의 건축

### 1) 건축허가와 건축신고

건축물을 건축하거나 대수선하려는 자는 시장·군수·구청장의 허가를 받아야 한다. 다만, 21층 이상이거나 연면적이 10만㎡를 넘는 건축물을 건축하기 위해서는 '시'지역에서는 특별시장 또는 광역시장의 허가를 받아야 하며 '도'지역에서는 도지사의 승인을 득한 시장·군수의 허가를 받아야 한다.

또한, 건축하거나 대수선하려는 건물의 규모 등이 경미한 경우에는 허가권자에게 신고하는 것으로 허가를 받은 것으로 본다.

**「건축법」**

**제11조(건축허가)** ① 건축물을 건축하거나 대수선하려는 자는 특별자치시장·특별자치도지사 또는 시장·군수·구청장의 허가를 받아야 한다. 다만, 21층 이상의 건축물 등 대통령령으로 정하는 용도 및 규모의 건축물을 특별시나 광역시에 건축하려면 특별시장이나 광역시장의 허가를 받아야 한다.

② 시장·군수는 제1항에 따라 다음 각 호의 어느 하나에 해당하는 건축물의 건축을 허가하려면 미리 건축계획서와 국토교통부령으로 정하는 건축물의 용도, 규모 및 형태가 표시된 기본설계도서를 첨부하여 도지사의 승인을 받아야 한다.

**「건축법 시행령」**

**제8조(건축허가)** ① 법 제11조제1항 단서에 따라 특별시장 또는 광역시장의 허가를 받아야 하는 건축물의 건축은 층수가 21층 이상이거나 연면적의 합계가 10만 제곱미터 이상인 건축물의 건축(연면적의 10분의 3 이상을 증축하여 층수가 21층 이상으로 되거나 연면적의 합계가 10만 제곱미터 이상으로 되는 경우를 포함한다)을 말한다. 다만, 다음 각 호의 어느 하나에 해당하는 건축물의 건축은 제외한다.

1. 공장
2. 창고
3. 지방건축위원회의 심의를 거친 건축물

**「건축법」**

**제14조(건축신고)** ① 제11조에 해당하는 허가 대상 건축물이라 하더라도 다음 각 호의 어느 하나에 해당하는 경우에는 미리 특별자치시장·특별자치도지사 또는 시장·군수·구청장에게 국토교통부령으로 정하는 바에 따라 신고를 하면 건축허가를 받은 것으로 본다.

1. 바닥면적의 합계가 85제곱미터 이내의 증축·개축 또는 재축. 다만, 3층 이상 건축물인 경우에는 증축·

개축 또는 재축하려는 부분의 바닥면적의 합계가 건축물 연면적의 10분의 1 이내인 경우로 한정한다.

2. 「국토의 계획 및 이용에 관한 법률」에 따른 관리지역, 농림지역 또는 자연환경보전지역에서 연면적이 200제곱미터 미만이고 3층 미만인 건축물의 건축. 다만, 다음 각 목의 어느 하나에 해당하는 구역에서의 건축은 제외한다.
   가. 지구단위계획구역
   나. 방재지구 등 재해취약지역으로서 대통령령으로 정하는 구역
3. 연면적이 200제곱미터 미만이고 3층 미만인 건축물의 대수선
4. 주요구조부의 해체가 없는 등 대통령령으로 정하는 대수선
5. 그 밖에 소규모 건축물로서 대통령령으로 정하는 건축물의 건축

**대법원 1993. 6. 29. 선고 92누17822 판결**

**【판시사항】**

건축허가신청시 진정한 건축주 이외의 자 앞으로 건축허가가 되었으나 진정한 건축주가 허가명의인을 진정한 권리자로 하기로 합의한 경우 행정청이 원건축허가신청서의 건축주 명의가 잘못되었다는 이유로 건축주 명의를 변경할 수 있는지 여부(소극)

**【판결요지】**

건축허가는 대물적 성질을 갖는 것으로서 행정청으로서는 허가를 함에 있어 건축주가 누구인가 등 인적 요소에 대하여는 형식적 심사만 하고 신청서에 기재된 바에 따르게 되지만, 사후에 허가신청서 등의 건축주 명의가 변조된 것으로 밝혀진 경우 등에는 이해관계인의 신청이나 직권에 의하여 시정할 수 있다고 할 것이나, 건축허가는 허가대상건축물에 대한 권리변동에 수반하여 자유로이 양도할 수 있고 양수인은 신고에 의하여 건축주 명의를 변경할 수 있으므로 건축허가신청시 진정한 건축주 이외의 자 앞으로 건축허가가 되었더라도 진정한 건축주가 권리를 허가명의인에게 양도하거나 하여 허가명의인을 진정한 권리자로 하기로 합의한 경우 등에는 그 합의 이후에 있어서는 허가명의인이 진정한 건축주가 되고 행정청으로서도 원건축허가신청서의 건축주 명의가 변조되었다는 이유로 건축주 명의를 변경할 수 없다.

**대법원 1995. 12. 12. 선고 95누9051 판결**

**【판시사항】**

[1] 건축허가권자가 관계 법령에서 정하는 제한사유 이외의 사유를 들어 그 허가신청을 거부할 수 있는지 여부
[2] 자연경관 훼손 및 주변환경의 오염과 농촌지역의 주변정서에 부정적인 영향을 끼치고 농촌지역에 퇴폐분위기를 조성할 우려가 있다는 등의 사유를 들어 숙박시설 건축을 불허할 수는 없다고 본 사례

**【판결요지】**

[1] 건축허가권자는 건축허가신청이 건축법, 도시계획법 등 관계 법규에서 정하는 어떠한 제한에 배치되지 않는 이상 당연히 같은 법조에서 정하는 건축허가를 하여야 하고 위 관계 법규에서 정하는 제한사유 이외의 사유를 들어 거부할 수는 없다.

[2] 건축허가신청이 건축법, 도시계획법 등 관계 법규에서 정하는 건축허가 제한 사유에 해당하지 않는 이상 행정청이 자연경관 훼손 및 주변환경의 오염과 농촌지역의 주변정서에 부정적인 영향을 끼치고 농촌지역에 퇴폐분위기를 조성할 우려가 있다는 등의 사유를 들어 숙박시설 건축을 불허할 수는 없다고 본 사례.

## 2) 가설건축물 건축의 허가와 신고

가설건축물을 건축하려는 자는 허가권자로부터 '허가'를 받거나 '신고'를 한 후 착공해야 한다. '허가'를 받아야 하는 대상은 대지가 도시계획시설에 저촉된 경우에 해당되며, '신고'를 한 후 축조할 수 있는 경우는 재해복구, 흥행, 전람회, 공사용, 물품저장용 가설건축물 등을 축조하려는 경우에 해당된다.

**「건축법」**

**제20조(가설건축물)** ① 도시·군계획시설 및 도시·군계획시설예정지에서 가설건축물을 건축하려는 자는 특별자치시장·특별자치도지사 또는 시장·군수·구청장의 허가를 받아야 한다.

② 특별자치시장·특별자치도지사 또는 시장·군수·구청장은 해당 가설건축물의 건축이 다음 각 호의 어느 하나에 해당하는 경우가 아니면 제1항에 따른 허가를 하여야 한다.

1. 「국토의 계획 및 이용에 관한 법률」 제64조에 위배되는 경우
2. 4층 이상인 경우
3. 구조, 존치기간, 설치목적 및 다른 시설 설치 필요성 등에 관하여 대통령령으로 정하는 기준의 범위에서 조례로 정하는 바에 따르지 아니한 경우
4. 그 밖에 이 법 또는 다른 법령에 따른 제한규정을 위반하는 경우

**「건축법 시행령」**

**제15조(가설건축물)** ① 법 제20조제2항제3호에서 "대통령령으로 정하는 기준"이란 다음 각 호의 기준을 말한다.

1. 철근콘크리트조 또는 철골철근콘크리트조가 아닐 것
2. 존치기간은 3년 이내일 것. 다만, 도시·군계획사업이 시행될 때까지 그 기간을 연장할 수 있다.
3. 전기·수도·가스 등 새로운 간선 공급설비의 설치를 필요로 하지 아니할 것

4. 공동주택·판매시설·운수시설 등으로서 분양을 목적으로 건축하는 건축물이 아닐 것

**「건축법」**

**제20조(가설건축물)**

③ 제1항에도 불구하고 재해복구, 흥행, 전람회, 공사용 가설건축물 등 대통령령으로 정하는 용도의 가설건축물을 축조하려는 자는 대통령령으로 정하는 존치 기간, 설치 기준 및 절차에 따라 특별자치시장·특별자치도지사 또는 시장·군수·구청장에게 신고한 후 착공하여야 한다.

**「건축법 시행령」**

**제15조(가설건축물)**

⑤ 법 제20조제3항에서 "재해복구, 흥행, 전람회, 공사용 가설건축물 등 대통령령으로 정하는 용도의 가설건축물"이란 다음 각 호의 어느 하나에 해당하는 것을 말한다.

1. 재해가 발생한 구역 또는 그 인접구역으로서 특별자치시장·특별자치도지사 또는 시장·군수·구청장이 지정하는 구역에서 일시사용을 위하여 건축하는 것
2. 특별자치시장·특별자치도지사 또는 시장·군수·구청장이 도시미관이나 교통소통에 지장이 없다고 인정하는 가설흥행장, 가설전람회장, 농·수·축산물 직거래용 가설점포, 그 밖에 이와 비슷한 것
3. 공사에 필요한 규모의 공사용 가설건축물 및 공작물
4. 전시를 위한 견본주택이나 그 밖에 이와 비슷한 것
5. 특별자치시장·특별자치도지사 또는 시장·군수·구청장이 도로변 등의 미관정비를 위하여 지정·공고하는 구역에서 축조하는 가설점포(물건 등의 판매를 목적으로 하는 것을 말한다)로서 안전·방화 및 위생에 지장이 없는 것
6. 조립식 구조로 된 경비용으로 쓰는 가설건축물로서 연면적이 10제곱미터 이하인 것
7. 조립식 경량구조로 된 외벽이 없는 임시 자동차 차고
8. 컨테이너 또는 이와 비슷한 것으로 된 가설건축물로서 임시사무실·임시창고 또는 임시숙소로 사용되는 것
9. 도시지역 중 주거지역·상업지역 또는 공업지역에 설치하는 농업·어업용 비닐하우스로서 연면적이 100제곱미터 이상인 것
10. 연면적이 100제곱미터 이상인 간이축사용, 가축분뇨처리용, 가축운동용, 가축의 비가림용 비닐하우스 또는 천막(벽 또는 지붕이 합성수지 재질로 된 것과 지붕 면적의 2분의 1 이하가 합성강판으로 된 것을 포함한다)구조 건축물
11. 농업·어업용 고정식 온실 및 간이작업장, 가축양육실
12. 물품저장용, 간이포장용, 간이수선작업용 등으로 쓰기 위하여 공장 또는 창고시설에 설치하거나 인접대지에 설치하는 천막(벽 또는 지붕이 합성수지 재질로 된 것을 포함한다), 그 밖에 이와 비슷한 것
13. 유원지, 종합휴양업 사업지역 등에서 한시적인 관광·문화행사 등을 목적으로 천막 또는 경량구조로 설

치하는 것

14. 야외전시시설 및 촬영시설
15. 야외흡연실 용도로 쓰는 가설건축물로서 연면적이 50제곱미터 이하인 것
16. 그 밖에 제1호부터 제14호까지의 규정에 해당하는 것과 비슷한 것으로서 건축조례로 정하는 건축물

## 참고 건축절차

| | |
|---|---|
| **설계도서 작성** | 설계도서란 건축물의 축조 등에 필요한 공사용 도면 등 건축법 시행령에서 정하는 서류 |
| **건축허가 신청** | 건축주가 특별자치도지사·시장·군수·구청장에게 허가 신청<br>대형 건축물 등을 특·광·시에 건축하고자 하는 경우 특·광·시장의 허가를 받아야 하며, 특·광·시 이외에 건축하고자 하는 경우는 도지사의 승인 후 허가를 받아야 한다. |
| **착공신고 및 착공** | 건축허가를 받거나 건축신고를 한 건축주는 건축공사를 착수하기 전까지 허가권자에게 그 공사계획을 신고하여야 한다. 허가 후 2년 이내(건축신고는 1년)에 착공신고, 1년 연장 가능 |
| **감리** | 시공자의 위반행위 시 감리자는 건축주에게 통지하고, 시공자에게 시정 재시공을 요청한다. 이에 불응하는 경우 공사중지를 요청 허가권자에게 이를 보고한다. |
| **사용승인서 신청** | 건축주가 공사완료 시 허가권자에게 사용승인을 신청하며, 공사완료부분에 대해 임시사용(최대 2년)하려면 허가권자에게 임시사용승인신청서를 제출하여야 한다. |
| **사용승인서 교부** | 감리자가 지정된 건축물은 허가권자가 사용승인신청을 받은 날로부터 7일 이내에 사용승인서 교부하며, 감리자가 지정되지 아니한 건축물은 사용승인신청을 받은 날로부터 7일 이내에 검사하고 합격된 건축물에 대해 사용승인서 교부한다. |
| **건축물대장 생성** | 사용승인서 교부 후 행정처리 기간을 거쳐 생성 |
| **소유권보존등기** | 사용승인일 이후 60일 이내에 취득세 등을 납부하고 등기신청 |

## 참고 준공검사에서 사용승인으로

건축허가를 득하거나 건축신고를 한 후 건축행위를 완료한 이후 행정적 절차에 따라 허가권자로부터 일종의 확인을 받아야 한다. 1962년부터 1992년까지는 이를 "준공검사"로, 1992년부터 1995년까지는 "사용검사"로 1996년부터는 사용승인으로 이름을 바꾸어 사용하고 있다.

### 준공검사

준공검사란 건축물이 완공된 시점에서 관련법령에 따른 건축기준은 물론이고, 건축물의 품질까지도 설계도서와 시방서, 내역서에 의하여 제대로 시공되었는지를 확인하는 검사를 말한다. 그러나 담당 공무원이 한두 번의 현장점검만으로 건축물의 품질까지 확인할 수 없기 때문에, 이를 준공검사로 부르는 것은 문제가 있을 수밖에 없었다. 일반인들은 행정기관이 준공검사를 했으니 품질까지 인정한 것으로 오해할 수밖에 없었다. 실제로 그런 사건도 있었다. 준공검사필증을 보고 건축물을 매입했는데 하자가 너무 많아 다툼이 생겼으며, 당초 건축주가 부도가 나는 바람에 이를 준공검사한 행정기관장을 상대로 한 손해배상 청구소송이 제기되기도 했다.

### 사용검사

1992년 6월 1일부터는 허가권자의 확인의 범위를 축소하여 건폐율·용적률, 대지 안의 공지, 일조권, 높이 제한 등만을 검사하는 쪽으로 방향을 변경했다. 그러나 이 사용검사제도도 문제가 있었다. 어디까지 검사할 것인가에 대해 담당자마다 다르기 때문에 국민들은 혼란스러울 수밖에 없다.
더욱이 상대적인 불평등 또한 문제였다. 담당자에 따라서는 내부 인테리어 공사는 나중에 해도 된다는 담당자가 있는가 하면 하나라도 미비하면 사용검사를 해주지 않는 담당자도 있었다.
그래서 사용검사를 잘 받아주는 건축사가 유능한 건축사로 인식되는 현상이 발생하기도 했으며, 완성 건물의 품질 등도 담보할 수 없는 제도가 되어 버렸다.

### 사용승인

1996년 부터는 설계자나 공사감리자로 하여금 현장을 조사·확인하도록 했다. 그러나 이 제도 또한 허위로 작성한 감리보고서로 인해 말썽이 되는 등 설계자와 공사감리자의 부도덕성이 문제가 되기도 했다. 서울시의 경우 설계자도 아니고 공사감리자도 아닌 제3의 건축사를 별도로 선정한 특별검사원제도를 도입한 적이 있었다. 사용승인을 신청하기 전에 미리 특별검사원이 현장점검을 한 후에 잘못을 가려내도록 한 것이다. 그 결과 위법은 눈에 띌 만큼 줄었다고 한다.

사용승인제도는 공사감리자가 작성한 공사감리완료 보고서에 의거, 별도의 현장 확인 없이 사용승인서를 교부하는 제도인데, 공권력의 포기라는 또 다른 지적에 대한 문제제기로 2006년 5월 9일부터는 다시 공무원이 현장검사를 한 후에 사용승인을 하도록 제도를 변경했다.

※ 출처 : 건축법 이야기 (기문당, 윤혁경)

## 4 대지와 도로의 관계

### 1) 대지의 기준

대지란, 건축물을 건축할 수 있는 토지로 「공간정보의 구축 및 관리 등에 관한 법률」에 따라 각 필지로 나눈 토지를 말한다. 하나의 필지가 하나의 대지가 되는 것이 원칙이나, 둘 이상의 필지에 걸쳐서 건축하려는 경우 둘 이상의 필지를 하나의 대지로 하거나, 하나 이상의 필지의 일부에 「농지법」에 따른 농지전용허가, 「국토의 계획 및 이용에 관한 법률」에 따른 개발행위허가 등을 받아 건축하려는 경우 하나 이상의 필지의 일부를 하나의 대지로 할 수 있다.

또한, 토지 활용성의 유지를 위해 건축물을 건축할 수 있는 대지는 용도지역에 따라 일정면적 미만으로는 분할할 수 없게 규정하고 있다.

**「건축법」**

**제2조(정의)** ① 이 법에서 사용하는 용어의 뜻은 다음과 같다.

1. "대지"란 「공간정보의 구축 및 관리 등에 관한 법률」에 따라 각 필지(필지)로 나눈 토지를 말한다. 다만, 대통령령으로 정하는 토지는 둘 이상의 필지를 하나의 대지로 하거나 하나 이상의 필지의 일부를 하나의 대지로 할 수 있다.

**제57조(대지의 분할 제한)** ① 건축물이 있는 대지는 대통령령으로 정하는 범위에서 해당 지방자치단체의 조례로 정하는 면적에 못 미치게 분할할 수 없다.

**「건축법 시행령」**

**제80조(건축물이 있는 대지의 분할제한)** 법 제57조제1항에서 "대통령령으로 정하는 범위"란 다음 각 호의 어느 하나에 해당하는 규모 이상을 말한다.

1. 주거지역: 60제곱미터
2. 상업지역: 150제곱미터
3. 공업지역: 150제곱미터
4. 녹지지역: 200제곱미터
5. 제1호부터 제4호까지의 규정에 해당하지 아니하는 지역: 60제곱미터

## 2) 대지와 도로와의 관계

「건축법」상 '건축할 수 있는 토지'인 대지의 요건 중 접도요건은 대지 안에 있는 건축물에 사람의 출입이 지장 없어야 한다는 것에서 출발한 개념이다. 대지가 되기 위해서는 원칙적으로 4미터 이상의 보행과 자동차통행이 가능한 도로에 토지가 2미터 이상 접하고 있어야 한다. 건축규모가 커지는 경우 6미터 이상의 도로에 토지가 4미터 이상 접하고 있어야 하며, 막다른 도로인 경우 막다른 도로의 길이에 따라 도로의 너비가 2~6미터일 것을 요구한다.

**「건축법」**

**제2조(정의)**

11. "도로"란 보행과 자동차 통행이 가능한 너비 4미터 이상의 도로(지형적으로 자동차 통행이 불가능한 경우와 막다른 도로의 경우에는 대통령령으로 정하는 구조와 너비의 도로)로서 다음 각 목의 어느 하나에 해당하는 도로나 그 예정도로를 말한다.
    가. 「국토의 계획 및 이용에 관한 법률」, 「도로법」, 「사도법」, 그 밖의 관계 법령에 따라 신설 또는 변경에 관한 고시가 된 도로
    나. 건축허가 또는 신고 시에 특별시장·광역시장·특별자치시장·도지사·특별자치도지사(이하 "시·도지사"라 한다) 또는 시장·군수·구청장(자치구의 구청장을 말한다. 이하 같다)이 위치를 지정하여 공고한 도로

**제44조(대지와 도로의 관계)** ① 건축물의 대지는 2미터 이상이 도로(자동차만의 통행에 사용되는 도로는 제외한다)에 접하여야 한다. 다만, 다음 각 호의 어느 하나에 해당하면 그러하지 아니하다. 〈개정 2016.1.19〉

1. 해당 건축물의 출입에 지장이 없다고 인정되는 경우
2. 건축물의 주변에 대통령령으로 정하는 공지가 있는 경우
3. 「농지법」 제2조제1호나목에 따른 농막을 건축하는 경우

**「건축법 시행령」**

**제28조(대지와 도로의 관계)** ① 법 제44조제1항제2호에서 "대통령령으로 정하는 공지"란 광장, 공원, 유원지, 그 밖에 관계 법령에 따라 건축이 금지되고 공중의 통행에 지장이 없는 공지로서 허가권자가 인정한 것을 말한다.

② 법 제44조제2항에 따라 연면적의 합계가 2천 제곱미터(공장인 경우에는 3천 제곱미터) 이상인 건축물(축사, 작물 재배사, 그 밖에 이와 비슷한 건축물로서 건축조례로 정하는 규모의 건축물은 제외한다)의 대지는 너비 6미터 이상의 도로에 4미터 이상 접하여야 한다.

**제3조의3(지형적 조건 등에 따른 도로의 구조와 너비)**

2. 제1호에 해당하지 아니하는 막다른 도로로서 그 도로의 너비가 그 길이에 따라 각각 다음 표에 정하는 기준 이상인 도로

| 막다른 도로의 길이 | 도로의 너비 |
|---|---|
| 10미터 미만 | 2미터 |
| 10미터 이상 35미터 미만 | 3미터 |
| 35미터 이상 | 6미터(도시지역이 아닌 읍·면지역은 4미터) |

## 참고 대지와 도로의 관계

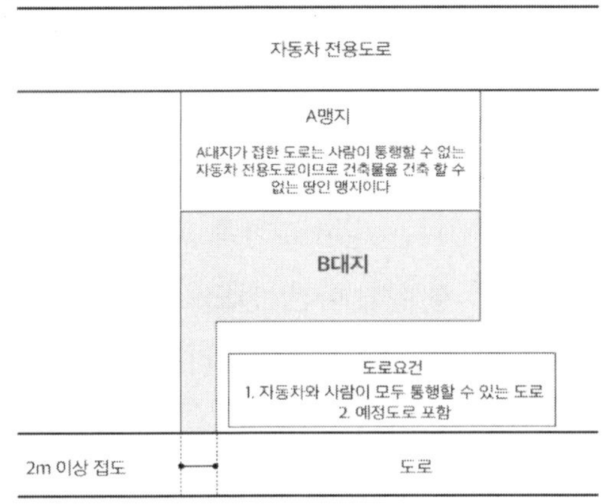


건축물을 건축할 수 있는 대지의 접도요건 ©이재인

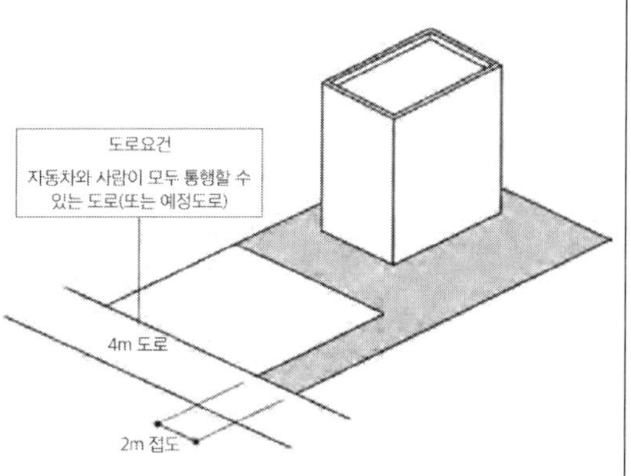


대지접도(일반) ©이재인

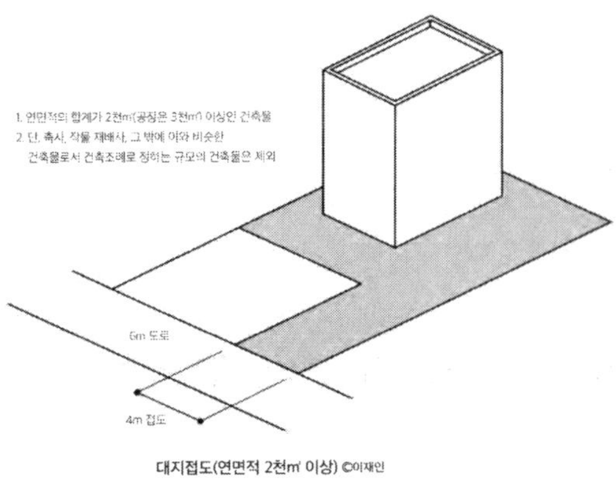


대지접도(연면적 2천m² 이상) ©이재인

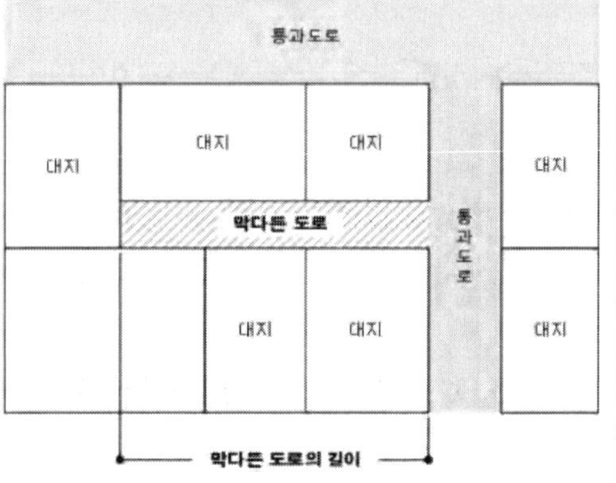


막다른 도로와 통과도로 ©이재인

※ 출처 : 그림으로 이해하는 건축법 (서울특별시, 2020)

## 3) 건축선

건축선이란, 도로와 접한 부분에 건축물을 건축할 수 있는 선으로 대지와 도로의 경계선을 말한다. 건축선을 두는 이유는 건축물과 도로 사이의 일정한 거리를 둠으로써 건축물을 보호하고 도로 교통의 원활을 기하기 위함이다. 건축선은 원칙적으로 토지가 도로에 접하는 선을 기준으로 정해지나 다음과 같은 경우에는 별도의 건축선이 지정된다.

### (1) 소요너비 미달 도로에서의 건축선

일반적으로 건축물을 건축하기 위해서 토지는 폭이 4미터 이상인 도로에 2미터 이상 접하고 있어야 한다. 그러나 접한 도로의 폭이 4미터에 미달하는 경우 무조건 건축할 수 없다는 것이 아니라 그 미달하는 폭만큼 소유자의 땅에서 확보하여 4미터 도로로 만들어주면 비로소 토지는 「건축법」상 '대지'가 된다.

4미터 폭을 만드는 방법은 두 가지가 있다. 만약 반대편 토지도 유사한 형태의 건축 가능 토지가 있는 경우에는 양편 토지의 소유자가 공동으로 도로를 확보한다는 의미로 한쪽 토지소유자는 도로 중심선을 기준으로 2미터만을 확보하면 된다. 한편, 반대쪽에 경사지, 하천, 철도, 선로부지, 그 밖에 이와 유사한 토지로 건축 가능 토지가 아닌 경우에는 한쪽 토지소유자가 4미터를 모두 확보해야 하는 것이다.

### (2) 도로모퉁이에서의 건축선

건축선이 지정되는 또 다른 경우는 너비 8m 미만인 도로의 모퉁이에 위치한 토지의 도로 쪽 모퉁이 부분이다. 이 모퉁이 부분은 자동차 통행 등에 불편함을 방지하기 위해 일정 부분 잘라 도로에 편입하는데, 이를 '가각정리' 혹은' 가각전제'라 부른다. 도로모퉁이의 가각 정리에 의한 건축선지정 기준은 '도로의 교차각'과 '교차되는 도로의 너비'에 따라 달라진다.

### (3) 특별자치시장·특별자치도지사 또는 시장·군수·구청장이 지정한 건축선

건축허가권자가 시가지 안에서 건축물의 위치나 환경을 정비하기 위하여 필요하다고 인정하면 도시지역에서 4미터 이하의 범위에서 건축선을 따로 지정할 수 있다. 이 경우는 상기 두 가지 경우와 다르게 대지의 조건에 문제가 있는 경우가 아니므로 후퇴한 부분은 대지면적에서 제외되지 않는다.

「건축법」

**제46조(건축선의 지정)** ① 도로와 접한 부분에 건축물을 건축할 수 있는 선[이하 "건축선"이라 한다]은 대지와 도로의 경계선으로 한다. 다만, 제2조제1항제11호에 따른 소요 너비에 못 미치는 너비의 도로인 경우에는 그 중심선으로부터 그 소요 너비의 2분의 1의 수평거리만큼 물러난 선을 건축선으로 하되, 그 도로의 반대쪽에 경사지, 하천, 철도, 선로부지, 그 밖에 이와 유사한 것이 있는 경우에는 그 경사지 등이 있는 쪽의 도로경계선에서 소요 너비에 해당하는 수평거리의 선을 건축선으로 하며, 도로의 모퉁이에서는 대통령령으로 정하는 선을 건축선으로 한다.

② 특별자치시장·특별자치도지사 또는 시장·군수·구청장은 시가지 안에서 건축물의 위치나 환경을 정비하기 위하여 필요하다고 인정하면 제1항에도 불구하고 대통령령으로 정하는 범위에서 건축선을 따로 지정할 수 있다.

③ 특별자치시장·특별자치도지사 또는 시장·군수·구청장은 제2항에 따라 건축선을 지정하면 지체 없이 이를 고시하여야 한다.

**제47조(건축선에 따른 건축제한)** ① 건축물과 담장은 건축선의 수직면을 넘어서는 아니 된다. 다만, 지표 아래 부분은 그러하지 아니하다.

② 도로면으로부터 높이 4.5미터 이하에 있는 출입구, 창문, 그 밖에 이와 유사한 구조물은 열고 닫을 때 건축선의 수직면을 넘지 아니하는 구조로 하여야 한다.

「건축법 시행령」

**제31조(건축선)** ① 법 제46조제1항에 따라 너비 8미터 미만인 도로의 모퉁이에 위치한 대지의 도로모퉁이 부분의 건축선은 그 대지에 접한 도로경계선의 교차점으로부터 도로경계선에 따라 다음의 표에 따른 거리를 각각 후퇴한 두 점을 연결한 선으로 한다.

| 도로의 교차각 | 당해 도로의 너비 | | 교차되는 도로의 너비 |
|---|---|---|---|
| | 6미터 이상 8미터 미만 | 4미터 이상 6미터 미만 | |
| 90° 미만 | 4미터 | 3미터 | 6미터 이상 8미터 미만 |
| | 3미터 | 2미터 | 4미터 이상 6미터 미만 |
| 90° 이상 120° 미만 | 3미터 | 2미터 | 6미터 이상 8미터 미만 |
| | 2미터 | 2미터 | 4미터 이상 6미터 미만 |

② 특별자치시장·특별자치도지사 또는 시장·군수·구청장은 법 제46조제2항에 따라 「국토의 계획 및 이용에 관한 법률」 제36조제1항제1호에 따른 도시지역에는 4미터 이하의 범위에서 건축선을 따로 지정할 수 있다.

③ 특별자치시장·특별자치도지사 또는 시장·군수·구청장은 제2항에 따라 건축선을 지정하려면 미리 그 내용을 해당 지방자치단체의 공보(公報), 일간신문 또는 인터넷 홈페이지 등에 30일 이상 공고하여야 하며, 공고한 내용에 대하여 의견이 있는 자는 공고기간에 특별자치시장·특별자치도지사 또는 시장·군수·구청장에게 의견을 제출(전자문서에 의한 제출을 포함한다)할 수 있다.

## 참고 건축선

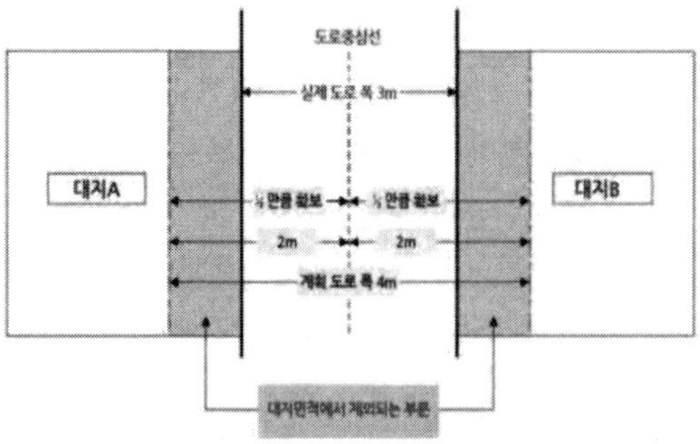


미달도로 양쪽에 건축 가능한 대지가 있는 경우 대지면적 산정 ⓒ이재인

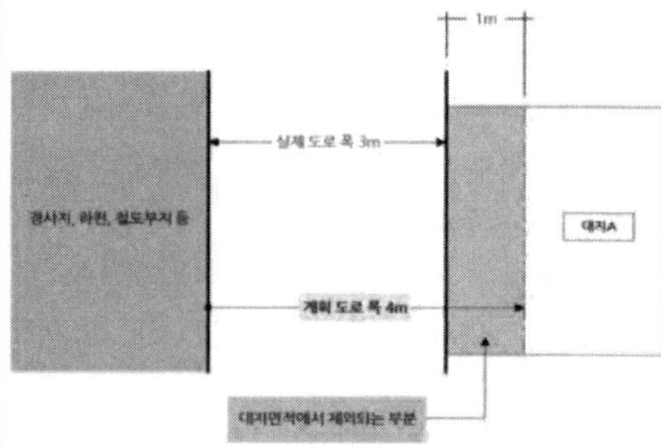


미달도로 건너편으로 도로 확장이 불가능한 경우 ⓒ이재인

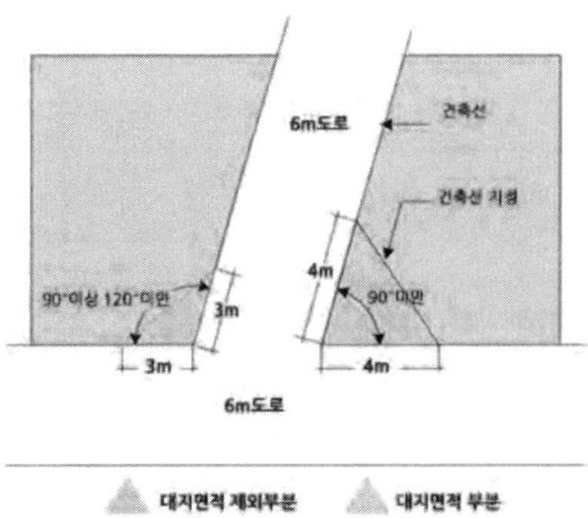


6m 이상 8m 미만 도로와 4m 이상 6m 미만 도로가 교차하는 경우 대지면적 ⓒ이재인

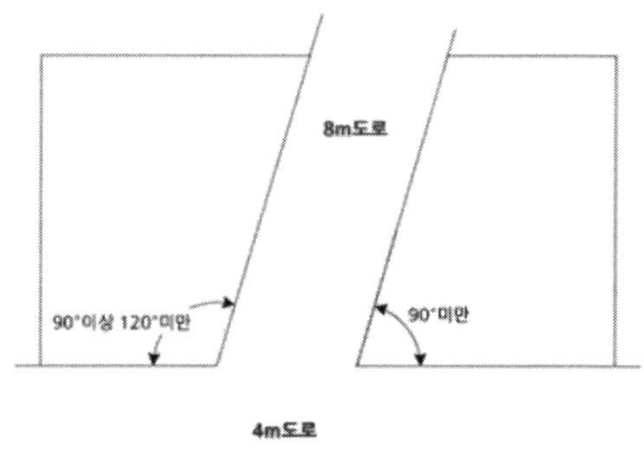


8m 이상 도로와 교차 : 대지면적 제외 없음 ⓒ이재인

※ 출처 : 그림으로 이해하는 건축법 (서울특별시, 2020)

### 4) 대지면적의 산정

‘지적면적’이란, 「공간정보의 구축 및 관리 등에 관한 법률」 제2조상 “지적공부에 등록한 필지의 수평면상 넓이”를 말한다. 이러한 기준에 따라 면적은 지적공부인 토지대장에 등재되고 이를 기준으로 등기부에 기재되며 소유 및 거래 등의 기준이 된다.

‘대지면적’이란 건축물이 소재하는 토지의 면적으로, 일반적인 경우 토지의 지적면적이 「건축법」상 대지면적과 동일하나 건축선이 지정된 경우 또는 토지 중 일부가 도시·군계획시설로 지정되어 있는 경우 ‘지적면적’과 ‘대지면적’이 상이할 수 있다.

**「건축법 시행령」**

**제119조(면적 등의 산정방법)** ① 법 제84조에 따라 건축물의 면적·높이 및 층수 등은 다음 각 호의 방법에 따라 산정한다.

1. 대지면적: 대지의 수평투영면적으로 한다. 다만, 다음 각 목의 어느 하나에 해당하는 면적은 제외한다.
   가. 법 제46조제1항 단서에 따라 대지에 건축선이 정하여진 경우: 그 건축선과 도로 사이의 대지면적
   나. 대지에 도시·군계획시설인 도로·공원 등이 있는 경우: 그 도시·군계획시설에 포함되는 대지(「국토의 계획 및 이용에 관한 법률」 제47조제7항에 따라 건축물 또는 공작물을 설치하는 도시·군계획시설의 부지는 제외한다)면적

**제47조(도시·군계획시설 부지의 매수 청구)** ① 도시·군계획시설에 대한 도시·군관리계획의 결정(이하 “도시·군계획시설결정”이라 한다)의 고시일부터 10년 이내에 그 도시·군계획시설의 설치에 관한 도시·군계획시설사업이 시행되지 아니하는 경우 (중략)지목(地目)이 대(垈)인 토지 그 토지의 매수를 청구할 수 있다.

(중략)

⑦ 제1항에 따라 매수 청구를 한 토지의 소유자는 다음 각 호의 어느 하나에 해당하는 경우 제56조에 따른 허가를 받아 대통령령으로 정하는 건축물 또는 공작물을 설치할 수 있다. 이 경우 제54조, 제58조와 제64조는 적용하지 아니한다.

1. 제6항에 따라 매수하지 아니하기로 결정한 경우
2. 제6항에 따라 매수 결정을 알린 날부터 2년이 지날 때까지 해당 토지를 매수하지 아니하는 경우

## 참고 대지면적 산정

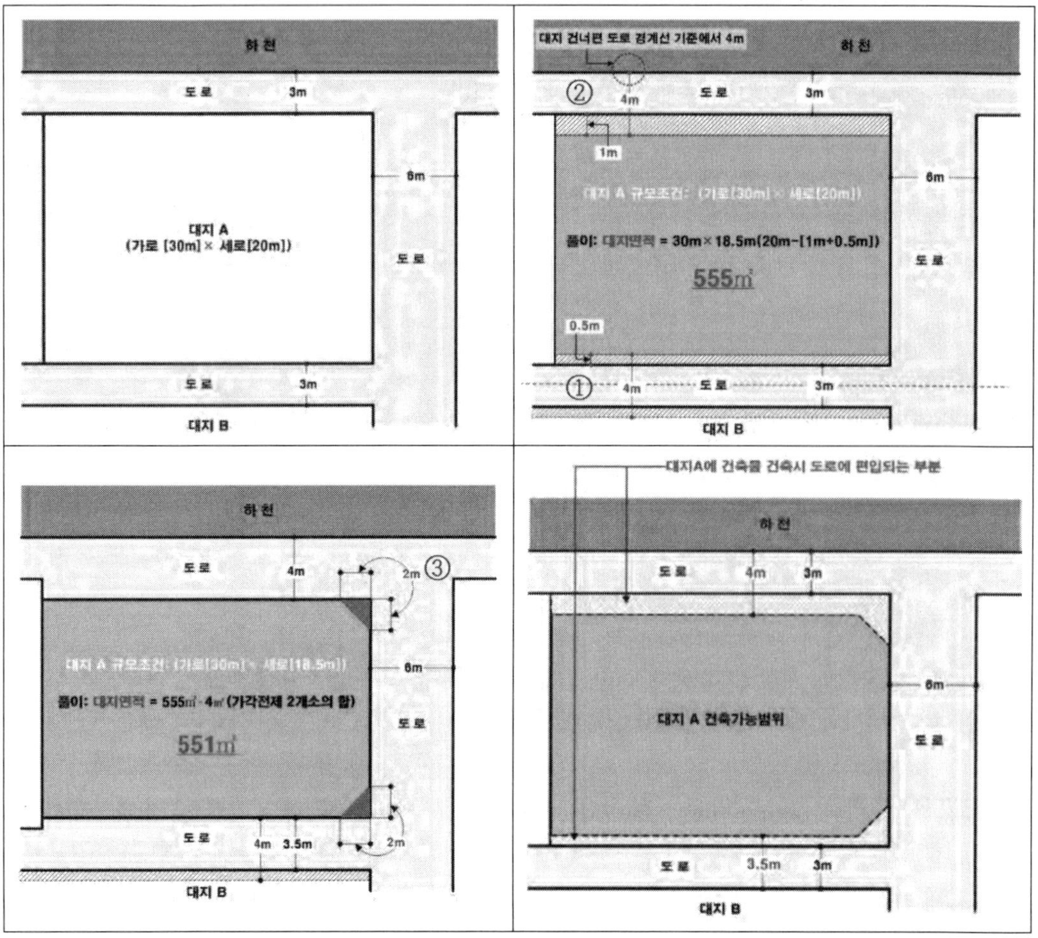


※ 출처 : 그림으로 이해하는 건축법 (서울특별시, 2020)

### ▸ 해설

토지의 3면이 도로에 접해 있고 지적면적이 600㎡인 토지의 대지면적을 산정하면,

①부분은 4미터에 미달되는 도로에 접해 있으며 반대편에 대지가 있으므로 도로중심선으로부터 2미터를 확보하면 되어 현행 1.5미터에서 미달되는 0.5미터 후퇴한 선이 건축선이 된다.

②의 경우 반대편에 하천이 있으므로 반대편 도로 경계선으로부터 4미터를 확보해야 하므로 현행 3미터에서 미달되는 1미터 후퇴한 선이 건축선이 된다.

③부분은 도로모퉁이이므로 교차각 및 도로너비를 감안 각각 2미터가 가각전제된다.

이를 종합하면, 600 - {30 × (1 + 0.5)} - {(2 × 2) ÷ 2 × 2} = 551로 산정된다.

# 5 건축물의 면적과 건폐율·용적률

## 1) 건축물의 면적산정

### (1) 건축면적

건축물의 외벽(외벽이 없는 경우에는 외곽 부분의 기둥)의 중심선으로 둘러싸인 부분의 수평투영면적으로 한다. 처마 등이 있는 경우에는 수평투영 부분 중 일부를 제외하며, 높이가 1미터 이하인 부분은 건축면적 산정 시 제외된다.

**「건축법 시행령」**

**제119조(면적 등의 산정방법)**

2. 건축면적: 건축물의 외벽(외벽이 없는 경우에는 외곽 부분의 기둥으로 한다. 이하 이 호에서 같다)의 중심선으로 둘러싸인 부분의 수평투영면적으로 한다. 다만, 다음 각 목의 어느 하나에 해당하는 경우에는 해당 목에서 정하는 기준에 따라 산정한다.

   가. 처마, 차양, 부연(附椽), 그 밖에 이와 비슷한 것으로서 그 외벽의 중심선으로부터 수평거리 1미터 이상 돌출된 부분이 있는 건축물의 건축면적은 그 돌출된 끝부분으로부터 다음의 구분에 따른 수평거리를 후퇴한 선으로 둘러싸인 부분의 수평투영면적으로 한다.

      1) 「전통사찰의 보존 및 지원에 관한 법률」 제2조제1호에 따른 전통사찰: 4미터 이하의 범위에서 외벽의 중심선까지의 거리

      (중략)

      7) 그 밖의 건축물: 1미터

   나. (중략)

   다. 다음의 경우에는 건축면적에 산입하지 않는다.

      1) 지표면으로부터 1미터 이하에 있는 부분(차량을 접안시키는 부분 1.5미터 이하)

## 건축면적의 개념

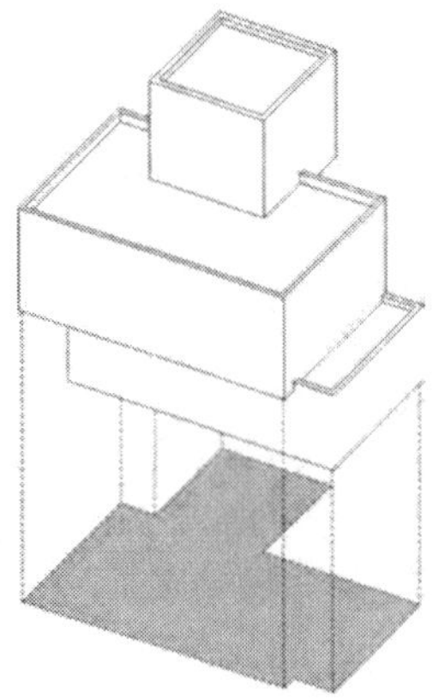

건축면적의 개념 ©이재인

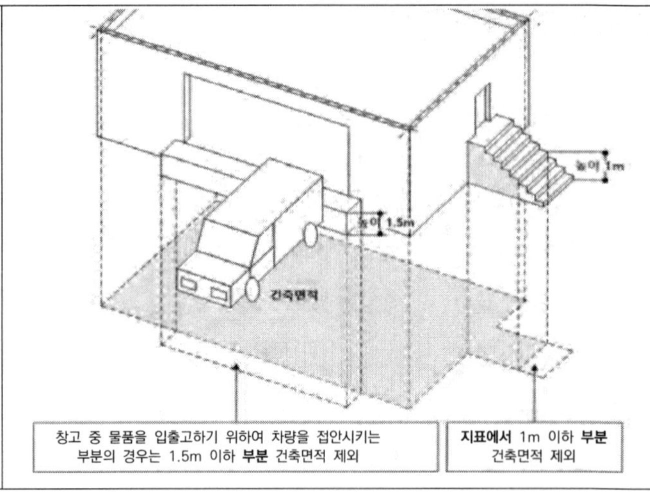


※ 출처 : 그림으로 이해하는 건축법 (서울특별시, 2020)

### (2) 바닥면적

건축물의 각 층의 면적으로서 벽, 기둥 등 구획의 중심선으로 둘러싸인 부분의 수평투영면적으로 한다. 지붕을 기준으로는 1미터 후퇴한 선을 기준으로 하며 노대(발코니) 등은 너비가 1.5미터를 초과한 부분의 면적만 바닥면적에 산입하고, 필로티, 승강기탑 등은 바닥면적에 산입하지 않을 수 있다.

**「건축법 시행령」**

**제119조(면적 등의 산정방법)**

3. 바닥면적: 건축물의 각 층 또는 그 일부로서 벽, 기둥, 그 밖에 이와 비슷한 구획의 중심선으로 둘러싸인 부분의 수평투영면적으로 한다. 다만, 다음 각 목의 어느 하나에 해당하는 경우에는 각 목에서 정하는 바에 따른다.
   가. 벽·기둥의 구획이 없는 건축물은 그 지붕 끝부분으로부터 수평거리 1미터를 후퇴한 선으로 둘러싸인 수평투영면적으로 한다.
   나. 건축물의 노대등의 바닥은 난간 등의 설치 여부에 관계없이 노대등의 면적(외벽의 중심선으로부터 노대등의 끝부분까지의 면적을 말한다)에서 노대등이 접한 가장 긴 외벽에 접한 길이에 1.5미터를 곱한 값을 뺀 면적을 바닥면적에 산입한다.

다. 필로티나 그 밖에 이와 비슷한 구조(벽면적의 2분의 1 이상이 그 층의 바닥면에서 위층 바닥 아래면까지 공간으로 된 것만 해당한다)의 부분은 그 부분이 공중의 통행이나 차량의 통행 또는 주차에 전용되는 경우와 공동주택의 경우에는 바닥면적에 산입하지 아니한다.

라. 승강기탑(옥상 출입용 승강장을 포함한다), 계단탑, 장식탑, 다락[층고(層高)가 1.5미터(경사진 형태의 지붕인 경우에는 1.8미터) 이하인 것만 해당한다] (중략)은 바닥면적에 산입하지 않는다.

(중략)

## 바닥면적의 개념

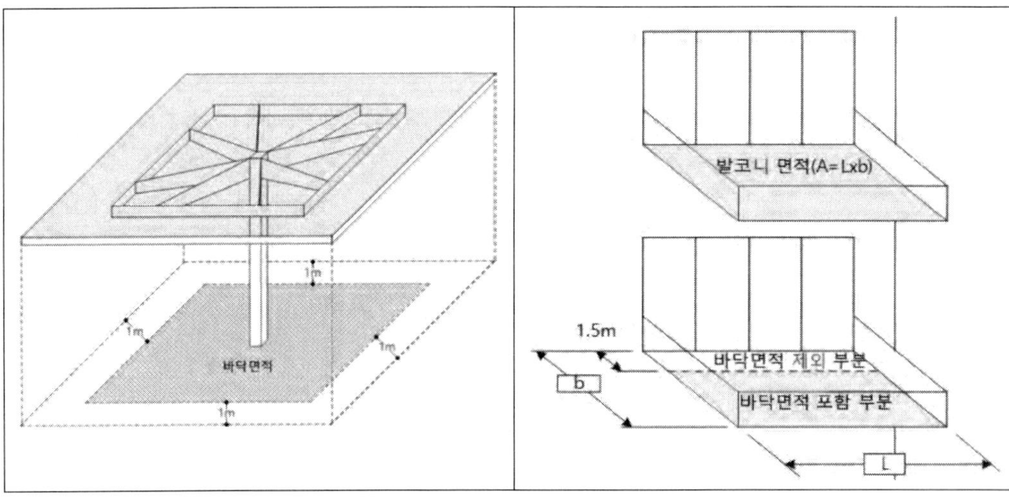


※ 출처 : 그림으로 이해하는 건축법 (서울특별시, 2020)

## 참고 발코니와 베란다

### 발코니(balcony)

발코니는 거실을 연장하기 위해 밖으로 돌출시켜 만든 공간으로서 서양건축의 노대의 하나이다. 전용 정원이 없는 아파트 건축에서 바깥 공기와 접하는 유일한 장소이다. 일반 아파트의 거실에 붙어 있는 공간은 모두 발코니인 것이다. 난간은 대개 동풍, 채광 등을 고려하여 쇠파이프나 주름철망 등으로 만들지만 남의 시선을 가려 프라이버시를 지키기 위해서 벽체로 하는 경우도 있다.

**베란다(veranda)**

베란다는 인도에서 시작된 건축양식으로 인도어 바란다(varanda)에서 유래되었다고 한다. 베란다는 거실이나 방에서 연결되어 밖으로 나온 부분을 총칭한다. 건축물의 일부로서 보통 아래층과 위층의 면적 차로 생긴 공간을 말한다. 또는 1층 정원에 면한 지붕과 난간이 붙은 바닥부분을 말하는데, 테라스 형식과 발코니 형식이 있다. 2층짜리 단독주택에서는 흔히 베란다를 볼 수 있지만 일반 아파트는 계단식으로 설계되지 않는 이상 베란다 공간을 만들 수 없다.

2005년 12월 발코니를 거실 등으로 확장할 수 있도록 조치를 하면서 베란다는 그 범주에 넣지 않았다. 그럼에도 불구하고 많은 사람들이 발코니와 베란다를 구분하지 못하고, 베란다에도 새시를 설치하여 거실 등으로 확장 사용하는 사례가 적지 않았고 일선 행정기관에서는 이를 고발하는 경우도 없지 않았다.

2007년 7월 11일 경향신문의 기사를 보면 허가나 신고 없이 베란다를 무단 확장한 데 대해 이행강제금을 부과한 것은 정당하다는 서울행정법원의 판결을 보도하고 있다. 공동주택에 패널 지붕과 알루미늄 새시를 설치해 베란다를 증축했다가 130여만원의 이행강제금을 물게 된 김 모 씨가 서울 영등포구청장을 상대로 "합법화 조치 후 집을 개조했는데 과태료를 물게 하는 것은 부당하다"며 낸 소송에서 원고 패소 판결했다는 내용이다. 재판부는 "일정한 범위 내에서 발코니의 확장을 합법화한 것은 사실이지만 베란다 확장을 합법화한 것은 아니므로 원고는 건물을 무단 증축한 것"이라고 밝혔다. 여기서 베란다와 발코니가 엄연히 구분되는 건축구조인 만큼 정부 조치를 확대 해석해 함부로 개조하면 안 된다는 것을 명확히 한 판결이다.

※ 출처 : 건축법 이야기 (기문당, 윤혁경)

### (3) 연면적

연면적은 별도로 산정하는 것이 아니라 각 층의 바닥면적의 합계로 산정한다. 다만, '용적률산정용 연면적'은 용적률 산정 시 적용되는 연면적으로서 용적률이 건물의 입체적인 밀도를 관리하기 위한 개념이라는 점에서 밀도와 관계없는 지하층 면적, 그리고 사회적 안전을 위해 필요시되는 피난안전구역 등의 면적은 제외하고 산정한다.

**「건축법 시행령」**

**제119조(면적 등의 산정방법)**

4. 연면적: 하나의 건축물 각 층의 바닥면적의 합계로 하되, 용적률을 산정할 때에는 다음 각 목에 해당하는 면적은 제외한다.
   가. 지하층의 면적
   나. 지상층의 주차용(해당 건축물의 부속용도인 경우만 해당한다)으로 쓰는 면적

다. 삭제 〈2012. 12. 12.〉

라. 삭제 〈2012. 12. 12.〉

마. 제34조제3항 및 제4항에 따라 초고층 건축물과 준초고층 건축물에 설치하는 피난 안전구역의 면적

바. 제40조제4항제2호에 따라 건축물의 경사지붕 아래에 설치하는 대피공간의 면적

## 용적률 산정용 연면적

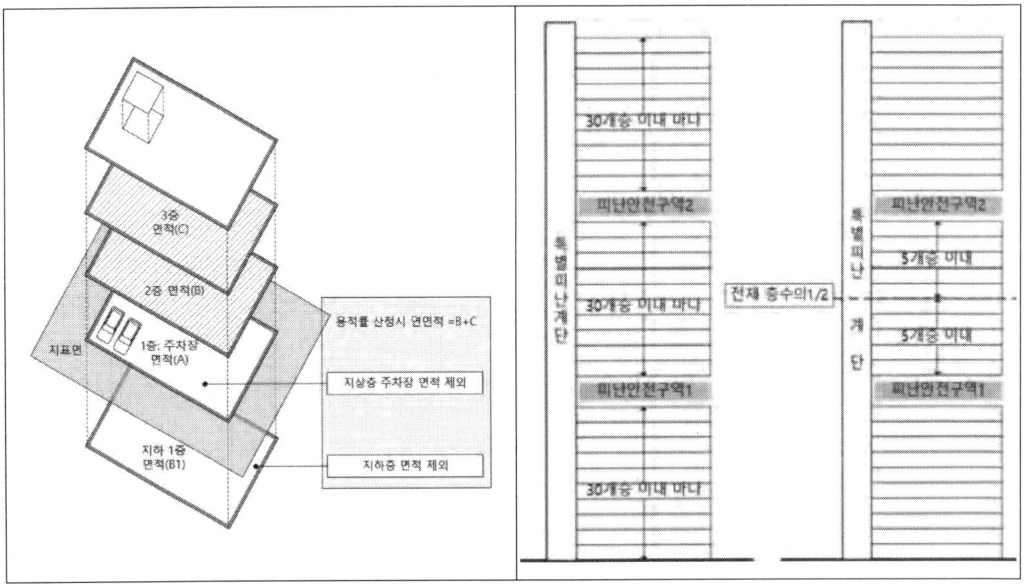


※ 출처 : 그림으로 이해하는 건축법 (서울특별시, 2020)

## 참고 지하층의 의미

지하층이라 함은 땅 아래에 위치한 층을 말한다. 그런데 지하층인지 여부를 결정짓기가 쉽지 않다. 토지의 생긴 모양이 각각 다르기 때문에, 노출된 정도와 형태에 따라 지하층으로 인정되는 정도가 다를 수 있기 때문이다.

한 때 지하층은 지상층 면적의 얼마 이상을 반드시 설치하도록 한 때도 있었지만 지금은 그런 규정은 폐지되고 없다. 지하층을 얼마나 크게 설치하든지, 설치하지 않는지 순전히 건축주의 뜻에 따르면 된다. 대개 건축물의 구조 안전상, 주차장 필요성, 용도 특성 등에 따라 지하층 규모를 결정하게 된다.

지하층은 그 층고의 1/2 이상이 지표 아래에 있어야 한다. 「건축법」이 제정된 1962년부터 1971년까지는 1/3이 지하에, 1972년부터 1998년까지는 2/3가 지표 아래에 있어야 지하층을 인정했다. 그럼에도 불구하고 다세대주택과 단독주택은 1984년부터 1/2만 지표 아래에 있으면 지하층으로 인정했다.

당시 주거용 건축물 대다수가 위법을 했기 때문에 이를 현실화시키기 위함이었다. 건축물의 용도에 관계없이 모든 건축물의 지하층 부분의 1/2만 지하에 있으면 지하층으로 인정한 것은 1999년 2월 8일부터이다.

지하층 규정은 지표면 산정과 밀접하게 관련이 있으며, 이 지표면은 건축물의 높이, 일조기준, 건폐율 등을 산정함에 있어 중요한 기준이 되기 때문에 지하층 산정기준에 대해서는 꼭 알아둘 필요가 있다. 「건축법」상 건축물의 면적·높이 및 층수 등을 산정할 때 지표면에 고저차가 있는 경우에는 건축물의 주위가 접하는 각 지표면 부분의 높이를 그 지표면 부분의 수평거리에 따라 가중평균한 높이의 수평면을 지표면으로 본다.(「건축법 시행령」 제119조 제2항)

대지가 평평하면 지하층 산정하기는 쉽다. 그러나 대지가 고저차가 있다면 그 노출정도가 각각 달라서 가중 평균하여 산정한다. 3면은 완전히 묻히고 1면만 완전 노출한 경우가 있어 이를 지하층으로 보아야 하는 의문이 생기지만, 이 경우도 가중 평균하여 1/2 이하가 지표아래에 있다면 지하층으로 인정 한다.

※ 출처 : 건축법 이야기 (기문당, 윤혁경)

## 2) 건폐율 용적률

### (1) 건폐율

건폐율이란, 대지면적에 대한 건축면적(대지에 건축물이 둘 이상 있는 경우에는 이들 건축면적의 합계로 한다)의 비율을 말한다. 최대 한도는 「국토의 계획 및 이용에 관한 법률」 제77조에 따른 건폐율의 기준에 따른다. 다만, 「건축법」에서 기준을 완화하거나 강화하여 적용하도록 규정한 경우에는 그에 따른다.

### (2) 용적률

용적률이란, 대지면적에 대한 연면적(대지에 건축물이 둘 이상 있는 경우에는 이들 연면적의 합계로 한다)의 비율을 말한다. 최대 한도는 「국토의 계획 및 이용에 관한 법률」 제78조에 따른 용적률의 기준에 따른다. 다만, 「건축법」에서 기준을 완화하거나 강화하여 적용하도록 규정한 경우에는 그에 따른다.

**건폐율과 용적률**

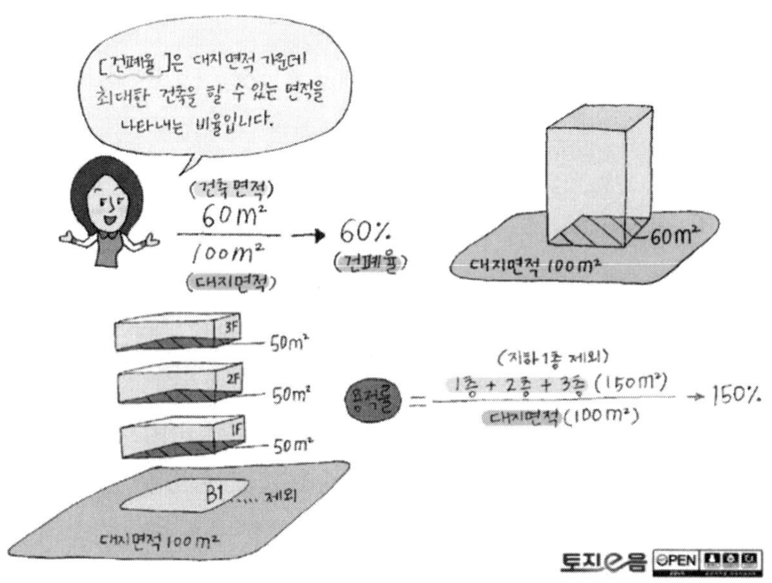


※ 출처 : 토지이음 (eum.go.kr)

## 3) 건축물의 높이

### (1) 높이 산정

건축물의 높이는 지표면으로부터 그 건축물의 상단까지의 높이로 한다. 다만, 건축물의 1층 전체에 필로티(건축물을 사용하기 위한 경비실, 계단실, 승강기실, 그 밖에 이와 비슷한 것을 포함한다)가 설치되어 있는 경우에는 그 층고를 제외한 높이로 산정한다.

**「건축법 시행령」**

**제119조(면적 등의 산정방법)**

5. 건축물의 높이: 지표면으로부터 그 건축물의 상단까지의 높이[건축물의 1층 전체에 필로티(건축물을 사용하기 위한 경비실, 계단실, 승강기실, 그 밖에 이와 비슷한 것을 포함한다)가 설치되어 있는 경우에는 법 제60조 및 법 제61조제2항을 적용할 때 필로티의 층고를 제외한 높이]로 한다. 다만, 다음 각 목의 어느 하나에 해당하는 경우에는 각 목에서 정하는 바에 따른다.

   가. 법 제60조에 따른 건축물의 높이는 전면도로의 중심선으로부터의 높이로 산정한다. 다만, 전면도로가 다음의 어느 하나에 해당하는 경우에는 그에 따라 산정한다.

      1) 건축물의 대지에 접하는 전면도로의 노면에 고저차가 있는 경우에는 그 건 축물이 접하는 범위의 전면도로부분의 수평거리에 따라 가중평균한 높이의 수평면을 전면도로면으로 본다.

      2) 건축물의 대지의 지표면이 전면도로보다 높은 경우에는 그 고저차의 2분의 1의 높이만큼 올라온 위치에 그 전면도로의 면이 있는 것으로 본다.

   나. 법 제61조에 따른 건축물 높이를 산정할 때 건축물 대지의 지표면과 인접대지의 지표면 간에 고저차가 있는 경우에는 그 지표면의 평균 수평면을 지표면으로 본다. 다만, 법 제61조제2항에 따른 높이를 산정할 때 해당 대지가 인접 대지의 높이보다 낮은 경우에는 해당 대지의 지표면을 지표면으로 보고, 공동주택을 다른 용도와 복합하여 건축하는 경우에는 공동주택의 가장 낮은 부분을 그 건축물의 지표면으로 본다.

   다. 건축물의 옥상에 설치되는 승강기탑·계단탑·망루·장식탑·옥탑 등으로서 그 수평투영면적의 합계가 해당 건축물 건축면적의 8분의 1(「주택법」 제15조제1항에 따른 사업계획승인 대상인 공동주택 중 세대별 전용면적이 85제곱미터 이하인 경우에는 6분의 1) 이하인 경우로서 그 부분의 높이가 12미터를 넘는 경우에는 그 넘는 부분만 해당 건축물의 높이에 산입한다.

   라. 지붕마루장식·굴뚝·방화벽의 옥상돌출부나 그 밖에 이와 비슷한 옥상돌출물과 난 간벽(그 벽면적의 2분의 1 이상이 공간으로 되어 있는 것만 해당한다)은 그 건축물의 높이에 산입하지 아니한다.

### (2) 높이 제한

「건축법」에서는 지역 내 토지 이용 밀도를 관리하기 위해 건폐율 및 용적률 규제를 활용하고 있으며 이와 더불어 건물의 높이를 별도로 제한하기도 한다.

건축물의 높이 제한을 초과해서는 용적률 등의 여유가 있어도 해당 높이 이상의 건축물을 건축할 수 없다.

이러한 높이 제한의 종류는 '가로구역별 높이 제한', '일조 등의 확보를 위한 건축물의 높이 제한' 등이 있다.

**「건축법」**

**제60조(건축물의 높이 제한)** ① 허가권자는 가로구역[도로로 둘러싸인 일단의 지역을 말한다.]을 단위로 하여 대통령령으로 정하는 기준과 절차에 따라 건축물의 높이를 지정·공고할 수 있다. 다만, 특별자치시장·특별자치도지사 또는 시장·군수·구청장은 가로구역의 높이를 완화하여 적용할 필요가 있다고 판단되는 대지에 대하여는 대통령령으로 정하는 바에 따라 건축위원회의 심의를 거쳐 높이를 완화하여 적용할 수 있다.

② 특별시장이나 광역시장은 도시의 관리를 위하여 필요하면 제1항에 따른 가로구역별 건축물의 높이를 특별시나 광역시의 조례로 정할 수 있다.

③ 삭제 〈2015. 5. 18.〉

④ 허가권자는 제1항 및 제2항에도 불구하고 일조(日照)·통풍 등 주변 환경 및 도시미관에 미치는 영향이 크지 않다고 인정하는 경우에는 건축위원회의 심의를 거쳐 이 법 및 다른 법률에 따른 가로구역의 높이 완화에 관한 규정을 중첩하여 적용할 수 있다.

## 참고 가로구역별 높이 제한

※ 출처 : 서울특별시 고시 제2022-252호

## 참고 일조 등의 확보를 위한 건축물의 높이 제한

### ① 의의

건물의 높이를 제한하는 기준으로써 일조권 보장이라는 개념을 도입한 것으로, 주거용 건물이 주로 건축되어 일조권 보장의 의의가 큰 전용주거지역과 일반주거지역 한해 적용되며, 준주거 지역에서는 적용되지 않는다.

### ② 높이 제한의 기준

「건축법」

**제61조(일조 등의 확보를 위한 건축물의 높이 제한)** ① 전용주거지역과 일반주거지역 안에서 건축하는 건축물의 높이는 일조 등의 확보를 위하여 정북방향(正北方向)의 인접 대지경계선으로부터의 거리에 따라 대통령령으로 정하는 높이 이하로 하여야 한다.

「건축법 시행령」

**제86조(일조 등의 확보를 위한 건축물의 높이 제한)** ① 전용주거지역이나 일반주거지역에서 건축물을 건축하는 경우에는 법 제61조제1항에 따라 건축물의 각 부분을 정북 방향으로의 인접 대지경계선으로부터 다음 각 호의 범위에서 건축조례로 정하는 거리 이상을 띄어 건축하여야 한다.

1. 높이 10미터 이하인 부분: 인접 대지경계선으로부터 1.5미터 이상
2. 높이 10미터를 초과하는 부분: 인접 대지경계선으로부터 해당 건축물 각 부분 높이의 2분의 1 이상

### ③ 예시

〈 전용·일반주거지역 내 건축물 높이 제한(정북방향 이격) 〉

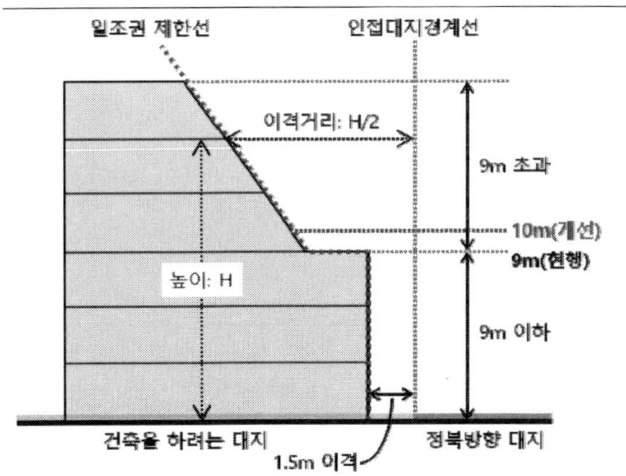


**현 행**

높이 9m 이하 부분: 1.5m 이격

높이 9m 초과 부분: 0.5H 이상 이격

**개 선**

높이 10m 이하 부분: 1.5m 이격

높이 10m 초과 부분: 0.5H 이상 이격

※ 출처 : 국토교통부 「건축분야 규제개선방안」 2023년 2월 23일

## 6 위반건축물

### 1) 위반건축물의 의의

허가권자는 「건축법」 규정에 위반되는 대지나 건축물에 대하여 이 법에 따른 허가 또는 승인을 취소하거나 그 건축주(소유자) 등에게 공사의 중지를 명하거나 상당한 기간을 정하여 그 건축물의 해체·개축·증축·수선·용도변경·사용금지·사용제한 그 밖에 필요한 조치를 명할 수 있다.

건축과정에서의 위반사항이 있을 수도 있으나 대부분 건축 후 즉, 사용승인 후 준공된 건물의 상태 또는 용도를 변경함으로 인해 위반건축물이 발생한다.

위반사항이 적발되면 허가권자는 이를 건축물대장에 표기하고, 위반사항에 대하여는 건축허가권자에 의한 시정명령이 따른다. 시정명령을 받은 후 시정기간 내에 시정명령을 이행하지 않으면 또 다시 그 시정명령의 이행에 필요한 상당한 이행기한을 정하여 그 기한까지 시정명령을 이행하지 아니하면 일정한 금액이 부과되는데, 이를 이행강제금이라고 한다. 이 금액은 1회성에 불과한 과태료나 벌금과 성격이 다르다. 즉, 원칙적으로 위반사항이 없어질 때까지 영원히 부과되는 것이다.

**위반건축물 등재 건축물대장**

**일반건축물대장(갑)** **위반건축물**

(2쪽 중 제1쪽)

| 1121510400- | | 명칭 | 호수/가구수/세대수 2호/5가구/0세대 |
|---|---|---|---|
| 특별시 | 지번 | 도로명주소 서울특별시 | |
| 연면적 m² | ※지역 제2종일반주거지역 | ※지구 | ※구역 |
| 용적률 산정용 연면적 m² | 주구조 철근콘크리트구조 | 주용도 | 층수 지하: 층, 지상: 5층 |
| ※용적률 199.99 % | 높이 15.95 m | 지붕 평스라브 | 부속건축물 동 m² |
| ※공개 공지·공간 면적 m² | ※건축선 후퇴면적 11.96 m² | ※건축선후퇴 거리 m | |

변동사항

| 변동일 | 변동내용 및 원인 | 변동일 | 변동내용 및 원인 |
|---|---|---|---|
| 2018 | 신규작성(신축) (건축과 ) 허가번호(2017-건축과-신축허가 ) | | - 이하여백 - |
| 2019 | 위반건축물(주택과-17 , 2019. ) 5층 13m² 패널조 주거위반 | | |

「건축법」

**제79조(위반 건축물 등에 대한 조치 등)** ① 허가권자는 이 법 또는 이 법에 따른 명령이나 처분에 위반되는 대지나 건축물에 대하여 이 법에 따른 허가 또는 승인을 취소하거나 그 건축물의 건축주·공사시공자·현장관리인·소유자·관리자 또는 점유자(이하 "건축주등"이라 한다)에게 공사의 중지를 명하거나 상당한 기간을 정하여 그 건축물의 해체·개축·증축·수선·용도변경·사용금지·사용제한, 그 밖에 필요한 조치를 명할 수 있다.

② 허가권자는 제1항에 따라 허가나 승인이 취소된 건축물 또는 제1항에 따른 시정명령을 받고 이행하지 아니한 건축물에 대하여는 다른 법령에 따른 영업이나 그 밖의 행위를 허가·면허·인가·등록·지정 등을 하지 아니하도록 요청할 수 있다. 다만, 허가권자가 기간을 정하여 그 사용 또는 영업, 그 밖의 행위를 허용한 주택과 대통령령으로 정하는 경우에는 그러하지 아니하다.

③ 제2항에 따른 요청을 받은 자는 특별한 이유가 없으면 요청에 따라야 한다.

④ 허가권자는 제1항에 따른 시정명령을 하는 경우 국토교통부령으로 정하는 바에 따라 건축물대장에 위반내용을 적어야 한다.

**제80조(이행강제금)** ① 허가권자는 제79조제1항에 따라 시정명령을 받은 후 시정기간 내에 시정명령을 이행하지 아니한 건축주등에 대하여는 그 시정명령의 이행에 필요한 상당한 이행기한을 정하여 그 기한까지 시정명령을 이행하지 아니하면 다음 각 호의 이행강제금을 부과한다. 다만, 연면적(공동주택의 경우에는 세대 면적을 기준으로 한다)이 60제곱미터 이하인 주거용 건축물과 제2호 중 주거용 건축물로서 대통령령으로 정하는 경우에는 다음 각 호의 어느 하나에 해당하는 금액의 2분의 1의 범위에서 해당 지방자치단체의 조례로 정하는 금액을 부과한다.

1. 건축물이 제55조와 제56조에 따른 건폐율이나 용적률을 초과하여 건축된 경우 또는 허가를 받지 아니하거나 신고를 하지 아니하고 건축된 경우에는 「지방세법」에 따라 해당 건축물에 적용되는 1제곱미터의 시가표준액의 100분의 50에 해당하는 금액에 위반면적을 곱한 금액 이하의 범위에서 위반 내용에 따라 대통령령으로 정하는 비율을 곱한 금액
2. 건축물이 제1호 외의 위반 건축물에 해당하는 경우에는 「지방세법」에 따라 그 건축물에 적용되는 시가표준액에 해당하는 금액의 100분의 10의 범위에서 위반내용에 따라 대통령령으로 정하는 금액

② 허가권자는 영리목적을 위한 위반이나 상습적 위반 등 대통령령으로 정하는 경우에 제1항에 따른 금액을 100분의 100의 범위에서 해당 지방자치단체의 조례로 정하는 바에 따라 가중하여야 한다.

③ 허가권자는 제1항 및 제2항에 따른 이행강제금을 부과하기 전에 제1항 및 제2항에 따른 이행강제금을 부과·징수한다는 뜻을 미리 문서로써 계고하여야 한다.

# 제2절 건축물대장의 이해

## 1 건축물대장의 개념과 종류

### 1) 건축물대장의 개념

특별자치시장·특별자치도지사 또는 시장·군수·구청장은 건축물의 소유·이용 및 유지·관리 상태를 확인하거나 건축정책의 기초 자료로 활용하기 위하여 건축물대장에 건축물과 그 대지의 현황에 대한 내용을 기재하여 보관하고 이를 지속적으로 정비하여야 한다.

또한, 건축물대장의 기재 내용이 변경되는 경우(신규 등록은 제외) 관할 등기소에 그 등기를 촉탁하여야 한다. 이는 변경된 건물의 표시에 관한 사항을 등기부에 반영하여 건축물대장과 등기부의 통일성을 유지하기 위한 것이다. 신규 등록인 경우 소유자가 직접 소유권보존등기를 신청해야 한다.

**「건축법」**

**제38조(건축물대장)** ① 특별자치시장·특별자치도지사 또는 시장·군수·구청장은 건축물의 소유·이용 및 유지·관리 상태를 확인하거나 건축정책의 기초 자료로 활용하기 위하여 다음 각 호의 어느 하나에 해당하면 건축물대장에 건축물과 그 대지의 현황 및 국토교통부령으로 정하는 건축물의 구조내력(構造耐力)에 관한 정보를 적어서 보관하고 이를 지속적으로 정비하여야 한다.

1. 제22조제2항에 따라 사용승인서를 내준 경우
2. 제11조에 따른 건축허가 대상 건축물(제14조에 따른 신고 대상 건축물을 포함한다) 외의 건축물의 공사를 끝낸 후 기재를 요청한 경우
3. 삭제 〈2019. 4. 30.〉
4. 그 밖에 대통령령으로 정하는 경우

② 특별자치시장·특별자치도지사 또는 시장·군수·구청장은 건축물대장의 작성·보관 및 정비를 위하여 필요한 자료나 정보의 제공을 중앙행정기관의 장 또는 지방자치단체의 장에게 요청할 수 있다. 이 경우 자료나 정보의 제공을 요청받은 기관의 장은 특별한 사유가 없으면 그 요청에 따라야 한다.

③ 제1항 및 제2항에 따른 건축물대장의 서식, 기재 내용, 기재 절차, 그 밖에 필요한 사항은 국토교통부령으로 정한다.

**제39조(등기촉탁)** ① 특별자치시장·특별자치도지사 또는 시장·군수·구청장은 다음 각 호의 어느 하나에 해당하는 사유로 건축물대장의 기재 내용이 변경되는 경우(제2호의 경우 신규 등록은 제외한다) 관할 등기소에 그 등기를 촉탁하여야 한다. 이 경우 제1호와 제4호의 등기촉탁은 지방자치단체가 자기를 위하여 하는 등기로 본다.

1. 지번이나 행정구역의 명칭이 변경된 경우
2. 제22조에 따른 사용승인을 받은 건축물로서 사용승인 내용 중 건축물의 면적·구조·용도 및 층수가 변경된 경우
3. 「건축물관리법」 제30조에 따라 건축물을 해체한 경우
4. 「건축물관리법」 제34조에 따른 건축물의 멸실 후 멸실신고를 한 경우

## 2) 건축물대장의 종류

### (1) 일반건축물대장

일반건축물에 해당하는 건축물 및 대지에 관한 현황을 기재한 건축물대장으로 건축물 1동 단위로 하여 각 건축물마다 작성하고, 부속건축물이 있는 경우 부속건축물은 주된 건축물대장에 포함하여 작성한다. 하나의 대지에 2동 이상의 건축물(부속건축물을 제외한다)이 있는 경우에는 총괄표제부를 작성하여야 한다.

### (2) 집합건축물대장

집합건축물에 해당하는 건축물 및 대지에 관한 현황을 기재한 건축물대장으로 1동의 건물을 표시하는 '표제부'와 구분소유권의 전유부분을 표시하는 '전유부'로 나누어 작성한다. 하나의 대지에 2동 이상의 건축물(부속건축물을 제외한다)이 있는 경우에는 총괄표제부를 작성하여야 한다.

### (3) 가설건축물대장

특별자치시장·특별자치도지사 또는 시장·군수·구청장은 가설건축물의 건축을 허가하거나 축조신고를 받은 경우 국토교통부령으로 정하는 바에 따라 가설건축물대장에 이를 기재하여 관리하여야 한다.

가설건축물의 경우에도 건축허가를 받거나 건축신고를 하고 건축한 건축물과 마찬가지로 건축물과 그 대지의 현황에 대한 내용을 '가설건축물 관리대장'에 기재하여 관리하며, 대장에 기록된 내용을 '가설건축물 신고필증'으로 그 신고자에게 발급할 수 있다.

■ 건축법 시행규칙[별지 제10호서식] <개정 2012.12.12>

# 가설건축물 관리대장

| 허가(신고)번호 | 허가(신고)일 |
|---|---|
| 임시승인일 | 사용승인일 |
| 착공일 | |

| 대지위치 | 지역 |
|---|---|
| | 지구 |
| | 구역 |

| 전체 개요 | 건축면적 ㎡ | 대지면적 |
|---|---|---|
| | 연면적 합계 ㎡ | 토지소유자 |
| | 존치기간 | 연장기간 |

| 건축주 | 성명 | 생년월일 |
|---|---|---|
| | 주소 | |

동별 규모

| 동별 | 도로명주소 | 용도 | 구조 | 건축면적(㎡) | 연면적(㎡) | 층수 |
|---|---|---|---|---|---|---|
| | | | | | | |
| | | | | | | |
| | | | | | | |
| | | | | | | |
| | | | | | | |
| | | | | | | |
| | | | | | | |

그 밖의 사항

| 일자 | 내용 및 원인 | 일자 | 내용 및 원인 |
|---|---|---|---|
| | | | |

210㎜×297㎜[보존용지(1종) 120g/㎡]

■ 건축법 시행규칙 [별지 제9호서식] <개정 2018. 11. 29.>

# 가설건축물 축조 신고필증

신고번호

건축주

대지위치

지번

※ "지번"은 「공간정보의 구축 및 관리 등에 관한 법률」에 따른 지번을 적으며, 「공유수면의 관리 및 매립에 관한 법률」 제8조에 따라 공유수면의 점용·사용 허가를 받은 경우 그 장소가 지번이 없으면 그 점용·사용 허가를 받은 장소를 적습니다.

| 전체 개요 | 건축면적 ㎡ | | | 연면적 합계 ㎡ | | |
|---|---|---|---|---|---|---|
| 동별 개요 | 동별 | 구조 | 용도 | 건축면적(㎡) | 연면적(㎡) | 지상층수 |
| | | | | | | |
| | | | | | | |
| | | | | | | |
| | | | | | | |
| | | | | | | |

존치기간

귀하께서 제출하신 가설건축물 축조신고서에 대하여 가설건축물 축조 신고필증을 「건축법 시행규칙」 제13조에 따라 교부합니다.

년 월 일

**특별자치시장·특별자치도지사, 시장·군수·구청장** 직인

| 유의사항 | |
|---|---|
| 「건축법 시행령」 제15조 · 제15조의2 | • 가설건축물의 존치기간은 3년 이내로 하며, 존치기간을 연장하려는 자는 존치기간 만료 7일 전까지 특별자치시장·특별자치도지사 또는 시장·군수·구청장에게 신고해야 합니다. |

210㎜×297㎜[보존용지(2종) 70g/㎡]

## 2 건축물대장의 기재사항 이해

### 1) 일반건축물대장

#### (1) 건축물대장 총괄표제부(갑)

**건축물대장 총괄표제부(갑)**

(2쪽 중 제1쪽)

| 고유번호 | 4167038021- | 건축물 명칭 | 근린생활시설 | 특이사항 | |
|---|---|---|---|---|---|
| 대지위치 | 경기도 여주시 | 지번 | 외 2필지 | 도로명주소 | |
| 대지면적 ① | 1,111 ㎡ | 연면적 ③ | 392 ㎡ | 지역 | 계획관리지역 외 3 |
| 지구 | | 구역 | 상대보호구역 외 1 | | |
| 건축면적 | 392 ㎡ | 용적률 산정용 연면적 | 392 ㎡ | 건축물 수 ② | 2 |
| 주용도 ④ | 소매점 | | | | |
| 건폐율 | 35.28 % | 용적률 | 35.28 % | 총 호수/가구수/세대수 | 0호/0가구/0세대 |
| 총 주차 대수 | 3 | 부속 건축물 | 동 ㎡ | | |
| 조경면적 | ㎡ | 공개 공지/공간 면적 | ㎡ | 건축선 후퇴면적 | ㎡ |
| 건축선 후퇴거리 | m | | | | |

⑤ 건축물 현황

| 구분 | 명칭 | 도로명주소 | 건축물 주구조 | 건축물 지붕 | 층수 | 용도 | 연면적(㎡) | 변동일 | 변동원인 |
|---|---|---|---|---|---|---|---|---|---|
| 주1 | 1동 | 경기도 여주시 | 일반철골구조 | 판넬경사지붕 | 0/1 | 제1종근린생활시설(소매점) | 196 | 2023.3.3. | 신축 |
| 주2 | 2동 | 경기도 여주시 | 일반철골구조 | 판넬경사지붕 | 0/1 | 제1종근린생활시설(소매점) | 196 | 2023.3.3. | 신축 |
| | | | | - 이하여백 - | | | | | |
| | | | | | | | | | |

이 등(초)본은 건축물대장의 원본내용과 틀림없음을 증명합니다.

발급일 : 2023년 5월 25일

여주시장

담 당 자 :

전 화 :

▸ **해설**

①대지면적 : 전체 대지면적을 적는다. 하나의 대지에 2동 이상의 건축물(부속건축물을 제외한다)이 있는 경우로서 총괄표제부가 작성된 경우로 대지면적이 기재된 경우 각 동별 일반건축물대장에는 대지면적이 기재되지 않을 수 있다.

②건축물 수 : 주된 건축물의 동 수를 적는다. (주1, 주2)

③연면적 : 연면적 등 건축물의 면적은 각 동별 합계를 적는다.

④주용도 : 각 동별 용도가 다른 경우에는 면적이 가장 큰 용도를 적는다.

⑤동별 표시 : 각 동별로 현황을 표시하고, 각 동별로 일반건축물대장이 생성된다.

## (2) 일반건축물대장(갑)

**일반건축물대장(갑)**

(2쪽 중 제1쪽)

| 고유번호 | | 명칭 | 호수/가구수/세대수 |
|---|---|---|---|
| 4167038021 | | ② 1동 | ③ 0호/0가구/0세대 |

| 대지위치 | 지번 | 도로명주소 |
|---|---|---|
| 경기도 여주시 | ① 외 2필지 | 경기도 여주시 |

| ※대지면적 | 연면적 | ※지역 | ※지구 | ※구역 |
|---|---|---|---|---|
| ④ 1,111 ㎡ | 196 ㎡ | | | |

| 건축면적 | 용적률 산정용 연면적 | 주구조 | 주용도 | 층수 |
|---|---|---|---|---|
| 196 ㎡ | ⑤ 196 ㎡ | ⑥ 일반철골구조 | ⑦ 제1종근린생활시설(소매점) | 지하: 층, 지상: 1층 |

| ※건폐율 | ※용적률 | 높이 | 지붕 | 부속건축물 |
|---|---|---|---|---|
| 17.64 % | 17.64 % | 8.9 m | 판넬경사지붕 | ⑧ 동 ㎡ |

| ※조경면적 | ※공개 공지·공간 면적 | ※건축선 후퇴면적 | ※건축선후퇴 거리 |
|---|---|---|---|
| ㎡ | ㎡ | ㎡ | m |

| 건축물 현황 | | | | | ⑬ 소유자 현황 | | | |
|---|---|---|---|---|---|---|---|---|
| ⑨ 구분 | ⑩ 층별 | 구조 | ⑪ 용도 | 면적(㎡) | 성명(명칭)<br>주민(법인)등록번호<br>(부동산등기용등록번호) | 주소 | 소유권 지분 | 변동일<br>변동원인 |
| 주1 | 1층 | 일반철골구조 | 제1종근린생활시설(소매점) | ⑫ 196 | 이 | 서울특별시 | 1/1 | 2023.4.28.<br>소유권보존 |
| | | - 이하여백 - | | | | - 이하여백 - | | |
| | | | | | ※ 이 건축물대장은 현소유자만 표시한 것입니다. | | | |

이 등(초)본은 건축물대장의 원본내용과 틀림없음을 증명합니다.

**여주시장** [민원사무 여주시장인 전용]

발급일: 2023년 5월 25일
담당자:
전 화:

### ▸ 해설

①지번 : 대지가 둘 이상의 필지로 이루어진 경우에는 대표되는 "지번 외 *필지"로 하나만 적고, "*필지"는 "관련 주소"의 "지번"란에 적는다.

②명칭 : 건축주가 신청한 명칭을 기재하며(10자이내) 없는 경우 공란 또는 '*동'을 표시한다.

③호수/가구수/세대수 : 집합건축물은 '호수', 단독주택은 '가구수', 공동주택은 '세대수'

④대지면적 : 총괄표제부에 대지면적이 기재된 경우 기재되지 않을 수 있다.

⑤용적률산정용연면적 : 「건축법 시행령」 제119조 제1항 제4호에 따른 면적을 기재한다.

⑥주구조 : 하나의 동이 둘 이상의 구조로 된 경우에는 대표적인 구조 하나만 적는다.

⑦주용도 : 하나의 동이 둘 이상의 용도에 해당하는 경우 주된 용도만 적는다.

⑧부속건축물 : 동수와 연면적을 적고, 세부 현황은 "건축물 현황"란에 적는다.

⑨구분 : 주된 건축물은 "주", 부속건축물은 "부"로 적는다. 이 경우 부속건축물이 둘 이상인 경우 "부1", "부2", "부3" 등으로 적는다.

⑩층별 : 지하층은 "지1", "지2", "지3" 등으로, 지상층은 "1층", "2층", "3층" 등으로 적되, 가장 아래부터 순차적으로 적는다.

⑪용도 : 「건축법 시행령」 별표 1에 따른 용도를 적고 괄호 안에 구체적인 명칭을 적는다.

⑫면적 : 구분별·층별·구조별·용도별로 바닥면적을 적는다.

⑬소유자 현황 : 건축물의 건축주 또는 소유자를 적되, 소유자가 변경된 경우에는 건물 등기사항증명서 등에 따라 변경하며, 변경하는 경우에는 건물 등기사항증명서에 따른 등기접수일과 변경 원인을 적는다.

■ 건축물대장의 기재 및 관리 등에 관한 규칙 [별지 제1호서식] (2쪽 중 제2쪽)

| 고유번호 | 1111017700-1- | 명칭 | | 호수/가구수/세대수 | 0호/0가구/0세대 |
|---|---|---|---|---|---|
| 대지위치 | 서울특별시 | 지번 | 외 1필지 | 도로명주소 | 서울특별시 |

| 구분 | 성명 또는 명칭 | 면허(등록)번호 |
|---|---|---|
| ① 건축주 | 주식회사 | |
| 설계자 | (주) | 중구-건축사사무소- |
| 공사감리자 | (주) | 서울특별시 |
| 공사시공자<br>(현장관리인) | (주) | 서초구- |

② ※주차장

| 구분 | 옥내 | 옥외 | 인근 | 면제 |
|---|---|---|---|---|
| 자주식 | 319 대<br>㎡ | 대<br>㎡ | 대<br>㎡ | 대 |
| 기계식 | 대<br>㎡ | 대<br>㎡ | 대<br>㎡ | |

③ 승강기

| 승용 | 15 대 | 비상용 | 3 대 |
|---|---|---|---|

※ 하수처리시설

| 형식 | 부패탱크방법 |
|---|---|
| 용량 | 6,200인용 |

| 허가일 | 2009.12.11. |
|---|---|
| 착공일 | 2017.8.9. |
| 사용승인일 ⑤ | 2020.6.17. |

⑥ 관련 주소

| 지번 | 교 |
|---|---|
| 도로명 | |

| ④ ※제로에너지건축물 인증 | | ※건축물 에너지효율등급 인증 | | ※에너지성능지표(EPI) 점수 | ※녹색건축 인증 | | ※지능형건축물 인증 | |
|---|---|---|---|---|---|---|---|---|
| 등급 | | 등급 | 1등급 | 67.79 점 | 등급 | 우수(그린 2등급) | 등급 | |
| 에너지자립률 | 0 % | 1차에너지 소요량<br>(또는 에너지절감률) | 215.4<br>kWh/㎡(%) | ※에너지소비총량 | 인증점수 | 71.47 점 | 인증점수 | 점 |
| 유효기간: . . .~ . . . | | 유효기간: 2020.6.8. ~ 2030.6.8. | | 0 kWh/㎡ | 유효기간: 2020.6.12. ~ 2025.6.11. | | 유효기간: . . .~ . . . | |

| 내진설계 적용 여부 | 내진능력 | 특수구조 건축물 | 특수구조 건축물 유형 |
|---|---|---|---|
| 적용 | VII-0.222g | | |
| 지하수위 | 기초형식 | 설계지내력(지내력기초인 경우) | 구조설계 해석법 |
| G.L -3.8 m | 지내력기초 | 100 t/㎡ | 동적해석법 |

⑦ 변동사항

| 변동일 | 변동내용 및 원인 | 변동일 | 변동내용 및 원인 | ⑧ 그 밖의 기재사항 |
|---|---|---|---|---|
| 2020.7.17. | 도시개발과-11641(2020.07.17.)호에 의하여 건축물대장 신규작성 | 2020.11.17. | 도시개발과-18599(2020.11.17.)호에 의하여 건축물 표시변경[건축물명칭 : 센터포인트 돈의문 → 디타워(돈의문)] | *공개공지 면적(1,887.20㎡)<br>1) 지상 공개공지1,2 : 1,314.15㎡ |
| 2020.7.23. | 도시개발과-11970(2020.07.23.)호에 의하여 건축물 표시변경[내역 : 조경면적 989.88㎡ → 984.39㎡] | 2020.12.16. | 도시개발과-20416(2020.12.16.)호에 의하여 건축물 용도변경[내역 : 지상2층 판매시설 1,566.06㎡ → 업무시 | |

※ 표시 항목은 총괄표제부가 있는 경우에는 적지 않을 수 있습니다.

## ▸ 해설

①건축주 등 : 건축물 건축과 관련된 주체를 표시한다. 건축주는 대지의 소유자 등이며 설계자, 감리자는 건축 인허가 유형에 따라 달라지며, 공사시공자는 도급 공사 시 해당 '수급인', 직영공사인 경우 '건축주'를 표기한다.

②주차장 : 「주차장법」 규정에 따라 결정된 주차대수를 자주식 또는 기계식으로 설치한 후 기재한다. 자주식은 지상 또는 지하 주차장, 기계식은 주차타워 또는 기계식 주차설비를 설치한 경우이다.

③승강기 등 : 건축물에 설치된 승강기 (일반용, 화물용, 장애인용)의 내용을 기재한다.

④제로에너지건축물 인증 등 : 건축 관련 세부 법규상 해당 사항이 있는 경우 기재한다.

⑤사용승인일 등 : 건축물 건축과 관련된 허가, 착공, 준공(사용승인)의 시점을 기재한다. 동별 사용승인을 받은 경우 "일반건축물대장(갑)"의 '사용승인일'란에는 동별 사용승인일을 적고, "총괄표제부(갑)" '사용승인일'란에는 최종 사용승인일, "그 밖의 기재사항"란에는 동별 사용승인일을 기재한다.

⑥관련주소 : 대지가 둘 이상의 필지로 이루어진 경우 대표되는 필지 이외의 필지를 기재한다. 기재하는 주소 형식에 따라 '지번'란 또는 '도로명'란에 기재한다.

⑦변동사항 : 「건축법」상 증축, 대수선, 개축, 재축, 이전, 용도변경 등에 관한 사항을 기재한다.

⑧그 밖의 기재사항 : 건축물대장 서식에 항목이 없는 사항을 기재한다. 그 예로는 공개 공지, 인근 토지에 설치된 부설주차장 관련 사항 등이 있다.

## 2) 집합건축물대장

### (1) 건축물대장 총괄표제부(갑)

**① 건축물대장 총괄표제부(갑)**

(2쪽 중 제1쪽)

| 고유번호 | 4136011200-3-06740000 | | 건축물 명칭 더 | 특이사항 |
|---|---|---|---|---|
| 대지위치 경기도 남양주시 | | 지번 | 도로명주소 경기도 남양주시 | |

| | | | | | |
|---|---|---|---|---|---|
| 대지면적 12,513.4 ㎡ | 연면적 24,899.16 ㎡ | 지역 제2종일반주거지역 | 지구 택지개발지구 | 구역 | |
| 건축면적 1,905.778 ㎡ | 용적률 산정용 연면적 20,339.823 ㎡ | 건축물 수 7 | 주용도 공동주택 | | |
| 건폐율 15.23 % | 용적률 162.54 % | 총 호수/가구수/세대수 0호/0가구/189세대 | 총 주차 대수 224 | 부속 건축물 | 6동 4,645.342㎡ |
| 조경면적 ㎡ | 공개 공지/공간 면적 ㎡ | 건축선 후퇴면적 ㎡ | 건축선 후퇴거리 m | | |

**② 건축물 현황**

| 구분 | 명칭 | 도로명주소 | 건축물 주구조 | 건축물 지붕 | 층수 | 용도 | 연면적(㎡) | 변동일 | 변동원인 |
|---|---|---|---|---|---|---|---|---|---|
| 주1 | 301동 | 경기도 길 43 | 철근콘크리트구조 | (철근)콘크리트경사지붕 | 1/14 | 공동주택 | 2,958.073 | 2008.10.16. | 신축 |
| 주2 | 302동 | 경기도 길 43 | 철근콘크리트구조 | (철근)콘크리트경사지붕 | 1/14 | 공동주택 | 2,880.413 | 2008.10.16. | 신축 |
| 주3 | 303동 | 경기도 길 43 | 철근콘크리트구조 | (철근)콘크리트경사지붕 | 1/15 | 공동주택 | 4,510.018 | 2008.10.16. | 신축 |
| 주4 | 304동 | 경기도 길 43 | 철근콘크리트구조 | (철근)콘크리트경사지붕 | 1/15 | 공동주택 | 4,327.18 | 2008.10.16. | 신축 |

이 등(초)본은 건축물대장의 원본내용과 틀림없음을 증명합니다.

발급일 : 2023년 5월 26일

남양주시장 [남양주시장인 직인 민원사무전용]

담 당 자 :

전 화 :

▸ **해설**

①집합건물의 총괄표제부 : 일반건축물의 총괄표제부와 같은 서식으로 작성된다. 집합건물이 아파트와 같이 하나의 대지 위에 여러 동이 소재하는 경우 작성되며, 집합 상가와 같은 경우는 주로 1개 동인 경우가 많아 작성되지 않는다.

②건축물 현황 : 주된 건축물의 동별로 현황을 표시하고, 각 동별로 일반건축물대장이 생성된다.

## (2) 집합건축물대장(표제부, 갑)

### 집합건축물대장(표제부, 갑)

(2쪽 중 제1쪽)

| 고유번호 | | 명칭 ① | 호수/가구수/세대수 ② |
|---|---|---|---|
| 4136011200-3-06740000 | | 더 303동 | 0호/0가구/44세대 |

| 대지위치 | | 지번 | 도로명주소 | |
|---|---|---|---|---|
| 경기도 남양주시 | | | 경기도 남양주시 | |
| ※대지면적 ③ 0 ㎡ | 연면적 4,510.018 ㎡ | ※지역 | ※지구 | ※구역 |
| 건축면적 361.613 ㎡ | 용적률 산정용 연면적 4,496.172 ㎡ | 주구조 철근콘크리트구조 | 주용도 공동주택 | 층수 지하: 1층, 지상: 15층 |
| ※건폐율 0 % | ※용적률 0 % | 높이 42.2 m | 지붕 (철근)콘크리트경사지붕 | 부속건축물 동 ㎡ |
| ※조경면적 ㎡ | ※공개 공지/공간 면적 ㎡ | ※건축선 후퇴면적 ㎡ | ※건축선 후퇴거리 m | |

| ④ 건축물 현황 | | | | | 건축물 현황 | | | | |
|---|---|---|---|---|---|---|---|---|---|
| 구분 | 층별 | 구조 | 용도 | 면적(㎡) | 구분 | 층별 | 구조 | 용도 | 면적(㎡) |
| 주3 | 지1층 | 철근콘크리트구조 | 지하계단실 | 13.846 | 주3 | 4층 | 철근콘크리트구조 | 공동주택(아파트) | 304.662 |
| 주3 | 1층 | 철근콘크리트구조 | 공동주택(아파트) | 230.904 | 주3 | 5층 | 철근콘크리트구조 | 공동주택(아파트) | 304.662 |
| 주3 | 2층 | 철근콘크리트구조 | 공동주택(아파트) | 304.662 | 주3 | 6층 | 철근콘크리트구조 | 공동주택(아파트) | 304.662 |
| 주3 | 3층 | 철근콘크리트구조 | 공동주택(아파트) | 304.662 | 주3 | 7층 | 철근콘크리트구조 | 공동주택(아파트) | 304.662 |

이 등(초)본은 건축물대장의 원본내용과 틀림없음을 증명합니다.

발급일: 2023년 5월 25일

남양주시장 남양주시장인 민원사무전용

담 당 자:

전 화:

### ▸ 해설

①명칭 : 동별 표제부이므로 동의 명칭이 기재된다.

②호수/가구수/세대수 : 주택외 집합건물은 '호수', 단독주택은 '가구수', 공통주택은 '세대수'를 기재한다.

③대지면적 : 총괄표제부에 대지면적이 기재된 경우로 동별 표제부에는 대지면적이 기재되지 않은 경우이다.

④건축물 현황 : 1동의 건물의 층별 현황이 기재된다.

## (3) 집합건축물대장(전유부, 갑)

**집합건축물대장(전유부, 갑)**

(2쪽 중 제1쪽)

| 고유번호 | 4136011200-3-06740000 | 명칭 | 더 03동 | 호명칭 | ① 3 |
|---|---|---|---|---|---|
| 대지위치 | 경기도 남양주시 | 지번 | | 도로명주소 | 경기도 남양주시 |

| ② 전유부분 | | | | | ④ 소유자현황 | | | |
|---|---|---|---|---|---|---|---|---|
| 구분 | 층별 | ※구조 | 용도 | 면적(㎡) | 성명(명칭)<br>주민(법인)등록번호<br>(부동산등기용등록번호) | 주소 | 소유권 지분 | 변동일자<br>변동원인 |
| 주 | 8층 | 철근콘크리트구조 | 공동주택(아파트) | 84.69 | | | | 2011.12.2.<br>등기명의인표시경정 |
| | | - 이하여백 - | | | | | 1/1 | 2018.10.12.<br>소유권이전 |
| ③ 공용부분 | | | | | | | | |
| 구분 | 층별 | 구조 | 용도 | 면적(㎡) | | | | |
| 부 | 지1 | 철근콘크리트구조 | 지하주차장 | 22.5824 | | - 이하여백 - | | |
| 부 | 지1 | 철근콘크리트구조 | 전기실,발전기실 | 1.2641 | ※ 이 건축물대장은 현소유자만 표시한 것입니다. | | | |

이 등(초)본은 건축물대장의 원본 내용과 틀림없음을 증명합니다.

발급일자 : 2023년 5월 25일

**남양주시장** 남양주시장인 직인 인원사무전용

담 당 자 :
전 화 :

(2쪽 중 제2쪽)

| 고유번호 | 4136011200-3-06740000 | 명칭 | 더 03동 | 호명칭 | 3 |
|---|---|---|---|---|---|
| 대지위치 | 경기도 남양주시 | 지번 | | 도로명주소 | 경기도 남양주시 가운로2길 43 (다산동) |

| 공용부분 | | | | | ⑥ 공동주택(아파트) 가격 (단위 : 원) | |
|---|---|---|---|---|---|---|
| 구분 | 층별 | ※구조 | 용도 | 면적(㎡) | 기준일 | 공동주택(아파트) 가격 |
| 주 | 지1 | 철근콘크리트구조 | 지하계단실 | 0.6288 | 2023.1.1. | 369,000,000 |
| 주 | 각층 | 철근콘크리트구조 | 계단실,승강기,홀 | 22.9463 | 2022.1.1. | 460,000,000 |
| 부 | 1층 | 철근콘크리트구조 | 관리사무소,경로당,방재시설 | 0.8765 | 2021.1.1. | 407,000,000 |
| 부 | 1층 | 경량철골구조 | 재활용품보관소 | 0.1087 | 2020.1.1. | 279,000,000 |
| 부 | 1층 | 철근콘크리트구조 | 경비실 | 0.1053 | 2019.1.1. | 272,000,000 |
| | | - 이하여백 - | | ⑤ | 2018.1.1. | 277,000,000 |
| | | | | | 2017.1.1. | 266,000,000 |
| | | | | | 2016.1.1. | 274,000,000 |
| | | | | | 2015.1.1. | 264,000,000 |
| | | | | | 2014.1.1. | 256,000,000 |
| | | | | | *「부동산 가격공시에 관한 법률」제 18조에 따른 공동주택가격만 표시됩니다. | |

| ⑦ 변동사항 | | | | 그 밖의 기재사항 |
|---|---|---|---|---|
| 변동일 | 변동내용 및 원인 | 변동일 | 변동내용 및 원인 | |
| 2008.10.16.<br>2017.12.18. | 신규작성(신축)<br>[남양주시 읍면동 및 리의 명칭과 관할구역에 관한 조례(시행 2017.12.18.)]에 의거 행정구역 변경에 따른 건축물대장 주소 정정<br>- 이하여백 - | | | |

### ▸ 해설

①호명칭 : 전유부분의 해당 호수를 기재한다.

②,③,⑤전유부분과 공용부분 : 용도와 면적을 기재한다.

④소유자현황 : 등기사항에 따라 보존, 이전 등 사항을 기재한다.

⑥공동주택가격 : 「부동산 가격공시에 관한 법률」상 공동주택가격을 기재한다.

⑦변동사항 : 전유부분 해당 호수에 대한 변경사항을 기재한다.

## 참고 주차장

▸ **주차장의 종류**

**「주차장법」**

**제2조(정의)** 이 법에서 사용하는 용어의 뜻은 다음과 같다.

1. "주차장"이란 자동차의 주차를 위한 시설로서 다음 각 목의 어느 하나에 해당하는 종류의 것을 말한다.
   가. 노상주차장(路上駐車場): 도로의 노면 또는 교통광장(교차점광장만 해당한다. 이하 같다)의 일정한 구역에 설치된 주차장으로서 일반(一般)의 이용에 제공되는 것
   나. 노외주차장(路外駐車場): 도로의 노면 및 교통광장 외의 장소에 설치된 주차장으로서 일반의 이용에 제공되는 것
   다. 부설주차장: 제19조에 따라 건축물, 골프연습장, 그 밖에 주차수요를 유발하는 시설에 부대(附帶)하여 설치된 주차장으로서 해당 건축물·시설의 이용자 또는 일반의 이용에 제공되는 것

**※ 주차장의 형태에 따른 종류**

- 자주식주차장
  "자주식주차장"이란 운전자가 자동차를 직접 운전하여 주차장으로 들어가는 주차장을 말한다. 자주식주차장은 지하식·지평식(地平式) 또는 건축물식(공작물식을 포함)으로 구분한다.
- 기계식주차장
  "기계식주차장"이란 기계장치에 의하여 자동차를 주차할 장소로 이동시키는 설비를 설치한 노외주차장 및 부설주차장을 말한다. 기계식주차장은 지하식과 건축물식(공작물식 포함)으로 구분한다.

▸ **부설주차장**

주차장의 종류 중 노상주차장과 노외주차장은 일반의 이용에 제공되는 것으로서 건축물의 건축 등과 관련되는 사항은 없으며, 개별 건축물의 감정평가와 관련하여 '부설주차장'의 설치기준 및 설치방법을 확인할 필요가 있다.

**「주차장법」**

**제19조(부설주차장의 설치·지정)** ① 「국토의 계획 및 이용에 관한 법률」에 따른 도시지역, 같은 법 제51조제3항에 따른 지구단위계획구역 및 지방자치단체의 조례로 정하는 관리지역에서 건축물, 골프연습장, 그 밖에 주차수요를 유발하는 시설(이하 "시설물"이라 한다)을 건축하거나 설치하려는 자는 그 시설물의 내부 또는 그 부지에 부설주차장(화물의 하역과 그 밖의 사업 수행을 위한 주차장을 포함한다. 이하 같다)을 설치하여야 한다.

③ 제1항에 따른 시설물의 종류와 부설주차장의 설치기준은 대통령령으로 정한다.

▸ 부설주차장의 설치기준

「주차장법 시행령」

**제6조(부설주차장의 설치기준)** ① 법 제19조제3항에 따라 부설주차장을 설치하여야 할 시설물의 종류와 부설주차장의 설치기준은 별표 1과 같다.

■ 「주차장법 시행령」 [별표 1]

**부설주차장의 설치대상 시설물 종류 및 설치기준**(제6조제1항 관련)

| 시설물 | 설치기준 |
|---|---|
| 1. 위락시설 | • 시설면적 100㎡당 1대(시설면적/100㎡) |
| 2. 문화 및 집회시설(관람장은 제외한다), 종교시설, 판매시설, 운수시설, 의료시설(정신병원·요양병원 및 격리병원은 제외한다), 운동시설(골프장·골프연습장 및 옥외수영장은 제외한다), 업무시설(외국공관 및 오피스텔은 제외한다), 방송통신시설 중 방송국, 장례식장 | • 시설면적 150㎡당 1대(시설면적/150㎡) |
| 3. 제1종 근린생활시설[중략], 제2종 근린생활시설, 숙박시설 | • 시설면적 200㎡당 1대(시설면적/200㎡) |
| 4. 단독주택(다가구주택은 제외한다) | • 시설면적 50㎡ 초과 150㎡ 이하: 1대<br>• 시설면적 150㎡ 초과: 1대에 150㎡를 초과하는 100㎡당 1대를 더한 대수<br>[1 + {(시설면적 - 150㎡) / 100㎡}] |
| 5. **다가구주택, 공동주택(기숙사는 제외한다), 업무시설 중 오피스텔** | • **「주택건설기준 등에 관한 규정」 제27조제1항에 따라 산정된 주차대수**. 이 경우 다가구주택 및 오피스텔의 전용면적은 공동주택의 전용면적 산정방법을 따른다. |
| 6. 골프장, 골프연습장, 옥외수영장, 관람장 | • 골프장: 1홀당 10대(홀의 수 × 10)<br>• 골프연습장: 1타석당 1대(타석의 수 × 1)<br>• 옥외수영장: 정원 15명당 1대(정원/15명)<br>• 관람장: 정원 100명당 1대(정원/100명) |
| 7. 수련시설, 공장(아파트형은 제외한다), 발전시설 | • 시설면적 350㎡당 1대(시설면적/350㎡) |
| 8. 창고시설 | • 시설면적 400㎡당 1대(시설면적/400㎡) |
| 9. 학생용 기숙사 | • 시설면적 400㎡당 1대(시설면적/400㎡) |
| 10. 방송통신시설 중 데이터센터 | • 시설면적 400㎡당 1대(시설면적/400㎡) |
| 11. 그 밖의 건축물 | • 시설면적 300㎡당 1대(시설면적/300㎡) |

■ 「주택건설기준 등에 관한 규정」

**제27조(주차장)**

1. (중략) 세대당 주차대수가 1대(세대당 전용면적이 60제곱미터 이하인 경우에는 0.7대) 이상이 되도록 해야 한다.
2. 소형 주택은 제1호에도 불구하고 세대당 주차대수가 0.6대(세대당 전용면적이 30제곱미터 미만인 경우에는 0.5대) 이상이 되도록 주차장을 설치해야 한다.

### ▸ 부설주차장의 인근 설치

부설주차장의 규모가 주차대수 300대 이하이면 시설물의 부지 인근에 단독 또는 공동으로 부설주차장을 설치할 수 있다.

### ■ 부설주차장을 인근에 설치할 수 있는 경우

- 차량통행이 금지된 장소의 시설물인 경우
- 시설물에 접한 대지나 시설물의 부지와 통로로 연결된 대지에 부설주차장을 설치하는 경우
- 시설물의 부지가 너비 12m 이하인 도로에 접해 있는 경우에 도로의 맞은편 토지에 부설주차장을 그 도로에 접하도록 설치하는 경우

### ■ 특정 부지 인근에 부설주차장을 설치할 때에 시설물의 '부지 인근의 범위'

- 해당 부지의 경계선으로부터 부설주차장의 경계선까지의 직선거리 300m 이내 또는 도보거리 600m 이내
- 해당 시설물이 있는 동·리 및 그 시설물과의 통행 여건이 편리하다고 인정되는 인접 동·리

### ■ 부기등기

시설물 부지 인근에 설치된 부설주차장은 「부동산등기법」에 따라 시설물과 그에 부대하여 설치된 부설주차장 관계임을 표시하는 다음의 부기등기를 동시에 해야 한다.

- 시설물의 부기등기: 부설주차장이 시설물의 부지 인근에 설치되었음을 시설물의 소유권등기에 부기등기("「주차장법」에 따른 부설주차장이 시설물의 부지 인근에 별도로 설치되어 있음"이라는 내용과 그 부설주차장의 소재지를 명시해야 함)
- 부설주차장의 부기등기: 부설주차장의 용도변경이 금지됨을 부설주차장의 소유권등기에 부기등기["이 토지(또는 건물)는 「주차장법」에 따라 시설물의 부지 인근에 설치된 부설주차장으로서 「주차장법 시행령」 제12조제1항 각 호의 어느 하나에 해당하여 용도변경이 인정되기 전에는 주차장 외의 용도로 사용할 수 없음"이라는 내용과 그 시설물의 소재지를 명시해야 함]

「주차장법」

**제19조(부설주차장의 설치·지정)**

④ 제1항의 경우에 부설주차장이 대통령령으로 정하는 규모 이하이면 같은 항에도 불구하고 시설물의 부지 인근에 단독 또는 공동으로 부설주차장을 설치할 수 있다

**제19조의24(부기등기)** ① 제19조제4항에 따라 시설물 부지 인근에 설치된 부설주차장 및 제19조의4 제1항에 따라 위치 변경된 부설주차장은 「부동산등기법」에 따라 시설물과 그에 부대하여 설치된 부설주차장 관계임을 표시하는 내용을 각각 부기등기하여야 한다.

# 제3장

# 「부동산등기법」

# 제1절 「부동산등기법」 총칙

## 1 정의

**「부동산등기법」**

**제2조(정의)** 이 법에서 사용하는 용어의 뜻은 다음과 같다.

1. "등기부"란 전산정보처리조직에 의하여 입력·처리된 등기정보자료를 대법원규칙으로 정하는 바에 따라 편성한 것을 말한다.
2. "등기부부본자료"란 등기부와 동일한 내용으로 보조기억장치에 기록된 자료를 말한다.
3. "등기기록"이란 1필의 토지 또는 1개의 건물에 관한 등기정보자료를 말한다.
4. "등기필정보"란 등기부에 새로운 권리자가 기록되는 경우에 그 권리자를 확인하기 위하여 제11조제1항에 따른 등기관이 작성한 정보를 말한다.

## 2 등기상 권리

### 1) 등기할 수 있는 권리

등기는 부동산의 표시와 권리로 구성되며, 권리의 종류와 득실변경의 내용은 다음과 같다.

**「부동산등기법」**

**제3조(등기할 수 있는 권리 등)** 등기는 부동산의 표시와 다음 각 호의 어느 하나에 해당하는 권리의 보존, 이전, 설정, 변경, 처분의 제한 또는 소멸에 대하여 한다.

1. 소유권(所有權)

2. 지상권(地上權)
3. 지역권(地役權)
4. 전세권(傳貰權)
5. 저당권(抵當權)
6. 권리질권(權利質權)
7. 채권담보권(債權擔保權)
8. 임차권(賃借權)

**득실변경의 내용 및 등기**

1. 보존: 미등기 토지 또는 건물에 관한 소유권을 공시하기 위해 최초로 하는 등기를 말하며, 토지대장 또는 건축물대장에 최초로 소유자로 등록되어 있는 자 등이 할 수 있다.
2. 이전: 권리주체의 변동을 공시하기 위해 이전 시 하는 등기로 소유권 및 소유권 이외의 권리에 대한 등기가 모두 가능하다.
3. 설정: 당사자간의 계약에 의하여 부동산물권 위에 새로운 소유권 이외의 물권을 공시하기 위한 등기로 저당권, 전세권 등 담보물권 및 제한물권에 관한 등기이다.
4. 변경: 기존의 등기사항 중 원시적 또는 후발적 사유로 인해 기존의 등기가 실체관계와 부합하지 않게 된 경우 이를 부합하게 하기 위해 하는 등기이다.
5. 처분의 제한: 압류, 가압류, 가처분, 경매기입등기 등이 있으며, 이로 인해 소유권자나 기타의 권리자가 일정한 처분권능을 제한받게 하기 위한 등기이다. 처분의 제한은 반드시 법률에 근거하거나 규정되어 있는 것이어야 한다.
6. 소멸: 물권이 포기, 혼동, 합의, 등기원인의 무효, 목적물의 멸실 등 원시적 또는 후발적인 사유로 없어지는 것을 말한다.

## 2) 등기상 권리의 순위

「부동산등기법」

**제4조(권리의 순위)** ① 같은 부동산에 관하여 등기한 권리의 순위는 법률에 다른 규정이 없으면 등기한 순서에 따른다.

② 등기의 순서는 등기기록 중 같은 구에서 한 등기 상호간에는 순위번호에 따르고, 다른 구에서 한 등기 상호간에는 접수번호에 따른다.

**제5조(부기등기의 순위)** 부기등기의 순위는 주등기의 순위에 따른다. 다만, 같은 주등기에 관한 부기등기 상호간의 순위는 그 등기 순서에 따른다.

**제91조(가등기에 의한 본등기의 순위)** 가등기에 의한 본등기를 한 경우 본등기의 순위는 가등기의 순위에 따른다.

**제92조(가등기에 의하여 보전되는 권리를 침해하는 가등기 이후 등기의 직권말소)** ① 등기관은 가등기에 의한 본등기를 하였을 때에는 대법원규칙으로 정하는 바에 따라 가등기 이후에 된 등기로서 가등기에 의하여 보전되는 권리를 침해하는 등기를 직권으로 말소하여야 한다.

② 등기관이 제1항에 따라 가등기 이후의 등기를 말소하였을 때에는 지체 없이 그 사실을 말소된 권리의 등기명의인에게 통지하여야 한다.

## 3) 등기의 효력발생시기

「부동산등기법」

**제6조(등기신청의 접수시기 및 등기의 효력발생시기)** ① 등기신청은 대법원규칙으로 정하는 등기신청정보가 전산정보처리조직에 저장된 때 접수된 것으로 본다.

② 제11조제1항에 따른 등기관이 등기를 마친 경우 그 등기는 접수한 때부터 효력을 발생한다.

## ③ 등기부의 편성과 종류

### 1) 등기부의 편성

「부동산등기법」

**제15조(물적 편성주의)** ① 등기부를 편성할 때에는 1필의 토지 또는 1개의 건물에 대하여 1개의 등기기록을 둔다. 다만, 1동의 건물을 구분한 건물에 있어서는 1동의 건물에 속하는 전부에 대하여 1개의 등기기록을 사용한다.

② 등기기록에는 부동산의 표시에 관한 사항을 기록하는 표제부와 소유권에 관한 사항을 기록하는 갑구(甲區) 및 소유권 외의 권리에 관한 사항을 기록하는 을구(乙區)를 둔다.

#### (1) 표제부

표제부는 표시란과 표시번호란으로 나누어지며, 표시란에는 부동산의 표시와 그 변경에 관한 사항을 기재하고 표시번호란에는 표시란에 등기한 순서를 기재한다.

토지의 표시란에는 소재지번, 면적, 등기원인 및 기타사항, 지목 등이 표시되며, 건물의 표시란에는 소재지·건물명칭 및 번호, 건물내역(구조, 용도, 면적), 등기원인 및 기타사항이 표시된다.

#### (2) 갑구

갑구는 사항란과 순위번호란으로 나누어지며 사항란에는 소유권에 관한 사항(소유권보존, 소유권이전, 소유권이전등기, 가압류, 임의경매개시결정 등)에 관한 사항을 기재하고 순위번호란에는 등기한 순서를 기재한다.

#### (3) 을구

을구의 사항란은 소유권 이외의 권리(저당권, 지상권, 지역권, 전세권, 권리질권 등)에 대한 사항을 기재하고 순위번호란에는 등기한 순서를 기재한다.

## 2) 등기의 종류

등기는 부동산의 표시와 권리로 구성되며, 권리의 종류 및 등기사항에 따라 등기의 종류는 본등기, 가등기 및 부기등기 등으로 나뉜다.

<table>
<tr><th colspan="3">구분</th><th>내용</th></tr>
<tr><td rowspan="8">본등기</td><td rowspan="2">소유권에 관한 등기</td><td>소유권 보존등기</td><td>- 토지 소유권 보존등기<br>- 건물 소유권 보존등기<br>- 직권에 의한 소유권 보존등기</td></tr>
<tr><td>소유권 이전등기</td><td>- 법률행위를 원인으로 한 소유권 이전등기<br>- 법률규정에 의한 소유권 이전등기</td></tr>
<tr><td rowspan="6">소유권 이외의 권리에 관한 등기</td><td>지상권</td><td>설정·변경·말소등기</td></tr>
<tr><td>지역권</td><td>설정·변경·말소등기</td></tr>
<tr><td>전세권</td><td>설정·변경·말소등기</td></tr>
<tr><td>저당권</td><td>설정·이전·변경·말소등기</td></tr>
<tr><td>권리질권</td><td>설정등기</td></tr>
<tr><td>임차권</td><td>설정·말소등기</td></tr>
<tr><td colspan="3">가등기</td><td>부동산물권에 해당하는 권리의 설정·이전·변경·소멸의 청구권을 보전하기 위해 하는 등기</td></tr>
<tr><td colspan="3">부기등기</td><td>부기등기는 독립된 순위번호를 가지는 본등기 또는 주등기와는 달리 기존의 등기에 부기번호를 붙여서 하는 등기</td></tr>
</table>

### (1) 기입등기

새로운 등기원인에 기하여 어떤 사항을 등기부에 새로이 기입하는 등기로서 보통 등기라고 하면 이것을 말하며, 소유권보존등기·소유권이전등기·저당권설정등기 등이 있다.

### (2) 경정·변경등기

경정등기란 어떤 등기를 하였는데 그 절차에 착오가 있어서 처음부터 등기와 실체관계 사이에 불일치가 생긴 경우에 이를 시정하기 위한 등기를 말한다.

변경등기란 기존등기의 일부의 변경을 목적으로 하는 등기를 말하며, 부기등기의 형식으로 행하여지는 것이 원칙이다.

### (3) 말소등기

등기에 대응하는 실체관계가 없는 경우에 그 등기를 법률적으로 소멸시킬 목적으로 기존등기의 전부를 말소하는 등기이다. 말소등기는 말소의 등기를 한 후에 말소할 등기를 붉은 선으로 지워야 한다.

### (4) 회복등기

기존등기가 부당하게 소멸된 경우에 이를 회복하는 등기이다. 이에는 말소회복등기와 멸실회복등기가 있다.

### (5) 멸실등기

기존의 등기된 부동산이 전부 멸실된 경우에 행하는 등기이며, 토지나 건물의 일부가 멸실된 때에는 변경등기를 하여야 한다.

### (6) 주등기(독립등기)

부기등기에 대칭되는 용어로서 기존의 순위번호에 이어지는 독립한 순위번호를 붙여서 하는 보통의 등기를 말하며, 등기는 원칙적으로 주등기의 형식으로 이루어진다.

### (7) 부기등기

독립된 순위번호를 갖지 않고 주등기의 번호를 사용하여 이루어지는 등기로서 주등기의 순위나 효력을 보유한다. 부기등기는 법률에 특별한 규정이 있는 경우에 한다.

부기등기는 독립된 순위번호를 가지는 본등기 또는 주등기와는 달리 기존의 등기에 부기번호를 붙여서 하는 등기로서, 새로운 등기가 주등기와 동일 내지 연장임을 표시하려고 할 때나 새로운 등기가 주등기와 동일한 순위 또는 효력을 가지는 것을 명백하게 하려고 할 때에 하게 된다. 부기로 등기하는 경우는 다음과 같다.

「부동산등기법」

**제52조(부기로 하는 등기)** 등기관이 다음 각 호의 등기를 할 때에는 부기로 하여야 한다. 다만, 제5호의 등기는 등기상 이해관계 있는 제3자의 승낙이 없는 경우에는 그러하지 아니하다.

1. 등기명의인표시의 변경이나 경정의 등기
2. 소유권 외의 권리의 이전등기
3. 소유권 외의 권리를 목적으로 하는 권리에 관한 등기
4. 소유권 외의 권리에 대한 처분제한 등기
5. 권리의 변경이나 경정의 등기
6. 제53조의 환매특약등기
7. 제54조의 권리소멸약정등기
8. 제67조제1항 후단의 공유물 분할금지의 약정등기
9. 그 밖에 대법원규칙으로 정하는 등기

### (8) 가등기

#### ① 의의

가등기는 권리의 설정, 이전, 변경 또는 소멸의 청구권을 보전하려는 때에 한다. 그 청구권이 시기부 또는 정지조건부일 경우나 그 밖에 장래에 확정될 것인 경우에도 같다.

#### ② 가등기의 신청방법

가등기권리자는 등기권리자와 등기의무자 공동신청주의에 불구하고 가등기의무자의 승낙이 있거나 가등기를 명하는 법원의 가처분명령이 있을 때에는 단독으로 가등기를 신청할 수 있다.

#### ③ 가등기의 효력

가등기에 의한 본등기를 한 경우 본등기의 순위는 가등기의 순위에 의하기 때문에 등기부상 본등기는 가등기의 아래에 기록되며 별도의 순위번호는 기록하지 아니하고, 가등기의 순위번호를 사용하여 본등기를 한다. 가등기에 의한 본등기를 하는 경우, 본등기에 저촉되는 제3자의 권리에 관한 등기(중간처분의 등기 등)는 등기관이 직권으로 말소한다.

## 4 등기부의 기재사항과 등기사항전부증명서

「**부동산등기규칙**」

**제13조(등기기록의 양식)** ① 토지등기기록의 표제부에는 표시번호란, 접수란, 소재지번란, 지목란, 면적란, 등기원인 및 기타사항란을 두고, 건물등기기록의 표제부에는 표시번호란, 접수란, 소재지번 및 건물번호란, 건물내역란, 등기원인 및 기타사항란을 둔다.

② 갑구와 을구에는 순위번호란, 등기목적란, 접수란, 등기원인란, 권리자 및 기타사항란을 둔다.

③ 토지등기기록은 별지 제1호 양식, 건물등기기록은 별지 제2호 양식에 따른다.

**제14조(구분건물등기기록의 양식)** ① 법 제15조제1항 단서에 해당하는 구분건물등기기록에는 1동의 건물에 대한 표제부를 두고 전유부분마다 표제부, 갑구, 을구를 둔다.

② 제1항의 등기기록 중 1동의 건물의 표제부에는 표시번호란, 접수란, 소재지번·건물명칭 및 번호란, 건물내역란, 등기원인 및 기타사항란을 두고, 전유부분의 표제부에는 표시번호란, 접수란, 건물번호란, 건물내역란, 등기원인 및 기타사항란을 둔다. 다만, 구분한 각 건물 중 대지권이 있는 건물이 있는 경우에는 1동의 건물의 표제부에는 대지권의 목적인 토지의 표시를 위한 표시번호란, 소재지번란, 지목란, 면적란, 등기원인 및 기타사항란을 두고, 전유부분의 표제부에는 대지권의 표시를 위한 표시번호란, 대지권종류란, 대지권비율란, 등기원인 및 기타사항란을 둔다.

③ 구분건물등기기록은 별지 제3호 양식에 따른다.

**제26조(등기사항증명 등의 신청)** ① 등기소를 방문하여 등기사항의 전부 또는 일부에 대한 증명서(이하 "등기사항증명서"라 한다)를 발급받거나 등기기록 또는 신청서나 그 밖의 부속서류를 열람하고자 하는 사람은 신청서를 제출하여야 한다.

② 대리인이 신청서나 그 밖의 부속서류의 열람을 신청할 때에는 신청서에 그 권한을 증명하는 서면을 첨부하여야 한다.

③ 전자문서로 작성된 신청서나 그 밖의 부속서류의 열람 신청은 관할 등기소가 아닌 다른 등기소에서도 할 수 있다.

**제29조(등기사항증명서의 종류)** 등기사항증명서의 종류는 다음 각 호로 한다. 다만, 폐쇄한 등기기록 및 대법원예규로 정하는 등기기록에 대하여는 제1호로 한정한다.

1. 등기사항전부증명서(말소사항 포함)
2. 등기사항전부증명서(현재 유효사항)
3. 등기사항일부증명서(특정인 지분)
4. 등기사항일부증명서(현재 소유현황)
5. 등기사항일부증명서(지분취득 이력)
6. 그 밖에 대법원예규로 정하는 증명서

# 제2절 부동산등기부의 구성과 이해

## 1 표제부

표제부는 부동산의 표시에 관한 사항을 기재하는 것으로 토지, 건물, 구분건물25)의 표시에 관한 사항을 기재한다. 토지 및 건물은 물적편성주의에 따라 각 1개의 표제부로 구성된다.

구분건물은 1동의 건물을 수개의 소유권의 객체로 구분한 형태로 '1동의 건물의 표제부', '전유부분의 표제부'로 나누어지며, 토지(대지)에 대해서 '1동의 건물의 표제부'에는 '대지권의 목적인 토지의 표시', '전유부분의 표제부'에는 '대지권의 표시'사항이 기재된다.

### 1) 토지의 표시에 관한 등기

**「부동산등기법」**

**제34조(등기사항)** 등기관은 토지 등기기록의 표제부에 다음 각 호의 사항을 기록하여야 한다.

1. 표시번호
2. 접수연월일
3. 소재와 지번
4. 지목
5. 면적
6. 등기원인

---

25) 구분건물이란, 「집합건물의 소유 및 관리에 관한 법률」 제2조제1호의 구분소유권의 목적이 되는 건물을 말한다. 동법 제2조제1호에서 "구분소유권"이란 제1조 또는 제1조의2에 규정된 건물부분을 목적으로 하는 소유권을 말한다."로 정의하여 구분건물을 2가지 형태로 법제화하고 있는바,

① 1동의 건물 중 구조상 구분된 여러 개의 부분이 독립한 건물로서 사용될 수 있을 때

② 1동의 건물이 다음 각 호에 해당하는 방식으로 여러 개의 건물부분으로 이용상 구분된 경우에 그 건물부분(이하 "구분점포"라 한다)

1. 구분점포의 용도가 「건축법」 제2조 제2항 제7호의 판매시설 및 같은 항 제8호의 운수 시설일 것
2. 경계를 명확하게 알아볼 수 있는 표지를 바닥에 견고하게 설치할 것
3. 구분점포별로 부여된 건물번호표지를 견고하게 붙일 것

제35조(변경등기의 신청) 토지의 분할, 합병이 있는 경우와 제34조의 등기사항에 변경이 있는 경우에는 그 토지 소유권의 등기명의인은 그 사실이 있는 때부터 1개월 이내에 그 등기를 신청하여야 한다.

## 등기사항전부증명서-토지-의 표제부

### 등기사항전부증명서(말소사항 포함)
### - 토지 [제출용] -

고유번호 1152-1996-

[토지] 경기도 남양주시 금곡동

【 표 제 부 】 ( 토지의 표시 )

| 표시번호 | 접 수 | 소 재 지 번 | 지 목 | 면 적 | 등기원인 및 기타사항 |
|---|---|---|---|---|---|
| ~~1~~<br>~~(전 3)~~ | ~~1998년11월24일~~ | ~~경기도 남양주시 금곡동~~ | ~~답~~ | ~~3365㎡~~ | <br>부동산등기법 제177조의 6 제1항의 규정에 의하여 2000년 10월 20일 전산이기 |
| ~~2~~ | ~~2003년6월16일~~ | ~~경기도 남양주시 금곡동~~ | ~~답~~ | ~~3121㎡~~ | ~~분할로 인하여 답 244㎡를 경기도 남양주시 금곡동 에 이기~~<br>~~대위자 남양주시~~<br>~~대위원인 2003년 6월 16일 공공용지 협의취득에 의한 소유권이전등기 청구권~~ |
| ~~3~~ | ~~2004년3월9일~~ | ~~경기도 남양주시 금곡동~~ | ~~답~~ | ~~2375㎡~~ | ~~분할로 인하여 답 746㎡를 경기도 남양주시 금곡동 에 이기~~ |
| 4<br>① | 2021년11월4일 | 경기도 남양주시 금곡동 | 답 | 1141㎡<br>② | 분할로 인하여 답 1234㎡를 경기도 남양주시 금곡동 에 이기 ③ |

▸ **해설**

토지 등기사항전부증명서 표제부는 표시번호란, 접수란, 소재지번란, 지목란, 면적란, 등기원인 및 기타사항란으로 구성된다.

①표시번호 : 등기의 순위를 나타내며, 부기등기는 '2-1'과 같이 부번으로 기재한다.

②소재와 지번, 지목, 면적 : 해당 시점 토지의 표시에 관한 사항을 기재한다.

③등기원인 : 토지 표제부상 등기원인은 보존, 분할, 합병 등이 있다.

## 2) 건물의 표시에 관한 등기

「부동산등기법」

**제40조(등기사항)** ① 등기관은 건물 등기기록의 표제부에 다음 각 호의 사항을 기록하여야 한다.

1. 표시번호
2. 접수연월일
3. 소재, 지번 및 건물번호. 다만, 같은 지번 위에 1개의 건물만 있는 경우에는 건물번호는 기록하지 아니한다.
4. 건물의 종류, 구조와 면적. 부속건물이 있는 경우에는 부속건물의 종류, 구조와 면적도 함께 기록한다.
5. 등기원인
6. 도면의 번호[같은 지번 위에 여러 개의 건물이 있는 경우와 「집합건물의 소유 및 관리에 관한 법률」 제2조제1호의 구분소유권의 목적이 되는 건물(이하 "구분건물"이라 한다)인 경우로 한정한다]

## 등기사항전부증명서-건물-의 표제부

**등기사항전부증명서(말소사항 포함)**
**- 건물 [제출용] -**

고유번호 1312-2023-

[건물] 경기도 여주시 외 2필지 1동

**【 표 제 부 】** ( 건물의 표시 )

| 표시번호 | 접 수 | 소재지번 및 건물번호 | 건 물 내 역 | 등기원인 및 기타사항 |
|---|---|---|---|---|
| 1 | 2023년4월28일 | 경기도 여주시<br>상품리 31 -11<br>1동<br>[도로명주소]<br>경기도 여주시 | 일반철골구조 판넬경사지붕<br>1층<br>제1종근린생활시설(소매점)<br>196㎡ | |

▸ **해설**

건물 등기사항전부증명서의 표제부는 표시번호란, 접수란, 소재지번 및 건물번호란, 건물내역란, 등기원인 및 기타사항란으로 구성된다.

### 3) 구분건물의 표시에 관한 등기

「부동산등기법」

**제40조(등기사항)**

② 등기할 건물이 구분건물인 경우에 등기관은 제1항제3호의 소재, 지번 및 건물번호 대신 1동 건물의 등기기록의 표제부에는 소재와 지번, 건물명칭 및 번호를 기록하고 전유부분의 등기기록의 표제부에는 건물번호를 기록하여야 한다.

③ 구분건물에 「집합건물의 소유 및 관리에 관한 법률」 제2조제6호의 대지사용권으로서 건물과 분리하여 처분할 수 없는 것[이하 "대지권"이라 한다]이 있는 경우에는 등기관은 제2항에 따라 기록하여야 할 사항 외에 1동 건물의 등기기록의 표제부에 대지권의 목적인 토지의 표시에 관한 사항을 기록하고 전유부분의 등기기록의 표제부에는 대지권의 표시에 관한 사항을 기록하여야 한다.

④ 등기관이 제3항에 따라 대지권등기를 하였을 때에는 직권으로 대지권의 목적인 토지의 등기기록에 소유권, 지상권, 전세권 또는 임차권이 대지권이라는 뜻을 기록하여야 한다.

#### (1) 대지권 미등기

##### ① 대지권(대지사용권)의 개념

대지사용권이란 구분소유자가 전유부분을 소유하기 위하여 건물의 대지에 대하여 가지는 권리를 말한다.

대지사용권은 소유권, 지상권, 전세권 또는 임차권 중의 한 가지 형태로 할 수 있다. 전유부분과 분리하여 이를 처분할 수 없을 때 대지사용권을 대지권이라 한다.

「부동산등기규칙」

**제88조(대지권의 등기)** ① 건물의 등기기록에 대지권의 등기를 할 때에는 1동의 건물의 표제부 중 대지권의 목적인 토지의 표시란에 표시번호, 대지권의 목적인 토지의 일련번호·소재지번·지목·면적과 등기연월일을, 전유부분의 표제부 중 대지권의 표시란에 표시번호, 대지권의 목적인 토지의 일련번호, 대지권의 종류, 대지권의 비율, 등기원인 및 그 연월일과 등기연월일을 각각 기록하여야 한다. 다만, 부속건물만이 구분건물인 경우에는 그 부속건물에 대한 대지권의 표시는 표제부 중 건물내역란에 부속건물의 표시에 이어서 하여야 한다.

② 부속건물에 대한 대지권의 표시를 할 때에는 대지권의 표시의 끝부분에 그 대지권이 부속건물에 대한 대지권이라는 뜻을 기록하여야 한다.

「부동산등기법」

**제60조(대지사용권의 취득)** ① 구분건물을 신축한 자가 「집합건물의 소유 및 관리에 관한 법률」 제2조제6호의 대지사용권을 가지고 있는 경우에 대지권에 관한 등기를 하지 아니하고 구분건물에 관하여만 소유권이전등기를 마쳤을 때에는 현재의 구분건물의 소유명의인과 공동으로 대지사용권에 관한 이전등기를 신청할 수 있다.

② 구분건물을 신축하여 양도한 자가 그 건물의 대지사용권을 나중에 취득하여 이전하기로 약정한 경우에는 제1항을 준용한다.

③ 제1항 및 제2항에 따른 등기는 대지권에 관한 등기와 동시에 신청하여야 한다.

**제61조(구분건물의 등기기록에 대지권등기가 되어 있는 경우)** ① 대지권을 등기한 후에 한 건물의 권리에 관한 등기는 대지권에 대하여 동일한 등기로서 효력이 있다. 다만, 그 등기에 건물만에 관한 것이라는 뜻의 부기가 되어 있을 때에는 그러하지 아니하다.

② 제1항에 따라 대지권에 대한 등기로서의 효력이 있는 등기와 대지권의 목적인 토지의 등기기록 중 해당 구에 한 등기의 순서는 접수번호에 따른다.

③ 대지권이 등기된 구분건물의 등기기록에는 건물만에 관한 소유권이전등기 또는 저당권설정등기, 그 밖에 이와 관련이 있는 등기를 할 수 없다.

④ 토지의 소유권이 대지권인 경우에 대지권이라는 뜻의 등기가 되어 있는 토지의 등기기록에는 소유권이전등기, 저당권설정등기, 그 밖에 이와 관련이 있는 등기를 할 수 없다.

⑤ 지상권, 전세권 또는 임차권이 대지권인 경우에는 제4항을 준용한다.

# 등기사항전부증명서-집합건물-의 표제부

## 등기사항전부증명서(현재 유효사항)
### - 집합건물 -

고유번호 1162-2003-000501

[집합건물] 서울특별시 송파구 오금동 빌리지 제2층 제202호

**【 표 제 부 】** ( 1동의 건물의 표시 )

| 표시번호 | 접 수 | 소재지번,건물명칭 및 번호 | 건 물 내 역 | 등기원인 및 기타사항 |
|---|---|---|---|---|
| 2 | | 서울특별시 송파구 오금동<br>5<br>빌리지<br>[도로명주소]<br>서울특별시 송파구<br>동남로2 | 철근콘크리트조<br>평스라브지붕 5층<br>다세대주택<br>1층 13.44㎡<br>2층 137.05㎡<br>3층 137.05㎡<br>4층 134.3㎡<br>5층 121.34㎡<br>옥탑 12.48㎡(연면적제외) | 도로명주소<br>2019년7월8일 등기 |

( 대지권의 목적인 토지의 표시 )

| 표시번호 | 소 재 지 번 | 지 목 | 면 적 | 등기원인 및 기타사항 |
|---|---|---|---|---|
| 1 | 1. 서울특별시 송파구 오금동 | 대 | 233.5㎡ | 2003년1월15일 |



**【 표 제 부 】** ( 전유부분의 건물의 표시 )

| 표시번호 | 접 수 | 건 물 번 호 | 건 물 내 역 | 등기원인 및 기타사항 |
|---|---|---|---|---|
| 1 | 2003년1월15일 | 제2층 제202호 | 철근콘크리트조<br>62.93㎡ | 도면편철장 제1책 60장 |

( 대지권의 표시 )

| 표시번호 | 대지권종류 | 대지권비율 | 등기원인 및 기타사항 |
|---|---|---|---|
| 1 | 1 소유권대지권 | 233.5분의 30.16 | 2002년12월30일 대지권<br>2003년1월15일 |

▸ **해설**

구분건물등기의 표제부는 '1동의 건물에 대한 표제부' 및 전유부분 '표제부'로 구성된다.

1동의 건물의 표제부에는 표시번호란, 접수란, 소재지번·건물명칭 및 번호란, 건물내역란, 등기원인 및 기타사항란을 두고, 전유부분의 표제부에는 표시번호란, 접수란, 건물번호란, 건물내역란, 등기원인 및 기타사항란을 둔다.

대지권에 대해서는 1동의 건물의 표제부에는 대지권의 목적인 토지의 표시를 위한 표시번호란, 소재지번란, 지목란, 면적란, 등기원인 및 기타사항란을 두고, 전유부분의 표제부에는 대지권의 표시를 위한 표시번호란, 대지권종류란, 대지권비율란, 등기원인 및 기타사항란을 둔다.

# 대지권 미등기 사례

② 고유번호 1357-2022-005710

[집합건물] 경기도 하남시 감이동 [illegible] 제102호

【 표 제 부 】 ( 1동의 건물의 표시 )

| 표시번호 | 접 수 | 소재지번,건물명칭 및 번호 | 건 물 내 역 | 등기원인 및 기타사항 |
|---|---|---|---|---|
| 1 | 2022년8월3일 | 경기도 하남시 감이동 [illegible]<br>[illegible]<br>[도로명주소]<br>[illegible] | 철근콘크리트구조<br>(철근)콘크리트지붕<br>지하4층지상8층<br>공장(지원시설-제1,2종근린생활시설,운동시설)<br>지4층 5838.92㎡<br>지3층 6200.87㎡<br>지2층 6302.67㎡<br>지1층 6118.74㎡<br>1층 2980.78㎡<br>2층 4261.79㎡<br>3층 4261.79㎡<br>4층 4261.51㎡<br>5층 4261.51㎡<br>6층 4261.51㎡<br>7층 4261.51㎡<br>8층 4261.51㎡ | |



【 표 제 부 】 ③( 전유부분의 건물의 표시 )

| 표시번호 | 접 수 | 건 물 번 호 | 건 물 내 역 | 등기원인 및 기타사항 |
|---|---|---|---|---|
| 1 | 2022년8월3일 | 제1층 제102호 | 철근콘크리트구조<br>46.74㎡ | |

④【 갑 구 】 ( 소유권에 관한 사항 )

| 순위번호 | 등 기 목 적 | 접 수 | 등 기 원 인 | 권리자 및 기타사항 |
|---|---|---|---|---|
| 1 | 소유권보존 | 2022년8월3일<br>제38500호 | | 소유자 주식회사[illegible] [illegible]<br>서울특별시 강남구 테헤란로 [illegible] |

①

**열람일시 : 2023년02월28일 11시49분23초** 1/2

② 고유번호 1357-2022-005710

[집합건물] 경기도 하남시 감이동 [illegible] 제102호

**【 표 제 부 】** ( 1동의 건물의 표시 )

| 표시번호 | 접 수 | 소재지번,건물명칭 및 번호 | 건 물 내 역 | 등기원인 및 기타사항 |
|---|---|---|---|---|
| 1 | 2022년8월3일 | 경기도 하남시 감이동 [illegible] | 철근콘크리트구조<br>(철근)콘크리트지붕<br>지하4층지상8층<br>공장(지원시설-제1,2종근린생활시설,운동시설)<br>지4층 5838.92㎡<br>지3층 6200.87㎡<br>지2층 6302.67㎡<br>지1층 6118.74㎡<br>1층 2980.78㎡<br>2층 4261.79㎡<br>3층 4261.79㎡<br>4층 4261.51㎡<br>5층 4261.51㎡<br>6층 4261.51㎡<br>7층 4261.51㎡<br>8층 4261.51㎡ | |

⑥( 대지권의 목적인 토지의 표시 )

| 표시번호 | 소 재 지 번 | 지 목 | 면 적 | 등기원인 및 기타사항 |
|---|---|---|---|---|
| 1 | 1. 경기도 하남시 감이동 474-1 | 대 | 8160.3㎡ | 2023년3월22일 등기 ⑦ |

**【 표 제 부 】** ( 전유부분의 건물의 표시 )

| 표시번호 | 접 수 | 건 물 번 호 | 건 물 내 역 | 등기원인 및 기타사항 |
|---|---|---|---|---|
| 1 | 2022년8월3일 | 제1층 제102호 | 철근콘크리트구조<br>46.74㎡ | |

[인터넷 발급] 문서 하단의 바코드를 스캐너로 확인하거나, **인터넷등기소(http://www.iros.go.kr)의 발급확인 메뉴**에서 **발급확인번호**를 입력하여 **위·변조 여부를 확인할 수 있습니다. 발급확인번호**를 통한 확인은 발행일부터 3개월까지 5회에 한하여 가능합니다.

발행번호 135202135072030570102202620JS0057237P1211042011112 **발급확인번호 AAMA-HSIM-7103** ⑤ **발행일 2023/05/26**

### ▸ 해설

①과 같이 2023년2월28일에 물건②등기부 열람 시 ③과 같이 표제부란에 전유부분만 표시되는 대지권미등기 상태인 것을 알 수 있다. 그런데, ⑤와 같이 2023년5월26일에 동일한 물건② 등기부 열람 시 ⑥과 같이 표제부란에 대지권의 목적인 토지의 표시가 등재되었으며 등기 일자가 ⑦과 같이 2023년2월28일~2023년5월26일 사이 일자인 것을 확인할 수 있다. ⑤시점에도 여전히 대지권 미등기이지만, 택지지구 지적정리 등 사유 등으로 대지권 등기가 지체되는 상황 등으로서 다른 문제가 없다면 향후 대지권이 등기(배분)될 것이라고 추측할 수 있다.

### ② 대지권 미등기의 유형

㉠ 국·공유지상 건물로 건축 시 토지를 수반하지 않고 건축할 수 있었던 경우

- 토지등기부와 임차권 등 권원을 확인하여 건물 소재의 적법 여부 확인

㉡ 대지를 수반하여 건축하였으나 택지지구 지적정리 지연으로 미등기인 경우

- 집합건물의 공급계약서 등을 확인하여 분양가격에 대지권 가격 포함 여부 확인

㉢ 대지사용권은 있으나 별도의 토지소유권(공유지분인 경우 포함) 형태인 경우

- 토지등기부를 확인하여 토지소유자(공유자)와 집합건물 소유자 일치 여부 및 비율 확인

### ③ 관련판례

**대법원 2000. 11. 16. 선고 98다45652,45669 전원합의체 판결**

**【판시사항】**

[1] 집합건물의 건축자로부터 전유부분과 대지지분을 함께 매수하여 그 대금을 모두 지급함으로써 소유권 취득의 실질적 요건은 갖추었지만 전유부분에 대한 소유권이전등기만 경료받고 대지지분에 대하여는 소유권이전등기를 받지 못한 경우, 매수인은 매매계약의 효력으로써 건물의 대지를 점유·사용할 권리를 갖는지 여부(적극) 및 매수인의 지위에서 전유부분의 소유를 위하여 가지는 위와 같은 대지의 점유·사용권이 집합건물의소유및관리에관한법률 제2조 제6호 소정의 '대지사용권'에 해당하는지 여부(적극)

[2] 집합건물에 대하여 전유부분의 등기와 대지지분의 등기가 동시에 이루어져야 하나 특별한 사정으로 인하여 전유부분에 대하여만 소유권이전등기를 받은 매수인이 대지지분에 대한 소유권이전등기를 받기 전에 대지사용권을 전유부분과 분리하여 처분할 수 있는지 여부(소극) 및 매수인이 전유부분 및 장래 취득할 대지지분을 다른 사람에게 양도하여 그 중 전유부분에 대한 소유권이전등기를 경료하여 준 다음 사후에 취득한 대지지분을 전유부분의 소유권을 취득한 양수인이 아닌 제3자에게 분리 처분할 수 있는지 여부(소극)

### (2) 별도등기

#### ① 별도등기의 개념

토지가 대지권으로 정리되기 전에 토지에 대해 저당권, 가압류 등이 설정된 후 집합건물이 건축된 경우에 집합건물 등기사항전부증명서상 표시되는 등기사항을 말한다.

대지권 성립 전에 이미 대지에 대하여 저당권, 가압류, 가처분, 지상권 등 권리를 취득한 제3자는 그 후 당해 대지에 집합건물이 건축되고 그 집합건물의 전유부분에 대하여 저당권을 취득한 자보다 우선순위로 인정된다.

따라서, 이러한 별도등기가 있는 전유부분에 대해 저당권자는 환가 시 그 대지가 부담하는 제3자 명의의 권리에 의해 환가 등에 제한을 받을 수 있으므로 저당권 설정 시부터 이에 유의하여야 한다.

> **「부동산등기규칙」**
>
> **제90조(별도의 등기가 있다는 뜻의 기록)** ① 제89조에 따라 대지권의 목적인 토지의 등기기록에 대지권이라는 뜻의 등기를 한 경우로서 그 토지 등기기록에 소유권보존등기나 소유권이전등기 외의 소유권에 관한 등기 또는 소유권 외의 권리에 관한 등기가 있을 때에는 등기관은 그 건물의 등기기록 중 전유부분 표제부에 토지 등기기록에 별도의 등기가 있다는 뜻을 기록하여야 한다. 다만, 그 등기가 소유권 이외의 대지권의 등기인 경우 또는 제92조제2항에 따라 말소하여야 하는 저당권의 등기인 경우에는 그러하지 아니하다.
>
> ② 토지 등기기록에 대지권이라는 뜻의 등기를 한 후에 그 토지 등기기록에 관하여만 새로운 등기를 한 경우에는 제1항을 준용한다.
>
> ③ 토지 등기기록에 별도의 등기가 있다는 뜻의 기록의 전제가 된 등기가 말소되었을 때에는 등기관은 그 뜻의 기록도 말소하여야 한다.

② 별도등기 있는 등기사항전부증명서 예시

## 토지 별도등기 사례

# 등기사항전부증명서(말소사항 포함)
## - 집합건물 [제출용] -

고유번호 1345-2022-

[집합건물] 경기도 용인시 기흥구 공세동 303호

**【 표 제 부 】** ( 1동의 건물의 표시 )

| 표시번호 | 접 수 | 소재지번,건물명칭 및 번호 | 건 물 내 역 | 등기원인 및 기타사항 |
|---|---|---|---|---|
| 1 | 2022년4월28일 | 경기도 용인시 기흥구 | 철근콘크리트구조<br>(철근)콘크리트지붕 4층<br>공동주택<br>2층 178.49㎡<br>3층 178.49㎡<br>4층 120.48㎡ | |

( 대지권의 목적인 토지의 표시 )

| 표시번호 | 소 재 지 번 | 지 목 | 면 적 | 등기원인 및 기타사항 |
|---|---|---|---|---|
| 1 | 1. 경기도 용인시 기흥구 공세동 | 대 | 310㎡ | 2022년4월28일 등기 |

**【 표 제 부 】** ( 전유부분의 건물의 표시 )

| 표시번호 | 접 수 | 건 물 번 호 | 건 물 내 역 | 등기원인 및 기타사항 |
|---|---|---|---|---|
| 1 | 2022년4월28일 | 제3층 제303호 | 철근콘크리트구조<br>24.364㎡ | |

( 대지권의 표시 )

| 표시번호 | 대지권종류 | 대지권비율 | 등기원인 및 기타사항 |
|---|---|---|---|
| 1 | 1 소유권대지권 | 310분의 22.76 | 2022년4월18일 대지권<br>2022년4월28일 등기 |
| 2 | | | 별도등기 있음<br>1토지(을구 7번 근저당권 설정 등기)<br>2022년4월28일 등기 |

## 참고 등기 전산화

### 1. 개 요

대법원은 등기업무의 효율성을 제고하고 대국민서비스의 질적향상과 국가기간 전산망과의 연계기반 조성을 목표로 1993년 등기업무 전산화 종합계획을 수립하고, 1994년부터 등기업무 전산화사업을 개시하여, 전국 213개 등기소에 대한 부동산등기와 법인등기 업무의 전산화를 2002년 9월말 완료하였음. 등기업무 전산화사업은 기존의 수작업으로 관리되고 있던 종이등기부(약 4500만필지, 1억 6천만장)를 전자적 자료로 변환하고, 이를 이용하여 등기 신청사건의 처리, 등기부 등·초본의 발급 및 열람, 통계처리 등의 등기업무를 전자화하는 사업임.

### 2. 수행경과

- 1993년 : 부동산 등기 업무 전산화 종합계획 수립 및 등기특별회계법 제정
- 1994년 : 개발 용역업체 LG CNS (구 LG- EDS) 선정
- 1994년~1997년 : 업무재설계 및 응용시스템 분석, 설계, 개발
- 1998년 : 시범운영(7개 등기소)
- 1998년 10월 : 부동산등기 전산화 사업 대민 서비스 개통
- 2002년 1월 : 부동산등기 인터넷 열람 대민 서비스 개시
- 2002년 9월 : 부동산등기, 법인등기 전산화 완료

### 3. 등기부의 변천

등기부는 부책식, 카드식, 전산등기부로 변천해왔으며, 부책식 등기부는 1용지당 3장씩(표제부, 갑구, 을구) 부동산 50필지를 등기할 수 있는 150장을 편철하여 1권의 장부로 관리했다.

최초에는 국한문혼용, 세로쓰기 방식이었으나('구등기부'), 1970년부터는 한글 가로쓰기 원칙으로 변경되었다('신등기부').

부책식 등기부는 보존등기 순서로 편철되어 검색이 용이하지 않았으나 1973년부터는 전국의 모든 등기부를 카드식으로 전환하고, 지번순으로 편철하여 보관하기 시작하였다.

※ 출처 : 사법부 정보화 주요내용 보도자료 (2002년)

▸ **부책식 등기부**

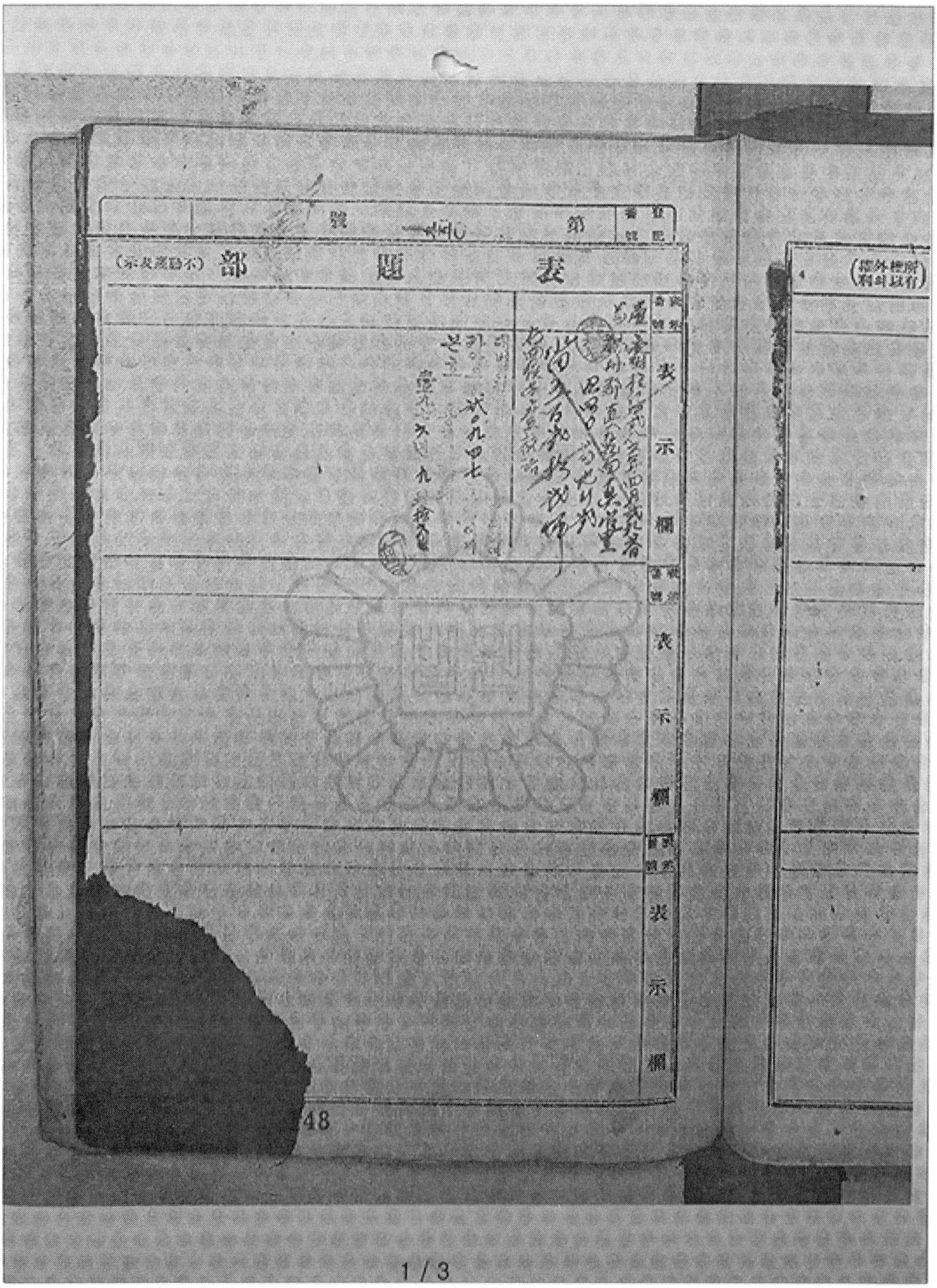


1 / 3

▸ **카드식 등기부**

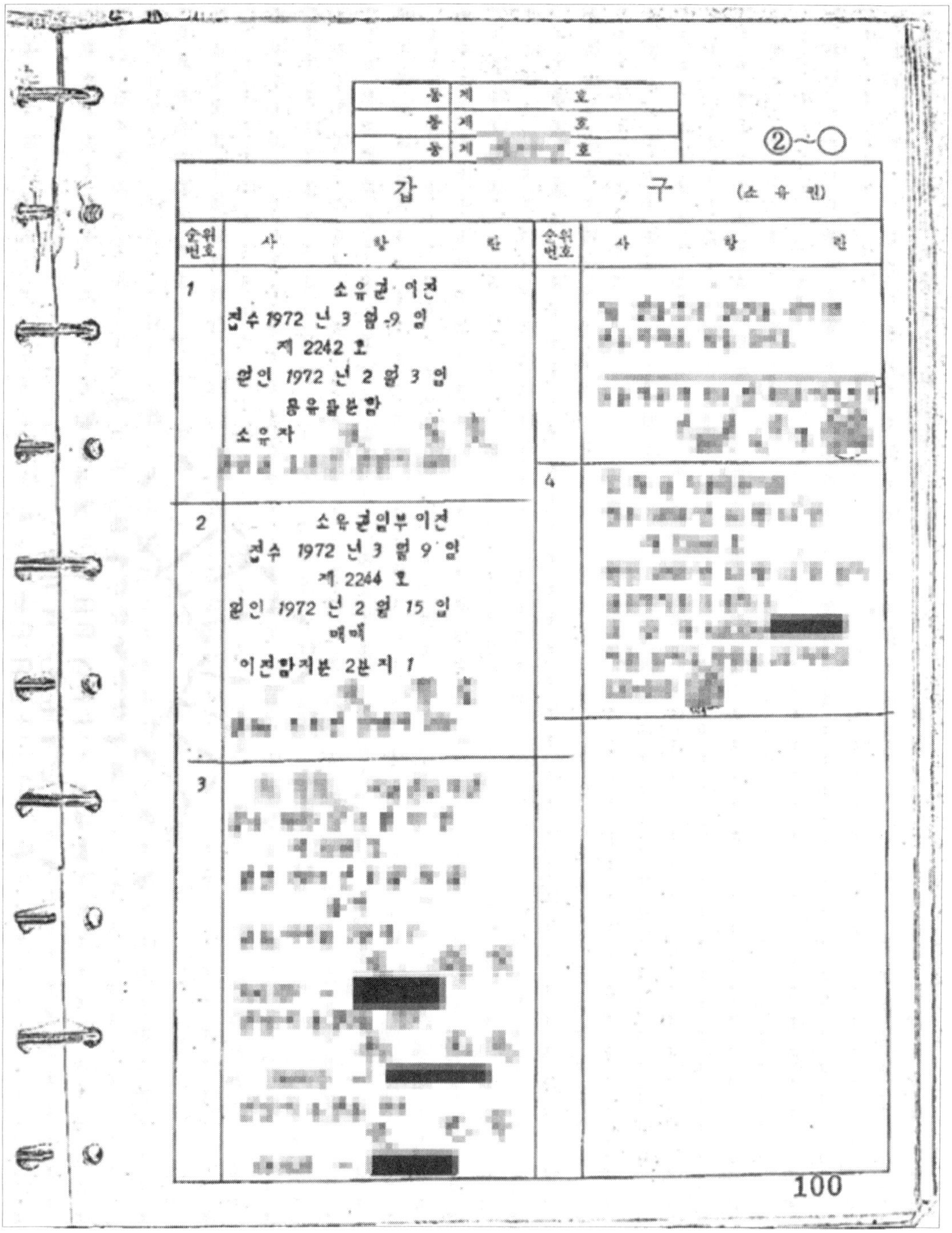

| 등 제 호 |
|---|
| 등 제 호 |
| 등 제 호 |

②~○

| 갑 구 (소유권) | | | |
|---|---|---|---|
| 순위번호 | 사 항 란 | 순위번호 | 사 항 란 |
| 1 | 소유권 이전<br>접수 1972 년 3 월 9 일<br>제 2242 호<br>원인 1972 년 2 월 3 일<br>공유물분할<br>소유자 [illegible] | | [illegible] |
| 2 | 소유권일부이전<br>접수 1972 년 3 월 9 일<br>제 2244 호<br>원인 1972 년 2 월 15 일<br>매매<br>이전할지분 2분지 1<br>[illegible] | 4 | [illegible] |
| 3 | [illegible] | | |

100

## ② 갑구

갑구에는 소유권에 관한 사항이 기재된다. 소유권보존과 이전, 소유권의 제약과 관련된 가압류등기, 경매개시결정등기 그리고 가등기, 소유자의 처분을 금지하는 가처분등기, 환매등기, 신탁등기 등이 모두 갑구에 기재되는 사항이다. 그리고 이러한 권리관계의 변경·소멸에 관한 사항도 갑구에 기재된다.

한편, 갑구에는 소유권의 법률적 측면 외에 가격에 대한 내용도 기재되는 바, 「부동산 거래신고 등에 관한 법률」에 따라 2006년부터 시행된 '실거래가 신고제도'에 따른 등기이다. 계약을 등기원인으로 소유권이전등기를 하는 경우에 그 거래가액을 등재하여야 한다.

**「부동산등기법」**

**제65조(소유권보존등기의 신청인)** 미등기의 토지 또는 건물에 관한 소유권보존등기는 다음 각 호의 어느 하나에 해당하는 자가 신청할 수 있다.

1. 토지대장, 임야대장 또는 건축물대장에 최초의 소유자로 등록되어 있는 자 또는 그 상속인, 그 밖의 포괄승계인
2. 확정판결에 의하여 자기의 소유권을 증명하는 자
3. 수용으로 인하여 소유권을 취득하였음을 증명하는 자
4. 특별자치도지사, 시장, 군수 또는 구청장(자치구의 구청장을 말한다)의 확인에 의하여 자기의 소유권을 증명하는 자(건물의 경우로 한정한다)

**제66조(미등기부동산 처분제한의 등기와 직권보존)** ① 등기관이 미등기부동산에 대하여 법원의 촉탁에 따라 소유권의 처분제한의 등기를 할 때에는 직권으로 소유권보존등기를 하고, 처분제한의 등기를 명하는 법원의 재판에 따라 소유권의 등기를 한다는 뜻을 기록하여야 한다.

② 등기관이 제1항에 따라 건물에 대한 소유권보존등기를 하는 경우에는 제65조를 적용하지 아니한다. 다만, 그 건물이 「건축법」상 사용승인을 받아야 할 건물임에도 사용승인을 받지 아니하였다면 그 사실을 표제부에 기록하여야 한다.

③ 제2항 단서에 따라 등기된 건물에 대하여 「건축법」상 사용승인이 이루어진 경우에는 그 건물 소유권의 등기명의인은 1개월 이내에 제2항 단서의 기록에 대한 말소등기를 신청하여야 한다.

**제68조(거래가액의 등기)** 등기관이 「부동산 거래신고 등에 관한 법률」 제3조제1항에서 정하는 계약을 등기원인으로 한 소유권이전등기를 하는 경우에는 대법원규칙으로 정하는 바에 따라 거래가액을 기록한다.

「부동산등기법」

**제53조(환매특약의 등기)** 등기관이 환매특약의 등기를 할 때에는 다음 각 호의 사항을 기록하여야 한다. 다만, 제3호는 등기원인에 그 사항이 정하여져 있는 경우에만 기록한다.

1. 매수인이 지급한 대금
2. 매매비용
3. 환매기간

**제67조(소유권의 일부이전)** ① 등기관이 소유권의 일부에 관한 이전등기를 할 때에는 이전되는 지분을 기록하여야 한다. 이 경우 등기원인에 「민법」 제268조제1항 단서의 약정이 있을 때에는 그 약정에 관한 사항도 기록하여야 한다.

② 제1항 후단의 약정의 변경등기는 공유자 전원이 공동으로 신청하여야 한다.

▸ **공유자의 지분을 이전하는 경우 등기의 목적 및 공유자지분의 기재방법에 관한 예규**

등기의 목적은 "갑지분 ○분의 ○중 일부(○분의 ○)이전"으로 기재하되, 이전하는 지분은 부동산 전체에 대한 지분을 명시하여 괄호 안에 기재하여야 한다.

〈예시〉

갑지분 2분의 1 중 2분의 1을 을이 이전받는 경우

"갑지분 2분의 1중 일부(4분의1) 이전"

**제124조(거래가액과 매매목록)** ① 법 제68조의 거래가액이란 「부동산 거래신고 등에 관한 법률」 제3조에 따라 신고한 금액을 말한다.

② 「부동산 거래신고 등에 관한 법률」 제3조제1항에서 정하는 계약을 등기원인으로 하는 소유권이전등기를 신청하는 경우에는 거래가액을 신청정보의 내용으로 등기소에 제공하고, 시장·군수 또는 구청장으로부터 제공받은 거래계약신고필증정보를 첨부정보로서 등기소에 제공하여야 한다. 이 경우 거래부동산이 2개 이상인 경우 또는 거래부동산이 1개라 하더라도 여러 명의 매도인과 여러 명의 매수인 사이의 매매계약인 경우에는 매매목록도 첨부정보로서 등기소에 제공하여야 한다.

**제125조(거래가액의 등기방법)** 등기관이 거래가액을 등기할 때에는 다음 각 호의 구분에 따른 방법으로 한다.

1. 매매목록의 제공이 필요 없는 경우: 등기기록 중 갑구의 권리자 및 기타사항란에 거래가액을 기록하는 방법
2. 매매목록이 제공된 경우: 거래가액과 부동산의 표시를 기록한 매매목록을 전자적으로 작성하여 번호를 부여하고 등기기록 중 갑구의 권리자 및 기타사항란에 그 매매목록의 번호를 기록하는 방법

「부동산등기법」

**제81조(신탁등기의 등기사항)** ① 등기관이 신탁등기를 할 때에는 다음 각 호의 사항을 기록한 신탁원부를 작성하고, 등기기록에는 제48조에서 규정한 사항 외에 그 신탁원부의 번호를 기록하여야 한다.

1. 위탁자(委託者), 수탁자 및 수익자(受益者)의 성명 및 주소(법인인 경우에는 그 명칭 및 사무소 소재지를 말한다)
2. 수익자를 지정하거나 변경할 수 있는 권한을 갖는 자를 정한 경우에는 그 자의 성명 및 주소(법인인 경우에는 그 명칭 및 사무소 소재지를 말한다)
3. 수익자를 지정하거나 변경할 방법을 정한 경우에는 그 방법
4. 수익권의 발생 또는 소멸에 관한 조건이 있는 경우에는 그 조건
5. 신탁관리인이 선임된 경우에는 신탁관리인의 성명 및 주소(법인인 경우에는 그 명칭 및 사무소 소재지를 말한다)
6. 수익자가 없는 특정의 목적을 위한 신탁인 경우에는 그 뜻
7. 「신탁법」 제3조제5항에 따라 수탁자가 타인에게 신탁을 설정하는 경우에는 그 뜻
8. 「신탁법」 제59조제1항에 따른 유언대용신탁인 경우에는 그 뜻
9. 「신탁법」 제60조에 따른 수익자연속신탁인 경우에는 그 뜻
10. 「신탁법」 제78조에 따른 수익증권발행신탁인 경우에는 그 뜻
11. 「공익신탁법」에 따른 공익신탁인 경우에는 그 뜻
12. 「신탁법」 제114조제1항에 따른 유한책임신탁인 경우에는 그 뜻
13. 신탁의 목적
14. 신탁재산의 관리, 처분, 운용, 개발, 그 밖에 신탁 목적의 달성을 위하여 필요한 방법
15. 신탁종료의 사유
16. 그 밖의 신탁 조항

② 제1항제5호, 제6호, 제10호 및 제11호의 사항에 관하여 등기를 할 때에는 수익자의 성명 및 주소를 기재하지 아니할 수 있다.

③ 제1항의 신탁원부는 등기기록의 일부로 본다.

# 등기사항전부증명서의 갑구

【 갑 구 】 ( 소유권에 관한 사항 )

| 순위번호 | 등 기 목 적 | 접 수 | 등 기 원 인 | 권리자 및 기타사항 |
|---|---|---|---|---|
| 1<br>(전 1) | 소유권이전 | 1962년12월12일<br>제26158호 | 1962년11월26일<br>매매 | 소유자<br>서울<br><br>부동산등기법 제177조의 6 제1항의 규정에 의하여 1999년 06월 15일 전산이기 |
| 2 | 소유권이전 | 2005년11월23일<br>제83041호 | 2005년11월22일<br>증여 ① | 소유자<br>~~평택~~ |
| 2-1 | 2번등기명의인표시변경 ③ | 2016년6월13일<br>제36175호 | 2006년7월3일<br>전거 | 의 주소 경기도 |
| 3 | 소유권이전 | 2017년9월18일<br>제161343호 | 2017년8월18일<br>매매 ② | 소유자<br>서울<br>매매목록 제2017-4183호 ④ |

[토지] 서울특별시 광진구

【 매 매 목 록 】

| 목록번호 | 2017-4183 ⑤ | | | |
|---|---|---|---|---|
| 거래가액 | 금 원 | | | |
| 일련번호<br>⑥ | 부동산의 표시 | 순위번호 | 예 비 란 | |
| | | | 등기원인 | 경정원인 |
| 1 | [토지] 서울특별시 광진구 광장동 | 3 | 2017년8월18일<br>매매 | |
| 2 | [건물] 서울특별시 광진구 광장동 | 2 | 2017년8월18일<br>매매 | |

▸ **해설**

갑구는 소유권에 관한 사항이 기재된다. ①, ②와 같이 매매, 증여, 상속, 교환 등을 원인으로 한 소유권 이전, ③과 같은 등기명의인 표시변경 등이 등기된다.

매매 등으로 인해 소유이 이전되는 경우에는 「부동산 거래신고 등에 관한 법률」 제3조제1항에 따라 그 거래가액을 신고하여야 하며, 거래가액이 토지 또는 건물 1개의 물건별 가격이 신고된 경우에는 그 거래가액을 '권리자 및 기타사항란'에 기재하고, 매매목록이 있는 경우에는 ④와 같이 매매목록의 목록번호를 기재하고, 별도로 '매매목록'의 란으로 기재한다. 이때 거래가액은 ⑥일련번호의 토지 및 건물 일체에 대한 거래가액이다.

## 3 을구

을구에는 소유권 이외의 권리 즉, 지상권, 지역권, 전세권, 임차권과 같은 '용익물권', 저당권, 권리질권, 채권담보권과 같은 '담보물권'의 설정·이전·변경·처분의 제한·말소에 관한 사항을 기재한다.

### 1) 지상권에 관한 등기

#### (1) 지상권의 종류

##### ① 지상권

타인의 토지에 건물 기타 공작물이나 수목을 소유하기 위하여 그 토지를 배타적으로 사용할 수 있는 권리를 말한다.

##### ② 금융기관이 채권보전 목적으로 설정한 지상권

금융기관이 나대지 등을 담보로 대출 시 추후 그 지상에 건축물이 신축되는 경우 이를 인지하고 건축되는 건물에 대한 채권보전조치를 강구하기 위해 설정하는 지상권을 말한다. 건축허가권자는 건축허가 시 지상권이 설정된 토지에 대해 지상권자에게 건축허가에 관한 동의 등을 구하는 절차가 필요하며 지상권자인 금융기관은 동의과정을 통해 이를 인지하고 후취담보약정 등 필요한 조치를 취하기 위해 지상권을 설정한다.

**대법원 2004. 3. 29.자 2003마1753 결정**

**【판시사항】**

[1] 토지에 관하여 저당권과 함께 지상권을 취득하는 경우, 당해 지상권의 효용 및 방해배제청구권의 내용

**【결정요지】**

[1] 토지에 관하여 저당권을 취득함과 아울러 그 저당권의 담보가치를 확보하기 위하여 지상권을 취득하는 경우, 특별한 사정이 없는 한 당해 지상권은 저당권이 실행될 때까지 제3자가 용익권을 취득하거나 목적 토지의 담보가치를 하락시키는 침해행위를 하는 것을 배제함으로써 저당 부동산의 담보가치를 확보하는 데에 그 목적이 있다고 할 것이므로, 그와 같은 경우 제3자가 비록 토지소유자로부터 신축중인 지상 건물에 관한 건축주 명의를 변경받았다 하더라도, 그 지상권자에게 대항할 수 있는 권원이 없는 한 지상권자로서는 제3자에 대하여 목적 토지 위에 건물을 축조하는 것을 중지하도록 요구할 수 있다.

### ③ 구분지상권

타인의 토지의 지하 또는 지상의 공간에 상하의 범위를 정하여 건물 기타 공작물을 소유할 목적으로 설정하는 지상권을 말한다. 주로 지하 공간에 대해 '지하철' 등을 건설할 목적이거나 지상 공간에 '송전 선로' 등을 건설할 목적으로 활용되고 있다.

지상권은 1필지 일부를 대상으로도 설정할 수 있으며, 구분지상권은 '지하 또는 지상의 공간 상하'의 범위를 정하여 설정하는 것이기 때문에 범위가 중복되지 않는 한 1필지에 수개의 지상권 또는 수개의 구분지상권의 설정이 가능하다.

## (2) 지상권의 등기사항

**「부동산등기법」**

**제69조(지상권의 등기사항)** 등기관이 지상권설정의 등기를 할 때에는 제48조에서 규정한 사항 외에 다음 각 호의 사항을 기록하여야 한다. 다만, 제3호부터 제5호까지는 등기원인에 그 약정이 있는 경우에만 기록한다.

1. 지상권설정의 목적
2. 범위
3. 존속기간
4. 지료와 지급시기
5. 「민법」 제289조의2제1항 후단의 약정
6. 지상권설정의 범위가 토지의 일부인 경우에는 그 부분을 표시한 도면의 번호

**「민법」**

**제289조의2(구분지상권)** ① 지하 또는 지상의 공간은 상하의 범위를 정하여 건물 기타 공작물을 소유하기 위한 지상권의 목적으로 할 수 있다. 이 경우 설정행위로써 지상권의 행사를 위하여 토지의 사용을 제한할 수 있다.

### (3) 지상권 등기 사례

**을구 (지상권 : 일반지상권 또는 금융기관 채권보전목적의 지상권)**

| 7 | 근저당권설정 | 2021년6월16일<br>제23389호 | 2021년6월16일<br>설정계약 | 채권최고액 금480,000,000원<br>채무자 [illegible]<br>[illegible]<br>근저당권자 [illegible]농업협동조합 [illegible]<br>경기도 [illegible]<br>( [illegible]지점 ) |
|---|---|---|---|---|
| 8 | 지상권설정 | 2021년6월16일<br>제23390호 | 2021년6월16일<br>설정계약 | 목 적 건물 기타 공작물이나 수목의 소유<br>범 위 토지의전부<br>존속기간 2021년6월16일부터 30년<br>지 료 없음<br>지상권자 [illegible]농업협동조합 [illegible]<br>경기도 [illegible] |

**을구 (구분지상권 : 지하)**

| 15 | 구분지상권설정 | 2014년10월31일<br>제69406호 | 2014년10월22일<br>설정계약 | 목 적 도시철도시설물소유<br>범 위 토지의북쪽 130㎡ 평균해면위<br>18.106미터로부터 3.205미터 사이<br>존속기간 설정계약일로부터<br>도시철도시설물존속시까지<br>지 료 56,000,000원<br>지급시기 일시불지급<br>지상권자 서울메트로 115071-0000839<br>서울특별시 서초구 효령로 5(방배동)<br>도면 제2014-227호 |
|---|---|---|---|---|

**을구 (구분지상권 : 공중)**

| 순위번호 | 등 기 목 적 | 접 수 | 등 기 원 인 | 권리자 및 기타사항 |
|---|---|---|---|---|
| 1 | 구분지상권설정 | 2022년11월9일<br>제135837호 | 2022년11월9일<br>토지사용 | 목 적 전기공작물 (송전선등) 의 건설과 소유<br>범 위 송전선이 통과하는 653㎡의 지표면의<br>상공19미터에서 45미터까지의 공중공간<br>존속기간 토지사용일로부터 전기공작물의<br>존속기간까지<br>지 료 구분지상권 존속기간의 총지료<br>금110,990,400원을 일시지급<br>지상권자 한국전력공사 114671-0001456<br>전라남도 나주시 전력로 55 (빛가람동)<br>도면 제2022-826호 |

## 2) 지역권에 관한 등기

### (1) 지역권의 개념

지역권이란, 일정한 목적을 위하여 타인의 토지(승역지)를 자기토지(요역지)의 편의에 이용하는 권리를 말한다. 요역지는 1필지의 토지여야 하지만 승역지는 1필지의 일부라도 가능하며 요역지와 승역지가 반드시 인접하고 있을 필요는 없다.

지역권은 주로 편의의 종류에 따라 통행지역권, 용수지역권, 불건축·조망·일조지역권, 불영업지역권 등으로 나눌 수 있다.

### (2) 지역권 등기 사례

**승역지(편익을 주는 토지)**

| 2<br>(전 43) | 지역권설정 | 1997년1월27일<br>제1149호 | 1997년1월24일<br>설정계약 | 목 적 통행<br>범 위 서측 30㎡<br>특약 지역권은 요역지상의 소유권 과 함께 이전 하지 않고 요역지상의 소유권 이외의 권리의 목적으로 되지 아니함<br>요역지 [illegible]군 [illegible]리 306 -3<br>지역권자 [illegible]<br>도면편철장 제1책16면 |
|---|---|---|---|---|

**요역지(편익을 받는 토지)**

| 순위번호 | 등 기 목 적 | 접 수 | 등 기 원 인 | 권리자 및 기타사항 |
|---|---|---|---|---|
| 1<br>(전 14) | 요역지지역권 | | | 승역지 [illegible]군[illegible]리306 -1<br>목 적 통행<br>범 위 서측30㎡<br>1997년1월27일 등기 |

## 3) 전세권에 관한 등기

### (1) 전세권의 개념과 등기사항

전세권이란, 전세금을 지급하고 타인의 부동산을 점유하여 그 부동산의 용도에 따라 사용·수익하며, 그 부동산 전부에 대하여 후순위권리자 기타 채권자보다 전세금의 우선변제를 받을 권리를 말한다.

> **「부동산등기법」**
>
> **제72조(전세권 등의 등기사항)** ① 등기관이 전세권설정이나 전전세(轉傳貰)의 등기를 할 때에는 제48조에서 규정한 사항 외에 다음 각 호의 사항을 기록하여야 한다. 다만, 제3호부터 제5호까지는 등기원인에 그 약정이 있는 경우에만 기록한다.
>
> 1. 전세금 또는 전전세금
> 2. 범위
> 3. 존속기간
> 4. 위약금 또는 배상금
> 5. 「민법」 제306조 단서의 약정
> 6. 전세권설정이나 전전세의 범위가 부동산의 일부인 경우에는 그 부분을 표시한 도면의 번호

#### 참고 채권적 전세(미등기 전세)의 개념

**① 의의**

전세란 차임을 정하지 아니하고 전세금 (내지 보증금)의 지급을 내용으로 하는 계약을 말하는데, 이를 채권적 전세라고도 한다. 따라서 전세는 전세자가 상대방에 대하여 전세금을 지급하고서 소정기간 상대방 소유의 목적물을 점유·사용하고 그 차임과 전세금의 이자를 상계하는 것을 내용으로 하는 쌍무계약이다(대판 1958.4.24., 4290민상867).

**② 전세권 또는 임대차와의 구별**

위와 같은 전세는 우리 고유의 부동산임대차제도라고 할 수 있는데, 전세권등기를 갖추지 못한 점에서 물권법상의 '전세권'과 구별되며, 또한 전세금의 이자와 목적물사용의 차임이 상계되는 점에서 채권법상의 '임대차'와도 다르다. 이러한 전세는 특수한 임대차로서의 성질을 갖는다.

### ③ 법적 처리

전세에 있어서 전세자의 법적 지위는 매우 불안정하므로, 전세자를 보호하기 위해 「주택임대차보호법」에서는 전세계약, 즉 주거용건물의 전세에 「주택임대차보호법」을 준용하여 전세자를 보호하고 있다. 즉, 우리 주변에서 흔히 말하는 '전세'는 「주택임대차보호법」을 적용하여 문제를 해결하고 있다. 그러나 「주택임대차보호법」이 적용되지 않는 전세인 경우에는 민법에 규정되어 있는 임대차규정으로 해결하고 있다.

※ 출처 : 물권법 (2002년, 유정수)

**대법원 2010. 7. 26.자 2010마900 결정**

**【판시사항】**

최선순위 전세권자로서의 지위와 주택임대차보호법상 대항력을 갖춘 임차인으로서의 지위를 함께 가지고 있는 사람이 전세권자로서 배당요구를 하여 전세권이 매각으로 소멸된 경우, 변제받지 못한 나머지 보증금에 기하여 대항력을 행사할 수 있는지 여부(적극)

**【결정요지】**

주택에 관하여 최선순위로 전세권설정등기를 마치고 등기부상 새로운 이해관계인이 없는 상태에서 전세권설정계약과 계약당사자, 계약목적물 및 보증금(전세금액) 등에 있어서 동일성이 인정되는 임대차계약을 체결하여 주택임대차보호법상 대항요건을 갖추었다면, 전세권자로서의 지위와 주택임대차보호법상 대항력을 갖춘 임차인으로서의 지위를 함께 가지게 된다. 이러한 경우 전세권과 더불어 주택임대차보호법상의 대항력을 갖추는 것은 자신의 지위를 강화하기 위한 것이지 원래 가졌던 권리를 포기하고 다른 권리로 대체하려는 것은 아니라는 점, 자신의 지위를 강화하기 위하여 설정한 전세권으로 인하여 오히려 주택임대차보호법상의 대항력이 소멸된다는 것은 부당하다는 점, 동일인이 같은 주택에 대하여 전세권과 대항력을 함께 가지므로 대항력으로 인하여 전세권 설정 당시 확보한 담보가치가 훼손되는 문제는 발생하지 않는다는 점 등을 고려하면, 최선순위 전세권자로서 배당요구를 하여 전세권이 매각으로 소멸되었다 하더라도 변제받지 못한 나머지 보증금에 기하여 대항력을 행사할 수 있고, 그 범위 내에서 임차주택의 매수인은 임대인의 지위를 승계한 것으로 보아야 한다.

**대법원 2010. 6. 24. 선고 2009다40790 판결**

**【판시사항】**

[1] 주택임대차보호법상 임차인으로서의 지위와 전세권자로서의 지위를 함께 가지고 있는 자가 임차인으로서의 지위에 기하여 경매법원에 배당요구를 한 경우, 전세권에 관하여도 배당요구가 있는 것으로 볼 수 있는지 여부(소극)

**【결정요지】**

「주택임대차보호법」상 임차인으로서의 지위와 전세권자로서의 지위를 함께 가지고 있는 자가 그 중 임차인으로서의 지위에 기하여 경매법원에 배당요구를 하였다면 배당요구를 하지 아니한 전세권에 관하여는 배당요구가 있는 것으로 볼 수 없다.

### (2) 전세권 등기 사례

**전세권 등기**

| 4 | 전세권설정 | 2016년2월26일<br>제14441호 | 2015년11월17일<br>설정계약 | 전세금 금50,000,000원<br>범 위 건물전부<br>존속기간 2015년11월17일부터<br>2025년11월16일까지<br>전세권자 [illegible]<br>서울[illegible] |
|---|---|---|---|---|

## 참고 임차권의 등기

**① 의의**

「주택임대차보호법」은 주택의 인도와 주민등록을 대항력의 취득 및 존속 요건으로 하고 있기 때문에 임차인이 임대차가 종료되었음에도 보증금을 돌려받지 못하고 이사를 가게 되면 종전에 취득하였던 대항력 및 우선변제권이 상실되므로 보증금을 돌려받기 어려워진다. 이에 '임차권등기명령제도'를 두어 법원의 집행명령에 따른 등기를 마치면 임차인에게 대항력 및 우선변제권을 유지하게 하면서 임차주택에서 자유롭게 이사할 수 있게 하는 등기이다.

**② 신청요건**

㉠ 임대차가 끝난 후

계약기간의 만료로 임대차가 종료된 경우는 물론, 해지통고에 따라 임대차가 종료되거나 합의 해지된 경우

㉡ 보증금이 반환되지 않은 경우

임차보증금을 돌려받지 못한 경우란 임차보증금의 전액을 돌려받지 못한 경우는 물론, 일부라도 돌려받지 못한 경우도 포함

임차인은 임차주택의 소재지를 관할하는 지방법원·지방법원지원 또는 시·군 법원에 임차권등기명령을 신청할 수 있다. (「주택임대차보호법」 제3조의3제1항).

③ **효과**

임차인이 임차권등기명령 이전에 이미 대항력이나 우선변제권을 취득한 경우에, 그 대항력이나 우선변제권은 그대로 유지되며, 임차권등기명령 이전에 대항력이나 우선변제권을 취득하지 못한 경우에는 그 시점에 임차권등기가 마쳐지면 대항력과 우선변제권을 취득한다.

또한, 임차권등기가 끝난 주택을 그 이후에 임차한 다른 임차인은 소액보증금의 우선변제를 받을 수 없다.

④ **임차권등기명령에 의한 등기 예시**

[집합건물] 서울특별시 강서구 화곡동 ■■■빌리지 제4층 제402호

【 을 구 】 ( 소유권 이외의 권리에 관한 사항 )

| 순위번호 | 등 기 목 적 | 접 수 | 등 기 원 인 | 권리자 및 기타사항 |
|---|---|---|---|---|
| 5 | 주택임차권 | 2020년6월16일<br>제135005호 | 2020년5월12일<br>서울남부지방법원의<br>임차권등기명령<br>(2020카임■■) | 임차보증금 금174,000,000원<br>차 임 없음<br>범 위 건물전부<br>임대차계약일자 2018년4월2일<br>주민등록일자 2018년5월1일<br>점유개시일자 2018년5월1일<br>확정일자 2018년4월6일<br>임차권자 ■■■ |

## 4) 저당권에 관한 등기

### (1) 저당권의 개념

저당권이란, 채권자가 채무자로부터 채무의 담보로 제공된 부동산 등에 대해 관념상으로만 지배하다가 채무의 변제가 없는 경우 그 목적물을 환가 등 절차를 통해 우선변제를 받는 담보물건을 말한다.

근저당권이란, 계속적인 거래관계로부터 발생하는 다수의 불특정채권을 장래의 결산기일에서 일정한 한도까지 담보하려는 저당권을 말한다.

## (2) 저당권의 등기사항과 관련판례

**「부동산등기법」**

**제75조(저당권의 등기사항)** ① 등기관이 저당권설정의 등기를 할 때에는 제48조에서 규정한 사항 외에 다음 각 호의 사항을 기록하여야 한다. 다만, 제3호부터 제8호까지는 등기원인에 그 약정이 있는 경우에만 기록한다.

1. 채권액
2. 채무자의 성명 또는 명칭과 주소 또는 사무소 소재지
3. 변제기
4. 이자 및 그 발생기·지급시기
5. 원본 또는 이자의 지급장소
6. 채무불이행으로 인한 손해배상에 관한 약정
7. 「민법」 제358조 단서의 약정
8. 채권의 조건

② 등기관은 제1항의 저당권의 내용이 근저당권인 경우에는 제48조에서 규정한 사항 외에 다음 각 호의 사항을 기록하여야 한다. 다만, 제3호 및 제4호는 등기원인에 그 약정이 있는 경우에만 기록한다.

1. 채권의 최고액
2. 채무자의 성명 또는 명칭과 주소 또는 사무소 소재지
3. 「민법」 제358조 단서의 약정
4. 존속기간

**「민법」**

**제358조(저당권의 효력의 범위)** 저당권의 효력은 저당부동산에 부합된 물건과 종물에 미친다. 그러나 법률에 특별한 규정 또는 설정행위에 다른 약정이 있으면 그러하지 아니하다

**대법원 2010. 10. 28. 선고 2010다46756 판결**

**【판시사항】**

[1] 저당권자가 물상대위권을 행사하여 우선변제를 받기 위한 권리실행방법 (중략)

**【판결요지】**

[1] 민법 제370조, 제342조 단서가 저당권자는 물상대위권을 행사하기 위하여 저당권설정자가 받을 금전 기

타 물건의 지급 또는 인도 전에 압류하여야 한다고 규정한 것은 물상대위의 목적인 채권의 특정성을 유지하여 그 효력을 보전함과 동시에 제3자에게 불측의 손해를 입히지 않으려는 데에 그 취지가 있다. 따라서 저당목적물의 변형물인 금전 기타 물건에 대하여 이미 제3자가 압류하여 그 금전 또는 물건이 특정된 이상 저당권자가 스스로 이를 압류하지 않고서도 물상대위권을 행사하여 일반 채권자보다 우선변제를 받을 수 있으나, 그 행사방법은 민사집행법 제273조에 의하여 담보권의 존재를 증명하는 서류를 집행법원에 제출하여 채권압류 및 전부명령을 신청하는 것이거나 민사집행법 제247조 제1항에 의하여 배당요구를 하는 것이므로, 이러한 물상대위권의 행사에 나아가지 아니한 채 단지 수용대상토지에 대하여 담보물권의 등기가 된 것만으로는 그 보상금으로부터 우선변제를 받을 수 없다.

**대법원 2008. 3. 13. 선고 2006다31887 판결**

**【판시사항】**

[1] 여러 채권자가 하나의 근저당권을 설정하여 준공유하는 경우, 그 준공유비율의 확정방법 및 이와 다르게 준공유비율이나 채권의 변제방법을 정하는 약정의 효력

**【판결요지】**

[1] 여러 채권자가 같은 기회에 어느 부동산에 관하여 하나의 근저당권을 설정받아 이를 준공유하는 경우 그 근저당권은 준공유자들의 피담보채권액을 모두 합쳐서 채권최고액까지 담보하게 되고, 피담보채권이 확정되기 전에는 근저당권에 대한 준공유비율을 정할 수 없으나 피담보채권액이 확정되면 각자 그 확정된 채권액의 비율에 따라 근저당권을 준공유하는 것이 되므로, 준공유자는 각기 그 채권액의 비율에 따라 변제받는 것이 원칙이다. 그러나 준공유자 전원의 합의로 피담보채권의 확정 전에 위와 다른 비율을 정하거나 준공유자 중 일부가 먼저 변제받기로 약정하는 것을 금할 이유가 없으므로 그와 같은 약정이 있으면 그 약정에 따라야 하며, 이와 같은 별도의 약정을 등기하게 되면 제3자에 대하여도 효력이 있다.

### (3) 저당권 목적물의 범위

#### ① 저당부동산에의 부합물

원칙적으로 저당권의 효력은 저당부동산의 부합물에도 미친다. 저당권설정 전에 부합한 것이든 그 후에 부합한 것이든 불문한다. 그러나, 법률의 규정이 있다거나 저당권설정 시 다른 약정을 하였다면 부합물에 저당권의 효력이 미치지 않는다. (민법 제358조)

### ② 저당부동산의 종물 및 종된 권리

저당권의 효력은 종물에도 미치는 것이 원칙이다. 저당권설정 전·후를 불문한다. 한편, 종된 권리도 종물에 준하여 취급하므로 저당권의 효력은 지상권·전세권·임차권 등에도 미친다.

### ③ 저당부동산의 과실

과실에는 저당권의 효력이 원칙적으로 미치지 않지만, 예외적으로 저당권을 실행에 착수하여 저당부동산을 압류한 후에는 미친다. (민법 제359조)

### ④ 저당 토지 위의 건물

건물은 별개의 부동산으로 취급되어 토지에만 저당권이 설정된 경우 건물에는 저당권의 효력이 미치지 않음이 원칙이지만, 토지를 목적으로 하는 저당권을 설정한 후, 그 설정자가 저당 토지 위에 건물을 축조한 때에는 저당권자는 토지와 함께 그 건물에 대해서도 경매를 청구할 수 있으며(일괄경매청구권) 다만, 건물 경매대금에 대해서는 우선변제를 받을 수 없다.

「민법」

**제358조(저당권의 효력의 범위)** 저당권의 효력은 저당부동산에 부합된 물건과 종물에 미친다. 그러나 법률에 특별한 규정 또는 설정행위에 다른 약정이 있으면 그러하지 아니하다.

**제359조(과실에 대한 효력)** 저당권의 효력은 저당부동산에 대한 압류가 있은 후에 저당권설정자가 그 부동산으로부터 수취한 과실 또는 수취할 수 있는 과실에 미친다. 그러나 저당권자가 그 부동산에 대한 소유권, 지상권 또는 전세권을 취득한 제삼자에 대하여는 압류한 사실을 통지한 후가 아니면 이로써 대항하지 못한다.

**365조(저당지상의 건물에 대한 경매청구권)** 토지를 목적으로 저당권을 설정한 후 그 설정자가 그 토지에 건물을 축조한 때에는 저당권자는 토지와 함께 그 건물에 대하여도 경매를 청구할 수 있다. 그러나 그 건물의 경매대가에 대하여는 우선변제를 받을 권리가 없다.

## (4) 저당권 등기 사례

### 저당권의 설정, 이전, 말소

| 19 | 근저당권설정 | 2023년5월9일<br>제65506호 | 2023년5월8일<br>설정계약 | 채권최고액 금1,200,000,000원<br>채무자 [illegible]<br>[illegible]<br>근저당권자 [illegible]은행주식회사 [illegible]<br>[illegible]<br>( [illegible]금융센터 ) |
|---|---|---|---|---|

| 순위번호 | 등 기 목 적 | 접 수 | 등 기 원 인 | 권리자 및 기타사항 |
|---|---|---|---|---|
| 1<br>(전 4) | 근저당권설정 | 2001년3월21일<br>제9467호 | 2001년3월21일<br>설정계약 | 채권최고액 금[illegible]원<br>채무자 [illegible]<br>[illegible]<br>~~근저당권자 주식회사한국주택은행~~<br>~~110111-1480469~~<br>~~서울 영등포구 여의도동 36-3~~<br>~~( 개포동지원센터 )~~ |
| | | | | 부동산등기법 제177조의 6 제1항의 규정에 의하여 2001년 10월 16일 전산이기 |
| 1-1 | 1번근저당권이전 | 2015년2월5일<br>제11466호 | 2001년11월1일<br>회사합병 | 근저당권자 주식회사국민은행 110111-2365321<br>서울특별시 중구 남대문로 84 (을지로2가)<br>( 대치동지점 ) |

| ~~3~~ | ~~근저당권설정~~ | ~~1999년8월13일~~<br>~~제59075호~~ | ~~1999년8월13일~~<br>~~설정계약~~ | ~~채권최고액 금130,000,000원~~<br>~~채무자~~ [illegible]<br>[illegible]<br>~~근저당권자 주식회사[illegible]은행~~ [illegible]<br>[illegible]<br>~~( [illegible]지점 )~~<br>~~공동담보 건물 [illegible] 70~~ |
|---|---|---|---|---|
| 4 | 1번근저당권설정등기말소 | 1999년8월18일<br>제59962호 | 1999년8월18일<br>해지 | |
| 5 | 2번근저당권설정등기말소 | 1999년8월18일<br>제59963호 | 1999년8월18일<br>해지 | |
| 6 | 3번근저당권설정등기말소 | 2002년7월29일<br>제71112호 | 2002년7월29일<br>해지 | |

## 공동담보의 표시

| 2-4 | 2번(2)근저당권공동담보변경 | | | 공동담보목록 제2023-137호<br>토지분필로 인하여<br>2023년2월21일 부기 |
|---|---|---|---|---|

【 공동담보목록 】

| 목록번호 | 2023-137 |
|---|---|

| 일련번호 | 부동산에 관한 권리의 표시 | 관할등기소명 | 순위번호 | 기 타 사 항 | |
|---|---|---|---|---|---|
| | | | | 생성원인 | 변경/소멸 |
| 1 | [토지] 경기도 | 수원지방법원 여주지원 등기계 | 2 | 2023년2월21일 제4711호 분할로 인하여 | |
| 2 | [토지] 경기도 | 수원지방법원 여주지원 등기계 | 1 | 2023년2월21일 제4711호 분할로 인하여 | |
| 3 | [토지] 경기도 | 수원지방법원 여주지원 등기계 | 2 | 2023년2월21일 제4711호 분할로 인하여 | |
| 4 | [토지] 경기도 | 수원지방법원 여주지원 등기계 | 2 | 2023년2월21일 제4711호 분할로 인하여 | |
| 5 | [토지] 경기도 | 수원지방법원 여주지원 등기계 | 2 | 2023년2월21일 제4711호 분할로 인하여 | |
| 6 | [토지] 경기도 | 수원지방법원 여주지원 등기계 | 2 | 2023년2월21일 제4711호 | |

▸ **해설**

「**부동산등기법**」

**제78조(공동저당의 등기)** ① 등기관이 동일한 채권에 관하여 여러 개의 부동산에 관한 권리를 목적으로 하는 저당권설정의 등기를 할 때에는 각 부동산의 등기기록에 그 부동산에 관한 권리가 다른 부동산에 관한 권리와 함께 저당권의 목적으로 제공된 뜻을 기록하여야 한다.

② 등기관은 제1항의 경우에 부동산이 5개 이상일 때에는 공동담보목록을 작성하여야 한다.

③ 제2항의 공동담보목록은 등기기록의 일부로 본다.

## 5) 기타 권리에 관한 등기

### (1) 권리질권

권리질권은 재산권을 목적으로 하는 질권으로 「민법」 제 규정에 따라 저당권으로 담보한 채권을 질권의 목적으로 한 때에는 그 저당권등기에 질권의 부기등기를 하여야 그 효력이 저당권에 미치므로 아래와 같이 등기하여야 한다.

> **「부동산등기법」**
>
> **제76조(저당권부채권에 대한 질권 등의 등기사항)** ① 등기관이 「민법」 제348조에 따라 저당권부채권에 대한 질권의 등기를 할 때에는 제48조에서 규정한 사항 외에 다음 각 호의 사항을 기록하여야 한다.
>
> 1. 채권액 또는 채권최고액
> 2. 채무자의 성명 또는 명칭과 주소 또는 사무소 소재지
> 3. 변제기와 이자의 약정이 있는 경우에는 그 내용
>
> **「부동산등기규칙」**
>
> **제132조(저당권에 대한 권리질권등기 등의 신청)** ① 저당권에 대한 권리질권의 등기를 신청하는 경우에는 질권의 목적인 채권을 담보하는 저당권의 표시에 관한 사항과 법 제76조제1항의 등기사항을 신청정보의 내용으로 등기소에 제공하여야 한다.

### (2) 채권담보권

채권담보권이란 담보약정에 따라 금전의 지급을 목적으로 하는 지명채권(여러 개의 채권 또는 장래에 발생할 채권을 포함)을 목적으로 등기한 담보권을 말한다.

> **「부동산등기법」**
>
> **제76조(저당권부채권에 대한 질권 등의 등기사항)**
>
> ② 등기관이 「동산·채권 등의 담보에 관한 법률」 제37조에서 준용하는 「민법」 제348조에 따른 채권담보권의 등기를 할 때에는 제48조에서 정한 사항 외에 다음 각 호의 사항을 기록하여야 한다.
>
> 1. 채권액 또는 채권최고액
> 2. 채무자의 성명 또는 명칭과 주소 또는 사무소 소재지

3. 변제기와 이자의 약정이 있는 경우에는 그 내용

**제132조(저당권에 대한 권리질권등기 등의 신청)**

② 저당권에 대한 채권담보권의 등기를 신청하는 경우에는 담보권의 목적인 채권을 담보하는 저당권의 표시에 관한 사항과 법 제76조제2항의 등기사항을 신청정보의 내용으로 등기소에 제공하여야 한다.

# 제4장

# 「공간정보의 구축 및 관리 등에 관한 법률」

# 제1절 「공간정보의 구축 및 관리 등에 관한 법률」의 핵심

## 1 정의

**「공간정보의 구축 및 관리 등에 관한 법률」**

**제2조(정의)**

19. "지적공부"란 토지대장, 임야대장, 공유지연명부, 대지권등록부, 지적도, 임야도 및 경계점좌표등록부 등 지적측량 등을 통하여 조사된 토지의 표시와 해당 토지의 소유자 등을 기록한 대장 및 도면(정보처리시스템을 통하여 기록·저장된 것을 포함한다)을 말한다.

19의2. "연속지적도"란 지적측량을 하지 아니하고 전산화된 지적도 및 임야도 파일을 이용하여, 도면상 경계점들을 연결하여 작성한 도면으로서 측량에 활용할 수 없는 도면을 말한다.

19의3. "부동산종합공부"란 토지의 표시와 소유자에 관한 사항, 건축물의 표시와 소유자에 관한 사항, 토지의 이용 및 규제에 관한 사항, 부동산의 가격에 관한 사항 등 부동산에 관한 종합정보를 정보관리체계를 통하여 기록·저장한 것을 말한다.

20. "토지의 표시"란 지적공부에 토지의 소재·지번(地番)·지목(地目)·면적·경계 또는 좌표를 등록한 것을 말한다.
21. "필지"란 대통령령으로 정하는 바에 따라 구획되는 토지의 등록단위를 말한다.
22. "지번"이란 필지에 부여하여 지적공부에 등록한 번호를 말한다.
23. "지번부여지역"이란 지번을 부여하는 단위지역으로서 동·리 또는 이에 준하는 지역을 말한다.
24. "지목"이란 토지의 주된 용도에 따라 토지의 종류를 구분하여 지적공부에 등록한 것을 말한다.
25. "경계점"이란 필지를 구획하는 선의 굴곡점으로서 지적도나 임야도에 도해(圖解) 형태로 등록하거나 경계점좌표등록부에 좌표 형태로 등록하는 점을 말한다.
26. "경계"란 필지별로 경계점들을 직선으로 연결하여 지적공부에 등록한 선을 말한다.
27. "면적"이란 지적공부에 등록한 필지의 수평면상 넓이를 말한다.
28. "토지의 이동(異動)"이란 토지의 표시를 새로 정하거나 변경 또는 말소하는 것을 말한다.
29. "신규등록"이란 새로 조성된 토지와 지적공부에 등록되어 있지 아니한 토지를 지적공부에 등록하는 것을 말한다.
30. "등록전환"이란 임야대장 및 임야도에 등록된 토지를 토지대장 및 지적도에 옮겨 등록하는 것을 말한다.
31. "분할"이란 지적공부에 등록된 1필지를 2필지 이상으로 나누어 등록하는 것을 말한다.
32. "합병"이란 지적공부에 등록된 2필지 이상을 1필지로 합하여 등록하는 것을 말한다.
33. "지목변경"이란 지적공부에 등록된 지목을 다른 지목으로 바꾸어 등록하는 것을 말한다.

# 2 토지의 표시

## 1) 지번

지번은 아라비아숫자로 표기하되, 임야대장 및 임야도에 등록하는 토지의 지번은 숫자 앞에 '산'자를 붙인다. 지목이 임야라고 해서 지번 앞에 '산'자를 붙이는 것이 아니므로 토지대장 및 지적도에 등록된 임야의 지번에는 '산'자가 없다.

지번은 본번과 부번으로 구성하되, 본번과 부번 사이에 '-'표시로 연결하며, '-'표시는 '의'라고 읽는다. 지번을 부여하는 구체적인 방법은 다음과 같다.

**「공간정보의 구축 및 관리 등에 관한 법률 시행령」**

**제56조(지번의 구성 및 부여방법 등)** ① 지번(地番)은 아라비아숫자로 표기하되, 임야대장 및 임야도에 등록하는 토지의 지번은 숫자 앞에 "산"자를 붙인다.

② 지번은 본번(本番)과 부번(副番)으로 구성하되, 본번과 부번 사이에 "-" 표시로 연결한다. 이 경우 "-" 표시는 "의"라고 읽는다.

③ 법 제66조에 따른 지번의 부여방법은 다음 각 호와 같다.

1. 지번은 북서에서 남동으로 순차적으로 부여할 것
2. 신규등록 및 등록전환의 경우에는 그 지번부여지역에서 인접토지의 본번에 부번을 붙여서 지번을 부여할 것. 다만, 다음 각 목의 어느 하나에 해당하는 경우에는 그 지번부여지역의 최종 본번의 다음 순번부터 본번으로 하여 순차적으로 지번을 부여할 수 있다.
   가. 대상토지가 그 지번부여지역의 최종 지번의 토지에 인접하여 있는 경우
   나. 대상토지가 이미 등록된 토지와 멀리 떨어져 있어서 등록된 토지의 본번에 부번을 부여하는 것이 불합리한 경우
   다. 대상토지가 여러 필지로 되어 있는 경우
3. 분할의 경우에는 분할 후의 필지 중 1필지의 지번은 분할 전의 지번으로 하고, 나머지 필지의 지번은 본번의 최종 부번 다음 순번으로 부번을 부여할 것. 이 경우 주거·사무실 등의 건축물이 있는 필지에 대해서는 분할 전의 지번을 우선하여 부여하여야 한다.
4. 합병의 경우에는 합병 대상 지번 중 선순위의 지번을 그 지번으로 하되, 본번으로 된 지번이 있을 때에는 본번 중 선순위의 지번을 합병 후의 지번으로 할 것. 이 경우 토지소유자가 합병 전의 필지에 주거·사무실 등의 건축물이 있어서 그 건축물이 위치한 지번을 합병 후의 지번으로 신청할 때에는 그 지번을 합병 후의 지번으로 부여하여야 한다.

(중략)

## 참고 도로명 주소

### 1. 도로명 주소의 개념

도로명주소란, 부여된 도로명, 기초번호, 건물번호 상세주소에 의하여 건물의 주소를 표기하는 방식으로, 도로에는 도로명을 부여하고, 건물에는 도로에 따라 규칙적으로 건물번호를 부여하여 도로명과 건물번호 및 상세주소(동·층·호)로 표기하는 주소제도이다.

### 2. 도로명 주소 부여방법

'도로명'은 도로구간마다 부여한 이름으로, 주된 명사에 도로별 구분기준인 대로, 로, 길을 붙여서 부여하며, '건물번호'는 도로시작점에서 20m 간격으로 왼쪽은 홀수, 오른쪽은 짝수를 부여한다. '건물번호'는 주된 출입구에 인접한 도로의 기초번호를 사용하여 부여한다.

#### 1) 도로명 부여방법

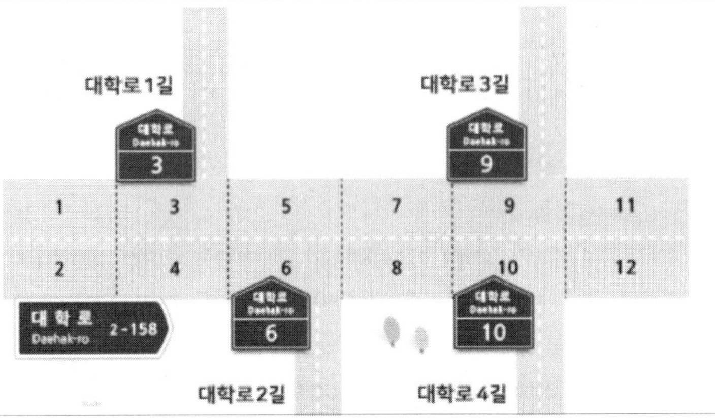


일련번호 부여방식

대로/로의 도로명+
일련번호+길

'대로/로'에서 분기되는 '길'에 분기되는 지점의 일련번호를 이용하여 도로명 부여

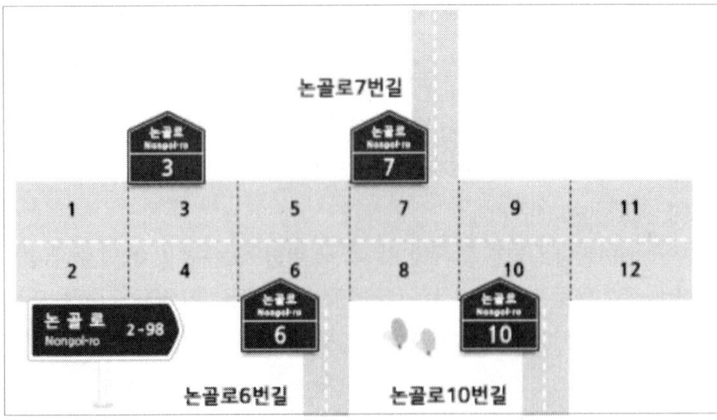


기초번호 부여방식

대로/로의 도로명+
기초번호+길

'대로/로'에서 분기되는 '길'에 분기되는 지점의 기초번호를 이용하여 도로명 부여

### 2) 건물번호 부여방법

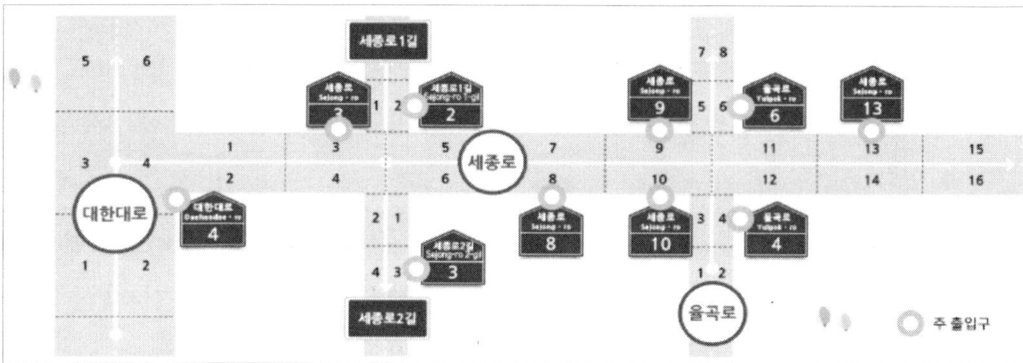


- 하나의 구간에 여러 개의 건물이 있는 경우 '부번'을 사용하여 '2-1' 등으로 표시

## 3. 도로명 주소 보는 방법

1. 현위치는 '중앙로'의 도로 시작지점 '1'부터 (→)방향으로 끝 지점인 '중앙로359'까지 도로명주소가 부여되어 있음
2. 현위치는 '대한대로'의 중간지점 '10'부터 (↑)방향으로 '대한대로 600'까지 있음
3. 교차로에 설치되며 왼쪽(←)은 '7'이하 오른쪽은 '11' 이상의 도로명주소가 부여되어 있음
4. '중앙로'를 기점으로 왼쪽은 홀수, 오른쪽은 짝수
5. 대로 : 8차로 이상
6. 로 : 2차로에서 7차로까지
7. 길 : '로'보다 좁은 도로
8. 건물사이 간격은 약 20m

※ 출처는 '주소정보누리집(www.juso.go.kr)', 해당 사이트 방문 시 보다 자세한 사항 확인 가능

## 2) 지목

지목이란, 토지의 주된 용도에 따라 토지의 종류를 구분한 것으로 필지마다 하나의 지목을 설정하므로 1필지에 두 개의 지목이 있을 수 없으며, 둘 이상의 용도로 활용되는 경우에는 주된 용도에 따라 지목을 설정한다.

법정 지목의 종류는 28종이며, 27종은 특정한 목적으로 이용되는 토지의 용도이고 나머지 1종인 '잡종지'는 특수한 용도이거나 특정 용도로 분류하기가 곤란한 토지에 부여한다. 지목의 자세한 종류는 다음과 같다.

**「공간정보의 구축 및 관리 등에 관한 법률 시행령」**

**제58조(지목의 구분)** 법 제67조제1항에 따른 지목의 구분은 다음 각 호의 기준에 따른다.

1. 전
   물을 상시적으로 이용하지 않고 곡물·원예작물(과수류는 제외한다)·약초·뽕나무·닥나무·묘목·관상수 등의 식물을 주로 재배하는 토지와 식용(食用)으로 죽순을 재배하는 토지

2. 답
   물을 상시적으로 직접 이용하여 벼·연(蓮)·미나리·왕골 등의 식물을 주로 재배하는 토지

3. 과수원
   사과·배·밤·호두·귤나무 등 과수류를 집단적으로 재배하는 토지와 이에 접속된 저장고 등 부속시설물의 부지. 다만, 주거용 건축물의 부지는 "대"로 한다.

4. 목장용지
   다음 각 목의 토지. 다만, 주거용 건축물의 부지는 "대"로 한다.
   가. 축산업 및 낙농업을 하기 위하여 초지를 조성한 토지
   나. 「축산법」 제2조제1호에 따른 가축을 사육하는 축사 등의 부지
   다. 가목 및 나목의 토지와 접속된 부속시설물의 부지

5. 임야
   산림 및 원야(原野)를 이루고 있는 수림지(樹林地)·죽림지·암석지·자갈땅·모래땅·습지·황무지 등의 토지

6. 광천지

지하에서 온수·약수·석유류 등이 용출되는 용출구(湧出口)와 그 유지(維持)에 사용되는 부지. 다만, 온수·약수·석유류 등을 일정한 장소로 운송하는 송수관·송유관 및 저장시설의 부지는 제외한다.

7. 염전

바닷물을 끌어들여 소금을 채취하기 위하여 조성된 토지와 이에 접속된 제염장(製鹽場) 등 부속시설물의 부지. 다만, 천일제염 방식으로 하지 아니하고 동력으로 바닷물을 끌어들여 소금을 제조하는 공장시설물의 부지는 제외한다.

8. 대

가. 영구적 건축물 중 주거·사무실·점포와 박물관·극장·미술관 등 문화시설과 이에 접속된 정원 및 부속시설물의 부지

나. 「국토의 계획 및 이용에 관한 법률」 등 관계 법령에 따른 택지조성공사가 준공된 토지

9. 공장용지

가. 제조업을 하고 있는 공장시설물의 부지

나. 「산업집적활성화 및 공장설립에 관한 법률」 등 관계 법령에 따른 공장부지 조성공사가 준공된 토지

다. 가목 및 나목의 토지와 같은 구역에 있는 의료시설 등 부속시설물의 부지

10. 학교용지

학교의 교사(校舍)와 이에 접속된 체육장 등 부속시설물의 부지

11. 주차장

자동차 등의 주차에 필요한 독립적인 시설을 갖춘 부지와 주차전용 건축물 및 이에 접속된 부속시설물의 부지. 다만, 다음 각 목의 어느 하나에 해당하는 시설의 부지는 제외한다.

가. 「주차장법」 제2조제1호가목 및 다목에 따른 노상주차장 및 부설주차장(「주차장법」 제19조제4항에 따라 시설물의 부지 인근에 설치된 부설주차장은 제외한다)

나. 자동차 등의 판매 목적으로 설치된 물류장 및 야외전시장

12. 주유소용지

다음 각 목의 토지. 다만, 자동차·선박·기차 등의 제작 또는 정비공장 안에 설치된 급유·송유시설 등의 부지는 제외한다.

가. 석유·석유제품, 액화석유가스, 전기 또는 수소 등의 판매를 위하여 일정한 설비를 갖춘 시설물의 부지

나. 저유소(貯油所) 및 원유저장소의 부지와 이에 접속된 부속시설물의 부지

13. 창고용지

물건 등을 보관하거나 저장하기 위하여 독립적으로 설치된 보관시설물의 부지와 이에 접속된 부속시설물의 부지

14. 도로

다음 각 목의 토지. 다만, 아파트·공장 등 단일 용도의 일정한 단지 안에 설치된 통로 등은 제외한다.

가. 일반 공중(公衆)의 교통 운수를 위하여 보행이나 차량운행에 필요한 일정한 설비 또는 형태를 갖추어 이용되는 토지

나. 「도로법」 등 관계 법령에 따라 도로로 개설된 토지

다. 고속도로의 휴게소 부지

라. 2필지 이상에 진입하는 통로로 이용되는 토지

15. 철도용지

교통 운수를 위하여 일정한 궤도 등의 설비와 형태를 갖추어 이용되는 토지와 이에 접속된 역사(驛舍)·차고·발전시설 및 공작창(工作廠) 등 부속시설물의 부지

16. 제방

조수·자연유수(自然流水)·모래·바람 등을 막기 위하여 설치된 방조제·방수제·방사제·방파제 등의 부지

17. 하천

자연의 유수(流水)가 있거나 있을 것으로 예상되는 토지

18. 구거

용수(用水) 또는 배수(排水)를 위하여 일정한 형태를 갖춘 인공적인 수로·둑 및 그 부속시설물의 부지와 자연의 유수(流水)가 있거나 있을 것으로 예상되는 소규모 수로부지

19. 유지(溜池)

물이 고이거나 상시적으로 물을 저장하고 있는 댐·저수지·소류지(沼溜地)·호수·연못 등의 토지와 연·왕골 등이 자생하는 배수가 잘 되지 아니하는 토지

20. 양어장

육상에 인공으로 조성된 수산생물의 번식 또는 양식을 위한 시설을 갖춘 부지와 이에 접속된 부속시설물의 부지

21. 수도용지

물을 정수하여 공급하기 위한 취수·저수·도수(導水)·정수·송수 및 배수 시설의 부지 및 이에 접속된 부속시설물의 부지

22. 공원

일반 공중의 보건·휴양 및 정서생활에 이용하기 위한 시설을 갖춘 토지로서 「국토의 계획 및 이용에 관한 법률」에 따라 공원 또는 녹지로 결정·고시된 토지

23. 체육용지

국민의 건강증진 등을 위한 체육활동에 적합한 시설과 형태를 갖춘 종합운동장·실내체육관·야구장·골프장·스키장·승마장·경륜장 등 체육시설의 토지와 이에 접속된 부속시설물의 부지. 다만, 체육시설로서의 영속성과 독립성이 미흡한 정구장·골프연습장·실내수영장 및 체육도장과 유수(流水)를 이용한 요트장 및 카누장 등의 토지는 제외한다.

24. 유원지

일반 공중의 위락·휴양 등에 적합한 시설물을 종합적으로 갖춘 수영장·유선장(遊船場)·낚시터·어린이놀이터·동물원·식물원·민속촌·경마장·야영장 등의 토지와 이에 접속된 부속시설물의 부지. 다만, 이들 시설과의 거리 등으로 보아 독립적인 것으로 인정되는 숙식시설 및 유기장(遊技場)의 부지와 하천·구거 또는 유지[공유(公有)인 것으로 한정한다]로 분류되는 것은 제외한다.

25. 종교용지

일반 공중의 종교의식을 위하여 예배·법요·설교·제사 등을 하기 위한 교회·사찰·향교 등 건축물의 부지와 이에 접속된 부속시설물의 부지

26. 사적지

문화재로 지정된 역사적인 유적·고적·기념물 등을 보존하기 위하여 구획된 토지. 다만, 학교용지·공원·종교용지 등 다른 지목으로 된 토지에 있는 유적·고적·기념물 등을 보호하기 위하여 구획된 토지는 제외한다.

27. 묘지

사람의 시체나 유골이 매장된 토지, 「도시공원 및 녹지 등에 관한 법률」에 따른 묘지공원으로 결정·고시된 토지 및 「장사 등에 관한 법률」 제2조제9호에 따른 봉안시설과 이에 접속된 부속시설물의 부지. 다만, 묘지의 관리를 위한 건축물의 부지는 "대"로 한다.

28. 잡종지

다음 각 목의 토지. 다만, 원상회복을 조건으로 돌을 캐내는 곳 또는 흙을 파내는 곳으로 허가된 토지는 제외한다.

가. 갈대밭, 실외에 물건을 쌓아두는 곳, 돌을 캐내는 곳, 흙을 파내는 곳, 야외시장 및 공동우물

나. 변전소, 송신소, 수신소 및 송유시설 등의 부지

다. 여객자동차터미널, 자동차운전학원 및 폐차장 등 자동차와 관련된 독립적인 시설물을 갖춘 부지

라. 공항시설 및 항만시설 부지

마. 도축장, 쓰레기처리장 및 오물처리장 등의 부지
바. 그 밖에 다른 지목에 속하지 않는 토지

## 3 토지의 이동

토지의 이동이란, 토지의 표시 사항을 새로 정하거나 변경 또는 말소하는 것을 말한다. 토지의 표시 사항은 소재, 지번, 지목, 면적, 경계 또는 좌표를 말하는 것으로 토지의 이동에는 신규등록, 등록전환, 분할, 합병, 지목변경, 토지의 등록 말소 등이 있다.

토지의 이동은 「공간정보의 구축 및 관리 등에 관한 법률」 제77조 내지 제90조에서 규정하고 있으며 담보평가 담당자로서 토지의 이동 종류를 알 필요가 있다.

| 종류 | 대상토지 |
|---|---|
| 신규등록 | ① 지적공부에 등록되지 않은 보지<br>② 공유수면매립지<br>③ 등록되지 않은 섬 |
| 등록전환 | ① 산지전용허가·신고, 건축허가·신고 개발행위허가 등을 받은 경우<br>② 대부분의 토지가 등록전환되어 나머지 토지 임야도에 계속 존치하는 것이 불합리한 경우<br>③ 임야도에 등록된 토지가 사실상 형질변경이 되었으나 지목변경을 할 수 없는 경우<br>④ 도시·군 관리계획에 따라 토지를 분할하는 경우 |
| 분할 | ① 1필지의 일부가 형질변경 등으로 용도가 다르게 된 경우<br>② 소유권이전·매매 등을 위하여 필요한 경우<br>③ 토지이용상 불합리한 경계를 시정하기 위한 경우<br>④ 관계법령에 따라 토지분할이 포함된 개발행위허가 등을 받은 경우 |
| 합병 | ① 주택법에 의한 공동주택부지의 경우<br>② 도로, 제방, 하천, 구거 유지, 공장용지, 학교용지, 철도용지, 수도용지, 공원, 체육 용지 등의 지목으로서 연접하여 있으나 구획 내에 2필지 이상으로 등록된 경우 |
| 지목변경 | ① 「국토의 계획 및 이용에 관한 법률」 등 관계 법령에 따른 토지의 형질변경 등의 공사가 준공된 경우<br>② 토지나 건축물의 용도가 변경된 경우<br>③ 법 제86조에 따른 도시개발사업 등의 원활한 추진을 위하여 사업시행자가 공사 준공 전에 토지의 합병을 신청하는 경우 |
| 토지의 등록말소 | 지적공부에 등록된 토지가 지형의 변화 등으로 바다로 된 경우로서 원상으로 회복될 수 없거나 다른 지목의 토지로 될 가능성이 없는 경우 |

# 제2절 지적공부의 이해

## 1 지적공부의 종류와 기재사항

### 1) 지적공부의 개념

지적공부란, 토지대장, 임야대장, 공유지연명부, 대지권등록부, 지적도, 임야도 및 경계점좌표등록부 등 지적측량 등을 통하여 조사된 토지의 표시와 해당 토지의 소유자 등을 기록한 대장 및 도면(정보처리시스템을 통하여 기록·저장된 것을 포함한다)을 말한다.

지적공부는 장부 형식으로 '토지대장', '임야대장' 해당 사항이 있는 경우 '공유지연명부', '대지권등록부'가 있으며 도면 형식으로 '지적도', '임야도' 해당 사항이 있는 경우 '경계점좌표등록부'로 구성된다.

### 2) 지적공부의 기재사항

#### (1) 토지대장, 임야대장

**「공간정보의 구축 및 관리 등에 관한 법률」**

**제71조(토지대장 등의 등록사항)** ① 토지대장과 임야대장에는 다음 각 호의 사항을 등록하여야 한다.

1. 토지의 소재
2. 지번
3. 지목
4. 면적
5. 소유자의 성명 또는 명칭, 주소 및 주민등록번호(국가, 지방자치단체, 법인, 법인 아닌 사단이나 재단 및 외국인의 경우에는 「부동산등기법」 제49조에 따라 부여된 등록번호를 말한다. 이하 같다)
6. 그 밖에 국토교통부령으로 정하는 사항

「공간정보의 구축 및 관리 등에 관한 법률 시행령」

**제68조(토지대장 등의 등록사항 등)**

② 법 제71조제1항제6호에서 "그 밖에 국토교통부령으로 정하는 사항"이란 다음 각 호의 사항을 말한다.

1. 토지의 고유번호(각 필지를 서로 구별하기 위하여 필지마다 붙이는 고유한 번호를 말한다. 이하 같다)
2. 지적도 또는 임야도의 번호와 필지별 토지대장 또는 임야대장의 장번호 및 축척
3. 토지의 이동사유
4. 토지소유자가 변경된 날과 그 원인
5. 토지등급 또는 기준수확량등급과 그 설정·수정 연월일
6. 개별공시지가와 그 기준일
7. 그 밖에 국토교통부장관이 정하는 사항

### (2) 공유지연명부

「공간정보의 구축 및 관리 등에 관한 법률」

**제71조(토지대장 등의 등록사항)**

② 제1항제5호의 소유자가 둘 이상이면 공유지연명부에 다음 각 호의 사항을 등록하여야 한다.

1. 토지의 소재
2. 지번
3. 소유권 지분
4. 소유자의 성명 또는 명칭, 주소 및 주민등록번호
5. 그 밖에 국토교통부령으로 정하는 사항

「공간정보의 구축 및 관리 등에 관한 법률 시행령」

**제68조(토지대장 등의 등록사항 등)**

③ 법 제71조제2항제5호에서 "그 밖에 국토교통부령으로 정하는 사항"이란 다음 각 호의 사항을 말한다.

1. 토지의 고유번호
2. 필지별 공유지연명부의 장번호
3. 토지소유자가 변경된 날과 그 원인

### (3) 대지권등록부

**「공간정보의 구축 및 관리 등에 관한 법률」**

**제71조(토지대장 등의 등록사항)**

③ 토지대장이나 임야대장에 등록하는 토지가 「부동산등기법」에 따라 대지권 등기가 되어 있는 경우에는 대지권등록부에 다음 각 호의 사항을 등록하여야 한다.

1. 토지의 소재
2. 지번
3. 대지권 비율
4. 소유자의 성명 또는 명칭, 주소 및 주민등록번호
5. 그 밖에 국토교통부령으로 정하는 사항

**「공간정보의 구축 및 관리 등에 관한 법률 시행령」**

**제68조(토지대장 등의 등록사항 등)**

④ 법 제71조제3항제5호에서 "그 밖에 국토교통부령으로 정하는 사항"이란 다음 각 호의 사항을 말한다.

1. 토지의 고유번호
2. 전유부분(專有部分)의 건물표시
3. 건물의 명칭
4 집합건물별 대지권등록부의 장번호
5. 토지소유자가 변경된 날과 그 원인
6. 소유권 지분

### (4) 지적도, 임야도

**「공간정보의 구축 및 관리 등에 관한 법률」**

**제72조(지적도 등의 등록사항)** 지적도 및 임야도에는 다음 각 호의 사항을 등록하여야 한다.

1. 토지의 소재
2. 지번
3. 지목

4. 경계
5. 그 밖에 국토교통부령으로 정하는 사항

**「공간정보의 구축 및 관리 등에 관한 법률 시행령」**

**제69조(지적도면 등의 등록사항 등)**

② 법 제72조제5호에서 “그 밖에 국토교통부령으로 정하는 사항”이란 다음 각 호의 사항을 말한다.

1. 지적도면의 색인도(인접도면의 연결 순서를 표시하기 위하여 기재한 도표와 번호를 말한다)
2. 지적도면의 제명 및 축척
3. 도곽선(圖廓線)과 그 수치
4. 좌표에 의하여 계산된 경계점 간의 거리(경계점좌표등록부를 갖춰 두는 지역으로 한정한다)
5. 삼각점 및 지적기준점의 위치
6. 건축물 및 구조물 등의 위치
7. 그 밖에 국토교통부장관이 정하는 사항

③ 경계점좌표등록부를 갖춰 두는 지역의 지적도에는 해당 도면의 제명 끝에 “(좌표)”라고 표시하고, 도곽선의 오른쪽 아래 끝에 “이 도면에 의하여 측량을 할 수 없음”이라고 적어야 한다.

④ 지적도면에는 지적소관청의 직인을 날인하여야 한다. 다만, 정보처리시스템을 이용하여 관리하는 지적도면의 경우에는 그러하지 아니하다.

⑤ 지적소관청은 지적도면의 관리에 필요한 경우에는 지번부여지역마다 일람도와 지번색인표를 작성하여 갖춰 둘 수 있다.

⑥ 지적도면의 축척은 다음 각 호의 구분에 따른다.

1. 지적도: 1/500, 1/600, 1/1000, 1/1200, 1/2400, 1/3000, 1/6000
2. 임야도: 1/3000, 1/6000

## (5) 경계점좌표등록부

**「공간정보의 구축 및 관리 등에 관한 법률」**

**제73조(경계점좌표등록부의 등록사항)** 지적소관청은 제86조에 따른 도시개발사업 등에 따라 새로이 지적공부에 등록하는 토지에 대하여는 다음 각 호의 사항을 등록한 경계점좌표등록부를 작성하고 갖춰 두어야 한다.

1. 토지의 소재
2. 지번
3. 좌표
4. 그 밖에 국토교통부령으로 정하는 사항

**「공간정보의 구축 및 관리 등에 관한 법률 시행령」**

**제71조(경계점좌표등록부의 등록사항 등)** ① 법 제73조의 경계점좌표등록부는 별지 제69호서식과 같다.

② 법 제73조에 따라 경계점좌표등록부를 갖춰 두는 토지는 지적확정측량 또는 축척변경을 위한 측량을 실시하여 경계점을 좌표로 등록한 지역의 토지로 한다.

③ 법 제73조제4호에서 "그 밖에 국토교통부령으로 정하는 사항"이란 다음 각 호의 사항을 말한다.

1. 토지의 고유번호
2. 지적도면의 번호
3. 필지별 경계점좌표등록부의 장번호
4. 부호 및 부호도

## 2 지적공부 해석 및 활용방법

### 1) 토지대장, 임야대장

문서확인번호 : 1684-9945-3479-5887

시점확인필 진본 2023/05/25 15:02:15 KST 정부시점확인센터

정부24

1/2

# 토지 대장

| | | | | | ⑥ | | | | |
|---|---|---|---|---|---|---|---|---|---|
| ① | 고유번호 | 4136010300- | | | | 도면번호 | 32 | 발급번호 | 202341360-00889-6450 |
| | 토지소재 | 경기도 남양주시 금곡동 | | | ⑦ | 장 번 호 | 2-1 | 처리시각 | 15시 17분 33초 |
| | 지 번 | | ④ 축 척 | 1:1200 | | 비 고 | | 발 급 자 | 인터넷민원 |

| | 토 지 표 시 | | | 소 유 자 | | |
|---|---|---|---|---|---|---|
| | | | | 변 동 일 자 | 주 소 | |
| ② | 지 목 | ③ 면 적(㎡) | 사 유 | 변 동 원 인 | ⑤ 성명 또는 명칭 | 등 록 번 호 |
| | (02) | *4245* | (47) 1958년 02월 12일 | 1966년 03월 21일 | | |
| | 답 | | 지적복구 | (03)소유권이전 | | |
| | (02) | *4245* | (51) 1989년 01월 01일 | 1986년 06월 14일 | | |
| | 답 | | 행정관할구역변경 | (04)주소변경 | | |
| | (02) | *4245* | (50) 1995년 01월 01일 | 2004년 03월 08일 | | |
| | 답 | | 미금시에서 행정구역명칭변경 | (18)등록번호경정 | | ****** |
| | (02) | *3365* | (20) 1998년 07월 20일 | 2004년 03월 08일 | | |
| | 답 | | 분할되어 본번에 -2를 부함 | (04)주소변경 | | ****** |

| | | | | | | | | | |
|---|---|---|---|---|---|---|---|---|---|
| ⑧ | 등 급 수 정 년 월 일 | 1983. 09. 06. 수정 | 1984. 07. 01. 수정 | 1985. 07. 01. 수정 | 1986. 08. 01. 수정 | 1987. 08. 01. 수정 | 1989. 05. 01. 수정 | 1991. 01. 01. 수정 | 1992. 01. 01. 수정 |
| | 토 지 등 급 (기준수확량등급) | 50 | 119 | 123 | 126 | 130 | 132 | 138 | 143 |
| ⑨ | 개별공시지가기준일 | 2017년 01월 01일 | 2018년 01월 01일 | 2019년 01월 01일 | 2020년 01월 01일 | 2021년 01월 01일 | 2022년 01월 01일 | 2023년 01월 01일 | 용도지역 등 |
| | 개별공시지가(원/㎡) | 242900 | 234600 | 243700 | 261600 | 285300 | 357400 | 340900 | |

토지대장에 의하여 작성한 등본입니다.

2023년 5월 25일

경기도 남양주시장 남양주시장인 민원사무전용

2/2

# 토지 대장

| | | | | | | | |
|---|---|---|---|---|---|---|---|
| 고유번호 | 4136010300- | | | 도면번호 | 32 | 발급번호 | 202341360-00889-6450 |
| 토지소재 | 경기도 남양주시 금곡동 | | | 장 번 호 | 2-2 | 처리시각 | 15시 17분 33초 |
| 지 번 | | 축 척 | 1:1200 | 비 고 | | 발 급 자 | 인터넷민원 |

| 토 지 표 시 | | | 소 유 자 | | |
|---|---|---|---|---|---|
| | | | 변 동 일 자 | 주 소 | |
| 지 목 | 면 적(㎡) | 사 유 | 변 동 원 인 | 성명 또는 명칭 | 등 록 번 호 |
| (02) | *3121* | (20) 2002년 12월 10일 | 2020년 02월 07일 | | |
| 답 | | 분할되어 본번에 -3을 부함 | (03)소유권이전 | | |
| (02) | *2375* | (20) 2003년 06월 16일 | 2021년 11월 26일 | | |
| 답 | | 분할되어 본번에 -4를 부함 | (03)소유권이전 | 김종현 | |
| (02) | *1141* | (20) 2021년 11월 03일 | | --- 이하 여백 --- | |
| 답 | | 분할되어 본번에 -5를 부함 | | | |
| | | --- 이하 여백 --- | | | |

| | | | | | | | | |
|---|---|---|---|---|---|---|---|---|
| 등 급 수 정 년 월 일 | 1993. 01. 01. 수정 | 1994. 01. 01. 수정 | 1995. 01. 01. 수정 | | | | | |
| 토 지 등 급 (기준수확량등급) | 147 | 149 | 151 | | | | | |
| 개별공시지가기준일 | | | | | | | | 용도지역 등 |
| 개별공시지가(원/㎡) | | | | | | | | |

토지대장에 의하여 작성한 등본입니다.

2023년 5월 25일

경기도 남양주시장 남양주시장인 민원사무전용

1/1

# 임야 대장

| 고유번호 | 4282033033-20001-0002 | | | 도면번호 | 2 | 발급번호 | 202342820-00196-7251 |
|---|---|---|---|---|---|---|---|
| 토지소재 | 강원도 고성군 토성면 원암리 | | | 장 번 호 | 1-1 | 처리시각 | 14시 53분 08초 |
| 지 번 | | 축 척 | 1:6000 | 비 고 | | 발 급 자 | 인터넷민원 |

| 토지표시 | | | 소유자 | | |
|---|---|---|---|---|---|
| 지 목 | 면 적(㎡) | 사 유 | 변동일자 / 변동원인 | 주소 / 성명 또는 명칭 | 등록번호 |
| (05) 임야 | *1587922* | (21) 1989년 12월 07일 산 1번에서 분할 | 1965년 11월 26일 (03)소유권이전 | 국(산림청) | 253 |
| | | ----- 이하 여백 ----- | | --- 이하 여백 --- | |

| 등급수정 년월일 | 1984. 07. 01. 수정 | 1990. 01. 01. 수정 | 1993. 01. 01. 수정 | 1994. 01. 01. 수정 | 1994. 07. 01. 수정 | | | |
|---|---|---|---|---|---|---|---|---|
| 토지등급 (기준수확량등급) | 5 | 24 | 42 | 90 | 105 | | | |
| 개별공시지가기준일 | 2017년 01월 01일 | 2018년 01월 01일 | 2019년 01월 01일 | 2020년 01월 01일 | 2021년 01월 01일 | 2022년 01월 01일 | 2023년 01월 01일 | 용도지역 등 |
| 개별공시지가(원/㎡) | 324 | 357 | 367 | 382 | 638 | 765 | 623 | |

임야대장에 의하여 작성한 등본입니다.

2023년 5월 25일

강원도 고성군수

## ▸ 해설

①고유번호, 소재지번: 고유번호는 세부분으로 구성되며, 첫 번째는 행정 구역, 두 번째는 지번의 본번, 세 번째는 지번의 부번을 표기한다.

②지목 : 「공간정보의 구축 및 관리등에 관한 법률」상 28개 지목으로 표기한다.

③면적 : ㎡ 단위로 표기하되, 면적이 1㎡ 미만인 토지는 1㎡로 표기한다.

④축척 : 토지가 등재된 지적도 또는 임야도의 축척을 표기한다.

⑤소유자 및 변동일자 등 : 소유자의 변동내역을 표기하고, 최종에 현소유자를 표기한다.

⑥도면번호 : 지적도 또는 임야도에 해당 토지가 표시된 도면 번호를 기재한다.

⑦장번호 : 토지대장이 1장으로 구성되면 '1-1'로 표기, 2장으로 구성되면 첫장에는 '2-1', 두 번째 장에는 '2-2'로 표기한다.

⑧토지등급 : 기존 과세기준으로 사용되었으나, 개별공시지가를 과세기준으로 사용하면서부터 큰 의미는 없는 기재사항이다.

⑨개별공시지가 : 매년 1월 1일을 기준으로 한 개별공시지가가 기재되며 만약, 토지가 연중 합필 또는 분필된 토지라면 7월 1일 기준 가격이 기재된다.

## 2) 공유지 연명부

**공유지 연명부** 2/2

| 고유번호 | 1[illegible] | | 장 번 호 | 1 |
|---|---|---|---|---|
| 토지소재 | 서울특별시 강남구 역삼동 | 지번 [illegible] | 비 고 | |

| 순번 | 변 동 일 자 / 변 동 원 인 | 소유권 지분 | 소유자 주 소 | 등록번호 / 성명 또는 명칭 |
|---|---|---|---|---|
| 000001 | 20[illegible]년 07월 [illegible]일<br>(03)소유권이전 | 50/100 | [illegible] | [illegible]-1******<br>[illegible] |
| 000002 | 20[illegible]년 07월 [illegible]일<br>(03)소유권이전 | 50/100 | [illegible] | [illegible]-2******<br>[illegible] |
| | | | --- 이하 여백 --- | |

## 3) 대지권등록부

**대지권 등록부** ② 2/2

| ① | 고유번호 | 4136011200-[illegible] | | 전유부분 건물표시 | 303동 [illegible]층 [illegible]호 | 장 번 호 | 1 |
|---|---|---|---|---|---|---|---|
| | 토지소재 | 경기도 남양주시 다산동 | 지번 6[illegible] / 대지권비율 66.1657/12510.5 | 건물명칭 | [illegible] | | |

| 지번 | | | | ③ | | | | |
|---|---|---|---|---|---|---|---|---|
| 대지권비율 | | | | | | | | |

| 변 동 일 자 / 변 동 원 인 | 소유권 지분 | ④ 소유자 주 소 | 등록번호 / 성명 또는 명칭 |
|---|---|---|---|
| 2018년 10월 12일<br>(03)소유권이전 | | 경기도 [illegible] | 4[illegible]<br>김[illegible] |
| | | --- 이하 여백 --- | |

▸ **해설**

①고유번호, 소재지번 : 고유번호는 세부분으로 구성되며, 첫 번째는 행정 구역, 두 번째는 지번의 본번, 세 번째는 지번의 부번을 표기한다.

②전유면적 건물표시 : 구분건물의 층 및 호수를 기재한다.

③대지권비율 : 대지권 비율을 기재한다.

④소유자 : 일반적으로 구분건물 전유부분의 소유자를 기재한다.

## 4) 지적도, 임야도

문서확인번호 : 1684-9946-8280-0325

시청확인필 진본 2023/05/25 15:04:43 KST 정부시점확인센터

정부24

# 지적도 등본

| 발급번호 | 202341360008896475 | 처리시각 | 15시 20분 12초 | 발 급 자 | 정부24 |
|---|---|---|---|---|---|
| ① 토지소재 | 경기도 남양주시 | 지 번 | 번지 | 축 척 | 등록 : 1/1200<br>출력 : 1/1200 |

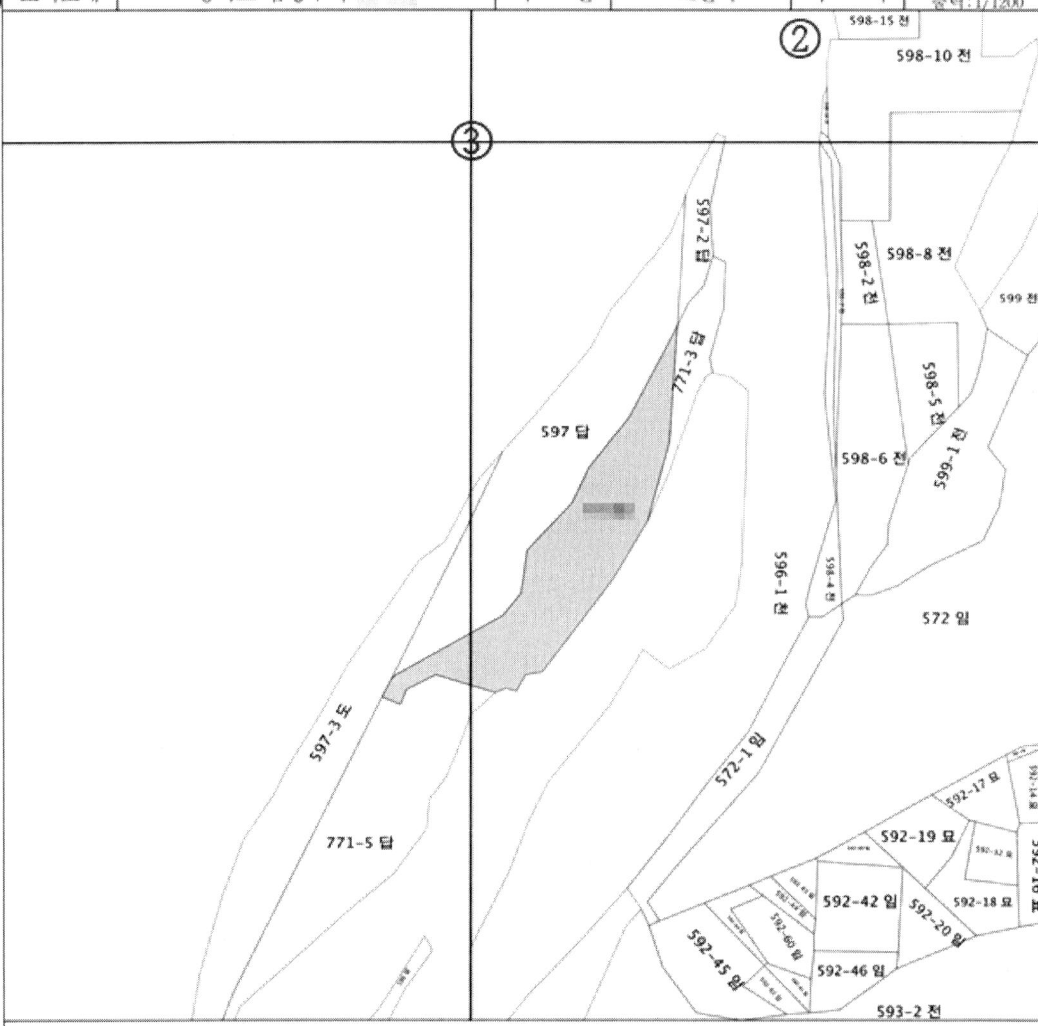


지적도등본에 의하여 작성한 등본입니다.
이 도면등본으로는 지적측량에 사용할 수 없습니다.

2023년 05월 25일

**경 기 도 남 양 주 시 장**

남양주시장인 (민원사무전용)

문서확인번호 : 1684-9952-6311-5440

정부24

# 임야도 등본

| 발급번호 | 202342820001967253 | 처리시각 | 14시 55분 22초 | 발 급 자 | 정부24 |
|---|---|---|---|---|---|
| 토지소재 | 강원도 고성군 토성면 원암리 | 지 번 | | 축 척 | 등록:1/6000<br>출력:1/12600 |

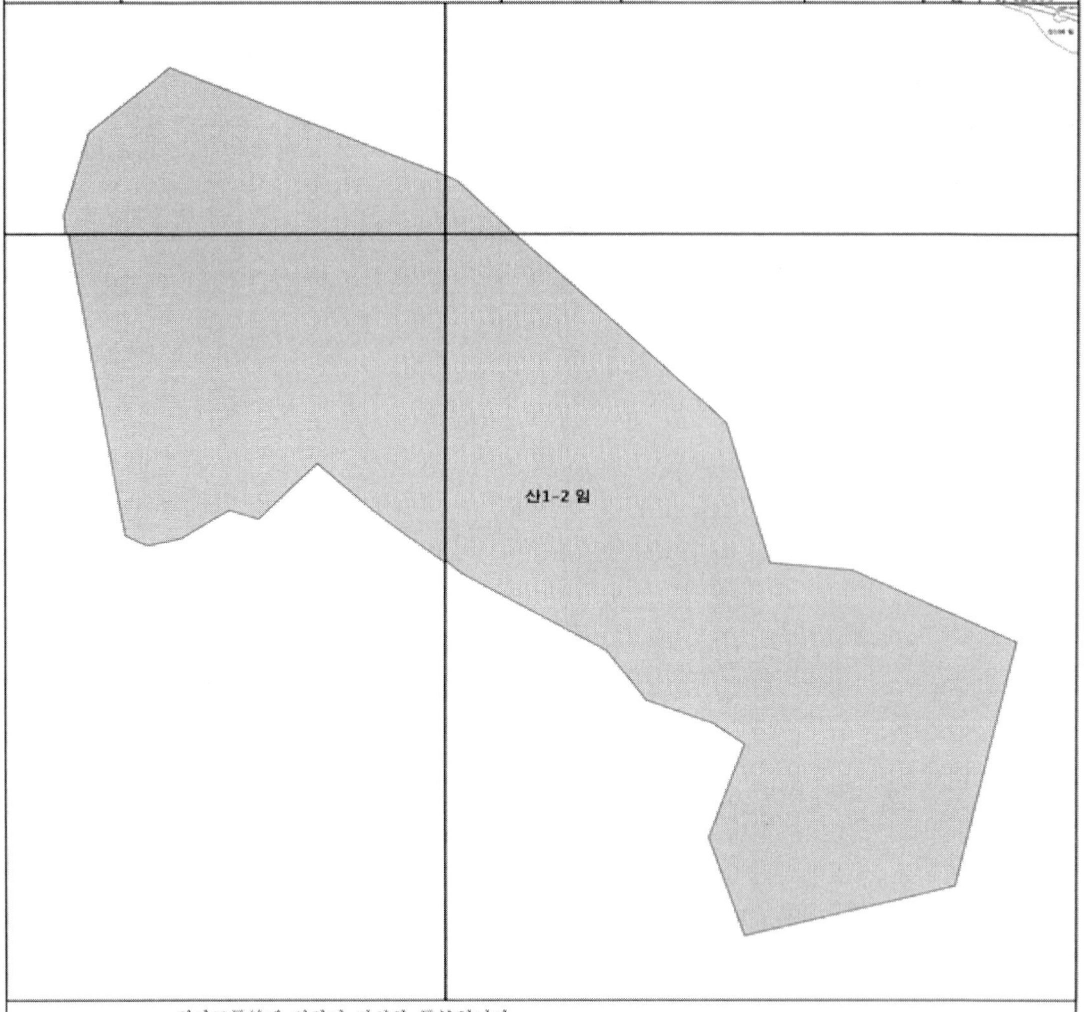


임야도등본에 의하여 작성한 등본입니다.
이 도면등본으로는 지적측량에 사용할 수 없습니다.

2023년 05월 25일

**강 원 도 고 성 군 수**

▸ **해설**

①소재지, 지번 : 소재지와 지번을 기재한다.

②축척 : 지적도, 임야도에 등록되어 있는 축척, 등본 발급 시 적용된 축적이 각각 기재된다.

③도곽 : 지적도, 임야도가 등록된 도면의 낱장의 구획선을 표시한 것이다.

## 5) 경계점좌표등록부

| 토지소재 | 경기도 남양주시 ① |
|---|---|
| 지 번 | -8번지 |
| 축 척 | 1/800 |

### 경계점좌표등록부

| 발급번호 | 202341360008909612 |
|---|---|
| 처리시각 | 10시 32분 23초 |
| 발 급 자 | 정부24 |

②

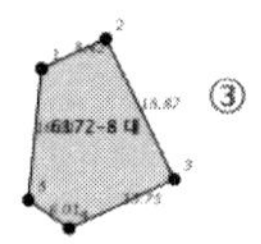

③

| 부호 | 좌 표 | | 부호 | 좌 표 | |
|---|---|---|---|---|---|
| | X | Y | | X | Y |
| 1 | 557076.53 | 214562.65 | | | |
| 2 | 557080.13 | 214570.26 | | | |
| 3 | 557063.12 | 214578.44 | | | |
| 4 | 557057.16 | 214566.05 | | | |
| 5 | 557060.59 | 214561.11 | | | |
| | ~ 이 하 여 백 ~ | | | | |

경계점좌표등록부에 의하여 작성한 등본입니다.

2023년 05월 29일

경기도 남양주시장

* 이 도면으로는 지적측량을 할 수 없습니다.

◆ 본 증명서는 인터넷으로 발급되었으며, 정부24(gov.kr)의 인터넷발급문서진위확인 메뉴를 통해 위 · 변조 여부를 확인할 수 있습니다.(발급일로부터 90일까지) 또한 문서 하단의 바코드로도 진위확인(정부24 앱 또는 스캐너용 문서확인 프로그램)을 하실 수 있습니다.

▸ **해설**

①토지의 소재지 및 지번 등이 기재된다.

②지적도 또는 임야도상 토지를 표시하고, 꺾인 선마다 부호와 그 좌표를 기재한다.

③경계점좌표등록부는 지적도 또는 임야도 해석의 단점을 보완하기 위한 지적공부로, 부호와 좌표를 이용하여 부호 간 거리를 알 수 있다.

# 제 5 장

# 「주택임대차보호법」과 「상가건물 임대차보호법」

# 제1절 「주택임대차보호법」의 핵심

## 1 적용범위

### 1) 물적 범위

이 법률은 주거용 건물의 임대차에 관하여 「민법」에 대한 특례를 정함으로써 국민의 주거권을 보장함을 목적으로 한다. '주거용' 여부는 실제용도를 기준으로 판단한다. 무허가 또는 미등기 건물인 경우에도 임차주택으로 실제 이용 중이면 이 법률이 적용된다. 그러나 일시사용을 위한 임대차에는 적용되지 않는다.

주거용과 비주거용이 겸용으로 쓰고 있는 건물에 대해 주거용 건물의 일부가 주거 외의 목적으로 사용되는 경우에는 이 법률이 적용되나, 비주거용 건물의 일부를 주거용으로 사용하는 경우에는 적용되지 않는다.

▸ **관련판례**

**주거용 건물의 판단기준**

주택임대차보호법 제2조 소정의 주거용 건물에 해당하는지 여부는 임대차목적물의 공부상의 표시만을 기준으로 할 것이 아니라 그 실지 용도에 따라서 정하여야 하고 또 건물의 일부가 임대차의 목적이 되어 주거용과 비주거용으로 겸용되는 경우에는 구체적인 경우에 따라 그 임대차의 목적, 전체 건물과 임대차목적물의 구조와 형태 및 임차인의 임대차목적물의 이용관계 그리고 임차인이 그 곳에서 일상생활을 영위하는지 여부 등을 아울러 고려하여 합목적적으로 결정하여야 한다. (대판 94다52522)

▸ **관련판례**

**임차주택의 일부가 주거외의 목적으로 사용되는 경우**

건물이 공부상으로는 단층 작업소 및 근린생활시설로 표시되어 있으나 실제로 갑은 주거 및 인쇄소 경영 목적으로, 을은 주거 및 슈퍼마켓 경영 목적으로 임차하여 가족들과 함께 입주하여 그 곳에서 일상생활을 영위하는 한편 인쇄소 또는 슈퍼마켓을 경영하고 있으며, 갑의 경우는 주거용으로 사용되는 부분이 비주거용으로 사용되는 부분보다 넓고, 을의 경우는 비주거용으로 사용되는 부분이 더 넓기는 하지만 주거용으로 사용되는 부분도 상당한 면적이고, 위 각 부분이 갑·을의 유일한 주거인 경우 주택임대차보호법 제2조 후문에서 정한 주거용 건물로 인정한다. (대판 94다52522)

▸ **관련판례**

**비주거용 건물의 일부가 주거의 목적으로 사용되는 경우**

임차인이 점유하고 있는 점포 중 일부가 주거용으로 사용되고 있는 경우라도 주택임대차보호법 소정의 주거용 건물이 아니다. (대판 87다카3097)

방 2개와 주방이 딸린 다방이 영업용으로서 비주거용 건물이라고 보여지고, 설사 그 중 방 및 다방의 주방을 주거목적에 사용한다고 하더라도 이는 어디까지나 다방의 영업에 부수적인 것으로서 그러한 주거목적 사용은 비주거용 건물의 일부가 주거목적으로 사용되는 것일 뿐, 주경우'에 해당한다고 볼 수 없다. (대판 95다51953)

## 2) 인적 범위

주택임차인은 자연인으로 주민등록을 할 수 있는 사람, 외국인 및 재외국민의 경우 외국인 등록이나 국내거소 신고를 한 경우 이 법률이 적용된다. 또한, 등기하지 아니한 전세계약에도 적용되며 이 경우 '전세금'이 '임대차의 보증금'이 된다.

그러나, 법인인 경우에는 주민등록을 구비할 수 없기 때문에 이 법률이 적용되지 않으나 한국토지주택공사, 기타 지방공사가 전세임대주택사업을 시행하기 위해 임차인이 된 경우, 「중소기업기본법」상의 법인이 소속 직원의 주거용으로 주택을 임차한 후 직원이 주택을 인도받고 주민등록을 한 경우에는 적용된다.

임차권이 승계된 경우 즉, 임차인의 상속인, 임대인의 동의를 얻은 임차권의 양수인, 전차인도 이 법률의 적용을 받는다.

**「주택임대차보호법」**

**제3조(대항력 등)** ① 임대차는 그 등기(登記)가 없는 경우에도 임차인(賃借人)이 주택의 인도(引渡)와 주민등록을 마친 때에는 그 다음 날부터 제삼자에 대하여 효력이 생긴다. 이 경우 전입신고를 한 때에 주민등록이 된 것으로 본다.

② 주택도시기금을 재원으로 하여 저소득층 무주택자에게 주거생활 안정을 목적으로 전세임대주택을 지원하는 법인이 주택을 임차한 후 지방자치단체의 장 또는 그 법인이 선정한 입주자가 그 주택을

인도받고 주민등록을 마쳤을 때에는 제1항을 준용한다. 이 경우 대항력이 인정되는 법인은 대통령령으로 정한다.

③「중소기업기본법」 제2조에 따른 중소기업에 해당하는 법인이 소속 직원의 주거용으로 주택을 임차한 후 그 법인이 선정한 직원이 해당 주택을 인도받고 주민등록을 마쳤을 때에는 제1항을 준용한다. 임대차가 끝나기 전에 그 직원이 변경된 경우에는 그 법인이 선정한 새로운 직원이 주택을 인도받고 주민등록을 마친 다음 날부터 제삼자에 대하여 효력이 생긴다.

④ 임차주택의 양수인(讓受人)(그 밖에 임대할 권리를 승계한 자를 포함한다)은 임대인(賃貸人)의 지위를 승계한 것으로 본다.

⑤ 이 법에 따라 임대차의 목적이 된 주택이 매매나 경매의 목적물이 된 경우에는 「민법」 제575조제1항·제3항 및 같은 법 제578조를 준용한다.

⑥ 제5항의 경우에는 동시이행의 항변권(抗辯權)에 관한 「민법」 제536조를 준용한다.

## 2 기간보장

### 1) 최단기간 2년 보장

기간의 정함이 없거나 기간을 2년 미만으로 정한 임대차는 그 기간을 2년으로 본다. 다만, 주택임대차의 기간을 1년으로 약정한 경우 임차인은 2년을 주장하거나 1년을 주장할 수 있는 선택권이 있다. 즉, 임차인만이 2년 미만으로 정한 기간이 유효함을 주장할 수 있다.

### 2) 계약의 법정갱신(묵시적 갱신)

#### (1) 의의

임대인이 임대차기간이 끝나기 6개월 전부터 2개월 전까지의 기간에 임차인에게 갱신거절의 통지를 하지 않거나, 계약조건을 변경하지 않으면 갱신하지 않는 다는 뜻의 통지를 하지 않은 경우, 그 기간이 끝난 때에 기존 임대차와 동일한 조건으로 다시 임대차한 것으로 본다. 임차인이 임대차기간이 끝나기 2개월 전까지 통지하지 않은 경우에도 또한 같다.

### (2) 묵시적 갱신 후의 효력

갱신된 계약의 존속기간은 2년으로 본다. 다만, 갱신된 계약을 2년으로 강제하는 것은 임차인 보호에 역행하므로 임차인은 언제든지 임대인에게 계약해지의 통지를 할 수 있고 이 경우 임대인이 그 통지를 받은 날로부터 3개월이 지나면 계약은 종료된다.

이러한 묵시적 갱신의 효력은 임차인에게 유리한 제도이지만 만약 임차인이 2기의 차임액에 달하도록 연체하거나 그 밖에 임차인으로서의 의무를 현저히 위반한 경우에는 적용하지 않는다.

## 3) 계약의 갱신요구

### (1) 의의

임대차의 법정갱신에도 불구하고 임대인은 임차인이 임대차기간이 끝나기 6개월 전부터 2개월 전까지의 기간 이내에 계약갱신을 요구할 경우 정당한 사유 없이 거절하지 못한다. 다만, 다음 각 호의 경우에는 그러하지 아니하다.

**「주택임대차보호법」**

**제6조의3(계약갱신 요구 등)** ① 제6조에도 불구하고 임대인은 임차인이 제6조제1항 전단의 기간 이내에 계약갱신을 요구할 경우 정당한 사유 없이 거절하지 못한다. 다만, 다음 각 호의 어느 하나에 해당하는 경우에는 그러하지 아니하다.

1. 임차인이 2기의 차임액에 해당하는 금액에 이르도록 차임을 연체한 사실이 있는 경우
2. 임차인이 거짓이나 그 밖의 부정한 방법으로 임차한 경우
3. 서로 합의하여 임대인이 임차인에게 상당한 보상을 제공한 경우
4. 임차인이 임대인의 동의 없이 목적 주택의 전부 또는 일부를 전대(轉貸)한 경우
5. 임차인이 임차한 주택의 전부 또는 일부를 고의나 중대한 과실로 파손한 경우
6. 임차한 주택의 전부 또는 일부가 멸실되어 임대차의 목적을 달성하지 못할 경우
7. 임대인이 다음 각 목의 어느 하나에 해당하는 사유로 목적 주택의 전부 또는 대부분을 철거하거나 재건축하기 위하여 목적 주택의 점유를 회복할 필요가 있는 경우
   가. 임대차계약 체결 당시 공사시기 및 소요기간 등을 포함한 철거 또는 재건축 계획을 임차인에게 구체적으로 고지하고 그 계획에 따르는 경우
   나. 건물이 노후·훼손 또는 일부 멸실되는 등 안전사고의 우려가 있는 경우
   다. 다른 법령에 따라 철거 또는 재건축이 이루어지는 경우

8. 임대인(임대인의 직계존속·직계비속을 포함한다)이 목적 주택에 실제 거주하려는 경우
9. 그 밖에 임차인이 임차인으로서의 의무를 현저히 위반하거나 임대차를 계속하기 어려운 중대한 사유가 있는 경우

② 임차인은 제1항에 따른 계약갱신요구권을 1회에 한하여 행사할 수 있다. 이 경우 갱신되는 임대차의 존속기간은 2년으로 본다.

③ 갱신되는 임대차는 전 임대차와 동일한 조건으로 다시 계약된 것으로 본다. 다만, 차임과 보증금은 제7조의 범위에서 증감할 수 있다.

④ 제1항에 따라 갱신되는 임대차의 해지에 관하여는 제6조의2를 준용한다.

### (2) 갱신임대차의 내용

임차인은 계약갱신요구권을 1회에 한하여 행사할 수 있고, 존속기간은 2년으로 본다. 갱신되는 임대차는 전 임대차와 동일한 조건으로 다시 계약된 것으로 본다. 다만, 차임과 보증금은 5% 이내로 증액 또는 감액할 수 있다. 묵시적 갱신과 동일하게 갱신된 계약을 2년으로 강제하는 것은 임차인 보호에 역행하므로 임차인은 언제든지 임대인에게 계약해지의 통지를 할 수 있고 이 경우 임대인이 그 통지를 받은 날로부터 3개월이 지나면 계약은 종료된다.

### (3) 갱신거절로 인한 손해배상

#### ① 배상요건

임대인이 법에서 정한 정당한 사유로 갱신을 거절하였음에도 불구하고 갱신요구가 거절되지 아니하였더라면 갱신되었을 기간이 만료되기 전에, 정당한 사유 없이 제3자에게 목적주택을 임대한 경우 임대인은 갱신거절로 인하여 임차인이 입은 손해를 배상하여야 한다.

#### ② 배상액

손해배상액은 거절 당시 당사자 간에 손해배상액의 예정에 관한 합의가 이루어지지 않는 한, 다음 각 호의 금액 중 큰 금액으로 한다.

- 갱신거절 당시 월차임의 3개월분에 해당하는 금액
- 임대인이 제3자에게 임대하여 얻은 환산월차임과 갱신거절 당시 환산차임 간 차액의 2년분에 해당하는 금액
- 제1항 제8호의 사유로 인한 갱신거절로 인하여 임차인이 입은 손해액

「주택임대차보호법」

**제6조의3(계약갱신 요구 등)**

⑥ 제5항에 따른 손해배상액은 거절 당시 당사자 간에 손해배상액의 예정에 관한 합의가 이루어지지 않는 한 다음 각 호의 금액 중 큰 금액으로 한다.

1. 갱신거절 당시 월차임(차임 외에 보증금이 있는 경우에는 그 보증금을 제7조의2 각 호 중 낮은 비율에 따라 월 단위의 차임으로 전환한 금액을 포함한다. 이하 "환산월차임"이라 한다)의 3개월분에 해당하는 금액
2. 임대인이 제3자에게 임대하여 얻은 환산월차임과 갱신거절 당시 환산월차임 간 차액의 2년분에 해당하는 금액
3. 제1항제8호의 사유로 인한 갱신거절로 인하여 임차인이 입은 손해액

## 3 대항력

### 1) 대항력의 취득요건과 발생시기

#### (1) 주택의 인도

대항력은 계약관계의 당사자가 아닌 제3자에게 그 계약관계의 유효함을 주장할 수 있는 효력을 말한다. 임대차에 관한 대항력을 행사하려면 임차인이 주택에 거주하여 점유하여야 한다. 타인의 점유를 매개로 하여 이를 간접점유하는 경우에도 인정될 수 있지만, 직접 점유하는 자가 주민등록을 마친 경우에 한하여 인정될 수 있다.

#### (2) 임차인의 주민등록

대항력을 갖기 위해서 임차권의 존재를 제3자가 명백히 인식할 수 있게 하는 공시방법이 주민등록이다. 주민등록은 '행정청이 수리한 경우'에 비로소 신고의 효력이 발생한다.

① 임차인 본인이나 배우자, 가족의 주민등록도 유효하다. 주민등록이라는 대항요건은 임차인 본인뿐만 아니라 그 배우자나 자녀 등 가족의 주민등록을 포함한다. (대판 95다30338)

② 임차인이 전대차를 하여 간접점유한 경우, 임차인과의 점유매개관계에 기하여 당해 주택에 실제로 거주하는 직접점유자가 자신의 주민등록을 마친 경우에 한하여 비로소 그 임차인의 임대차가 제3자에 대하여 적법하게 대항력을 취득할 수 있다. (대판 2000다55645)

③ 다세대주택이나 아파트의 경우 동·호수를 기재할 것: 연립주택의 경우 동·호수의 표시 없이 그 지번만을 신고하여 주민등록을 한 경우에는 유효한 공시방법으로 볼 수 없다. (대판 95다48421)

④ 다가구용 단독주택은 「건축법」이나 구 「주택건설촉진법」상 이를 공동주택으로 볼 근거가 없어 단독주택으로 보는 이상 전입신고를 하는 경우 '지번'만 기재하는 것으로 충분하고, 나아가 건물 거주자의 편의상 구분지어 놓은 호수까지 기재할 의무가 없다. (대판 97다29530)

### (3) 대항력의 발생시기

#### ① 원칙

임차인은 주택의 인도와 주민등록을 마친 다음 날 0시부터 대항력을 취득한다. 따라서 전입신고와 저당권 등기가 같은 날 이루어진 경우 전입신고를 한 익일부터 대항력이 생기므로 저당권이 임차권에 우선한다.

#### ② 존속요건

주민등록은 대항력의 '취득요건'이면서 '존속요건'이므로 주민등록은 취득 시에만 필요한 것이 아니고 대항력을 유지하기 위해서 계속 존속하고 있어야 한다. 따라서 다음과 같은 경우 대항력 유무가 존속 여부에 따라 결정된다.

**- 매도인이 집을 팔고 같은 집을 다시 임대를 얻은 경우**

기존에 주민등록을 마치고 주택에 거주하던 소유자가 주택을 타인에게 매도한 후 매수인으로부터 주택을 다시 임차한 경우, 종전 소유자인 주택의 양도인은 매수인 명의로 소유권이전등기가 경료된 다음 날부터 대항력을 취득한다. (대판 99다59306)

**- 세대원 일부만 다른 곳으로 전출한 때**

임차인이 가족과 함께 그 주택에 대한 점유를 계속하면서 가족의 주민등록은 그대로 둔 채 임차인만 주민등록을 다른 곳으로 일시 옮긴 경우에는 전체적·종국적으로 주민등록이 이탈된 것이 아니므로 대항력은 존속한다. (대판 95다30338)

- **세대원 전원이 다른 곳으로 전출한 때**

이는 전체적으로나 종국적으로 주민등록의 이탈이라고 볼 수 있으므로 그 대항력은 그 전출 당시 이미 대항요건의 상실로 소멸된다. 그 후 그 임차인이 얼마 있지 않아 다시 원래의 주소지로 주민등록을 재전입하였다 하더라도 이로써 소멸되었던 대항력이 당초에 소급하여 회복되는 것이 아니라 그 재전입한 때부터 그와는 동일성이 없는 새로운 대항력이 재차 발생하는 것이다. (대판 97다48468)

- **임차인의 주민등록이 직권말소된 경우**

직권말소 후 동법 소정의 이의절차에 따라 그 말소된 주민등록이 회복되거나 동법 시행령 제29조에 의하여 재등록이 이루어짐으로써 주택임차인에게 주민등록을 유지할 의사가 있었다는 것이 명백히 드러난 경우에는 소급하여 그 대항력이 유지된다고 할 것이고, 다만, 그 직권말소가 주민등록법 소정의 이의절차에 의하여 회복된 것이 아닌 경우에는 직권말소 후 재등록이 이루어지기 이전에 주민등록이 없는 것으로 믿고 임차주택에 관하여 새로운 이해관계를 맺은 선의의 제3자에 대하여는 임차인은 대항력의 유지를 주장할 수 없다고 봄이 상당하다. (대판 2002다20957)

## 2) 대항력의 내용

### (1) 원칙

임차주택의 양수인은 임대인의 지위를 승계한 것으로 본다(법 제3조 제4항), 즉, 주택의 양수인이 보증금반환의무를 승계한다. '특별한 사정이 없는 한' 주택양도인의 임차보증금반환채무는 소멸하고, 양수인이 임대인의 보증금반환의무를 주택의 소유권과 결합하여 일체로서 승계하므로 임차인은 주택의 양수인에게만 보증금의 반환을 청구할 수 있다. (대판 95다35616)

### (2) 예외

'특별한 사정이 있을 때(임차인이 이의제기를 한 때)'에는 주택의 양수인이 보증금반환채무를 승계하지 않는다.

임차인이 임대인의 지위승계를 원하지 않는 경우에는 임차인의 임차주택의 양도 사실을 안 때로부터 상당한 기간 내에 이의를 제기함으로써 승계되는 임대차관계의 구속으로부터 벗어날 수 있고, 그와 같은 경우에는 양도인의 임차인에 대한 보증금반환채무는 소멸하지 않는다. (대판 2001다64615)

## 4 보증금 회수의 보장

### 1) 우선변제권

#### (1) 우선변제권의 요건

**① 대항요건과 확정일자를 갖추어야 한다**

대항요건은 제3자에게 공시하기 위한 것으로 주택의 인도와 주민등록을 갖추어야 한다. 확정일자는 임대인과 임차인이 담합해서 임대차의 보증금액이 사후에 변경되는 것을 방지하고자 한 것으로서 임대차 계약서상의 보증금과 날짜를 확인하여 번호를 부여하는 것을 말한다. 이 확정일자는 저당권과의 배당순위를 비교하는 데 중요한 역할을 한다.

확정일자 부여기관은 주민센터, 읍·면사무소, 등기소 등이며, 임대차계약서에 날인 등의 방법으로 확정일자를 부여한다.

**② 임차주택이 경매처분되어야 한다**

임차인이 우선변제권을 행사하기 위해서는 당해 임차주택이 경매 또는 체납처분에 의하여 매각되어야 한다.

**③ 배당요구할 것**

임차인이 환가대금으로부터 우선변제를 받기 위해서는 경매법원에 배당요구를 하여야 한다. 임대차 종료 전에도 배당요구를 할 수 있으며, 주택의 인도와 주민등록이 유지되어야 할 최종시점은 배당요구시가 아니라 배당요구의 종기인 경락기일까지이다. (대판 2000다61466)

#### (2) 우선변제권의 효과

① 확정일자를 기준으로 우선순위가 결정되며, 임차인은 후순위권리자나 일반채권자에 우선하여 변제를 받을 수 있다.

② 우선변제를 받는 대상은 건물만의 임차인이라 해도 건물과 대지를 포함한 환가대금으로부터 우선변제를 받을 수 있다. 우선변제권은 임차주택이 미등기인 경우에도 그대로 적용된다.

③ 보증금을 수령하려면 주택을 양수인에게 인도하여야 한다. 임차인이 보증금을 반환받기 위해서 주택 명도의무를 선이행해야 하는 것은 아니고 임차 목적물 반환과 보증금 반환은 동시이행의 관계에 있다.

④ 우선변제권을 갖춘 임차인이 소액임차인의 지위를 겸한 경우 먼저 소액임차인으로서 일정액을 최우선변제받고 나서 나머지 보증금에 대하여 대항요건과 확정일자를 갖춘 순위에 따라 배당한다. (대판 2007다45562)

## 2) 최우선변제권

### (1) 의의

선순위 저당권이 있는 주택의 임차인은 주택이 경매 등으로 소유자가 바뀌는 경우 경락인에게 대항하지 못한다. 즉, 보증금 반환을 요구할 수 없고 집을 비워 줘야하는 상황이 되는데 이때 보증금 중 일부를 선순위 저당권자보다 우선적으로 변제받을 수 있는 권리가 최우선변제권이다.

### (2) 요건

**① 보증금이 소액임차인에 해당할 것**

최우선변제권은 임차보증금이 일정액 이하인 경우에만 적용되며 임차주택에 대하여 담보물권을 취득한 때를 기준으로 소액임차인 및 소액보증금의 범위를 정하여야 한다.

**「주택임대차보호법 시행령」**

**제11조(우선변제를 받을 임차인의 범위)** 법 제8조에 따라 우선변제를 받을 임차인은 보증금이 다음 각 호의 구분에 의한 금액 이하인 임차인으로 한다. 〈개정 2023. 2. 21.〉

1. 서울특별시: 1억6천500만원
2. 「수도권정비계획법」에 따른 과밀억제권역(서울특별시는 제외한다), 세종특별자치시, 용인시, 화성시 및 김포시: 1억4천500만원
3. 광역시(「수도권정비계획법」에 따른 과밀억제권역에 포함된 지역과 군지역은 제외한다), 안산시, 광주시, 파주시, 이천시 및 평택시: 8천500만원
4. 그 밖의 지역: 7천500만원

**제10조(보증금 중 일정액의 범위 등)** ① 법 제8조에 따라 우선변제를 받을 보증금 중 일정액의 범위는 다음 각 호의 구분에 의한 금액 이하로 한다. 〈개정 2023. 2. 21.〉

1. 서울특별시: 5천500만원
2. 「수도권정비계획법」에 따른 과밀억제권역(서울특별시는 제외한다), 세종특별자치시, 용인시, 화성시 및 김포시: 4천800만원
3. 광역시(「수도권정비계획법」에 따른 과밀억제권역에 포함된 지역과 군지역은 제외한다), 안산시, 광주시, 파주시, 이천시 및 평택시: 2천800만원
4. 그 밖의 지역: 2천500만원

처음 임대차계약을 체결할 당시에는 보증금액이 많아 「주택임대차보호법」상 소액임차인에 해당하지 않았지만 그 후 새로운 임대차계약에 의하여 정당하게 보증금을 감액하여 소액임차인에 해당하게 되었다면, 임차인은 소액임차인으로 보호받을 수 있다. (대판 2007다23203)

건물의 용도를 변경한 때 근저당권이 설정된 사무실용 건물이 주거용 건물로 용도변경된 후 이를 임차한 소액임차인은 보증금 중 일정액을 근저당권자에게 우선하여 변제받을 수 있다. (대판 2009다26879)

### ② 대항요건을 갖출 것

최우선변제권은 주택의 '인도와 주민등록'이라는 대항요건을 구비한 소액임차인에게만 인정된다. 이 경우 임대차계약서상에 확정일자가 있어야만 하는 것은 아니다.

대항요건은 주택에 대한 경매신청의 등기 전에 구비하여야 하고, 배당요구의 종기까지 배당요구를 하여야 하며 배당요구의 종기(배당이 끝날 때까지) 계속 구비하고 있어야 한다.

### ③ 임차주택이 경매로 매각될 것

소액임차인이 최우선변제권을 행사하기 위해서는 당해 임차주택이 경매 또는 체납처분에 의하여 매각되어야 한다. 주택이 경매 등에 의해서가 매매되는 경우에 그 매매대금에 대하여는 최우선변제권이 전혀 문제되지 아니한다.

### (3) 효과

#### ① 최우선변제 금액의 적용

후순위 임차인의 보증금액수가 「주택임대차보호법 시행령」 제11조에서 정한 지역별 금액 이하인 경우 주택이 경매되면 「주택임대차보호법 시행령」 제10조에서 정하는 보증금 중 일정액을 선순위 저당권이나 국세보다 최우선변제를 받는다.

#### ② 최우선변제 금액이 주택가액의 2분의 1을 넘는 때

주택가액(대지가액을 포함)의 2분의 1에 해당하는 금액에 한하여 최우선변제권이 인정된다.

#### ③ 최우선변제 금액의 배당순위

소액임차인의 보증금 중 일정액은 다른 담보물권보다 항상 우선하여 보장되며, 국세·지방세 등의 모든 국세채권보다 우선한다. 다만, 「근로기준법」 제37조 제2항에 따라, 최종 3개월분 임금과 최종 3년간의 퇴직금 및 재해보상금과는 동순위로 배당받는다.

## 3) 임차권등기명령제도

### (1) 의의

임대차 종료 후 임차인은 보증금을 반환받기 위해 대항요건을 존속하고 있어야 하나 주민등록을 전출하는 경우 대항요건을 상실하게 된다. 이 경우 임차권에 대한 등기를 하게 되면 전출 후에도 대항력과 우선변제권을 유지할 수 있기 때문에 이를 위해 임차권을 등기를 할 수 있는 제도를 2013년 신설하였다.

### (2) 요건

임대차가 끝난 후 보증금이 반환되지 아니한 경우 임차인은 임차주택의 소재지를 관할하는 지방법원, 지방법원지원 또는 시·군 법원에 임차권등기명령을 신청할 수 있다. 또한, 임차인의 보증금반환채권을 양수한 금융기관 등은 임차인을 대위하여 임차권등기명령을 신청할 수 있다.

### (3) 효력

임차권등기 이후에는 임차인이 대항요건을 상실하더라도 이미 취득한 대항력과 우선변제권을 상실하지 아니한다(법 제3조의3 제5항). 임차권등기명령의 집행에 의한 임차권등기가 마쳐진 주택을 그 이후에 임차한 임차인은 제8조에 의한 소액보증금의 최우선변제를 받을 권리가 없다(법 제3조의3 제3항). 임차권등기명령에 따른 등기비용은 임대인이 부담한다.

또한, 임차권등기명령에 의하여 임차권등기를 한 임차인은 우선변제권을 가지며, 임차권등기는 임차인으로 하여금 기왕의 대항력이나 우선변제권을 유지하도록 해주는 담보적 기능을 주목적으로 하고 있으므로, 그 임차인은 별도로 배당요구를 하지 않아도 당연히 배당받을 채권자에 속하는 것으로 보아야 한다. (대판 2005다33039)

# 제2절 「상가건물 임대차보호법」의 핵심

## 1 적용범위

### 1) 사업자등록의 대상이 되는 상가건물

이 법률은 사업자등록이 되는 상가건물의 임대차에 적용된다. 따라서, 사업자등록이 될 수 없는 종교단체, 자선단체 등 사무실에는 적용될 수 없다.

상가건물에 해당하는지 여부는 공부상의 표시가 아니라 건물의 현황, 용도에 비추어 '영업용으로 실제 사용하느냐'로 판단한다. (대판 2009다40967)

인적범위로는 주택임대차와 달리 법인인 경우에도 적용되며, 미등기 전세를 통한 상가임대차에도 적용되나 일시사용을 위한 임대차임이 명백한 경우에는 이 법률이 적용되지 않는다.

### 2) 환산보증금이 일정한도 이하일 것

#### (1) 환산보증금

환산보증금이란, 보증금과 월세 환산액수를 합한 금액으로 월세는 100을 곱하여 환산한다. 환산보증금은 다음과 같이 지역별로 상이하다.

**「상가건물 임대차보호법 시행령」**

**제2조(적용범위)** ① 「상가건물 임대차보호법」(이하 "법"이라 한다) 제2조제1항 단서에서 "대통령령으로 정하는 보증금액"이란 다음 각 호의 구분에 의한 금액을 말한다.

1. 서울특별시: 9억원
2. 「수도권정비계획법」에 따른 과밀억제권역(서울특별시는 제외한다) 및 부산광역시: 6억9천만원

3. 광역시(「수도권정비계획법」에 따른 과밀억제권역에 포함된 지역과 군지역, 부산광역시는 제외한다), 세종특별자치시, 파주시, 화성시, 안산시, 용인시, 김포시 및 광주시: 5억4천만원
4. 그 밖의 지역: 3억7천만원

### (2) 환산보증금에 따른 적용범위

환산보증금 액수를 초과하는 경우에는 '최단기간의 보장', '우선변제권', '확정일자의 부여' 등은 적용되지 않지만, '갱신요구권 보장', '대항력 보장', '권리금 규정', '차임 연체와 해지' 등 규정은 적용된다.

## 2 기간보장

### 1) 최단기간의 보장

기간을 정하지 아니하거나 기간을 1년 미만으로 정한 임대차는 그 기간을 1년으로 본다. 다만, 임차인은 1년 미만으로 정한 기간이 유효함을 주장할 수 있다. 이 규정은 환산보증금을 초과하는 임대차에는 적용하지 아니한다.

### 2) 묵시적 갱신

임대인이 임대차기간 만료 전 6월부터 1월까지 임차인에게 갱신 거절의 통지 또는 조건 변경의 통지를 하지 아니한 경우에는 그 기간이 만료된 때에 전 임대차와 동일한 조건으로 다시 임대차한 것으로 본다. 이 경우에 임대차의 존속기간은 1년으로 본다.

갱신 이후 임차인은 언제든지 임대인에게 계약해지의 통고를 할 수 있고, 임대인이 통고를 받은 날부터 3개월이 지나면 효력이 발생한다.

## 3) 계약갱신요구권

### (1) 요건과 효력

임대인은 임차인이 임대차기간 만료 전 6개월부터 1월까지 사이에 계약갱신을 요구한 때에는 정당한 사유 없이 이를 거절하지 못한다. 갱신은 기존 임대차와 동일한 조건으로 다시 계약한 것으로 보며 차임은 5% 범위 내에서 증액할 수 있다. 갱신을 통한 전체 임대차기간은 10년 이내로 제한된다.

### (2) 갱신거절 사유

**「상가건물 임대차보호법」**

**제10조(계약갱신 요구 등)** ① 임대인은 임차인이 임대차기간이 만료되기 6개월 전부터 1개월 전까지 사이에 계약갱신을 요구할 경우 정당한 사유 없이 거절하지 못한다. 다만, 다음 각 호의 어느 하나의 경우에는 그러하지 아니하다.

1. 임차인이 3기의 차임액에 해당하는 금액에 이르도록 차임을 연체한 사실이 있는 경우
2. 임차인이 거짓이나 그 밖의 부정한 방법으로 임차한 경우
3. 서로 합의하여 임대인이 임차인에게 상당한 보상을 제공한 경우
4. 임차인이 임대인의 동의 없이 목적 건물의 전부 또는 일부를 전대(轉貸)한 경우
5. 임차인이 임차한 건물의 전부 또는 일부를 고의나 중대한 과실로 파손한 경우
6. 임차한 건물의 전부 또는 일부가 멸실되어 임대차의 목적을 달성하지 못할 경우
7. 임대인이 다음 각 목의 어느 하나에 해당하는 사유로 목적 건물의 전부 또는 대부분을 철거하거나 재건축하기 위하여 목적 건물의 점유를 회복할 필요가 있는 경우
   가. 임대차계약 체결 당시 공사시기 및 소요기간 등을 포함한 철거 또는 재건축 계획을 임차인에게 구체적으로 고지하고 그 계획에 따르는 경우
   나. 건물이 노후·훼손 또는 일부 멸실되는 등 안전사고의 우려가 있는 경우
   다. 다른 법령에 따라 철거 또는 재건축이 이루어지는 경우
8. 그 밖에 임차인이 임차인으로서의 의무를 현저히 위반하거나 임대차를 계속하기 어려운 중대한 사유가 있는 경우

## 3 대항력

### 1) 대항력의 취득요건

상가건물 임대차계약의 대항력은 건물의 인도와 사업자등록을 신청한 다음 날 0시부터 생긴다. 사업자 등록은 대항력의 취득요건이고 존속요건이므로 중간에 사업자 폐업을 한 경우 대항력이 유지되지 않는다.

### 2) 효력

임차인이 상가건물의 대항력을 갖춘 상태에서 상가건물의 소유권이 양도되면 임차건물의 양수인은 임대인의 지위를 승계한 것으로 본다. 임차인에 대한 보증금 반환의무도 건물양수인에게 소유권과 함께 승계되고 전 소유자인 양도인은 보증금반환의무를 면한다.

임차건물의 소유권이 이전되기 전에 이미 발생한 연체차임이나 관리비 등은 별도의 채권양도절차가 없는 한 원칙적으로 양수인에게 이전되지 않으며, 임대인만이 임차인에게 청구할 수 있다. 그 이유는 차임이나 관리비 등은 임차건물을 사용한 대가로서 임차인에게 임차건물을 사용하도록 할 당시의 소유자 등 처분권한 있는 자에게 귀속된다고 볼 수 있기 때문이다. (대판 2016다218874)

## 4 보증금의 회수 보장

### 1) 우선변제권

#### (1) 우선변제권의 요건

상가임대차에서 사업자등록은 대항력 또는 우선변제권의 취득요건일 뿐만 아니라 존속요건이기도 하므로, 배당요구의 종기까지 존속하고 있어야 한다.

상가건물 임대차계약증서 원본을 소지한 임차인은 상가건물의 소재지 관할 세무서장에게 확정일자 부여를 신청할 수 있다. 확정일자 부여의 신청을 받은 세무서장은 확정일자 번호, 확정일자 부여일을 상가건물 임대차계약증서 원본에 표시하고 관인을 찍는 방법으로 부여한다.

### (2) 우선변제권의 행사

건물이 경매 시 임차인은 후순위 권리자보다 보증금을 우선변제받을 수 있다. 임차인은 건물을 양수인에게 인도하지 아니하면 보증금을 받을 수 없다. 임대차계약을 체결하려는 자는 임대인의 동의를 받아 관할세무서장에게 확정일자 부여일, 차임 및 보증금 등의 정보제공을 요청할 수 있다.

## 2) 최우선변제권

임차인은 보증금 중 일정액을 다른 담보물권자보다 우선하여 변제받을 권리가 있다. 임차인의 보증금중 일정액이 상가건물의 가액의 2분의 1을 초과하는 경우에는 상가건물의 가액의 2분의 1에 해당하는 금액에 한하여 우선변제권이 있다.

**「상가건물 임대차보호법 시행령」**

**제6조(우선변제를 받을 임차인의 범위)** 법 제14조의 규정에 의하여 우선변제를 받을 임차인은 보증금과 차임이 있는 경우 법 제2조제2항의 규정에 의하여 환산한 금액의 합계가 다음 각호의 구분에 의한 금액 이하인 임차인으로 한다. 〈개정 2013. 12. 30.〉

1. 서울특별시: 6천500만원
2. 「수도권정비계획법」에 따른 과밀억제권역(서울특별시는 제외한다): 5천500만원
3. 광역시(「수도권정비계획법」에 따른 과밀억제권역에 포함된 지역과 군지역은 제외한다), 안산시, 용인시, 김포시 및 광주시: 3천8백만원
4. 그 밖의 지역: 3천만원

**제7조(우선변제를 받을 보증금의 범위 등)** ① 법 제14조의 규정에 의하여 우선변제를 받을 보증금중 일정액의 범위는 다음 각호의 구분에 의한 금액 이하로 한다. 〈개정 2013. 12. 30.〉

1. 서울특별시: 2천200만원
2. 「수도권정비계획법」에 따른 과밀억제권역(서울특별시는 제외한다): 1천900만원

3. 광역시(「수도권정비계획법」에 따른 과밀억제권역에 포함된 지역과 군지역은 제외한다), 안산시, 용인시, 김포시 및 광주시: 1천300만원
4. 그 밖의 지역: 1천만원

### 3) 임차권등기명령

임대차가 종료된 후 보증금이 반환되지 아니한 경우 임차인은 임차건물의 소재지를 관할하는 지방법원, 지방법원지원 또는 시·군법원에 임차권등기명령을 신청할 수 있다. 임차권등기명령제도는 환산보증금 이하의 상가임대차에만 인정된다. 따라서 환산보증금 초과 임차인의 경우 전세권 등기를 하기도 한다.

## 5 권리금의 회수 보장

### 1) 권리금의 의의

권리금이란, 임대차 목적물인 상가건물에서 영업을 하는 자 또는 영업을 하려는 자가 영업시설·비품, 거래처, 신용, 영업상의 노하우, 상가건물의 위치에 따른 영업상의 이점 등 유형·무형의 재산적 가치의 양도 또는 이용대가를 말한다.

권리금 계약이란, 신규임차인이 되려는 자가 임차인에게 권리금을 지급하기로 하는 계약을 말한다.

### 2) 권리금 회수기회의 보호의무

#### (1) 요건

임대인은 임대차기간이 끝나기 6개월 전부터 임대차 종료 시까지 권리금 계약에 따라 임차인이 주선한 신규임차인이 되려는 자로 부터 권리금을 지급받는 것을 방해하여서는 아니 된다.

### (2) 방해행위

「상가건물 임대차보호법」

**제10조의4(권리금 회수기회 보호 등)** ① 임대인은 임대차기간이 끝나기 6개월 전부터 임대차 종료 시까지 다음 각 호의 어느 하나에 해당하는 행위를 함으로써 권리금 계약에 따라 임차인이 주선한 신규임차인이 되려는 자로부터 권리금을 지급받는 것을 방해하여서는 아니 된다. 다만, 제10조제1항 각 호의 어느 하나에 해당하는 사유가 있는 경우에는 그러하지 아니하다.

1. 임차인이 주선한 신규임차인이 되려는 자에게 권리금을 요구하거나 임차인이 주선한 신규임차인이 되려는 자로부터 권리금을 수수하는 행위
2. 임차인이 주선한 신규임차인이 되려는 자로 하여금 임차인에게 권리금을 지급하지 못하게 하는 행위
3. 임차인이 주선한 신규임차인이 되려는 자에게 상가건물에 관한 조세, 공과금, 주변 상가건물의 차임 및 보증금, 그 밖의 부담에 따른 금액에 비추어 현저히 고액의 차임과 보증금을 요구하는 행위
4. 그 밖에 정당한 사유 없이 임대인이 임차인이 주선한 신규임차인이 되려는 자와 임대차계약의 체결을 거절하는 행위

### (3) 방해행위가 아닌 경우

임대인은 권리금 회수기회 방해행위를 통해 임차인이 권리금을 회수하는 것을 방해할 수 없기 때문에 임차인이 주선한 임차인과의 새로운 임대차계약을 거절할 수 없지만, 정당한 사유가 있는 경우에는 동 임대차 계약을 거절할 수 있다.

「상가건물 임대차보호법」

**제10조의4(권리금 회수기회 보호 등)**

② 다음 각 호의 어느 하나에 해당하는 경우에는 제1항제4호의 정당한 사유가 있는 것으로 본다.

1. 임차인이 주선한 신규임차인이 되려는 자가 보증금 또는 차임을 지급할 자력이 없는 경우
2. 임차인이 주선한 신규임차인이 되려는 자가 임차인으로서의 의무를 위반할 우려가 있거나 그 밖에 임대차를 유지하기 어려운 상당한 사유가 있는 경우
3. 임대차 목적물인 상가건물을 1년 6개월 이상 영리목적으로 사용하지 아니한 경우
4. 임대인이 선택한 신규임차인이 임차인과 권리금 계약을 체결하고 그 권리금을 지급한 경우

### 3) 권리금 회수기회 방해로 인한 임대인의 손해배상 책임

임차인이 권리금계약의 방해로 임대인에게 손해배상을 청구할 권리는 방해행위 시부터가 아니라 임대차가 종료한 날부터 3년 이내에 행사하지 아니하면 시효의 완성으로 소멸한다.

임차인의 목적물반환의무와 임대인의 권리금 회수방해로 인한 손해배상의무는 동시이행관계가 아니다. (대판 2018다242727)

최초의 임대차기간을 포함한 전체 임대차기간이 10년을 초과하여 임차인이 계약갱신요구권을 행사할 수 없는 경우에도 임대인은 '권리금 회수기회 보호의무'를 부담한다.

## 참고 '주택'과'상거건물'의 임대차보호법 비교

| 구분 | 주택<br>「주택임대차보호법」 | 상가건물<br>「상가건물 임대차보호법」 |
|---|---|---|
| 적용대상 | ① 주거용건물의 전부 또는 일부의 임대차(보증금제한 없음) (법 제2조)<br>② 임차인이 법인인 경우 예외적으로 적용(법 제3조 제2항) | ① 사업자등록의 대상이 되는 상가건물 임대차(일정범위 보증금제한 있음) (법 제2조 제1항, 영 제2조)<br>② 임차인이 법인인 경우 적용 |
| 최단기간의 보호 | 2년(임차인은 2년 미만의 약정 기간 주장가능)(법 제4조 제1항) | 1년(임차인은 1년 미만의 약정 기간 주장 가능)(법 제9조 제1항) |
| 대항력 발생요건 | 등기 또는 주택의 인도 및 주민등록(전입신고)(법 제3조 제1항) | 등기 또는 건물의 인도 및 사업자등록 신청(법 제3조 제1항) |
| 대항력 발생시기 | 주택의 인도 및 주민등록을 갖춘 때에는 그 다음 날(법 제3조 제1항) | 건물의 인도 및 사업자등록신청을 한 때에는 그 다음 날(법 제3조 제1항) |
| 우선변제권 요건 | 대항요건과 임대차계약서상의 확정일자 (법 제3조의2 제2항) | 대항요건과 임대차계약서상의 관할 세무서장의 확정일자(법 제5조 제2항) |
| 보증금 중 일정액의 보호 (최우선변제) | ① 주택가액(대지 포함)의 1/2 범위 내<br>② 대항요건을 갖출 것(법 제8조) | ① 건물가액(대지 포함)의 1/2 범위 내<br>② 대항요건을 갖출 것(법 제6·7조) |
| 임차권 등기명령 | 임차주택소재지 관할법원 (법 제3조의3 제1항) | 임차건물소재지 관할법원 (법 제6조 제1항) |
| 차임·보증금 증액청구제한 | 약정한 차임·보증금의 5/100 초과 못함 | |
| 묵시의 갱신 | ① 임대인이 기간만료 6월전부터 1월 사이에 갱신거절의 통지 또는 조건 변경의 통지가 없을 것<br>② 기간은 2년으로 봄(법 제6조 제1항)<br>③ 갱신청구권 없고 묵시의 갱신에 제한사유 있음(법 제6조 제3항) | ① 임대인이 기간만료 6월 전부터 1월 사이에 갱신거절의 통지 또는 조건변경의 통지가 없을 것<br>② 기간은 1년으로 봄(법 제10조 제4항)<br>③ 갱신청구권 있고 갱신청구권에 제한사유 있음(법 제10조 제1항) |
| 차임 연체에 따른 해지권 | 2기의 차임액에 달하면 해지 가능 (민법 제640조) | 3기의 차임액에 달하면 해지 가능 (법 제10조의8) |
| 일시임대차와 미등기전세의 경우 | 일시임대차의 경우 적용되지 않고 미등기 전세에 적용됨 | |
| 등록사항 열람 | 전입세대 열람내역 | 상가건물임대차현황서 |

# 제5편

## 담보평가 실무사례

## 제1장 감정평가서의 형식

제1절 감정평가서의 구성 항목

제2절 감정평가서의 서식 규정

## 제2장 유형별 담보평가 기본사례

제1절 토지 및 건물의 담보평가

제2절 구분소유 부동산의 담보평가

# 제 1 장

# 감정평가서의 형식

# 제1절 감정평가서의 구성 항목

## 1 감정평가서의 작성 기준

감정평가서에는 「감정평가에 관한 규칙」에 따라 아래의 사항이 포함되어야 한다.

**「감정평가에 관한 규칙」**

**제13조(감정평가서 작성)** ① 감정평가법인등은 법 제6조에 따른 감정평가서(「전자문서 및 전자거래기본법」에 따른 전자문서로 된 감정평가서를 포함한다. 이하 같다)를 의뢰인과 이해관계자가 이해할 수 있도록 명확하고 일관성 있게 작성해야 한다.

② 감정평가서에는 다음 각 호의 사항이 포함돼야 한다.

1. 감정평가법인등의 명칭
2. 의뢰인의 성명 또는 명칭
3. 대상물건(소재지, 종류, 수량, 그 밖에 필요한 사항)
4. 대상물건 목록의 표시근거
5. 감정평가 목적
6. 기준시점, 조사기간 및 감정평가서 작성일
7. 실지조사를 하지 않은 경우에는 그 이유
8. 시장가치 외의 가치를 기준으로 감정평가한 경우에는 제5조제3항 각 호의 사항. 다만, 같은 조 제2항제1호의 경우에는 해당 법령을 적는 것으로 갈음할 수 있다.
9. 감정평가조건을 붙인 경우에는 그 이유 및 제6조제3항의 검토사항. 다만, 같은 조 제2항제1호의 경우에는 해당 법령을 적는 것으로 갈음할 수 있다.
10. 감정평가액
11. 감정평가액의 산출근거 및 결정 의견
12. 전문가의 자문등을 거쳐 감정평가한 경우 그 자문등의 내용
13. 그 밖에 이 규칙이나 다른 법령에 따른 기재사항

③ 제2항제11호의 내용에는 다음 각 호의 사항을 포함해야 한다. 다만, 부득이한 경우에는 그 이유를 적고 일부를 포함하지 아니할 수 있다.

1. 적용한 감정평가방법 및 시산가액 조정 등 감정평가액 결정 과정(제12조제1항 단서 또는 제2항 단서에 해당하는 경우 그 이유를 포함한다)
2. 공시지가기준법으로 토지를 감정평가한 경우 비교표준지의 선정 내용, 비교표준지와 대상토지를 비교한 내용 및 제14조제2항제5호에 따라 그 밖의 요인을 보정한 경우 그 내용
3. 재조달원가 산정 및 감가수정 등의 내용
4. 적산법이나 수익환원법으로 감정평가한 경우 기대이율 또는 환원율(할인율)의 산출근거
5. 제7조제2항부터 제4항까지의 규정에 따라 일괄감정평가, 구분감정평가 또는 부분감정평가를 한 경우 그 이유
6. 감정평가액 결정에 참고한 자료가 있는 경우 그 자료의 명칭, 출처와 내용
7. 대상물건 중 일부를 감정평가에서 제외한 경우 그 이유

## 2 감정평가서의 구성 서식

「감정평가에 관한 규칙」에서 정하고 있는 사항들을 감정평가서에 기재하기 위해 일반적으로 다음의 서식을 사용한다.

### 1) 표지

'감정평가서'라는 명칭 기재, '건명'을 적되 담보목적의 감정평가 시 "***담보물"로 채무자의 명칭을 기재, "감정서번호" 등 식별번호를 기재한다.

### 2) (　　) 감정표

「감정평가에 관한 규칙」 제14조부터 제25조까지 규정하는 물건의 종류[토지, 건물, 공장(사업체) 등]를 '(　　)' 안에 기재하며, 토지·건물로 구성된 복합부동산과 구분소유권의 대상이 되는 구분소유 부동산은 "부동산"이라 기재한다.

- 감정평가사의 서명·날인, 감정평가법인 등 대표자의 서명·날인, 심사 감정평가사의 서명·날인

- 감정평가액은 한글과 아라비아숫자를 병기한다.
- 의뢰인, 감정평가의 목적, 채무자, 제출처, 소유자 등을 적는다.
- 시장가치를 기준으로 감정평가한 경우 "시장가치"라고 적고, 시장가치 외의 가치로 감정평가한 경우에는 해당 가치의 명칭이 있는 경우에는 그 명칭을 적고, 명칭이 없는 경우에는 "시장가치 외의 가치"라고 적는다. 담보평가에는 "시장가치"로 감정평가해야 한다.
- 목록표시 근거는 감정평가명세표의 기재 기준을 적는다.
- 현황기준 원칙에도 불구하고 조건부 감정평가를 실시한 경우에는 '감정평가액의 산출근거 및 결정 의견란'에 그 사유를 상세히 기재하여야 한다. 담보평가에서는 일반적으로 조건부감정평가가 금지된다.
- 일자는 '기준시점', '조사기간', '작성일자'가 있으며, '기준시점'은 일반적으로 가격조사를 완료한 날을 기재한다.
- 감정평가 내용은 '면적 또는 수량', '단가', '금액'을 적으며, 토지 및 건물은 공부와 현황에 따라 '세대수' 또는 '호수'로 기재하고, 구분소유부동산은 ㎡ 단위가 아닌 '호', '세대' 단위로 기재한다.

### 3) 감정평가액의 산출근거 및 결정 의견

감정평가액을 산출하는 과정에 대해 기재하며 아래의 내용이 포함된다.

- 적용한 감정평가방법 및 시산가액 조정 등 감정평가액 결정 과정
- 공시지가기준법으로 토지를 감정평가한 경우 비교표준지의 선정 내용, 비교표준지와 대상토지를 비교한 내용, 그 밖의 요인을 보정한 경우 그 내용
- 재조달원가 산정 및 감가수정 등의 내용
- 적산법이나 수익환원법으로 감정평가한 경우 기대이율 또는 환원율(할인율)의 산출근거
- 일괄감정평가, 구분감정평가 또는 부분감정평가를 한 경우 그 이유
- 감정평가액 결정에 참고한 자료가 있는 경우 그 자료의 명칭, 출처와 내용
- 대상물건 중 일부를 감정평가에서 제외한 경우 그 이유

### 4) (　　) 감정평가명세표

감정평가대상에 따라 토지, 건물 및 구분소유 부동산은 일반적으로 등기사항전부증명서, 그 외 물건은 해당 등록사항 또는 제시목록 등을 기준으로 기재한다.

토지는 기호 1, 2, 3…, 건물은 기호 가, 나, 다…, 제시외 건물은 ㉠, ㉡, ㉢…로 일련번호를 부여하여 기재한다.

토지 및 건물은 수량은 ㎡ 단위로 기재하고, 단가 및 금액을 기재하고, 구분소유부동산은 수량을 '세대수' 또는 '호수'로 기재하고 단가 없이 금액을 기재한다.

평가대상이지만 감정평가를 제외한 경우에는 금액의 표시 없이 "감정평가외"라고 기재한다.

### 5) (　　) 감정평가요항표

토지, 건물 및 구분소유 부동산은 '위치 및 주위환경', '교통상황'. '형상 및 이용상황', '인접 도로상태', '토지이용계획사항', '제시목록외 물건', '공부와의 차이', '건물의 구조', ' 이용상황', '부대설비 내역', '부합물 및 종물' 등을 기재하고, 공장의 경우 '사업체의 개요', '원료의 수급관계', '주요생산품목', '생산공정', '사업체 규모', '생산실적', '입지조건' 등을 기재한다.

### 6) 위치도

대상물건의 위치를 파악할 수 있는 '광역위치도'와 대상토지의 가격산정에 사용된 비교표준지, 거래사례, 평가사례 등을 표시하는 '상세위치도' 등이 있다.

### 7) 지적 및 건물 개황도

토지의 지적 사항과 토지이용계획확인서의 용도지역, 도시계획시설 등 기재사항을 확인할 수 있는 도면을 작성하며, 건축물대장상 '건축물현황도'가 발급되는 경우에는 이를 기준으로 현황과 비교하여 건물 개황도를 작성하며, 건축물현황도가 발급되지 않은 경우는 실측 등의 방법으로 작성한다.

### 8) 건물 내부 구조도

평가대상 건물의 층별 내부 구조 및 이용상황에 대한 도면을 작성한다. 담보 목적의 감정평가인 경우 건물의 임대차 내역 조사사항도 함께 표기한다.

### 9) 사진용지

평가대상물건의 위치, 현황 및 이용상황을 알 수 있는 현황 사진으로 작성한다.

# 제2절 감정평가서의 서식 규정

「감정평가에 관한 규칙」에서는 감정평가서의 서식을 아래와 같이 정하고 있었으나, "감정평가의 목적 및 의뢰인의 요구 등을 충실히 반영한 감정평가가 이루어질 수 있도록 정형화된 감정평가서 서식을 폐지"(2022.01.21. 개정이유)하였다, 그러나, 기본적인 감정평가서의 서식은 아래의 사항을 기본으로 한다.

※ 제6쪽의 작성방법을 읽고 작성하시기 바랍니다. (8쪽 중 제1쪽)

**감 정 평 가 서**

APPRAISAL REPORT

**건 명:**

**감정평가서번호:**

이 감정평가서는 감정평가 의뢰목적 외의 목적에 사용하거나 타인(의뢰인 또는 담보감정평가 시 확인은행이 아닌 자)이 사용할 수 없을 뿐 아니라 복사, 개작(改作), 전재(轉載)할 수 없으며, 이로 인한 결과에 대하여 감정평가업자는 책임을 지지 않습니다.

**감정평가업자의 명칭**

# 1. (　　　)감정평가표

(8쪽 중 제2쪽)

이 감정평가서는 감정평가에 관한 법규를 준수하고, 감정평가이론에 따라 성실하고 공정하게 작성하였기에 서명·날인합니다.

감정평가사 (인)

감정평가법인 명칭

대표자 (서명 또는 인)

| 감정평가액 | | | | |
|---|---|---|---|---|
| 의 뢰 인 | | 감정평가 목적 | | |
| 채 무 자 | | 제 출 처 | | |
| 소 유 자<br>(대상업체명) | | 기준가치 | | |
| | | 감정평가조건 | | |
| 목록표시 근거 | | 기준시점 | 조사기간 | 작성일 |
| | | | | |

| 감정평가 내용 | 공부(公簿)(의뢰) | | 사 정 | | 감정평가액 | |
|---|---|---|---|---|---|---|
| | 종류 | 면적 또는 수량 | 종류 | 면적 또는 수량 | 단가 | 금액 |
| | | | | | | |
| | | | | | | |
| | | | | | | |
| | | | | | | |
| | | | | | | |
| | | | | | | |
| | | | | | | |
| | | | | | | |
| | 합계 | | | | | |

**심사확인**

본인은 이 감정평가서에 제시된 자료를 기준으로 성실하고 공정하게 심사한 결과 이 감정평가 내용이 타당하다고 인정하므로 이에 서명·날인합니다.

심사자 : 감정평가사 (인)

## 2. 감정평가액의 산출근거 및 결정 의견

(8쪽 중 제3쪽)

가. 대상물건 개요

○ 대상물건의 형상, 이용 상황 및 공법상 제한사항 등

○ 기준시점 결정 및 그 이유

○ 실지조사 실시기간 및 내용

나. 기준가치 및 감정평가조건

○ 기준가치 결정 및 그 이유

○ 의뢰인이 제시한 감정평가조건에 대한 검토

다. 감정평가액 산출근거

1) 감정평가방법의 적용

○ 대상물건에 대한 감정평가방법 적용 규정

○ 대상물건에 적용한 주된 방법과 다른 감정평가방법

○ 일괄·구분·부분감정평가를 시행한 경우 그 이유 및 내용

2) 감정평가액 산출과정

○ 주된 방법에 따른 산출내역

○ 다른 감정평가방법에 따른 산출내역

○ 시산가액 조정 관련사항

3) 그 밖의 사항

라. 감정평가액 결정 의견

## 3. (　　　)감정평가명세표

(8쪽 중 제5쪽)

| 일련번호 | 소재지 | 지번 | 지목 · 용도 | 구조 | 면적 | | 감정평가액 | | 비고 |
|---|---|---|---|---|---|---|---|---|---|
| | | | | | 공부 | 사정 | 단가 | 금액 | |
| | | | | | | | | | |

## 작 성 방 법

### ○ 감정평가서(표지)

가. 건명

1) 담보목적의 감정평가는 "채무자명 담보물"이라 적는다.

2) 법원의뢰 감정평가는 소유자명을 위쪽에 적고, 괄호를 사용하여 사건번호를 아래쪽에 적는다.

3) 그 외의 경우에는 대상물건의 대표소재지를 적고, 그 끝부분에 「감정평가에 관한 규칙」 제14조부터 제25조까지에서 규정한 물건의 종류를 기준으로 적는다. 다만, 물건의 종류가 토지, 건물의 복합부동산인 경우에는 "부동산"으로 적고, 공장재단인 경우에는 사업체의 명칭을 적으며, 소재지 표기가 곤란한 물건(예: 운행 중인 자동차 등)인 경우에 한정하여 그 소재지 표시를 생략할 수 있다.

나. 감정평가서 번호: 접수번호를 적는다.

다. 감정평가업자의 명칭: 감정평가사무소 또는 감정평가법인의 명칭을 적고 대표전화번호, 팩스번호 등을 적는다.

### 1. 감정평가표

가. ( )감정평가표: 괄호 안에는 표지의 건명에 기재한 물건의 종류를 적는다.

나. 감정평가사: 감정평가에 참여한 감정평가사가 그 자격을 표시하여 서명하고, 날인한다.

다. 감정평가법인: 감정평가법인의 명칭(법인의 분사무소의 경우 분사무소 명칭)을 적고, 그 대표사원 또는 대표이사(법인의 분사무소는 상법상 대리인도 가능)가 서명이나 날인을 한다. 개인사업자인 경우에는 생략할 수 있다.

라. 감정평가액: 감정평가액은 한글로 적고, 괄호 안에 아라비아 숫자를 함께 적는다.

마. 의뢰인: 감정평가의뢰서상의 의뢰인을 적는다.

바. 감정평가 목적: 감정평가서의 사용목적을 적는다.

사. 채무자: 담보감정평가인 경우 채무자명을 적는다.

아. 제출처: 감정평가서의 구체적인 사용처(담보감정평가인 경우는 채권기관, 소송감정평가 또는 경매감정평가인 경우는 법원)를 적는다.

자. 기준가치: 시장가치를 기준으로 감정평가한 경우 "시장가치"라고 적고, 시장가치 외의 가치로 감정평가한 경우에는 해당 가치의 명칭이 있는 경우에는 그 명칭을 적고, 명칭이 없는 경우에는 "시장가치 외의 가치"라고 적는다.

차. 감정평가조건: 감정평가조건이 있는 경우에 그 조건을 요약하여 적는다.

카. 목록표시 근거: 감정평가명세표의 목록표시 근거 자료명을 적는다.

타. 기준시점: 대상물건의 가격조사를 완료한 날짜를 적는다. 다만, 소급감정평가 등 기준시점이 미리 정해져 있을 때에는 그 날짜를 적는다.

파. 조사기간: 실지조사 착수일부터 가격조사 완료일까지의 기간을 적는다.

하. 작성일: 감정평가서 작성 완료일을 적는다.

거. 감정평가내용: 감정평가명세표상의 감정평가 내용을 종류로 분류하여 합산해서 적되, 다음 요령에 따른다.

1) 토지: 종류란에 "토지"라 적고, 면적란에 공부 또는 사정 총면적을 적는다. 다만, 사정면적은 제곱미터(㎡)로 적는다(이하 같다).

2) 건물: 면적란에 공부 또는 사정 총면적을 적는다. 다만, 미등기건물 또는 제시외 건물은 종류란에 "미등기건물(또는 제시외 건물)"이라 적고, 면적란에 사정 총면적을 적는다.

3) 구분소유건물: 종류란에 "구분건물"이라 적고, 수량란에 세대수(주거용의 경우) 또는 개수(상업용, 업무용의 경우)를 적는다.

4) 단가: 유효숫자 둘째자리까지 표시함을 원칙으로 하되, 제곱미터(㎡)당 가격이 100,000원 이상인 경우에는 유효숫자 셋째자리까지 표시할 수 있다. 다만, "사정면적(또는 수량)×단가=금액"이 성립하지 않는 경우에는 단가란에 횡선(－)을 긋는다.

5) 기계기구 및 공작물 등 단가를 적는 것이 불합리한 종류는 단가란에 횡선(－)을 긋는다.

너. 심사확인: 감정평가법인의 경우에는 같은 법인 소속의 다른 감정평가사가 적정성을 심사하고, 심사자는 서명과 날인을 한다. 감정평가사사무소의 경우에는 다른 감정평가사가 적정성을 심사할 수 있고, 심사자는 서명과 날인을 한다.

## 2. 감정평가액의 산출근거 및 결정 의견

가. 대상물건 개요

1) 대상물건의 형상, 이용 상황, 공법상 제한사항 및 감정평가 시 고려할 필요가 있는 주변 상황 등을 적는다.

2) 대상물건의 감정평가 기준시점과 해당 시점으로 결정한 이유를 적는다.

3) 실지조사를 실시한 기간과 내용을 적고, 실지조사를 하지 않은 경우에는 그 이유를 적는다.

나. 기준가치 및 감정평가조건

1) 시장가치를 기준으로 감정평가액을 결정한 경우 기준가치를 "시장가치"라고 적고, 시장가치 외의 가치를 기준으로 감정평가액을 결정한 경우 해당 시장가치 외의 가치의 명칭, 성격과 특징, 시장가치 외의 가치로 감정평가를 하는 이유를 적는다.

2) 의뢰인이 감정평가조건을 붙인 경우 그 이유와 감정평가조건의 합리성, 적법성 및 실현가능성에 대한 검토사항을 적는다.

다. 감정평가액 산출근거

1) 감정평가방법의 적용

① 대상물건의 감정평가를 위해 적용한 감정평가방법의 관련 규정을 적는다.

② 대상물건을 감정평가 하는 주된 방법의 내용과 채택이유를 기재하고, 주된 방법을 적용하는 것이 곤란하거나 부적절하여 다른 방법을 적용한 경우 그 이유와 내용을 적는다.

③ 감정평가 시 하나의 대상물건에 대하여 하나의 감정평가액을 산출하는 것을 원칙으로 하되, 예외적으로 일괄감정평가, 구분감정평가 또는 부분감정평가를 하는 경우에는 그 이유와 내용을 적는다.

2) 감정평가액 산출과정

① 대상물건을 감정평가 하는 주된 방법으로 감정평가액을 산출하는 과정을 적는다. 「감정평가에 관한 규칙」 제13조제3항에서 열거한 사항 외에도 감정평가액 결정에 영향을 미치는 중요한 내용은 모두 적는다.

② 대상물건을 감정평가 하는 주된 방법 이외에 다른 방법으로 감정평가액을 산출하는 과정을 적는다.

③ 시산가액을 조정하는 방법 및 산출과정을 기재하고, 대상물건의 특성 등으로 인하여 다른 감정평가방법에 의한 시산가액으로 합리성 검토를 할 수 없는 경우 그 이유와 내용을 적는다.

3) 그 밖의 사항: 다음 요령에 따라 적는다.

① 감정평가액 산출내역에 포함되지 않았으나 산출과정에서 참고한 각종 부동산통계지표, 부동산 시황자료 및 그 밖에 대상물건의 감정평가에 미치는 사항 등을 적는다.

② 「감정평가에 관한 규칙」 제13조제3항에서 열거한 사항 외에 감정평가액 결정에 영향을 미치는 중요한 내용을 적는다.

라. 감정평가액 결정 의견: 감정평가액 산출과정에 대한 종합적인 의견과 최종 감정평가액의 결정에 관한 감정평가사의 의견을 적는다.

### 3. 감정평가명세표

가. (　　)감정평가명세표: 괄호에는 토지와 건물, 기계기구 및 공작물 등으로 구분하여 작성한다. 토지와 건물의 경우에는 서식에 따라 작성하고, 기계기구 및 공작물인 경우에는 소재지, 지번, 지목용도 대신 명칭(종류), 제작자, 제작번호, 제작날짜, 수량을 적는다.

나. 일련번호: 토지는 1, 2, 3…등으로 표시하고, 등기건물은 가, 나, 다…등으로 표시하며, 미등기건물은 ㄱ, ㄴ, ㄷ…등으로 표시하되, 건물을 감정평가에서 제외하였을 경우에는 괄호를 사용하여 해당 번호를 표시한다.

다. 소재지: 공부(의뢰목록) 내용대로 적는다. 다만, 행정구역이 변경되었음에도 공부에 정리되지 않았을 경우에는 변경된 행정구역 소재지를 적을 수 있다.

라. 지번: 공부(의뢰목록) 내용대로 적되, 구분건물의 경우에는 다음 요령에 따른다.

1) 공부 내용대로 적되, 건물의 명칭과 동수가 표시되어 있는 경우에는 이를 함께 적는다.

2) 건물등기사항증명서상 1동의 건물의 표제부(이하 "공통표제부"라 한다)에서 "대지권의 목적인 토지의 표시"란에 기록할 토지가 10필지 이상인 경우에는 "(대표필지의 지번) 외 ○○필지"라고 적고, 그 밖의 필지 지번은 적지 않을 수 있다.

마. 지목, 용도 및 구조: 공부(의뢰물건) 내용대로 적되, 구분건물의 경우에는 다음 요령에 따른다.

1) 건물등기사항증명서의 공통표제부 내용을 적은 다음 전유부분(專有部分) 표제부 내용을 적는다. 다만, 아파트의 경우에는 공통표제부의 내용 중 각 층별 표시 및 부속 건축물의 용도, 구조, 층별 표시는 적지 않을 수 있으며, 대지권의 표시는 소유권 및 대지권만을 적는다.

2) 1동의 건물 중 구분소유권의 목적이 되는 여러 개의 물건을 감정평가하는 경우에는 최초의 구분건물에만 공통표제부의 지목, 용도 및 구조를 적고, 그 밖의 구분건물에 대하여는 적지 않을 수 있다.

3) 건물등기사항증명서상 공통표제부에서 "대지권의 목적인 토지의 표시"란에 적을 토지가 10필지 이상인 경우에는 "(대표필지의 지목) 외"라 적고, 그 밖의 필지의 지목에 대하여는 적지 않을 수 있다.

바. 면적(공부면적 및 사정면적): 공부란에는 공부(의뢰물건) 내용대로 적고, 사정란에는 사정 면적을 제곱미터(㎡)로 적는다. 이 경우 면적은 아라비아 숫자로 표시한다.

사. 단가 및 금액: 다음 요령에 따라 적는다.

1) 단가: 토지 또는 건물의 감정평가 시 적용할 단가를 산출할 경우 그 적용 단가를 적는다. 적용 단가가 산출되지 않은 경우와 건물이 멸실된 경우 등에는 횡선(－)을 긋는다.

2) 금액: 감정평가에서 제외한 경우는 "감정평가 외"라 적고, 건물이 멸실된 경우는 횡선(－)을 긋는다.

아. 비고: 다음 사항이 있는 경우 그 내용을 적는다.

1) 공부내용과 실제가 다른 경우 그 내용

2) 도시계획에 저촉되는 경우 그 내용

3) 환지(換地)에 관한 사항

4) 구분감정평가한 경우 구분기호 또는 구분별 현황

5) 일괄감정평가한 경우 그 이유

6) 부분감정평가한 경우 부분기호 또는 부분별 현황

7) 일단지로 감정평가한 경우 일단지 기호 또는 일단지 현황

8) 적산가격으로 감정평가한 경우 감가수정 내용. 다만, 부합물(附合物) 또는 종물(從物)로서 그 가치가 미미한 것은 생략할 수 있다.

9) 감정평가에서 제외한 경우 그 이유

10) 그 밖의 참고사항

# 제2장

# 유형별 담보평가 기본사례

# 제1절 토지 및 건물의 담보평가

## 1 평가대상

### - 토지

발급번호 : 202311440002650 발행매수 : 1/2 발급일 : 2023/ 06/ 16

**토지이용계획확인서**

| | | | | | | 처리기간 |
|---|---|---|---|---|---|---|
| | | | | | | 1 일 |
| 신청인 | 성명 | 김종현 | 주소 | | | |
| | | | 전화번호 | | | |
| 신청토지 | 소재지 | | | 지 번 | 지 목 | 면적(m²) |
| | ① 서울특별시 마포구 | | | | 대 | 171.3 |
| 지역 · 지구등 지정여부 | 「국토의 계획 및 이용에 관한 법률」에 따른 지역 · 지구등 | 제2종일반주거지역(7층이하), 지구단위계획구역, 소로1류(폭 10m~12m)(2011-11-17)(접합), 소로1류(폭 10m~12m)(2011-11-24)(접합) [이하공란] ② | | | | |
| | 다른 법령 등에 따른 지역 · 지구등 | ③ 가축사육제한구역<가축분뇨의 관리 및 이용에 관한 법률>, 대공방어협조구역<군사기지 및 군사시설 보호법>, 과밀억제권역<수도권정비계획법> [이하공란] | | | | |
| 「토지이용규제 기본법 시행령」 제9조제4항 각 호에 해당되는 사항 | | [해당없음] | | | | |

# 등기사항전부증명서(말소사항 포함)
## - 토지 [제출용] -

고유번호 1114-1996-

[토지] 서울특별시 마포구

**【 표 제 부 】** ( 토지의 표시 )

| 표시번호 | 접 수 | 소 재 지 번 | 지 목 | 면 적 | 등기원인 및 기타사항 |
|---|---|---|---|---|---|
| ~~1~~<br>~~(전 1)~~ | ~~1964년10월31일~~ | ~~서울특별시 마포구~~ | ~~대~~ | ~~23평8홉~~ | 부동산등기법 제177조의 6 제1항의 규정에 의하여 1999년 03월 12일 전산이기 |
| ~~2~~ | ~~2001년5월15일~~ | ~~서울특별시 마포구~~ | ~~대~~ | ~~78.7㎡~~ | ~~면적단위환산~~ |
| 3 | 2020년11월16일 | 서울특별시 마포구 | 대 | 171.3㎡ | 합병으로 인하여 대 72.4㎡를 서울특별시 마포구 , 대 20.2㎡를 에서 이기 |

1/2

# 토지 대장

| 고유번호 | 1144010100- | | 도면번호 | 7 | 발급번호 | 202311440-00265- |
|---|---|---|---|---|---|---|
| 토지소재 | 서울특별시 마포구 | | 장 번 호 | 2-1 | 처리시각 | 18시 52분 41초 |
| 지 번 | 축 척 | 1:600 | 비 고 | | 발 급 자 | 인터넷민원 |

| 토지표시: 지 목 | 면 적(㎡) | 사 유 | 소유자: 변동일자 / 변동원인 | 주소: 성명 또는 명칭 | 등록번호 |
|---|---|---|---|---|---|
| (08)<br>대 | *78.7* | (62) 1964년 07월 03일<br>구획정리완료 | | | |
| (08)<br>대 | ④ *171.3* | (30) 2020년 11월 16일<br>과 합병 | | | |
| | | --- 이하 여백 --- | | | |

| 등급수정 년월일 | 1981. 01. 01. 수정 | 1984. 07. 01. 수정 | 1985. 07. 01. 수정 | 1986. 08. 01. 수정 | 1989. 01. 01. 수정 | 1990. 01. 01. 수정 | 1991. 01. 01. 수정 | 1992. 01. 01. 수정 |
|---|---|---|---|---|---|---|---|---|
| 토지등급 (기준수확량등급) | 77 | 204 | 207 | 208 | 211 | 219 | 223 | 229 |
| 개별공시지가기준일 | 2017년 01월 01일 | 2018년 01월 01일 | 2019년 01월 01일 | 2020년 01월 01일 | 2021년 01월 01일 | 2022년 01월 01일 | 2023년 01월 01일 | 용도지역 등 |
| 개별공시지가(원/㎡) | 6476000 | 6666000 | 6725000 | 6725000 | 6725000 | 6725000 | 6112000 | |

토지대장에 의하여 작성한 등본입니다. ⑤

2023년 6월 16일

서울특별시 마포구청장 마포구청장인

## - 건물

### 등기사항전부증명서(말소사항 포함)
### - 건물 [제출용] -

고유번호 2701-

[건물] 서울특별시 마포구 빌딩

【 표 제 부 】 ( 건물의 표시 )

| 표시번호 | 접 수 | 소재지번 및 건물번호 | 건 물 내 역 | 등기원인 및 기타사항 |
|---|---|---|---|---|
| 1 | 2022년2월9일 | 서울특별시 마포구<br>빌딩<br>[도로명주소]<br>서울특별시 마포구 | 철근콘크리트구조<br>(철근)콘크리트지붕 5층<br>근린생활시설<br>1층 79.77㎡<br>2층 71.87㎡<br>3층 82.65㎡<br>4층 57.78㎡<br>5층 42.05㎡<br>옥탑1층<br>11.93㎡(연면적제외) | |

### 일반건축물대장(갑)

(2쪽 중 제1쪽)

| | | | | | |
|---|---|---|---|---|---|
| 고유번호 | 1144010100- | | | 명칭 빌딩 | 호수/가구수/세대수 0호/0가구/0세대 |
| 대지위치 | 서울특별시 마포구 | 지번 | | 도로명주소 서울특별시 마포구 | |
| ※대지면적 ⑥ 171.3 ㎡ | 연면적 334.12 ㎡ | ※지역 제2종일반주거지역 | ※지구 | | ※구역 지구단위계획구역 |
| 건축면적 97.87 ㎡ | 용적률 산정용 연면적 334.12 ㎡ | 주구조 철근콘크리트 | 주용도 ⑧ 근린생활시설 | | 층수 지하: 층, 지상: 5층 |
| ※건폐율 57.13 % | ※용적률 195.05 % | 높이 ⑨ 17.35 m | 지붕 (철근)콘크리트 | | 부속건축물 동 ㎡ |
| ※조경면적 ㎡ | ※공개 공지·공간 면적 ㎡ | ※건축선 후퇴면적 ⑦ ㎡ | ※건축선후퇴 거리 m | | |

| 건축물 현황 | | | | | 소유자 현황 | | | |
|---|---|---|---|---|---|---|---|---|
| 구분 ⑩ | 층별 | 구조 | 용도 | 면적(㎡) | 성명(명칭) 주민(법인)등록번호 (부동산등기용등록번호) | 주소 | 소유권 지분 | 변동일 변동원인 |
| 주1 | 1층 | 철근콘크리트 | 제1종근린생활시설(휴게음식점) | 79.77 | | | | |
| 주1 | 2층 | 철근콘크리트 | 제1종근린생활시설(소매점) | 71.87 | | | | |
| 주1 | 3층 | 철근콘크리트 | 제2종근린생활시설(사무소) | 82.65 | | - 이하여백 - | | |
| 주1 | 4층 | 철근콘크리트 | 제2종근린생활시설(사무소) | 57.78 | | ※ 이 건축물대장은 현소유자만 표시한 것입니다. | | |

이 등(초)본은 건축물대장의 원본내용과 틀림없음을 증명합니다.

발급일: 2023년 6월 16일

담당자:

전 화:

마포구청장 마포구청장인

■ 건축물대장의 기재 및 관리 등에 관한 규칙 [별지 제1호서식] (2쪽 중 제2쪽)

| 고유번호 | 1144010100- | 명칭 | 빌딩 | 호수/가구수/세대수 | 0호/0가구/0세대 |
|---|---|---|---|---|---|
| 대지위치 | 서울특별시 마포구 | 지번 | | 도로명주소 | 서울특별시 마포구 |

| 구분 | 성명 또는 명칭 | 면허(등록)번호 | ※주차장 ⑪ | | | | | 승강기 | | 허가일 2021.3.30. |
|---|---|---|---|---|---|---|---|---|---|---|
| 건축주 | | | 구분 | 옥내 | 옥외 | 인근 | 면제 | 승용 1 대 | 비상용 대 | 착공일 2021.6.21. |
| 설계자 | | | | | | | | ※ 하수처리시설 | | 사용승인일 ⑫ 2021.12.17. |
| 공사감리자 | | | 자주식 | 대 m² | 2 대 m² | 대 m² | | 형식 | 부패탱크방법 | 관련 주소 |
| 공사시공자 (현장관리인) | | | 기계식 | 대 m² | 대 m² | 대 m² | 대 | 용량 | 50인용 5.138m³ | 지번 ⑬ |

| ※제로에너지건축물 인증 | | ※건축물 에너지효율등급 인증 | | ※에너지성능지표(EPI) 점수 | ※녹색건축 인증 | | ※지능형건축물 인증 | |
|---|---|---|---|---|---|---|---|---|
| 등급 | | 등급 | | 점 | 등급 | | 등급 | |
| 에너지자립률 | 0 % | 1차에너지 소요량 (또는 에너지절감률) | 0 kWh/m²(%) | ※에너지소비총량 | 인증점수 | 점 | 인증점수 | 점 |
| 유효기간: . . ~ . . | | 유효기간: . . ~ . . | | 0 kWh/m² | 유효기간: . . ~ . . | | 유효기간: . . ~ . . | |

도로명

| 내진설계 적용 여부 | 내진능력 | 특수구조 건축물 | 특수구조 건축물 유형 |
|---|---|---|---|
| 적용 | Ⅷ-0.170g | | |

| 지하수위 | 기초형식 | 설계지내력(지내력기초인 경우) | 구조설계 해석법 |
|---|---|---|---|
| G.L m | 지내력기초 | 20 t/m² | 동적해석법 |

⑭ 변동사항

| 변동일 | 변동내용 및 원인 | 변동일 | 변동내용 및 원인 |
|---|---|---|---|
| 2021.12.17. | 건축과-39443(2021.12.17.)호에 의거 신규작성(신축) - 이하여백 - | | |

| ⑮ 그 밖의 기재사항 |
|---|
| |

## 2 토지 및 건물 담보평가의 개요

### 1) 기본적 사항의 확정 및 처리계획 수립

기본적 사항 확정에서는 의뢰인, 대상물건, 감정평가 목적, 기준시점, 감정평가조건과 기준가치를 확정한다. 담보평가의 기준시점은 일반적으로 '현장조사를 완료한 날'이며, 조건부 감정평가는 금지되며 평가목적을 고려하여 환가성을 감안한 가격을 기준가치로 한다.

### 2) 대상물건 확인

#### (1) 토지이용계획확인서

①용도지역을 확인하여 공시지가기준법 및 거래사례비교법 적용 시 가급적 동일한 용도지역에 속

한 가격자료를 기준으로 평가하며, 「국토의 계획과 이용에 관한 법률」상 ②와 같이 도시계획시설 등 저촉 여부 등을 확인한다. ③과 같은 '다른 법률 등에 따른 지역·지구' 중 「도로법」상 접도구역, 「산지관리법」상 보전산지 등 주요 공법상 제한사항을 확인한다.

### (2) 토지대장

토지대장에서는 ④지목과 면적을 확인하며, 만약 토지등기사항전부증명서와 그 내용이 다른 경우 토지대장을 기준으로 평가한다. ⑤개별공시지가를 확인한다.

### (3) 건축물대장

건축물대장에서는 ⑥대지면적을 확인한다. 대지면적은 보통 토지대장상 지적면적과 동일하나 ⑦과 같이 건축선 후퇴면적이 있는 경우 그 만큼 차이 날 수 있다. ⑧건물의 구조·지붕 및 용도를 확인하여 유형별 재조달원가(표준단가)를 적용한다. ⑨재조달원가를 결정하는 한 요소인 건물의 층고는 높이와 층수를 함께 고려한다. ⑩건물이 층별로 구조 및 용도가 다른 경우 재조달원가를 달리 결정할 수 있다. 건물의 부대설비(⑪승강기 설비 등)가 있는 경우 표준단가에 부대설비 보정단가를 가산하여 재조달원가를 결정한다. 건물의 원가법 적용 시 감가수정을 할 때에는 ⑫사용승인일로부터 기준시점까지 만년 기준으로 감가한다.

2필지 이상의 토지가 하나의 건물 부지로서 용도상 불가분의 관계가 인정되면 일단지로 평가할 수 있는데, 이 경우 일단지를 구성하는 토지의 목록은 ⑬에서 확인할 수 있다. ⑭변동사항에서는 건물의 신축·증축·개축·재축·대수선 및 위반건축물 사항에 대해 확인할 수 있다. ⑮에서는 건축물대장 서식에 항목이 없는 사항을 기재한다. 그 예로는 공개공지, 인근 토지에 설치된 부설주차장 관련 사항 등이 있다.

### 3) 자료수집 및 정리, 자료검토 및 가치형성요인의 분석

토지의 가액결정에 참고가 되는 거래사례, 표준지공시지가, 평가사례, 조성사례, 임대사례, 수익자료, 시장자료 등을 수집하고 정리한다.

건물의 시장성과 관련된 거래사례, 비용성과 관련된 원가자료 및 수익성과 관련된 임대사례 등을 수집하여야 하며, 공통적으로 시장자료 등을 수집하여야 한다.

### 4) 감정평가방법의 선정 및 적용

토지를 감정평가할 때에는 공시지가기준법을 적용해야 한다. 「감정평가에 관한 규칙」 제12조 제1항에 따라 토지 평가의 주된 방법은 공시지가기준법이다. 다만, 주된 방법을 적용하는 것이 곤란하거나 부적절한 경우에는 다른 감점평가방법을 적용할 수 있다.

건물을 감정평가할 때에는 대상물건의 재조달원가에 감가수정을 하여 대상물건의 가액을 산정하는 원가법을 주된 방법으로 적용하여야 한다. 다만, 원가법을 적용하는 것이 곤란하거나 부적절한 경우에는 다른 감정평가방법을 적용할 수 있으며, 시산가액 비교를 통하여 합리성 검토를 하여야 한다.

### 5) 감정평가액의 결정 및 표시

토지 및 건물로 구성된 부동산은 토지 가격과 건물의 가격을 합산하여 전체 부동산의 가격을 결정한다. '감정평가액의 산출근거 및 결정 의견'에서 결정된 감정평가액은 '(　　) 감정평가명세표'에 토지 및 건물 세부 내역을 표시하고, '(　　) 감정표'에 그 요약내용을 표시한다.

## ③ 토지 및 건물 감정평가서 예시

# 감정평가액의 산출근거 및 결정 의견

## Ⅲ. 감정평가액 산출근거

### 1. 토지 감정평가액

#### 가. 토지 감정평가에 참고한 가격자료

**1) 대상물건 거래사례**

최근 3년 이내 해당사항 없습니다.

**2) 인근지역 거래사례 ①**

| 기호 | 소재지 | 용도지역 | 지목 | 면적(m²) | | 거래시점 | 거래금액(원) | 토지단가(원/m²) |
|---|---|---|---|---|---|---|---|---|
| | | | | 토지 | 건물 | | | |
| a | **동 * | 2종일주 | 대 | 102.5 | 149.4 | 2021.05.29 | 1,450,000,000 (건물포함) | 약 13,200,000 |
| | <토지단가 산출개요> ②<br>· 건물개요 : 연와조(사용승인일 : 1993.08.14), 면적 : 149.4m²<br>· 토지추정단가 : [{1,450,000,000원 - (1,400,000원/m²×23/50×149.4m²)}/102.5m²] ≒ 13,200,000원/m² | | | | | | | |
| b | **동 ** | 2종일주 | 대 | 134.5 | - | 2020.06.06 | 2,500,000,000 (토지만) | 약 18,600,000 |
| | <토지단가 산출개요><br>· 토지추정단가 : 2,500,000,000원/134.5m² ≒ 18,600,000원/m² | | | | | | | |
| c | **동 @@ | 2종일주 | 대 | 60.2 | 121.98 | 2020.12.08 | 1,300,000,000 (건물포함) | 약 21,400,000 |
| | <토지단가 산출개요><br>· 건물개요 : 연와조(사용승인일 : 1970.10.25), 면적 : 121.98m²<br>· 토지추정단가 : [{1,300,000,000원 - (900,000원/m²×5/45×121.98m²)}/60.2m²] ≒ 21,400,000원/m² (관찰감가) | | | | | | | |

[자료출처 : 등기사항전부증명서 및 KAIS]

**3) 인근지역 유사부동산의 가치수준 ③**

| 용도지역 | 이용상황 | 도로조건 | 지가수준(원/m²) | 비고 |
|---|---|---|---|---|
| 2종일반주거지역 | 상업용 | 소로 | 18,000,000~20,000,000 | - |

▸ **해설**

- ①토지의 가액결정에 참고가 되는 가격자료 중 인근지역 거래사례를 수집한다. 거래사례가 건물을 포함하여 거래된 경우 ②와 같이 사례 토지 상 건물의 가액을 산정하여 전체가격에서 건물가격을 제외한 토지단가로 환산한다. ③과 같이 인근지역 시세수준을 파악한다.

## 감정평가액의 산출근거 및 결정 의견

3) 대상물건 평가사례 ①

| 소재지 | 용도 지역 | 지목 | 이용 상황 | 면적 (㎡) | 평가 목적 | 기준시점 | 토지단가 (원/㎡) |
|---|---|---|---|---|---|---|---|
| **동 ## | 2종일주 | 대 | 주상기타 | 171.3 | 담보 | 2021.05.11 | 11,900,000 |

[자료출처 : 한국감정평가사협회 감정평가정보센터]

4) 인근지역 평가사례 ②

③

| 기호 | 소재지 | 용도 지역 | 지목 | 이용 상황 | 면적 (㎡) | 평가 목적 | 기준시점 | 토지단가 (원/㎡) |
|---|---|---|---|---|---|---|---|---|
| ⓐ | **동 $$ | 2종일주 | 대 | 주거기타 | 63.1 | 담보 | 2021.03.19 | 19,200,000 |
| ⓑ | **동 *** | 2종일주 | 대 | 주상용 | 143.4 | 담보 | 2020.07.31 | 19,200,000 |
| ⓒ | **동 **** | 2종일주 | 대 | 주상용 | 160 | 담보 | 2020.11.24 | 17,500,000 |
| ⓓ | **동 ***** | 준주거 | 대 | 상업기타 | 202 | 담보 | 2022.03.24 | 21,900,000 |

[자료출처 : 한국감정평가사협회 감정평가정보센터]

### ▸ 해설

- ①대상물건의 평가사례가 감정평가방법상 직접적으로 적용되지는 않으나, 시점 변화에 따른 가격변동의 타당성을 검토하기 위해 참고자료로 활용한다.
- ②평가사례는 사례의 감정평가 목적에 따라 구분하여 수집하되, ③과 같이 가급적 본건 평가와 평가목적이 동일한 평가사례를 우선적으로 고려한다.

# 감정평가액의 산출근거 및 결정 의견

## 나. 주된 방법인 공시지가기준법에 의한 시산가액

### 1) 비교표준지 선정 ①

인근지역에 있는 표준지 중에서 대상토지와 용도지역·이용상황·주변환경 등이 같거나 가장 비슷한 아래의 표준지를 비교표준지로 선정하였습니다.

| 기호 | 소재지 | 면적 (㎡) | 지목 | 이용 상황 | 용도 지역 | 도로 조건 | 형상 지세 | 공시지가 (원/㎡) | 대상 토지 |
|---|---|---|---|---|---|---|---|---|---|
| A | **동 ## | 95.2 | 대 | 상업용 | 2종일주 | 소로각지 | 사다리 평지 | 10,260,000 | 1 |

[공시기준일 : 2023.01.01]

### 2) 시점수정 ②

국토교통부장관이 월별로 조사·발표한 비교표준지가 있는 시·군·구의 같은 용도지역 지가변동률을 적용하여 공시기준일로부터 기준시점까지의 지가변동률로 시점수정치를 산정하되, 기준시점까지 조사·발표되지 않은 기간의 지가변동률은 조사·발표된 월별 지가변동률 중 기준시점에 가장 가까운 월의 지가변동률을 기준으로 추정하였습니다.

| 대상 토지 | 비교 표준지 | 지역 및 용도지역 (산정기간) | 지가변동률 | 지가변동률 산정 |
|---|---|---|---|---|
| 1 | A | 서울특별시 마포구 (주거지역) (2023.01.01~2023.03.08) | -0.177% (0.99823) | (1-0.00082)×(1-0.00082×36/31) ≒0.99823 |

### 3) 지역요인 비교 ③

비교표준지는 대상토지의 인근지역 내에 소재하여 지역요인은 동일합니다.(1.00)

▸ **해설**

- ①공시지가기준법의 첫 절차는 표준지를 선정하는 것이다. 선정된 표준지는 '비교표준지'라 한다. 비교표준지는 "인근지역에 있는 표준지 중에서 대상토지와 용도지역·이용상황·주변환경 등이 같거나 비슷한 표준지를 선정"한다. 【본서 127페이지 참조】
- ②시점수정은 지가변동률을 이용하되, '공시기준일'~'기준시점' 간 "비교표준지가 있는 시·군·구의 같은 용도지역 지가변동률"을 적용하여 산정한다. 【본서 128페이지 참조】
- ③지역요인 비교는 비교표준지가 속한 지역과 대상물건이 속한 지역의 가격수준 형성에 영향을 미치는 요인을 비교하는 것이다. 비교표준지를 대상물건이 속한 지역에서 선정하게 되면 지역요인은 "1.00"을 적용한다. 【본서 131페이지 참조】

# 감정평가액의 산출근거 및 결정 의견

**4) 개별요인 비교**

비교표준지와 대상토지의 개별요인을 각각의 조건에 따른 항목(세항목)으로 분류하여 비교하면 다음과 같습니다.

① 상업지대[ 기호 1 / 표준지 A ]

| 조 건 | 항목 | 세항목 | 비교치 | 검토의견 |
|---|---|---|---|---|
| ② 가로조건 | 가로의 폭.<br>구조 등의 상태 | 폭, 포장, 보도, 계통 및 연속성 | 1.00 | 대체로 유사함. |
| 접근조건 | 상업지역중심 및 교통시설과의 편의성 | 상업지역중심과의 접근성<br>인근교통시설과의 거리 및 편의성 | 0.95 | 인근교통시설과의 거리 및 편의성 등 열세함. |
| 환경조건 | 고객의 유동성과의 적합성<br>인근환경.<br>자연환경 | 고객의 유동성과의 적합성<br>인근토지의 이용상황<br>인근토지의 이용상황과의 적합성<br>지반, 지질 등 | 0.97 | 고객의 유동성과의 적합성 등 열세함. |
| ③ 획지조건 | 면적, 접면, 너비, 깊이, 형상 등<br>방위, 고저 등<br>접면도로 상태 | 면적, 접면, 너비, 깊이<br>부정형지, 삼각지, 자루형획지<br>방위, 고저, 경사지<br>각지, 2면획지, 3면획지 | 1.00 | 대체로 유사함. |
| 행정적조건 | 행정상의 규제정도 | 용도지역, 지구, 구역 등<br>용적제한, 고도제한<br>기타규제(입체이용제한 등) | 1.00 | 대체로 유사함. |
| 기타조건 | 기타 | 장래의 동향, 기타 | 1.00 | 대체로 유사함. |
| 격 차 율 | | | 0.922 | |

▸ **해설**

- ①개별요인은 용도지대별로 구분하여 해당 항목을 종합적으로 비교(대상토지/비교표준지)한다. 【본서 131페이지 참조】
- ②개별요인 중 가로조건은 주된 도로를 기준으로 도로의 "폭"뿐만 아니라 가로의 제반여건을 종합적으로 비교한다. 【본서 119페이지 참조】
- ③개별요인 중 획지조건은 토지의 개별 특성을 종합적으로 비교한다. 【본서 116페이지 참조】

# 감정평가액의 산출근거 및 결정 의견

5) 그 밖의 요인 보정

가) 그 밖의 요인 보정의 근거 및 필요성

「감정평가에 관한 규칙」 제14조 제2항 제5호 및 대법원 판례[2003다38207판결(2004.05.14 선고), 2002두5054판결(2003.07.25.선고)] 취지에 따라 인근지역 또는 동일수급권내 유사지역의 가치형성요인이 유사한 정상적인 거래사례나 평가사례 등을 고려하여 그 밖의 요인으로 보정하였습니다.

나) 그 밖의 요인 보정 산식 ①

$$\frac{\text{사례 기준 표준지 단가(사례 토지단가×사정보정×시점수정×지역요인 비교×개별요인 비교)}}{\text{시점수정된 표준지 단가(표준지공시지가×시점수정)}} \fallingdotseq \text{그 밖의 요인 보정치}$$

다) 그 밖의 요인 보정치의 결정

(1) 비교사례의 선정 ②

용도지역, 이용상황, 주변환경, 지리적 접근성, 가치형성요인의 유사성 등을 고려하여 상기 거래사례 및 평가사례 중 아래의 비교사례를 선정하였습니다.

| 비교사례 | 사례구분 | 소재지 | 용도지역 | 지목 | 이용상황 | 면적(㎡) | 기준시점 | 토지단가(원/㎡) | 적용 |
|---|---|---|---|---|---|---|---|---|---|
| ⓐ | 담보 | **동<br>$$ | 2종<br>일주 | 대 | 주거기타 | 63.1 | 2021.03.19 | 19,200,000 | 표준지 A |

(2) 격차율 산정

<table>
<tr><td colspan="2" rowspan="2">구분</td><td>사례단가(원/㎡)</td><td rowspan="2">사정보정</td><td rowspan="2">시점수정</td><td rowspan="2">지역요인</td><td rowspan="2">개별요인</td><td rowspan="2">산정단가(원/㎡)</td><td rowspan="2">격차율</td><td rowspan="2">비고</td></tr>
<tr><td>공시지가(원/㎡)</td></tr>
<tr><td rowspan="2">산정단가</td><td>평가사례ⓐ ③</td><td>19,200,000</td><td>-</td><td>1.07273</td><td>1.00</td><td>0.930</td><td>19,154,667</td><td rowspan="2">⑥<br>1.870</td><td rowspan="2">-</td></tr>
<tr><td>표준지A ⑤</td><td>10,260,000</td><td>-</td><td>0.99823</td><td>-</td><td>-</td><td>10,241,840</td></tr>
</table>

<table>
<tr><td rowspan="6">④<br>산출내역</td><td>사정보정</td><td colspan="7">- 해당사항없음.</td></tr>
<tr><td>시점수정</td><td colspan="4">- 서울특별시 마포구 (주거지역)</td><td colspan="3">(2021.03.19~2023.03.08)</td></tr>
<tr><td>지역요인</td><td colspan="7">- 비교사례는 비교표준지 인근지역에 위치하여 지역요인은 동일함.</td></tr>
<tr><td rowspan="3">개별요인</td><td>가로조건</td><td>접근조건</td><td>환경조건</td><td>획지조건</td><td>행정적조건</td><td>기타조건</td><td>비교치</td></tr>
<tr><td>1.00</td><td>0.95</td><td>0.95</td><td>1.03</td><td>1.00</td><td>1.00</td><td>0.930</td></tr>
<tr><td colspan="7">비교표준지는 비교사례 대비 접근조건(상업지역중심과의 접근성), 환경조건(고객의 유동성과의 적합성) 열세하나, 획지조건(각지 여부)에서 우세함.</td></tr>
</table>

(3) 그 밖의 요인 보정치의 결정

| 비교 표준지 | 비교사례 | 그 밖의 요인 보정치 |
|---|---|---|
| A | ⓐ | ⑦ 1.85 |

▸ **해설**

- '그 밖의 요인'보정은 감정평가의 적정성을 기하기 위해 인근 유사토지의 거래사례나 평가사례 등을 감안하여 공시지가와 인근지역 지가수준 간의 괴리를 보완하기 위한 절차로서, 사례와 비교표준지의 격차율을 직접 비교하여 산정하는 방식을 주로 사용한다. 【본서 142페이지 참조】
  비교사례는 비교표준지 및 대상토지와 유사한 평가사례, 거래사례 중에서 선정하되, 담보평가 시에는 ②와 같이 주로 유사한 토지의 담보목적 평가사례를 선정한다.
- 산식 ①과 같이 '사례와 비교한 기준시점 현재 비교표준지의 가격(③)'을 '기준시점 현재 비교표준지의 공시지가(⑤)'로 나누어 격차율을 산정한다. ③은 ④와 같이 시점수정('평가사례 시점'~'기준시점')과 개별요인비교(비교표준지/평가사례 토지)를 통해 산정하고, ⑤는 비교표준지 공시지가에 시점수정('공시기준일'~'기준시점')을 하여 산정한다.
- 산식 ①에 의해 산정된 수치는 ⑥격차율이고, 이 수치를 소수점 셋째 자리에서 반올림 또는 절사하여 ⑦ '그 밖의 요인 보정치'를 결정한다. 담보평가 시에는 주로 절사하거나, 보수적으로 평가하기 위해 산정된 격차율 이내에서 소수점 둘째 자리를 "0" 또는 "5"단위로 정하여 적용한다.

# 감정평가액의 산출근거 및 결정 의견

### 6) 공시지가기준법에 의한 토지단가

①

| 대상토지 | 비교표준지 | 표준지공시지가(원/㎡) | 시점수정 | 지역요인비교 | 개별요인비교 | 그 밖의 요인 보정 | 산정단가(원/㎡) | 결정단가(원/㎡) |
|---|---|---|---|---|---|---|---|---|
| 1 | A | 10,260,000 | 0.99823 | 1.00 | 0.922 | 1.85 | 17,469,506 | 17,400,000 |

### 7) 공시지가기준법에 의한 시산가액

| 대상토지 | 토지단가(원/㎡) | 면적(㎡) | 시산가액 | 비고 |
|---|---|---|---|---|
| 1 | 17,400,000 | 171.3 | 2,980,620,000 | - ② |
| 합 계 | | 171.3 | **2,980,620,000** | |

③

## 다. 거래사례비교법에 의한 시산가액

### 1) 비교사례 선정

용도지역, 이용상황, 주변환경, 지리적 접근성, 가치형성요인의 유사성 등을 고려하여 상기 거래사례 중 아래와 같이 비교사례를 선정하였습니다.

| 비교사례 | 소재지 | 용도지역 | 지목 | 이용상황 | 면적(㎡) | 거래시점 | 토지단가(원/㎡) | 대상토지 |
|---|---|---|---|---|---|---|---|---|
| c | **동 @@ | 2종일주 | 대 | 주상용 | 60.2 | 2020.12.08 | 21,400,000 | 1 |

### 2) 사정보정 ④

인근지역의 정상적인 가치수준 대비 적정하게 거래된 것으로 판단되어 별도의 사정보정은 필요하지 아니합니다. (1.00)

▸ **해설**

- ①담보평가의 결정단가는 산정단가를 절사하여 결정하며 유효숫자 둘째 자리까지 표시함을 원칙으로 하되, ㎡당 가격이 100,000원 이상인 경우에는 셋째 자리까지 표시할 수 있다.
- ②단가에 면적을 곱해 시산가액을 산정한다. 면적 중 평가외 되는 부분이 있을 수 있다.
- ③공시지가기준법에 의한 시산가액의 합리성 검토를 위해 거래사례비교법을 적용한다.
- ④거래사례비교법 적용 시 선정된 거래사례는 공시지가기준법의 비교표준지와 달리 사정이 개입된 거래사례일 수 있으므로 이에 대한 검토를 하여 사정보정을 해야 한다.

# 감정평가액의 산출근거 및 결정 의견

### 3) 시점수정

국토교통부장관이 월별로 조사·발표한 비교사례가 있는 시·군·구의 같은 용도지역 지가변동률을 적용하여 거래시점으로부터 기준시점까지의 지가변동률로 시점수정치를 산정하되, 기준시점까지 조사·발표되지 않은 기간의 지가변동률은 조사·발표된 월별 지가변동률 중 기준시점에 가장 가까운 월의 지가변동률을 기준으로 추정하였습니다.

| 대상토지 | 비교사례 | 지역 및 용도지역 (산정기간) | 지가변동률 | 지가변동률 산정 |
|---|---|---|---|---|
| 1 | c | 서울특별시 마포구 (주거지역) (2020.12.08~2023.03.08) | 8.624% (1.08624) | (1+0.00390×24/31)×(1+0.05347) ×(1+0.02983)×(1-0.00082) ×(1-0.00082×36/31)≒1.08624 |

### 4) 지역요인 비교

인근지역 내에 소재하여 동일한 가치형성요인을 지니므로 지역요인은 동일합니다. (1.00)

### 5) 개별요인 비교

비교사례와 대상토지의 개별요인을 각각의 조건에 따른 항목(세항목)으로 분류하여 비교하면 다음과 같습니다.

- 상업지대[ 기호 1 / 사례 기호 c]

| 조 건 | 항목 | 세항목 | 비교치 | 검토의견 |
|---|---|---|---|---|
| 가로조건 | 가로의 폭, 구조 등의 상태 | 폭, 포장, 보도, 계통 및 연속성 | 1.00 | 대체로 유사함. |
| 접근조건 | 상업지역중심 및 교통시설과의 편의성 | 상업지역중심과의 접근성 인근교통시설과의 거리 및 편의성 | 0.90 | 상업지역중심과의 접근성 인근교통시설과의 거리 등 열세함. |
| 환경조건 | 고객의 유동성과의 적합성 인근환경, 자연환경 | 고객의 유동성과의 적합성 인근토지의 이용상황 인근토지의 이용상황과의 적합성 지반, 지질 등 | 0.90 | 고객의 유동성과의 적합성 등 열세함. |
| 획지조건 | 면적, 접면, 너비, 깊이, 형상 등 방위, 고저 등 접면도로 상태 | 면적, 접면, 너비, 깊이 부정형지, 심각지, 자루형획지 방위, 고저, 경사지 각지, 2면획지, 3면획지 | 1.03 | 각지 여부 측면 우세함. |
| 행정적조건 | 행정상의 규제정도 | 용도지역, 지구, 구역 등 용적제한, 고도제한 기타규제(입체이용제한 등) | 1.00 | 대체로 유사함. |
| 기타조건 | 기타 | 장래의 동향, 기타 | 1.00 | 대체로 유사함. |
| 격 차 율 | | | 0.834 | |

▸ **해설**

거래사례비교법 적용 시 시점수정('거래사례 시점'~'기준시점'), 지역요인 비교, 개별요인 비교(대상토지/거래사례 토지)를 행한다.

# 감정평가액의 산출근거 및 결정 의견

6) 거래사례비교법에 의한 토지단가

| 대상토지 | 비교사례 | 비교사례단가 (원/㎡) | 사정보정 | 시점수정 | 지역요인 비교 | 개별요인 비교 | 산정단가 (원/㎡) | 결정단가 (원/㎡) |
|---|---|---|---|---|---|---|---|---|
| 1 | c | 21,400,000 | 1.00 | 1.08624 | 1.00 | 0.834 | 19,386,777 | 19,300,000 |

7) 거래사례비교법에 의한 시산가액

| 대상토지 | 토지단가(원/㎡) | 면적(㎡) | 시산가액 | 비고 |
|---|---|---|---|---|
| 1 | 19,300,000 | 171.3 | 3,306,090,000 | - |
| 합 계 | | 171.3 | **3,306,090,000** | |

## 라. 시산가액 검토 및 감정평가액 결정

「감정평가에 관한 규칙」 제12조 제1항 및 제2항에 의거 주된 방법인 공시지가기준법을 적용하여 산정한 시산가액은 거래사례비교법에 의한 시산가액과 비교할 때 ① 합리성이 인정된다고 판단되므로 공시지가기준법에 의한 시산가액을 대상 토지 감정평가액으로 결정하였습니다.

| 대상토지 | 공시지가기준법에 의한 시산가액(원) | 거래사례비교법에 의한 시산가액(원) | 감정평가액(원) |
|---|---|---|---|
| 1 | 2,980,620,000 | 3,306,090,000 | 2,980,620,000 |
| 합 계 | **2,980,620,000** | **3,306,090,000** | **2,980,620,000** |

▸ **해설**

토지가격은 주된 방법인 '공시지가기준법'에 의한 시산가액을 '거래사례비교법'에 의한 시산가액과 비교하여 ①과 같이 합리성을 검토한 후, '공시지가기준법'에 의한 시산가액으로 결정하였다.

# 감정평가액의 산출근거 및 결정 의견

## 2. 건물 감정평가액

### 가. 대상건물 동별·층별 개요

| 대상 건물 | 구 분 | 구 조 / 지 붕 ① | 용 도 ② | 면적(㎡) | 사용승인일자 ③ |
|---|---|---|---|---|---|
| 가 | 1층 | 철근콘크리트/ (철근)콘크리트 | 제1종근린생활시설 | 79.77 | 2021.12.17 |
| | 2층 | | 제1종근린생활시설(소매점) | 71.87 | |
| | 3층 | | 제2종근린생활시설(사무소) | 82.65 | |
| | 4층 | | 제2종근린생활시설(사무소) | 57.78 | |
| | 5층 | | 제2종근린생활시설(사무소) | 42.05 | |
| | 옥탑1층 | | 계단실(연면적제외) | 11.93 | |

### 나. 재조달원가의 결정 ④

#### 1) 표준단가 결정

#### 가) 건물신축단가표 ⑤

| 분류번호 | 용도 | 구조 | 급수 | 표준단가(원/㎡) | 내용년수 |
|---|---|---|---|---|---|
| 4-1-5-8 | 점포 및 상가 | 철근콘크리트조/슬래브지붕 (치장벽돌벽) | 1 | 1,698,000 | 50(45~55) |
| 1-4-5-1 | 다중주택 | 철근콘크리트조/슬래브지붕 | 2 | 1,816,000 | 50(45~55) |

[자료출처 : 한국부동산원 발행 「건축물신축단가표」 2022년 01월 기준]

▸ **해설**

- 건물의 유형을 결정하는 주된 요소는 ①구조(지붕) 및 ②용도이며 이를 기준으로 건물의 재조달원가를 결정한다. ③사용승인일로부터 기준시점까지의 기간을 만년으로 계산하여 경과연수를 결정한다.
- ④건물의 원가법은 재조달원가에 감가수정을 하여 대상물건의 가액을 산정하는 방법이다. 재조달원가는 표준단가와 부대설비 보정단가의 합으로 결정한다.
- 표준단가를 결정하는 방법 중 하나는 ⑤와 같이 한국부동산연구원·한국감정평가사협회에서 조사·발간한 건물신축단가표를 활용하는 방법이다.

# 감정평가액의 산출근거 및 결정 의견

### 나) 표준단가 결정 ①

건물의 표준단가는 「건물신축단가표」를 기준으로 대상건물 구조, 용재, 시공의 정도 및 건물의 특성 등을 고려하여 결정하였습니다.

| 대상 건물 | 구 분 | 이용상황 | 구조 | 표준단가 (원/㎡) | 비고 |
|---|---|---|---|---|---|
| 가 | 1층~5층 | 근린생활시설 | 철근콘크리트 | 1,650,000 | - |

### 2) 부대설비 보정단가 ②

| 대상 건물 | 난방설비 | 냉방설비 | 위생 및 급배수설비 | 소방설비 | 승강기설비 | 도시가스 설비 | 기타설비 |
|---|---|---|---|---|---|---|---|
| 가 | - | - | ○ | ○ | ○ | ○ | - |
| | 보정단가 (원/㎡) | 표준단가에 포함하였음. | | | | | |

### 3) 재조달원가의 결정

| 대상 건물 | 구 분 | 표준단가 (원/㎡) | 부대설비 보정단가 (원/㎡) | 재조달원가 (원/㎡) | 비 고 |
|---|---|---|---|---|---|
| 가 | 1층~5층 | 1,650,000 | - | 1,650,000 | - |

▸ **해설**

- ①신축된 지 오래되지 않은 건물로 건축도급공사계약서 등에 의한 건축공사비를 파악할 수 있는 경우 이를 기준으로 결정할 수도 있으나, 실무적으로는 객관적인 건물신축단가표 단가 이하의 금액으로 결정한다. 【본서 197페이지 참조】
- ②건물의 설비 내역을 파악하고, 설비별 적정한 보정단가를 합산하여 전체 보정단가를 구한다. 담보평가 시에는 특수한 부대설비가 아니라면 표준단가에 별도로 가산하지 않고 표준단가에 부대설비 보정이 포함된 것으로 보아 평가하기도 한다.

# 감정평가액의 산출근거 및 결정 의견

### 다. 감가수정 및 적용단가 결정

감가수정이라 함은 대상물건의 재조달원가에서 물리적·기능적·경제적 감가액을 공제하여 기준시점의 대상물건 가액을 적정화하는 작업을 말하며, 대상물건의 특성을 고려하여 감가수정방법은 정액법을 적용하였습니다.

| 대상 건물 | ① 구 분 | 재조달원가 (원/㎡) | 사용승인일 | ② 경제적 내용 연수 | ③ 물리적 경과 연수 | 잔존내용연수 | | 적용단가 (원/㎡) |
|---|---|---|---|---|---|---|---|---|
| | | | | | | 관찰감가 적용시 | 적용잔존 내용연수 | |
| 가 | 1층~5층 | 1,650,000 | 2021.12.17 | 50 | 1 | - ④ | 49 | 1,617,000 |

### 라. 대상건물의 감정평가액

| 대상 건물 | 구 분 | 면적(㎡) | 건물단가(원/㎡) | 감정평가액(원) | 비고 |
|---|---|---|---|---|---|
| 가 | 1층~5층 | 334.12 | 1,617,000 | 540,272,040 | - |
| | 옥탑1층 | 11.93 | - | 감정평가외 ⑤ | 담보가치 희박 |
| 합 계 | | 346.05 | | 540,272,040 | |

### 3. 토지·건물 감정평가액

| 구 분 | 감정평가액(원) | 비고 |
|---|---|---|
| 토 지 | 2,980,620,000 | 상세내역은 후첨 "감정평가명세표" 참조 |
| 건 물 | 540,272,040 | |
| 총 액 | **3,520,892,040** | |

▸ **해설**

- ①건물의 구조 및 용도에 따라 1동의 건물도 구분 평가할 수 있다.
- ②건물 내용연수는 구조 및 용도에 따라 적용하되, 실무적으로 철근콘크리트구조 45~50년, 조적조·연와조 40~45년, 일반철골구조 35~40년, 경량철골구조 30~40년, 파이프구조 기타는 20~30년을 적용하며, 철골철근콘크리트구조 고층 건물은 55년을 적용하는 경우도 있다.
- 경과연수는 ③과 같이 사용승인일로부터 기준시점까지의 기간을 만년으로 계산하나, 관찰감가법 적용 시 ④와 같이 경과연수를 줄여서 적용한다.
- 담보평가 시 ⑤와 같이 건물 중 일부를 '감정평가외' 하는 경우는 '옥탑 부분', '수자상 또는 통로 부분'이 있다.

# 감정평가액의 산출근거 및 결정 의견

## 4. 수익환원법에 의한 시산가액
①

### 가. 가능총수익의 산정

#### 1) 적용임대료

대상부동산의 현행 임대내역은 인근 부동산의 임대료 수준과 비교할때 적정한 수준인 것으로 판단되어 대상부동산 임대내역을 기초로 가능총수익을 산정하되, 1층 부분은 현황 공실인 바, 인근지역 임대료 수준을 감안한 추정임대료를 적용하였습니다.

| 구분 | 보증금(원) | 월임대료(원) | 월관리비(원) | 비고 |
|---|---|---|---|---|
| 1층 | 100,000,000 | 6,000,000 | - | 추정 ② |
| 2층 | 50,000,000 | 2,600,000 | - | 현행 |
| 3층, 4층 | 100,000,000 | 5,250,000 | - | 현행 |
| 5층 | 5,000,000 | 525,000 | - | 현행 |
| **합계** | **255,000,000** | **14,375,000** | **-** | |

#### 2) 가능총수익의 산정

보증금운용이율은 기준시점 현재 국·공채수익률, CD수익률, 정기예금이자율 등을 종합적으로 고려하여 2%로 적용하였습니다.

| 구분 | 보증금(원) | 월임대료(원) | 월관리비(원) | 기타수익 | 보증금운용이율 |
|---|---|---|---|---|---|
| 전체 | 255,000,000 | 14,375,000 | 0 | 0 | 2% |
| | ③ ※ 가능총수익 = (보증금 × 보증금운용이율) + {(월임대료 + 월관리비 + 기타수익) × 12} | | | | |
| 가능총수익 | (255,000,000×0.02)+{(14,375,000+0+0)×12}=177,600,000 | | | | |

▸ **해설**

- ①수익환원법은 '직접환원법'과 '할인현금수지분석법'이 있으며, 일반적인 중소형 수익성 부동산은 '직접환원법'을 주로 사용한다. 【본서 215페이지 참조】
- ②가능총수익은 '현재 대상물건이 창출할 수 있는 적정한 수익을 기준'으로 산정하는 것이므로, 공실 또는 자가사용하는 부분은 임대료 수준을 추정하여 적용하며, 임대된 부분이라도 현행 임대료가 시장 임대료 수준을 반영하지 못하는 것으로 판단될 때에는 현행 임대료를 가·감 조정하여 적용할 수 있다.
- ③가능총수익은 월 임대료 외에 월 관리비, 기타수익 및 보증금 운용수익(보증금운용이율은 정기예금이자율 등 감안)을 합산하여 산정한다.

# 감정평가액의 산출근거 및 결정 의견

### 나. 유효총수익의 산정

#### 1) 공실손실상당액 및 대손충당금

공실손실상당액 및 대손충당금은 가능총수익에 공실률 및 대손율을 곱하여 산정하며, 최근 부동산 경기 및 대상물건 인근 유사부동산의 공실률 등을 감안하여 공실손실상당액 및 대손충당금 산정을 위한 공실률 및 대손율로 5%를 적용하였습니다.

#### 2) 유효총수익

유효총수익은 가능총수익에서 공실손실상당액 및 대손충당금을 공제하여 산정하였습니다.

### 다. 순수익 산정

#### 1) 운영경비의 추정

운영경비에는 인건비, 수도광열비, 수선유지비, 세금·공과금, 보험료, 광고선전비 등 그 밖의 경비로 구성되어 있으며, 인근 유사부동산의 운영경비를 비교 검토하여 통상적 운영경비 비율인 5%를 적용하였습니다.

#### 2) 순수익의 산정

순수익은 유효총수익에서 운영경비를 공제하여 산정하였습니다.

### 라. 환원율 결정

#### 1) 개요

환원율은 순수익을 기준시점의 경제적 가치로 환산하기 위하여 적용하는 적정한 율로서 부동산 가치 대비 순수익의 비율을 의미하며, 환원율은 금융시장의 금리 및 부동산 시장의 요구수익률, 금융시장 및 부동산 시장의 변화 등에 따라 상이하게 나타납니다.

#### 2) 산정방법

환원율 산정방법은 여러 가지가 있을 수 있으나, 가장 보편타당하고 시장의 상황을 잘 반영하는 방법으로 시장추출법과 요소구성법(무위험률 + 위험할증률 ± 부동산가치변화률) 등이 있습니다.

#### 3) 환원율의 결정

인근의 시장환경을 반영하고 있다고 판단되는 시장추출법에 의한 환원율에 중점을 두고 대상물건의 주용도와 인근 유사물건에 대한 감정평가시 적용한 환원율 사례, 최근 시장금리 추세 및 향후 가치변동 및 위험 등을 종합 고려하여 4.5%로 결정하였습니다.

▸ **해설**

수익환원법 적용에 필요한 사항을 조사 및 판단하여 기재한다. 【본서 215페이지 참조】

# 감정평가액의 산출근거 및 결정 의견

마. 수익환원법에 의한 시산가액

<table>
<tr><td>대상물건</td><td colspan="6">전체</td></tr>
<tr><td>가능총수익</td><td colspan="6">177,600,000 원</td></tr>
<tr><td>공실손실상당액<br>및 대손충당금</td><td colspan="6">8,880,000 원</td></tr>
<tr><td>유효총수익</td><td colspan="6">168,720,000 원</td></tr>
<tr><td>운영경비</td><td colspan="6">8,436,000 원</td></tr>
<tr><td>순 수 익</td><td colspan="6">160,284,000 원</td></tr>
<tr><td>수익가액</td><td colspan="6">약 3,560,000,000 원</td></tr>
<tr><td>적 용 률</td><td>공실률 및<br>대손율</td><td>5%</td><td>운영경비<br>비율</td><td>5%</td><td>환원율</td><td>4.5%</td></tr>
<tr><td>참고사항</td><td colspan="6">유효총수익 = 가능총수익 × (1 - 공실률 및 대손율)<br>순수익 = 유효총수익 × (1 – 운영경비비율)<br>수익가액 = 순수익/환원율</td></tr>
</table>

▸ **해설**

수익환원법 중 직접환원법을 적용하여 수익가격을 산정한다. 【본서 216페이지 참조】

# 감정평가액의 산출근거 및 결정 의견

## Ⅳ. 감정평가액 결정 의견

### 1. 감정평가액의 합리성 검토 및 결정 의견

| 구분 | 주된 방법에 의한<br>토지 · 건물 감정평가액(원) | 수익환원법에 의한<br>시산가액(원) | 비고 |
|---|---|---|---|
| 전체 | 3,520,892,040 | 약 3,560,000,000 | - |

주된 방법에 의한 토지·건물 감정평가액을 수익환원법에 의한 시산가액과 비교 검토한 결과 산출금액이 유사하여 그 ①합리성이 대체로 인정되며, 인근 유사부동산의 가격수준, 대상부동산의 특성, 평가목적 및 환가성, 장래동향 등을 종합적으로 참작하여 ②주된 방법에 의한 토지·건물 감정평가액을 대상물건의 감정평가액으로 결정하였습니다.

### 2. 감정평가액의 결정

| 구 분 | 감정평가액(원) | 비고 |
|---|---|---|
| 토 지 | 2,980,620,000 | 상세내역은 후첨 "감정평가명세표" 참조 |
| 건 물 | 540,272,040 | |
| **총 액** | **3,520,892,040** | |

▸ **해설**

- ① 토지는 공시지가기준법, 건물은 원가법으로 산정하여 합산한 '주된 방법에 의한 감정평가액'을 다른 방법에 의한 시산가액과 비교하여 합리성을 검토해야 한다. 수익성 부동산은 수익환원법을 이용하여 합리성 검토를 하고 주거용 부동산, 토지, 공장 등은 이러한 합리성 검토를 생략할 수 있다.
- ② 최종 감정평가액은 합리성 검토를 거쳐 어느 하나의 방법으로 산정한 가액으로 결정할 수 도 있으나, 대상물건의 종류 및 성격에 따라 여러 방법으로 산정한 시산가액을 가중평균 등의 방식으로 조정한 '시산가액 조정'을 통해 결정할 수도 있다. 【본서 35페이지 참조】

# 토지·건물 감정평가명세표

| 일련번호 | 소재지 | 지번 | 지 목 및 면 적 | 용도지역 및 구 조 | 면적(㎡) 공 부 | 면적(㎡) 사 정 | 감정평가액(원) 단 가 | 감정평가액(원) 금 액 | 비 고 |
|---|---|---|---|---|---|---|---|---|---|
| 1 | 서울특별시 마포구 **동 | ## | 대 | 제2종 일반주거지역 | 171.3 | 171.3 | 17,400,000 | 2,980,620,000 | ① |
| 가 | 동소 [도로명] 서울특별시 마포구 &&로 @길 # | ## $$빌딩 | 근린생활 시설 | 철근 콘크리트구조 (철근)콘크리트 지붕 5층 | | | | | ② |
| | | | | 1층 | 79.77 | 334.12 | 1,617,000 | 540,272,040 | ③ 1,650,000 ×49/50 |
| | | | | 2층 | 71.87 | | | | |
| | | | | 3층 | 82.65 | | | | |
| | | | | 4층 | 57.78 | | | | |
| | | | | 5층 | 42.05 | | | | |
| | | | | 옥탑1층 (연면적 제외) | 11.93 | 11.93 | - | 감정평가외 | 담보가치희박 |
| | 합 계 | | | | | | | ₩3,520,892,040.- | |
| | | | | 이 | 하 | 여 | 백 | | |

▸ **해설**

- ① 토지 중 도로 등과 같이 감정평가외 되는 경우에는 비고란에 그 내용을 기재하며, 도시계획시설 저촉 등 특수한 상황을 감안하여 평가한 경우 그 내용을 기재한다.
- ② 건물이 미등기인 경우에 요건에 따라 평가할 수 있는 경우 또는 증축 등의 사유로 인해 건물 등기사항전부증명서와 건축물대장 내역이 불일치할 경우에, 현황과 건축물대장 등재 내역이 일치하면, "일반건축물대장 기준"이라는 문구를 기재하고 평가할 수 있다.
- ③ 원가법으로 건물을 평가 시 재조달원가와 감가수정 내역을 기재하고, 증축 부분 또는 관찰감가법을 적용한 경우 등 특이사항을 기재한다.

# 제2절 구분소유 부동산의 담보평가

## 1 평가대상

### - 구분소유 부동산

**등기사항전부증명서(말소사항 포함)**
**- 집합건물 [제출용] -**

고유번호 1356-

[집합건물] 경기도 성남시 호

**【 표 제 부 】 ( 1동의 건물의 표시 )**

| 표시번호 | 접 수 | 소재지번, 건물명칭 및 번호 | 건 물 내 역 | 등기원인 및 기타사항 |
|---|---|---|---|---|
| 1 | 2015년12월15일 | 경기도 성남시<br>[도로명주소]<br>경기도 | 철근콘크리트구조<br>(철근)콘크리트지붕 13층<br>업무시설,판매시설<br>지하3층 9713.24㎡<br>지하2층 8144.96㎡<br>지하1층 7071.87㎡<br>1층 4166.11㎡<br>2층 3567.22㎡<br>3층 2055.35㎡<br>4층 2125.28㎡<br>5층 2125.28㎡<br>6층 2125.28㎡<br>7층 2125.28㎡<br>8층 2125.28㎡<br>9층 2125.28㎡<br>10층 2125.28㎡<br>11층 2125.28㎡<br>12층 2125.28㎡<br>13층 1707.12㎡ | |

①( 대지권의 목적인 토지의 표시 )

| 표시번호 | 소 재 지 번 | 지 목 | 면 적 | 등기원인 및 기타사항 |
|---|---|---|---|---|
| 1 | 1. 경기도 성남시<br>531 | 대 | 27580.2㎡ | 2017년5월17일 등기 |

**【 표 제 부 】 ( 전유부분의 건물의 표시 )**

| 표시번호 | 접 수 | ②건 물 번 호 | ③건 물 내 역 | 등기원인 및 기타사항 |
|---|---|---|---|---|
| 1 | 2015년12월15일 | 제1층 호 | 철근콘크리트구조<br>61.24㎡ | |

( 대지권의 표시 )

| 표시번호 | ④ 대지권종류 | ⑤ 대지권비율 | 등기원인 및 기타사항 |
|---|---|---|---|
| 1 | 1 소유권대지권 | 27580.2분의<br>23.129 | 2017년9월21일 대지권<br>2017년9월21일 등기 |

| 【 갑 구 】 ( 소유권에 관한 사항 ) | | | | |
|---|---|---|---|---|
| 순위번호 | 등 기 목 적 | 접 수 | 등 기 원 인 | 권리자 및 기타사항 |
| 1 | 소유권보존 | 2015년12월15일<br>제106750호 | | |
| 2 | 소유권이전 | 2018년5월30일<br>제27790호 | 2018년4월24일<br>매매 | |
| 3 | 소유권이전 | 2018년5월30일<br>제27791호 | 2018년5월28일<br>신탁 | |
| | ~~신탁~~ | | | |
| 3-1 | 3번등기명의인표시변경 | 2020년1월31일<br>제5474호 | 2020년1월22일<br>상호변경 | |
| 4 | 소유권이전 | 2020년1월31일<br>제5475호 | 2020년1월31일<br>신탁재산의귀속 | |
| | 3번신탁등기말소 | | 신탁재산의귀속 | |
| 5 | 소유권이전 | 2020년1월31일<br>제5476호 | 2019년11월20일<br>매매 | 공유자<br>지분 2분의 1<br>지분 2분의 1<br>거래가액 금1,449,000,000원 ⑥ |

## 집합건축물대장(표제부, 갑)

(2쪽 중 제1쪽)

| 고유번호 | 4113511000- | 명칭 | | 호수/가구수/세대수 | 79호/0가구/0세대 |
|---|---|---|---|---|---|
| 대지위치 | 경기도 성남시 ① | 지번 | | 도로명주소 | 경기도 성남시 |
| ※대지면적 0 ㎡ | 연면적 ② 55,553.39 ㎡ | ※지역 근린상업지역 외1 | ※지구 | ※구역 | |
| 건축면적 3,888.79 ㎡ | 용적률 산정용 연면적 30,353.05 ㎡ | 주구조 철근콘크리트구조 | 주용도 업무시설,판매시설 | 층수 ③ 지하: 3층, 지상: 13층 | |
| ※건폐율 0 % | ※용적률 0 % | 높이 60.125 m | 지붕 (철근)콘크리트 | 부속건축물 | 동 ㎡ |
| ※조경면적 ㎡ | ※공개 공지/공간 면적 ㎡ | ※건축선 후퇴면적 ㎡ | ※건축선 후퇴거리 m | | |

| 건축물 현황 | | | | | 건축물 현황 | | | | |
|---|---|---|---|---|---|---|---|---|---|
| 구분 | 층별 | 구조 | 용도 | 면적(㎡) | 구분 | 층별 | 구조 | 용도 | 면적(㎡) |
| 주6 | 지3층 | 철근콘크리트구조 | 지하주차장 | 7,977.53 | 주6 | 지1층 | 철근콘크리트구조 | 기계실, 공조실, 창고(판매시설용) | 1,323.18 |
| 주6 | 지3층 | 철근콘크리트구조 | 기계실(업무시설용) | 1,735.71 | 주6 | 지1층 | 철근콘크리트구조 | 기계실,공조실,창고,전기실,발전기실,소화약제실,방재실,관리사무실 | 917.4 |
| 주6 | 지2층 | 철근콘크리트구조 | 지하주차장 | 8,144.96 | 주6 | 지1층 | 철근콘크리트구조 | 지하주차장(램프) | 482.88 |
| 주6 | 지1층 | 철근콘크리트구조 | 업무시설(사무소, 구내운동시설) | 4,297.43 | 주6 | 지1층 | 철근콘크리트구조 | 승강기(업무시설용) | 50.98 |

이 등(초)본은 건축물대장의 원본내용과 틀림없음을 증명합니다.

발급일: 2023년 6월 16일

담 당 자:
전 화:

성남시 청장

■ 건축물대장의 기재 및 관리 등에 관한 규칙 [별지 제3호서식]

(2쪽 중 제2쪽)

| 고유번호 | 4113511000- | 명칭 | | 호수/가구수/세대수 | 79호/0가구/0세대 |
|---|---|---|---|---|---|
| 대지위치 | 경기도 성남시 | 지번 | | 도로명주소 | 경기도 성남시 |

| 구분 | 성명 또는 명칭 | 면허(등록)번호 | ※주차장 | | | | | 승강기 | 허가일 2010.1.27. |
|---|---|---|---|---|---|---|---|---|---|
| 건축주 | | | 구분 | 옥내 | 옥외 | 인근 | 면제 | 승용 9 대 / 비상용 2 대 | 착공일 2013.4.23. |
| 설계자 | | | | | | | | ※ 하수처리시설 | 사용승인일 ④ 2015.11.24. |
| 공사감리자 | | | 자주식 | 대 ㎡ | 대 ㎡ | 대 ㎡ | | 형식 | 관련 주소 |
| 공사시공자(현장관리인) | | | 기계식 | 대 ㎡ | 대 ㎡ | 대 ㎡ | 대 | 용량 | 지번 |

| ※제로에너지건축물 인증 | | ※건축물 에너지효율등급 인증 | | ※에너지성능지표(EPI) 점수 | ※녹색건축 인증 | | ※지능형건축물 인증 | |
|---|---|---|---|---|---|---|---|---|
| 등급 | | 등급 | | 63.56 점 | 등급 | | 등급 | |
| 에너지자립률 | 0 % | 1차에너지 소요량(또는 에너지절감률) | 0 kWh/㎡(%) | ※에너지소비총량 | 인증점수 | 점 | 인증점수 | 점 |
| 유효기간: . . ~ . . | | 유효기간: . . ~ . . | | 0 kWh/㎡ | 유효기간: . . ~ . . | | 유효기간: . . ~ . . | |

| 내진설계 적용 여부 | 내진능력 | 특수구조 건축물 | 특수구조 건축물 유형 | | 도로명 |
|---|---|---|---|---|---|
| 지하수위 G.L m | 기초형식 | 설계지내력(지내력기초인 경우) t/㎡ | 구조설계 해석법 | | |

⑤ 변동사항

| 변동일 | 변동내용 및 원인 | 변동일 | 변동내용 및 원인 | 그 밖의 기재사항 |
|---|---|---|---|---|
| 2015.11.24.<br>2016.1.19. | 신규작성(신축)<br>전유부변경(합병)[ 건축과-1323(2016.1.19.)호에 의거 지상3층 301호~307호, 310호 판매시설(상점)을 301호 938.3㎡로 합병 / 308호, 309호 판매시설(상점)을 302호 347.88㎡로 합병] | 2016.2.25.<br>2016.4.21. | 전유부변경(합병)[ 건축과-4033(2016.2.25.)호에 의거 지상1층 132호~137호를 132호 230.69㎡, 지상2층 224호~226호를 224호 263.97㎡로 합병]<br>대수선 [ 건축과-8673(2016.4.21.)호에 의거 지상1층(132호), 지상2층(224호) 내부계단 신설로 인한 바 | |

## 집합건축물대장(전유부, 갑)

① (2쪽 중 제1쪽)

| 고유번호 | 4113511000- | 명칭 | | 호명칭 | |
|---|---|---|---|---|---|
| 대지위치 | 경기도 성남시 | 지번 | | 도로명주소 | 경기도 성남시 |

| 전유부분 | | | ② | ③ | 소유자현황 | | | |
|---|---|---|---|---|---|---|---|---|
| 구분 | 층별 | ※구조 | 용도 | 면적(㎡) | 성명(명칭)<br>주민(법인)등록번호<br>(부동산등기용등록번호) | 주소 | 소유권 지분 | 변동일자<br>변동원인 |
| 주 | 1층 | 철근콘크리트구조 | 판매시설(상점) | 61.24 | | | | |
| | | - 이하여백 - | | | | | | |

| 공용부분 ④ | | | | |
|---|---|---|---|---|
| 구분 | 층별 | 구조 | 용도 | 면적(㎡) |
| 주 | 지3-1층 | 철근콘크리트구조 | 주차장 | 50.88 |
| 주 | 지1-3층 | 철근콘크리트구조 | 계단실,승강기,홀,복도,화장실,무빙워크 | 28.81 |

- 이하여백 -

※ 이 건축물대장은 현소유자만 표시한 것입니다.

이 등(초)본은 건축물대장의 원본 내용과 틀림없음을 증명합니다.

발급일자: 2023년 6월 16일

성남시 청장

담 당 자:
전 화:

(2쪽 중 제2쪽)

| 고유번호 | 4113511000 | 명칭 | | 호명칭 | |
|---|---|---|---|---|---|
| 대지위치 | 경기도 성남시 | 지번 | | 도로명주소 | 경기도 성남시 |

| 공용부분 | | | | |
|---|---|---|---|---|
| 구분 | 층별 | ※구조 | 용도 | 면적(㎡) |
| 주 | 지1-3층 | 철근콘크리트구조 | 기계실,중조실,창고,제연실,전기실,발전기실,소화약제실,방재실,관리사무실 | 14.38 |
| | | - 이하여백 - | | |

| ⑤ 공동주택(아파트) 가격 (단위: 원) | |
|---|---|
| 기준일 | 공동주택(아파트) 가격 |
| | |

「부동산 가격공시에 관한 법률」제18조에 따른 공동주택가격만 표시됩니다.

| ⑥ 변동사항 | | | |
|---|---|---|---|
| 변동일 | 변동내용 및 원인 | 변동일 | 변동내용 및 원인 |
| 2015.11.24. | 신규작성(신축)<br>- 이하여백 - | | |

| 그 밖의 기재사항 |
|---|
| |

## ② 구분소유 부동산 담보평가의 개요

### 1) 기본적 사항의 확정 및 처리계획 수립

기본적 사항 확정에서는 의뢰인, 대상물건, 감정평가 목적, 기준시점, 감정평가조건과 기준가치를 확정한다. 담보평가의 기준시점은 일반적으로 '현장조사를 완료한 날'이며, 조건부 감정평가는 금지되며 평가목적을 고려하여 환가성을 감안한 가격을 기준가치로 한다.

### 2) 대상물건 확인

#### (1) 집합건물 등기사항전부증명서

①에서 대지권의 목적인 토지의 소재지·지번과 면적을 확인하고, ④, ⑤에서 집합건물에 배분된 대지권의 종류와 비율을 확인한다. 대지권 비율의 '분모'는 보통 대지권의 목적인 토지의 면적과 동일하나, 토지가 여러 필지이거나 분할·합병된 경우에는 다를 수 있으므로, 대지권 비율의 '분자'가 대지권의 면적이 아니고 '비율'이라는 점에 유의하여야 한다.

②, ③에서 대상 집합건물의 호수 및 전유면적을 확인한다. ⑥에서 「부동산 거래신고 등에 관한 법률」에 따른 거래계약신고 대상인 경우 거래가액이 등재되어 실거래가를 확인할 수 있다. 분양으로 최초 소유권이 이전된 건축물은 거래계약신고 대상이 아닌 경우에 거래가액이 등재되지 않을 수 있다.

#### (2) 집합건축물대장 표제부

①~④에서 대상 집합건물이 속하는 '1동의 건물'의 소재지, 연면적, 층수 등 규모, 연식을 확인한다. 이를 통해 거래사례비교법에 따른 개별요인 비교 항목 중 '단지외부요인', '단지내부요인'을 파악할 수 있다.

⑤에서는 '1동의 건물'에 대한 건물의 신축·증축·개축·재축·대수선 및 위반건축물 사항에 대해 확인할 수 있다. 이는 전체 건물에 대한 내용으로서 대상 집합건물과 관련 없는 내용도 있을 수 있다.

### (3) 집합건축물대장 전유부

①에서 대상 집합건물의 호수를 확인하고, ②에서 대상 집합건물 용도를 확인한다. ③을 통해 대상 집합건물 전유면적의 크기, ④의 내역을 합산하여 공용면적의 크기를 확인한 뒤 ③과 ④를 합산하여 분양면적(임대면적)을 산정한다. 집합건물 등기사항전부증명서에는 대상 집합건물의 용도, 공용면적의 크기는 등재되지 않는다는 것을 유의해야한다.

대상 집합건물이 공동주택인 경우 ⑤에서 매년의 공동주택 공시가격을 확인할 수 있고, 대상 집합건물에 해당하는 변동사항은 ⑥에서 확인할 수 있다.

## 3) 자료수집 및 정리, 자료검토 및 가치형성요인의 분석

가액결정에 참고가 되는 거래사례, 평가사례, 임대사례, 수익자료, 시장자료 등을 수집하고 정리한다.

## 4) 감정평가방법의 선정 및 적용

구분소유권의 목적이 되는 건물 및 그 부지에 대한 감정평가는 건물 및 부지를 일체로 한 거래사례비교법을 적용한다.

다만, 「감정평가에 관한 규칙」 제12조 제2항에 따라 다른 감정평가방식에 속하는 하나 이상의 감정평가방법으로 산출한 시산가액과 비교하여 합리성을 검토해야 한다. 따라서, 수익환원법에 의한 가격을 산정하여 거래사례비교법에 의한 대상물건이 가격과 비교하되, 원가법에 의한 가격은 그 산정 과정상 주관성 개입 문제 등으로 인해 단순한 참고용으로 적용한다.

## 5) 감정평가액의 결정 및 표시

구분소유 부동산은 일체의 가격으로 결정한다. '감정평가액의 산출근거 및 결정 의견'에서 결정된 감정평가액은 '(　　) 감정평가명세표'에 전유면적, 대지권과 가격(비고란에 공용면적 표시 가능)을 표시하고, '(　　) 감정표'에 호의 개수와 가격을 표시한다.

## ③ 구분소유 부동산 감정평가서 예시

# 감정평가액의 산출근거 및 결정 의견

## Ⅲ. 거래사례비교법에 의한 시산가액

### 1. 감정평가에 참고한 가격자료

#### 가. 대상물건 거래사례

최근 3년 이내 해당사항 없습니다.

#### 나. 인근지역 거래사례 ①

| 기호 | 소재지 | 건물명 및 동 / 층 / 호수 | 전유면적 (㎡) | 거래시점 / ③ 사용승인일 | 거래금액(원) | 전유면적당 단가(원/㎡) | ② 비고 (이용상황) |
|---|---|---|---|---|---|---|---|
| a | **동 @@ | **상가 -/1/♡♡ | 60.05 | 2021.12.22 / 2015.11.24 | 1,656,000,000 | 약 27,600,000 | 판매시설 (상점) |
| b | **동 @@ | **상가 -/1/** | 116.82 | 2021.04.01 / 2015.11.24 | 3,095,000,000 | 약 26,500,000 | 판매시설 (상점) |
| c | **동 @@ | **상가 -/1/*** | 61.24 | 2021.03.03 / 2015.11.24 | 1,656,000,000 | 약 27,000,000 | 판매시설 (상점) |

[자료출처 : 등기사항전부증명서 및 KAIS]

#### 다. 대상물건 평가사례

최근 3년 이내 해당사항 없습니다.

▸ **해설**

- ①집합건물의 가액결정에 참고가 되는 가격자료 중 인근지역 거래사례를 수집한다. 사례는 대상물건과 동일한 유형을 선정한다. 집합건물의 유형은 용도에 따라 주거용, 상업용 및 공업용으로 나눌 수 있으며, ②와 같이 '「건축법 시행령」 별표1에 따른 건축물대장상 용도를 기준으로 판단한다. 【본서 323페이지 참조】
- ③집합건물 사례의 '1동의 건물'의 사용승인일(집합건축물대장 표제부)을 파악하여 건물의 노후도 등의 가치형성요인 비교에 활용한다.

# 감정평가액의 산출근거 및 결정 의견

## 라. 인근지역 평가사례 ①

| 기호 | 소재지 | 건물명 및 동/층/호수 | 전유면적(㎡) | 평가목적 | 기준시점 / 사용승인일 | 평가금액(원) | 전유면적당 단가(원/㎡) | 비고(이용상황) |
|---|---|---|---|---|---|---|---|---|
| ⓐ | **동 @@ | **상가 -/1/**** | 58.41 | 담보 | 2023.03.03 / 2015.11.24 | 1,650,000,000 | 약 28,200,000 | 판매시설(상점) |
| ⓑ | **동 @@ | **상가 -/1/***** | 58.17 | 담보 | 2022.03.15 / 2015.11.24 | 1,560,000,000 | 약 26,800,000 | 판매시설(상점) |

[자료출처 : 한국감정평가사협회 감정평가정보센터]

## 마. 인근지역 내 유사부동산의 가치수준 ②

| 유형 | 부동산 가치수준 |
|---|---|
| 1층 유사 근린생활시설 | ③ 전유면적당 단가: 25,000,000원/㎡ ~ 28,000,000원/㎡ 수준 |

## 바. 경매 낙찰가율

| 지역 / 기간 | 경기/성남시 분당구 2022년 06월~2023년 05월 |
|---|---|

| 구 분 | 낙 찰 가 | | | 낙 찰 건 수 | | |
|---|---|---|---|---|---|---|
| | 총감정가 | 총낙찰가 | 율(%) | 총건수 | 낙찰건수 | 율(%) |
| 집합건물 | 37,003,000,000원 | 30,963,128,220원 | 83.7% | 72건 | 30건 | 41.7% |
| 상가 | 5,363,400,000원 | 4,946,102,777원 | 92.2% | 45건 | 28건 | 62.2% |
| 근린상가 | 4,874,400,000원 | 4,521,902,777원 | 92.8% | 43건 | 27건 | 62.8% |
| 오피스텔(상가) | 489,000,000원 | 424,200,000원 | 86.7% | 2건 | 1건 | 50% |

<최근 1년간 해당 지역 용도별 평균 낙찰가율 (출처 : 인포케어)>

▸ **해설**

- ① 거래사례비교법으로 집합건물을 평가할 때 평가사례는 직접적으로 적용되지는 않으나 거래사례비교법으로 산정한 시산가액의 합리성 검토를 위해 필요하다.
- ② 평가사례와 마찬가지 이유로 인근지역 유사 집합건물의 가치수준에 대한 검토가 필요하며, 이때 모든 검토의 기준은 '전유면적당 단가'임에 유의하여야 한다.

## 2. 거래사례비교법에 의한 시산가액

### 가. 비교사례의 선정 ①

최근 거래된 사례 중 대상물건의 인근지역에 위치하며, 가치형성요인이 유사하여 비교가능성이 높은 사례를 아래와 같이 선정하였습니다.

| 기호 | 소재지 | 건물명 및 동 / 층 / 호수 | 전유면적 (㎡) | 거래시점 / 사용승인일 | 거래금액(원) | 전유면적당 단가(원/㎡) | 대상물건 |
|---|---|---|---|---|---|---|---|
| a | **동 @@ | **상가 -/1/♡♡ | 60.05 | 2021.12.22 / 2015.11.24 | 1,656,000,000 | 약 27,600,000 | 가 |

### 나. 사정보정 ②

인근지역 정상 가치수준 대비 적정하게 거래된 것으로 판단되어 사정보정은 필요하지 아니합니다. (1.00)

### 다. 시점수정

#### 1) 개요

한국부동산원의 상업용 부동산 분기별 자본수익률을 활용하여 시점수정치를 산정하되, 조사·발표되지 않은 기간의 자본수익률은 기준시점과 가장 가까운 시점에 조사·발표된 분기별 자본수익률을 기준으로 추정하였습니다.

#### 2) 시점수정치

| 대상물건 | 비교사례 | 기 간 | 자본수익률(%) | 비고 |
|---|---|---|---|---|
| 가 | a | 2021년 4분기 | 0.53 | 2021년 4분기 수익률 |
| | | 2022년 1분기 | 0.49 | 2022년 1분기 수익률 |
| | | 2022년 2분기 | 0.46 | 2022년 2분기 수익률 |
| | | 2022년 3분기 | 0.47 | 2022년 3분기 수익률 |
| | | 2022년 4분기 | 0.15 | 2022년 4분기 수익률 |
| | | 2023년 1분기 | -0.07 | 2023년 1분기 수익률 |
| | | 2023년 2분기 | - | 2023년 2분기 수익률 |

#### 3) 시점수정치 산정

| 대상물건 | 비교사례 | 구 분 (산정기간) | 시점수정치 | 시점수정치 산정 |
|---|---|---|---|---|
| 가 | a | 경기 (집합 상가) 2021.12.22~2023.06.15 | 1.01506 | (1+0.0053×10/92)×(1+0.0049)×(1+0.0046) × (1+0.0047)×(1+0.0015)×(1-0.0007) ③ ×(1-0.0007×76/90) ≒ 1.01506 |

▸ **해설**

- ①수집된 거래사례 중 가장 유사하고, 비교가능성이 높은 사례를 선정한다.
- ②평가방법상 사정보정이 필요하나, 실무적으로 사례선정 시 사정개입이 안 된 것으로 판단되는 사례를 선정하여 사정보정치를 "1.00"으로 적용한다.
- ③2023년2분기 자본수익률이 미공시되어 2023년1분기 자본수익률로 추정하였다.

# 감정평가액의 산출근거 및 결정 의견

## 라. 가치형성요인 비교

①구분건물 (상업용) [본건 기호 가 / 사례 기호 a ]

| ②조 건 | 세부항목 | 비교치 | 검토의견 |
|---|---|---|---|
| 단지외부요인 | 고객의 유동성과의 적합성<br>도심지 및 상업 .업무시설과의 접근성<br>대중교통의 편의성(지하철, 버스정류장)<br>배후지의 크기<br>상가의 성숙도<br>차량이용의 편의성(가로의 폭, 구조 등) | 1.00 | 대체로 유사함. |
| 단지내부요인 | 단지내 주차의 편리성<br>건물전체의 공실률<br>건물의 관리상태 및 각종 설비의 유무<br>건물전체의 임대료 수준 및 임대비율<br>건물의 구조 및 마감상태<br>건물의 규모 및 최고층수 | 1.00 | 대체로 유사함. |
| 호별요인 | 층별 효용<br>위치별 효용(동별 및 라인별)<br>주출입구와의 거리<br>에스컬레이터 및 엘리베이터와의 거리<br>향별 효용<br>전유부분의 면적 및 대지권의 크기 | 1.00 | 대체로 유사함. |
| 기타요인 | 기타 가치에 영향을 미치는 요인 | 0.90 | 기타요인(환가성 등)을 감안함. |
| 격 차 율 | | 0.900 | |

## 마. 거래사례비교법에 의한 시산가액

| 기호 | 거래사례 단가(원/㎡) | 사정 보정 | 시점 수정 | 가치형성요인 비교치 | 산정단가 (원/㎡) | 전유 면적(㎡) | 산정금액 (원) | 시산가액 ③(원) |
|---|---|---|---|---|---|---|---|---|
| 가 | 27,600,000 | 1.00 | 1.01506 | 0.900 | 25,214,090 | 61.24 | 1,544,110,872 | 1,540,000,000 |

▸ **해설**

- ①집합건물의 개별요인은 주거용, 상업용, 업무용, 공업용 등으로 구분하여 비교한다.
- ②개별요인 비교항목은 '단지외부요인', '단지내부요인', '호별요인', '기타'가 있으며 각각 조건별 비교치를 곱하여 전체 격차율을 산정한다. 【본서 231페이지 참조】
- ③거래사례비교법에 의해 산정된 금액을 단가가 아닌 총액 기준으로 시간가액을 결정한다. 실무적으로 담보평가 시 시산가액은 유효숫자 세 자리를 기준으로 절사하여 결정한다.

# 감정평가액의 산출근거 및 결정 의견

## Ⅳ. 감정평가액 결정의견

### 1. 시산가액의 검토 및 감정평가액 결정의견

| 기호 | 거래사례비교법에 의한 시산가액(원) | ② 수익환원법에 의한 시산가액(원) | 비고 |
|---|---|---|---|
| 가 | 1,540,000,000 | 1,550,000,000 | |

주된 방법인 거래사례비교법에 의한 시산가액을 다른 감정평가방법인 수익환원법에 의한 시산가액과 비교 검토한 결과 산출금액이 유사하여 그 ① 합리성이 대체로 인정되며, 인근 유사부동산의 가격수준, 대상부동산의 특성, 평가목적 및 환가성, 장래동향 등을 종합적으로 참작하여 거래사례비교법에 의한 시산가액을 대상물건의 감정평가액으로 결정하였습니다.

### 2. 감정평가액의 결정

| 기호 | 소 재 지 | 건물명 동/층/호 | 전유면적 (㎡) | 대지권 (㎡) | 감정평가액(원) | 비고 (전유면적㎡당 단가) |
|---|---|---|---|---|---|---|
| 가 | **동 @@ | **상가 -/1/## | 61.24 | 23.129 | 1,540,000,000 | 25,146,963 |
| 합 계 | | ③ **1,540,000,000** | | | | |

▸ **해설**

- ①거래사례비교법에 의한 시산가액을 다른 방법으로 산정한 시산가액과 비교하여 합리성을 검토해야 한다. 집합건물 중 수익성 부동산은 수익환원법을 이용하여 합리성 검토를 하고 주거용 부동산의 경우 이러한 합리성 검토를 생략할 수 있다.
- ②수익환원법은 주로 직접환원법에 의하며 적용방법은 토지·건물의 수익환원법과 같다.
- ③전유부분, 공용부분 및 대지사용권을 일괄하여 산정한 가격으로 결정한다.

# 구분건물 감정평가명세표

| 일련<br>번호 | 소재지 | 지번 | 지 목<br>및<br>면 적 | 용도지역<br>및<br>구 조 | 면적(㎡) | | 감정평가액(원) | 비 고 |
|---|---|---|---|---|---|---|---|---|
| | | | | | 공 부 | 사 정 | | |
| | 경기도<br>성남시<br>***<br>**동<br><br>동소<br><br>[도로명]<br>경기도<br>성남시<br>&로 @길<br># | @@<br>**상가 | 업무시설,<br>판매시설 | 철근콘크리트<br>구조<br>(철근)콘크리트<br>지붕<br>13층 | | | | ④ |
| | | | | 지하3층 | 9,713.24 | | | |
| | | | | 지하2층 | 3,144.96 | | | |
| | | | | 지하1층 | 7,071.87 | | | |
| | | | | 1층 | 4,166.11 | | | |
| | | | | 2층 | 3,567.22 | | | |
| | | | | 3층 | 2,055.35 | | | |
| | | | | 4층~12층(각) | 2,125.28 | | | |
| | | | | 13층 | 1,707.12 | | | |
| 1 | 동 소 | @@ | 대 | 근린상업지역 | 27,580.2 | | | |
| 가 | | | | (내)<br>철근콘크리트구조<br>제1층 제##호 | 61.24 | 61.24<br>① | 1,540,000,000 | 비준가액<br>(공용면적:<br>94.07㎡포함)<br>③ |
| | | | | 1.소유권 | 23.129 | 23.129 | | |
| | | | | 대지권 | 27,580.2 | ② | | |
| | 합 계 | | | | | | ₩1,540,000,000.- | |
| | | | | 이 | 하 | 여 | 백 | |

▸ **해설**

- 구분소유 부동산은 전유부분, 공용부분 및 대지사용권을 일괄하여 감정평가한다. 따라서, ①~③ 일체의 가격을 결정하여 표시한다.
- ②대지사용권이 집합건물등기사항전부증명서에 등재되지 않는 경우에도, 요건에 따라 대지사용권을 포함하여 평가할 수 있을 때에는 명세표상 "적정대지권 포함"이라는 문구를 기재하고 일체의 가격을 결정하여 표시한다. 【본서 227페이지 참조】
- ④집합건물이 미등기인 경우에 요건에 따라 평가할 수 있는 경우에는 "집합건축물대장 기준"이라는 문구를 기재하고 평가할 수 있다.

김 종 현
金鍾顯

## 저자 소개

**| 학 력 |**

- 동화고등학교 졸업(경기도 남양주시 소재)
- 홍익대학교 도시공학과 졸업
- 홍익대학교 대학원 도시계획학과 석사 졸업(도시설계 전공)

**| 경 력 |**

- 前 신한은행 여신기획부, 수협은행 여신관리부, 농협은행 여신기획부
- 現 대한감정평가법인 본사

**| 자 격 |**

- 감정평가사
- 도시계획기사
- 공인중개사
- CFA(Chartered Financial Analyst, US)
- MRICS(Member of Royal Institute of Chartered Surveyors, UK)

**| 문 의 |**

- 이메일 : jhkim@kosal.com

# 담보평가의 이론과 실무

| | |
|---|---|
| 제1판 1쇄 | 2023년 9월 27일 |
| 제3판 1쇄 | 2025년 8월 1일 |
| 발 행 인 | 이준수 |
| 발 행 처 | 한국금융연수원 출판미디어사업부 |
| 주 소 | (03053) 서울특별시 종로구 삼청로 118 |
| 전 화 | 02)3700-1500 |
| 홈 페 이 지 | www.kbi.or.kr |
| 등 록 | 1990년 4월 20일(제1-1040호) |
| 정 가 | 28,000원 |
| I S B N | 978-89-287-8276-5 (13320) |

# 한국금융연수원 자격검정시험 안내

- 「국가공인자격」은 자격기본법에서 정한 기준과 절차에 따라 국가가 공인한 자격으로 신용분석사, 여신심사역, 국제금융역, 자산관리사(FP), 신용위험분석사(CRA), 외환전문역 I종, 외환전문역 II종 등 7개의 자격이 있습니다.
- 「자체인증자격」은 우리 원이 인정, 수여하는 자격으로 공개시험형 자체자격인 프라이빗 뱅커(CPB), 은행텔러, 영업점 컴플라이언스 오피서(은행)(보험)(증권), KBI 금융DT 테스트 등 6개 자격이 있습니다.

| 구분 | 자격명 (공인/등록번호) | 응시료 | 자격소개 |
|---|---|---|---|
| 국가공인자격 | 신용분석사 (제2024-1호) (2008-0438) | 전과목 : 6만원<br>1부 : 2만5천원<br>2부 : 3만5천원 | 금융회사의 여신관련 부서에서 기업에 대한 회계 및 비회계자료 분석을 통하여 종합적인 신용상황을 판단하고 신용등급을 결정하는 등 기업신용 평가업무를 담당하는 금융전문가 |
| | 여신심사역 (제2024-2호) (2008-0439) | 전과목 : 6만원<br>1부 : 2만5천원<br>2부 : 3만5천원 | 금융회사의 여신심사 담당자로서 경제상황과 기업의 재무, 비재무상태 등을 분석, 파악하여 적정한 대출심사 의견서 작성, 대출이율 및 대출기간 결정 등 대출실행 여부를 판단하고 자금의 효율적 운용, 대손 방지를 위한 제반조치, 여신의 법률적 검토, 사후관리업무 등 여신업무와 관련한 종합적인 업무를 수행하는 금융전문가 |
| | 국제금융역 (제2021-1호) (2008-0440) | 전과목 : 6만원<br>1부 : 3만원<br>2부 : 3만원 | 금융회사의 국제금융 관련 부서에서 국제금융시장의 동향파악, 분석 및 예측 등을 통하여 외화자금의 효율적 조달과 운용업무를 담당하고 이에 따른 리스크관리 등 국제금융 관련 업무를 수행하는 금융전문가 |
| | 신용위험분석사(CRA) (제2020-2호) (2008-0442) | 1차 : 7만원<br>2차 : 8만원 | 금융회사 및 기업신용평가기관 등에서 개인과 기업에 대한 신용상태를 조사평가하고 신용위험을 측정 · 관리하는 여신전문가 |
| | 자산관리사(FP) (제2020-1호) (2008-0441) | 전과목 : 5만원<br>1부 : 2만5천원<br>2부 : 2만5천원 | 금융회사 영업부서의 PB(Private Banking) 팀에서 고객의 수입과 지출, 자산 및 부채현황, 가족상황 등 고객에 대한 각종 자료를 수집, 분석하여 고객이 원하는 Life Plan 상의 재무목표를 달성할 수 있도록 종합적인 자산설계에 대한 상담과 실행을 지원하는 금융전문가 |
| | 외환전문역 I종 (제2020-1호) (2008-0436) | 전과목 : 5만원 | 금융회사의 외환업무 중 외국환 거래 법규 및 외환거래실무를 이해하고 고객의 외화 자산에 노출되는 각종 외환 리스크를 최소화시키는 등 주로 개인 외환과 관련된 직무를 담당 |
| | 외환전문역II종 (제2020-1호) (2008-0436) | 전과목 : 5만원 | 금융회사의 외환업무 중 수출입업무 및 이와 관련된 국제무역규칙을 이해하고 외환과 관련된 여신 업무를 수행하는 등 주로 기업 외환과 관련된 직무를 담당 |
| 자체인증자격 | 은행텔러 (2008-0437) | 전과목 : 5만원 | 창구에서 일어나는 제반업무에 대해 신속하고 친절한 업무수행과 정확한 업무처리로 고객에게 도움을 주고 상담을 통해 문제해결을 하도록 도와주는 금융전문가 |
| | 영업점 컴플라이언스 오피서(은행) (2010-0118) (보험, 증권) (2013-0702,0703) | 전과목 : 각 4만원 | 금융회사의 영업점에서 준법관련 법규와 감독기관의 감독규정이 정한 내용과 취지를 충분히 이해하고 업무 수행과정에서 이를 준수하며, 영업점에서 발생 가능한 금융사고 및 민원사항이 발생하지 않도록 사전적 예방 차원에서 그 준수사항의 이행을 점검하는 금융전문가(은행, 보험, 증권 분야별로 자격이 구분됨) |
| | 프라이빗뱅커 (CPB) (2018-004091) | 1차: 10만원<br>2차: 33만원 내외<br>(실무교육) | 개인고액자산가의 자산 및 수익증대를 실현하기 위해 금융분야 전반에 걸쳐 종합적인 금융상담과 실행을 지원할 수 있는 최고급 수준의 금융자산설계전문가 |
| | KBI 금융DT 테스트 (2021-001872) | 전과목 : 4만원 | 금융인 및 예비금융인을 대상으로 디지털금융 전반에 대한 기본지식과 업무활용능력 등 금융DT 관련 기본역량 평가 |

소비자 알림사항

- 상기 "프라이빗뱅커(CPB)", "영업점컴플라이언스 오피서(은행)(보험)(증권)", "KBI 금융DT 테스트", "은행텔러" 자격은 자격기본법 규정에 따라 등록한 민간자격으로, 국가로부터 인정받은 공인자격이 아닙니다.
- 민간자격 등록 및 공인 제도에 대한 상세내용은 민간자격정보서비스 (www.pqi.or.kr)의 '민간자격 소개'란을 참고하여 주십시오.

기타

- 응시료 환불 규정 : 접수기간 중 100%, 접수기간 종료 후 시험일 5일전 18시까지 50% 환불/이후 환불 불가
- 자격 공인번호는 재공인시점에 따라 변경될 수 있으며, 응시료, 환불규정 등은 응시 시점에 따라 변경될 수 있으니 자격시험 응시 전 반드시 한국금융연수원 홈페이지에서 응시하고자 하는 자격시험에 관한 최신 정보를 확인하시기 바랍니다. 자격시험에 관한 자세한 사항은 한국금융연수원 홈페이지를 참조하시기 바랍니다.
- 주소 : 서울특별시 종로구 삼청로 118 / TEL : 02-3700-1500 / 홈페이지 : www.kbi.or.kr